国泰安创业学院
GTA COLLEGE OF ENTREPRENEURSHIP

宁波大红鹰学院国泰安创业学院

国泰安创业教育系列教材

机会识别与项目选择

Opportunity Recognition and Project Selection

主　编：陈工孟　孙惠敏　副主编：邵际树　丁　艳

经济管理出版社
ECONOMY & MANAGEMENT PUBLISHING HOUSE

图书在版编目（CIP）数据

机会识别与项目选择/陈工孟，孙惠敏主编. —北京：经济管理出版社，2017.5

ISBN 978-7-5096-5096-7

Ⅰ.①机… Ⅱ.①陈… ②孙… Ⅲ.①创业—研究 Ⅳ.①F241.4

中国版本图书馆 CIP 数据核字（2023.7 重印）第 112287 号

组稿编辑：魏晨红
责任编辑：魏晨红
责任印制：黄章平
责任校对：超 凡 曹 平

出版发行：经济管理出版社
　　　　　（北京市海淀区北蜂窝 8 号中雅大厦 A 座 11 层　100038）
网　　址：www. E-mp. com. cn
电　　话：(010) 51915602
印　　刷：北京市海淀区唐家岭福利印刷厂
经　　销：新华书店
开　　本：787mm×1092mm /16
印　　张：13.00
字　　数：159 千字
版　　次：2017 年 5 月第 1 版　　2023 年 7 月第 4 次印刷
书　　号：ISBN 978-7-5096-5096-7
定　　价：30.00 元

前　言

创业是一个发现机会和实现机会的过程。成功的创业者能够有效地发现和创造机会，并且把创业机会变成有价值的产品和服务。看到机会不难，但识别有价值的机会不容易。作为创业者，难能可贵之处就在于能发现其他人看不到的机会，并迅速采取行动把握机会创造价值。掌握有关识别创业机会的知识，总结其中的规律和技巧，虽然不能保证一定能够发现创业机会，但确实能给人们的行动提供思路和指导。同时，在创业活动中，项目选择关系到企业的生死存亡，很多企业的兴盛源于正确的项目选择。正确地选择项目往往比正确地规划、实施项目更具有战略意义。

本书分别从创业环境、创业机会、创业机会识别与评估、创业项目考察与评估、创业项目的选择五大方面详细介绍了在了解创业环境的情况下，怎样识别有价值的创业机会，判断创业机会能否形成有效的商机。在确定有价值的创业机会之后，学习如何考察和评估创业项目，分析创业项目的可行性，选择适合自己并且容易成功的创业项目。

第一章，创业环境。包括"创业环境概述"、"创业宏观环境分析"和"中国创业环境分析与评价"三节内容。首先简单介绍创业环境，分析了创业环境的特征和分类，让读者对创业大环境有一个初步的认识。然后从政治与政府、宏观经济、社会和人口、技术环境、生态环境与环保要求等方面分析了创业的宏观环境，并对我国现阶段的创业环境进行具体分析与综合评价，让读者对创业环境有进一步的了解和更清晰的认识，以确保创业机会和项目的合理性与合法性。

第二章，创业机会。包括"创意与创业机会"、"创业机会的定义"、"创业机会的特征"、"创业机会的来源"四节内容。分别从创意与创业机会及其关系、国内外学者对创业机会所下的定义分析创业机会的特征、类型及其来源，让读者更好地认识和辨别创业机会，以便在遇到有价值的创业机会时能够及时把握，做出正确选择。

第三章，创业机会识别与评估。包括"创业机会的识别"、"创业机会的评估"、"有价值的创业机会"三节内容。主要介绍了如何识别创业机会，并根据创业学泰斗——蒂蒙斯对创业机会的评价标准和框架分析了创业机会的考察标准以及对有价值的创业机会的评估。

第四章，创业项目考察与评估。包括"创业项目及分类"、"创业项目的考察"、"创业项目的评估"三节内容。选择创业项目需要先了解创业项目及其分类，在此基础上介绍了创业项目的初步考察与 SWOT 分析评估。本章的重点在于通过实际项目案例进行项目 SWOT 分析。

第五章，创业项目的选择。包括"创业项目选择的原则"、"创业项目选择的方法"、"常规创业项目选择"三节内容。通过理论结合创业项目选择案例进行分析，从而让读者掌握创业项目选择的方法和技巧。

本书在结构设置上环环相扣，条理清晰，脉络分明，让读者对学习的内容有清楚的了解和认识。为了让读者更好地理解教材内容并理论联系实际，穿插了丰富的案例和项目分析，让读者易于掌握创业机会识别和创业项目选择的方法与技巧。

编者

2017 年 3 月

目 录

第一章　创业环境

第一节 创业环境概述

📖 引导案例

美国硅谷

被誉为"硅谷之父"的弗里德里克·特曼，是斯坦福大学的一名教授，曾任工程学院院长、斯坦福大学副校长。20世纪50年代初的斯坦福大学只是一所边缘大学，教授工资很低，学校面临着严重的财政困难。1951年，弗里德里克·特曼教授倡导创办了世界上第一个高新技术园区——斯坦福工业园区（SIP），将学校1000英亩土地租赁给高科技公司建立工业园，在工业园内大学可与企业紧密合作研发各种项目，使教学、研究和应用一体化，快速产生经济和社会效益，这可以说是硅谷的原型。

硅谷是世界上最具活力的经济区域之一，在很多方面，硅谷的主要产品本身就是创新的体现。作为创新基地，虽然目前硅谷的发展放缓，但并不能因此对硅谷的长远前景表示怀疑。首先我们需要历史地了解硅谷的形成与发展。20 世纪 50 年代初，美国斯坦福大学建立了"斯坦福工业园区"，吸引了大批公司，如通用电气、柯达、旗舰、惠普、IBM 等。1954 年，体利待-帕卡德公司的入驻使该区成了硅谷的中心地带。斯坦福工业园区的建立，奠定了硅谷高科技中心的基石，是硅谷发展历程中的重要转折点，现代意义上的硅谷从斯坦福工业园区的建立起步，经历了曲折的发展过程。

目前的硅谷是技术多元化的经济体，其计算机硬件和存储设备、生物制药、信息服务业、多媒体、网络、商业服务等行业处于世界领先地位。随着经济全球化的进一步推进，硅谷已突破了自我驱动的发展模式，通过吸引全球的资金和人才以及出口技术产品，形成了同全球经济高度互动的经济模式。从硅谷发展历程可以看到，它是随着 20 世纪 60 年代中期以来微电子技术高速发展而逐步形成的。它的发展以附近一些具有雄厚科研力量的世界知名大学，如斯坦福大学、加州大学伯克利分校等为依托，以高技术的中小公司群为基础，融科学、技术、生产于一体，形成了高科技发展的独特的硅谷模式。

在短短的十几年内，从硅谷走出了无数的科技富翁。择址硅谷的计算机公司已经发展到大约 1500 家。其特点是以附近一些具有雄厚科研力量的美国一流大学斯坦福、伯克利和加州理工等为依托，以高技术的中小公司群为基础，并拥有惠普、英特尔、苹果、微软、思科、朗讯、谷歌、Facebook 等大公司。

（资料来源：周勇、葛沪飞等：《苏南国家自主创新示范区创新指数分析及其产业发展研究》，东南大学出版社，2015 年版）

▶▶ 一、创业环境概念

创业环境是指以创业活动为中心，开展创业活动的范围和区域，是创业者所处的境遇和情况，是政府和社会为创业者创办新企业搭建的一个公共平台。它是对创业者创业思想的形成和创业活动的开展能够产生影响和发生作用的各种因素和条件的总和。

上述概念反映了创业环境内在的三个含义：

（1）创业环境是创业活动的领域。所有的创业活动都是具体的、现实的，都要有一个明确的方向和目标。在哪个行业里创业，创办什么样的企业，都要从实际出发，受环境的支配，不能随心所欲。创业环境很大程度上规定了创业的性质和活动范围。

（2）创业环境是创业者面临的处境。创业环境始终处于不断的发展变化过程中，使创业者不断面临新的情况，解决新的问题，这就决定了创业是一项变革和创新的活动。

（3）创业环境是创业活动的基本条件。创业环境对创业活动的决定性作用在于能为人们的创业活动提供各种精神的或物质的条件，能从各个方面影响创业活动的进程，决定创业活动的成败。任何创业活动都必须面对一定的创业环境，从创业者创业动机的萌发到创业理想的形成，从创业的实际奋斗过程到创业的成功，整个创业活动无不受到特定的创业环境的影响和制约。

创业环境是一个复杂的社会大系统，由创业文化、政策、经济和技术等要素构成，是多层面的有机整体。构筑良好的创业环境，不是靠一项政策措施或优惠条件就能够解决的，需要社会、经济、文化各方面的系统支撑。

▶▶ 二、创业环境特征

创业环境具有一般环境所具有的客观性、复杂性、变化性的本质特征。同时作为一种特殊的环境，创业环境还具有不同于其他环境的个性特征，具体表现在：

1. 机遇与挑战并存

创业环境是一个充满无限商机的领域。没有任何一个地方能像创业环境那样给各类人才的脱颖而出提供如此自由广阔的天地和舞台，提供如此众多的发展机会和动力支持，提供如此丰富的物质基础和条件，这就是机遇。创业环境是机遇的宝藏，孕育着各种各样的发展机遇。然而创业环境提供给人们的机遇仅是一种成功的可能性，具有极强的时效性和确定性。并非人人都能抓住它和利用它，也不是随时都可以通过它取得成功。抓住机遇需要才能、智慧、勇气、毅力，对于创业者而言，这是挑战。挑战与机遇并存，紧密相连是创业环境一个最典型的特征。

2. 利益与风险同在

创业是一个具有强烈功利色彩的活动，每一个创业者都是以极大的致富热情投入其中的。没有利益的驱动和激发，人们是不可能产生创业冲动的，但是创业也是一个充满风险的活动，并非所有创业者都能如愿以偿。创业者这种逐利性格和冒险性是由创业环境内含的利益与风险决定的。因此利益与风险同在成为创业环境的基本特征。

3. 适应与创新共求

创业环境作为一种客观存在，具有适应与创新共求的突出特征。一方面，它的存在为人们的创业活动提供了必要的条件和现实的依赖，从而成为人们开展创业活动的出发点。它要求人们的创业活动必须尊重客观规律，适应创业环境的客观实际。另一方面，它随着时代的进步而不断发生变化，要求创业者必须通过一定的开拓和创新活动，改变现状，以适应创业环境的存在方式。因此，适应与创新是创业环境固有的趋向和内在的要求，创业活动就是在适应与创新这两大动力的相互作用下不断推进的。

▶▶ 三、创业环境分类

创业环境是存在的事物，总以多姿多彩的形式来表现自己的内涵。对创业环境所取的角度不同，其表现形式和分类也就不同，具体来说，创业环境一般有以下几种分类：

1. 社会环境与自然环境

社会环境也可称为国情，是指创业者所处的国家和社会的政治制度、经济制度、法律制度、思想文化、风俗时尚以及党和政府在特定历史时期的路线、方针、政策等方面的条件。自然环境是指创业者面对的地理、资源、气候等自然状况。社会环境和自然环境作为开展创业活动的宏观背景，它们的变化能对创业活动产生巨大的不可抵抗的影响。创业者只能利用它们，但却无法改变它们。

2. 内部环境与外部环境

内部环境是创业组织内部各种创业要素的总称，如人员、资金、设施、技术、产品、生产、管理、运营等方面的情况。内部环境是创业者的"家园"。俗话说"家和万事兴"，它对创业活动的开展至关重要。处理好内部关系，优化内部环境，是创业活动生存的根基。外部环境是创业组织外部的各种创业条件的总称，包括社会的、自然的、政治的、经济的、合作的、竞争的、远处的、近处的形势和情况，对创业组织的发展具有广泛的影响力，是创业组织发展的保证。创业组织要适应的正是这种环境。

3. 融资环境与投资环境

融资环境是指创业者为了扩大创业实力需要聚集资金的社会条件。投资环境特指创业者资金投向的项目特点及地区概况。融资与投资是创业活动不可分割的两个方面，同样都受特定地区人们的经济收入、消费观念、风险意识、国家政策等环境因素的影响。

4. 合作环境与竞争环境

创业的合作环境是指创业者对外扩张，寻求发展，建立协作伙伴关系的环境氛围，通常指相关行业、供应商、经销商、广告商技术所有者、风险投资公司及新闻媒体等单位的情况；竞争环境是指创业者所处的行业状况，包括行业的经营思想、产品质量、技术力量、管理水平、营销政策等。合作环境与竞争环境是创业组织生存与发展极为重要的外部条件，任何创业者都无法脱离这个环境而存在。

5. 生产环境与消费环境

生产环境是指创业者的资金转化为产品的过程所需要的各种因素，包括劳动力、生产设施、原材料、技术服务、动力供应、交通运输等状况；消费环境是指创业者的商品转化为货币的过程所需要的各种条件，包括特定地区人们的富裕程度、消费观念、消费水平、市场和竞争对手等方面的状况。

上述各种形式的创业环境相互交织，构成了完整的创业环境的概念。创业者只有全面认识和把握自身所处的环境的基本构成，熟谙各种环境所内含的共同趋向和基本要求，才能够切中时代的脉搏，进行卓有成效的创业活动。

四、创业环境评价的原则

1. 全面性原则

影响创业环境的因素有很多，既有内部因素，也有外部因素；既有宏观因素，也有微观因素；既有社会因素，也有自然因素。这些因素涉及市场、行业、经济、环境、政治、社会等各个方面，因此，在评价创业环境时，要全面考虑，综合评价。

2. 科学性原则

创业环境评价的科学性体现在评价指标的科学性和评价方法的科学性。对于评价指标而言，科学性表现在两个方面：第一，指标是在实证的基础上确定的；第二，指标是在参考国外评价指标体系的基础上，结合中国实际确定的。评价方法的科学性体现在对关键指标要采取定性分析方法，然后结合定量分析方法进行评价。

3. 重要性原则

在坚持全面性原则的基础上，对影响创业环境的指标进行分类，对影响创业机会的关键指标采用定性的方法，这是创业环境评价的第一步。同时，考虑不同地区、不同省份、不同历史阶段的差异性，对创业环境指标体系进行调整，保留那些影响创业环境的关键要素，去掉对创业环境影响不大的因素。

拓展阅读

创业寒冬将至？

北京的冬季依旧严寒，创业创投圈的冬天也还未结束。

从2015年下半年开始，热钱渐渐褪去，处在风口之上的创业公司日子并不好过，一些曾被吹捧的明星创业公司接连倒下，资本寒冬的说法在创投圈不胫而走。

2016年中国的创业环境跟以往相比有什么变化？创业者应该如何看待资本寒冬之后的市场方向和创业趋势？

寒冬依旧，现在仍是创业的最好时代？

随着经济形势的放缓和资本寒冬的到来，资本市场逐渐趋于理性。前几年由热钱驱动的所谓"烧钱创业"正在退去虚火，机会越来越少，风险变得更高。

创业者们如何"过冬"？专家认为，人们首先应该破除对创业的"敬畏"心态，认为创业者必须要有天才的创新或发明，或者认为只有A轮、B轮、C轮、上市才是创业。随着中国经济社会发展和消费升级，植根于服务领域的各式各样草根创业、兼职创业、小微创业，将迎来越来越多的机会，也将是大众创业的主流。聚焦于高科技及制造领域的精英创业是引领中国经济创新发展的引擎，而普通人在服务消

11

费领域的大众创业则为中国经济注入持续健康的活力。

"寒冬也让我们更多地看到，创业者们在创业过程中会遇到很多困难，资金困难、渠道困难、流量困难，他们需要自身的勤奋与坚持，同时更需要大平台的助力。"新浪网副总裁邓庆旭说，许多大公司开始助力创业，一种是大公司的创业项目孵化，投资优质项目，以资源、资金对接项目；还有一种就是打造创业平台，为创业者提供平台。

中央及各地方政府需要在相关政策、税收、社会保障方面给予创业者更多政策倾斜和支持，例如减少自由职业者劳务报酬税负，解决小微创业者社保难题，大力发展众创空间，支持各类大众创业平台发展，同时继续大力推动大众创业文化，为创业者提供积极的社会环境和舆论氛围。

得草根者更容易得天下。

对于创业者来说，在成功之前，每一天都是如履薄冰，每一年都像是寒冬。而如何迎来真正的春天，一定是产品真正赢得了市场，获得了用户的欢迎。

与得到融资相比，或许得草根者更容易得天下。

在创业黑马集团董事长、黑马学院院长牛文文看来，创业者不要向社会索取太多的掌声和鲜花、资金，应该考虑的是，能否尽快承担起一个创业公司应该承担的社会责任。

牛文文认为，所有创业者最终都要成为企业家，把等额的融资变成等额的营收，进而变成等额的净利，这是创业最难的事情。"而现在中国很多年轻人加入创业梦想天团，希望投资人给钱，上电视台讲自己的梦想。可是社会为创业者喝彩，你不能忘了责任。"

伯凡时间创始人吴伯凡表示，这几年有一个毒害创业界的词，叫作"高大上"。2016年的各种黑天鹅事件，不管是川普当选还是英国脱欧，一个关键词是"底层"。"金字塔底层的创业机会很多，而且获利性是非常好的，很多人以为赚富人的钱就能够赚更多的利润，其实不然。"

趣学车创始人刘老木也认为，这个世界根本不存在所谓的精英创业，因为精英的用户是草根，所以他必须草根化。如果一个国际性的公司走向中国，还表现出高姿态的话就很糟糕。

刘老木表示，10年前在中国三、四线城市创业，是一种无业游民的代表。但今天整个环境发生了巨大的变化，政府提出"双创"，为创业者提供了良好的创业环境。

大众创业的浪潮在继续蔓延，众多优秀的创业者坚守在创业的前线，探索行业的新趋向，搜寻行业发展的新契机，同时也诞生了一些小而美的公司，扎实而坚定地在选定的领域持续耕耘。邓庆旭认为，未来，科技潮流与大众创业的机会将继续涌现，这也是时代赋予我们的机遇。

（资料来源：中国新闻网，2016年12月19日）

☞【思考与讨论】

（1）为什么科技公司喜欢扎堆硅谷？硅谷有哪些其他地方所没有的优势？我国有哪些地区与硅谷类似？

（2）你如何看待身边的创业环境？

☞【回顾与总结】

（1）创业环境的概念、特征及分类。

（2）创业环境评价原则。

☞【精读推荐】

王志章：《创业环境与高新产业发展》，人民出版社，2008年版。

第二节　创业宏观环境分析

引导案例

《关于大力推进大众创业万众创新若干政策措施的意见》的背景材料

李克强总理高度重视推进大众创业、万众创新，在《政府工作报告》中明确指出：推进大众创业、万众创新，打造发展新引擎，既可以扩大就业，增加居民收入，又有利于促进社会纵向流动和公平正义。为落实国务院领导指示精神，国家发展和改革委员会会同科技部、人力资源和社会保障部、财政部等有关部门，共同研究起草了《关于大力推进大众创业万众创新若干政策措施的意见》（以下简称《意见》）并上报国务院审定。6月4日，李克强总理主持召开的国务院第93次常务会议审议通过了《意见》。

一、《意见》的出台背景

近年来，各地区、各部门认真贯彻党中央、国务院决策部署，结合本地区、本部门实际陆续出台了大量鼓励创业创新的政策措施，为推动创业创新蓬勃发展、促进经济结构调整、保持经济中高速增长等发挥了积极作用，但也存在一些突出问题。主要是：

（1）政策缺乏系统性，落地性较差。截至目前，各部门、各省（区、市）已陆续出台支持创业、创新、就业的政策措施共1997条。其中，中共十八大以来，以部门名义出台的有119条，北京、上海、深圳、广州、武汉、成都、西安7个创业创新相对活跃城市出台的有129条。总体来看，政策交叉重复多，缺乏顶层设计，有的政策可操作性、落地性较差，改革性举措少；一些政策执行程序繁杂，传导时间较长；部门之间、部门与地方之间出台的政策缺乏有效衔接和协调联动。

（2）创业融资供给不足。创业企业难以获得银行贷款支持。我国创业投资发展规模小，难以满足创业企业直接融资需求。国有资本对创业发展的支撑作用有待进一步发挥。

（3）创业服务体系不完善。目前，我国尚未建立以创业需求为导向的政策发布、中介服务等系统完善的公共服务平台，政策宣传和解释不及时、不到位。

（4）创业孵化水平较低。据初步统计，我国共有1600多家科技企业孵化器，但创业增值服务严重不足；一些新型孵化器普遍盈利模式不清晰，缺乏可持续发展能力。

针对上述存在的问题，发展改革委会同有关部门联合组成文件起草工作组，并组织专家系统分析研究，经过反复论证和多次征求各部门、各地方意见，形成了《意见》。

二、《意见》的定位

为推动大众创业、万众创新，打造经济发展新引擎，必须立足全局、改革创新，充分发挥市场配置资源的决定性作用和更好发挥政府作用，尊重创业创新规律。通过部门之间、部门与地方之间的协调联动，形成政策合力，实现资金链引导创业创新链、创业创新链支持产业链、产业链带动就业链。为此，《意见》定位为"一条主线"、"两个统筹"和"四个立足"。"一条主线"就是要确保政策措施具有系统性、可操作性和落地性，加快政策执行传导进程。"两个统筹"就是要统筹做好已出台与新出台政策措施的衔接和协同，统筹推进高端人才创业与"草根"创业。"四个立足"：一是立足改革创新，实现"放"与"扶"相结合；二是立足加强协同联动，形成政策合力；三是立足创业需求导向，推动创业、创新与就业协调互动发展；四是立足加强执行督导，确保政策落地生根。

三、《意见》的主要内容

《意见》重点是统筹建立推动创业、创新与就业协调互动发展的普惠性政策措施，形成部门之间、部门与地方之间政策联动和政策合力。通过建立部际联席会议制度和督导机制，打通政策落实的"最后一公里"。

《意见》共包括三大部分，涉及 11 个领域 30 个方面 96 条政策措施。第一部分，阐述了推进"大众创业、万众创新"的重要意义和总体思路。第二部分，从 8 个领域 27 个方面研究提出 93 条普惠政策措施。第三部分，强调要加强组织领导、加强政策协调联动、加强政策督察落实三条保障措施。

（一）关于重要意义和总体思路

系统阐述了推进大众创业、万众创新的重要意义和总体思路。提出要按照"四个全面"战略布局，坚持深化改革、营造创业环境；坚持需求导向、释放创业活力；坚持政策协同、实现落地生根；坚持开放合作、推动模式创新。要不断完善体制机制，放宽政策、放开市场、放活主体，构建有利于大众创业、万众创新的政策环境、制度环境和公共服务体系，让千千万万个创业者活跃起来。

（二）关于政策举措

《意见》从创新体制机制、优化财税政策、搞活金融市场、扩大创业投资、发展创业服务、建设创业创新平台、激发创造活力、拓展城乡创业渠道8个领域，提出了27个方面、93条具体政策措施。

（1）在"创新体制机制，实现创业便利化"方面。包括完善公平竞争市场环境、深化商事制度改革、加强创业知识产权保护、健全创业人才培养与流动机制四个方面。这些举措回应了社会普遍关注的创业创新市场环境问题，从破除制约创业创新的制度障碍入手，努力营造适应创业创新的体制机制。

（2）在"优化财税政策，强化创业扶持"方面。包括加大财政资金支持和统筹力度、完善普惠性税收措施、发挥政府采购支持作用三个方面。这些举措主要是在总结现行政策措施的基础上，通过各级财政资金的支持、普惠性税收政策环境的鼓励和引导，进一步发挥政府采购对中小微企业促进支持作用等，使所有创业创新者享受到更加普惠性的财税政策支持。

（3）在"搞活金融市场，实现便捷融资"方面。包括优化资本市场、创新银行支持方式、丰富创业融资新模式三个方面。这些举措主要是为了缓解创业创新者融资难、融资贵的问题，增强金融市场服务创业创新的功能，为创业创新者提供更加低成本、便利化的金融服务。

（4）在"扩大创业投资，支持创业起步成长"方面。包括建立和完善创业投资引导机制、拓宽创业投资资金供给渠道、发展国有资本创业投资、实施创业投资"引进来"与"走出去"四个方面。这些举措强调通过大力发展对创业创新最具引导带动作用的创业投资，形成资金链引导创业创新链、创业创新链支持产业链、产业链带动就业链的良性循环。

（5）在"发展创业服务，构建创业生态"方面。包括加快发展创业孵化服务、大力发展第三方专业服务、发展"互联网+"创业服务、研究探索创业券和创新券等公共服务新模式四个方面。这些举措主要是推动形成服务创业的市场业态，通过市场方式对创业全链条的支持，实现创业服务资本化、产业化，引导更多资源服务创业创新。

（6）在"建设创业创新平台，增强支撑作用"方面。包括打造创业创新公共平台、用好创业创新技术平台、发展创业创新区域平台三个方面。这些举措主要明确政府在创业支撑领域应提供的公共服务内容，形成中央政府、地方政府分工合作、共同打造支撑平台的良好局面。

（7）在"激发创造活力，发展创新型创业"方面。包括支持科研人员创业、支持大学生创业、支持境外人才来华创业三个方面。这些举措主要是针对创新型人才的创业需求，从激发创造活力的角度，提出更有效、更具可操作性的支持政策。

（8）在"拓展城乡创业渠道，实现创业带动就业"方面。包括支持电子商务向基层延伸、支持返乡创业集聚发展、完善基层创业支撑服务三个方面。这些举措主要针对外出务工返乡人员、城市就业困难人群的创业需求，从拓展城乡创业渠道的角度，提出配套支持政策。

（三）关于保障措施

《意见》提出要加强组织领导、加强政策协调联动、加强政策执行督导，通过建立由发展改革委牵头的部际联席会议制度，推动部门之间、部门与地方之间政策协调联动，形成合力，确保各项政策措施的实实在在落地。

（资料来源：国家发展和改革委员会 2015 年 6 月 5 日发布）

▶▶ 一、政治与政府因素分析

中共十七大会议上，国家"以创业带动就业"，表明社会对创业地位的进一步重视，创业已成中国社会的一部分。

在完善扶持政策、改善创业环境方面，一是放宽市场准入，要求放宽对新办企业注册资金和经营场所的限制，将小企业的产品和服务纳入政府采购范围；二是改善行政管理，要求严格规范收费行为，简化审批、办证手续；三是强化政策扶持，要求全面落实鼓励创业的税收优惠、小额贷款、资金补贴、场地安排等扶持政策；四是拓宽融资渠道，要求积极推动金融产品和金融服务方式创新，支持推动以创业带动就业。

针对创业者提高创业能力的要求，一是加大创业培训力度，要求健全创业培训体系，将有创业愿望和培训需求的人全部纳入创业培训的对象范围，加强普通高校和职业学校的创业课程设置；二是提高创业培训质量，通过规范培训标准、提高师资水平、完善培训模式，增强培训针对性，不断提高培训质量；三是建立创业孵化基地，要求优先保障创业场地，在土地利用总体规划确定的城镇建设用地范围内，或利用原有经批准的开发区建设创业孵化基地。

二、宏观经济环境分析

近30年，中国的经济发展迅速，对外开放进一步加深，加入世界贸易组织（WTO），成功举办奥运会、世博会，与世界的进一步接轨为中国的广大创业者带来了巨大商机。随着社会经济的发展，科学技术的进步，人均收入大大提高，此时无疑有不错的创业环境。

近几年，中国经济发展的问题也日益暴露。GDP的增长以巨大的资源负担为代价，国外的大型跨国企业挤占中国市场，新生的创业者面临的是更为激烈的竞争环境和来自国内国外的双重挑战。

同时，虽然国家实施了许多鼓励创业的政策，但目前的现实是大量的政府补助的资金流向了财政实力本就雄厚的国有企业，各中小企业在税收等各个方面都没有享受到如同国有企业的优惠，使其经营更为困难，更不利于创业，权力资本的暴利在扩大，而中小企业的盈利空间被挤压。

三、社会和人口环境分析

中国的人口一直是世界之最，对商业而言，这将是一个庞大的市场机会。全球人口持续增长，意味着人民生活必需品的需求增加。90%的新生人口在发展中国家，使得需求层次的升级受到影响。随着生活条件和医疗条件的改善，人口的平均寿命大大延长，老年市场比较有前景。

四、技术环境分析

科学技术是第一生产力，科技发展对经济发展有巨大影响。当前，世界新科技革命正在兴起，生产的增长越来越多地依赖科技进步，以互联网为例，互联网技术的发展伴随而来的是信息的大爆炸，网上各种创业机会，风险投资，加盟信息也越来越多。而创业者也可通过互联网更好地掌握经济状况和市场行情，更多地考虑应用尖端技术，以适应知识经济时代的发展，为自己的创业提供更多的竞争信息。

五、生态环境与环保要求

从总体上看，中国自然资源十分丰富，但资源利用率低，大量资源遭到浪费，这一方面是中国的开采技术不够，另一方面也是中国人受传统资源观影响，认识不到资源的稀缺性。自然资源提高利用效率十分必要。如今面临资源短缺、环境污染严重、能源资源成本上升的难题。实行生态营销、绿色管理是大势所趋。

课后练习

阅读以下案例，谈谈案例中的两家企业在创业初期面临的是怎样的创业环境，这些案例主要体现了创业环境的哪一方面。

案例一：

郑州市二七区鑫苑现代城东方剑桥幼儿园是 2014 年新成立的一家民办幼儿园。开园前期的投入很大，房租、装修、家具、家电、玩教具、教职人员工资等，每一项都是一笔不小的开销。生源少，收入少，企业经营比较困难。通过郑州市二七区地税局建中街税务所税务人员的宣传，该企业及时了解到国家支持小微企业的优惠政策，在预缴时享受到了优惠。2014 年，该幼儿园享受了 6000 多元的企业所得税优惠减免，企业财务人员感慨道："这部分省下的钱，可以给孩子们改善伙食，给孩子们增加一些玩具，还可以给一些刚毕业的老师提供一个实习的机会。"

虽然企业所得税优惠金额不是很多，但在国家政策的扶持下，企业的效益越来越好。幼儿园的财务人员对税务机关在政策宣传、简化办税手续等方面所做的工作，也给予了高度评价。

（资料来源：中国税网，2015 年 5 月 15 日）

案例二：

东方公司是香港投资创办的企业，作为一位来芜湖的外来创业者，香港安联企业有限公司副总经理、东方电子（芜湖）有限公司总经理胡龙对芜湖有比较深的感触："与深圳以及沿海发达城市相比，芜湖的创业环境有待于进一步的提升，但总的来说，比我想象中的要好得多。芜湖创业中心在规模、功能、环境等方面均居安徽省一流水平，运行和发展态势良好。"

他认为他山之石，可以攻玉。看到自己与他人的差距进而奋发图强争先进位更为可贵。芜湖在硬环境建设方面，能源、交通、市场物业等都有待建设，其中最为欠缺的是市场与采购两方面的建设。芜湖没有一个成熟的市场，连采购原材料都成问题，这直接牵涉到创业者的创业成本甚至创业的成败。而专业化市场的形成则有利于带动整个城市的发展，如浙江义乌、永康、海宁等，如今的海宁已形成了成熟的皮革市场，而皮革原产于北方。

（资料来源：中国就业网，2005 年 7 月 27 日）

☞ 【思考与讨论】

结合引导案例搜索相关资料，说说我国创业政策出台的背景因素。

☞ 【回顾与总结】

创业宏观环境分析的五大方面。

第三节　中国创业环境分析与评价

引导案例

<h3 align="center">小额贷款奠定创业基础</h3>

在当前就业环境恶化和国家政策鼓励下，自主创业成为越来越多的大学毕业生的选择。大学生自主创业是否可行，如何保证创业成功，更加值得关注。本文讲述了大学生借助小额贷款政策创业成功的案例。

哈尔滨市小额贷款政策扶持对象逐渐拓宽以帮助大学生创业，在这一政策的实施下，大学毕业生李睿通过小额贷款建立了一家防水建材公司。

政策：扶持大学生创业

2009 年哈尔滨市小额贷款政策扶持对象从过去的"自愿到县级以下基层创业的正规高等院校应届毕业生"扩大到"所有自主创业从事个体经营或开办小企业的大中专毕业生"，创业地点调整为哈尔滨市市区，贷款上限也从过去的 20000~30000 元提高到 50000 元，且从事微利项目的可享受全额贴息扶持。

事例：小额贷款帮了大忙

大学毕业生李睿建立了一家防水建材公司。前不久，正在李睿急需资金支持批量生产自主研发的新材料时，他和一起创业的妻子欣喜地获悉，他们共同申请的 10 万元小额创业贷款已经获批。目前，李睿已经着手准备建立专门用于制造该种防水材料的工厂，并打算在配方走入市场后向国家申请该项产品的专利。他自信地说："相信随着公司的不断发展和成长，我的创业路将会越走越宽广。"

大学生小额创业贷款在李睿资金紧张的时候帮了大忙。然而像李睿一样幸运地申请到创业贷款的大学生却并不多。李睿很庆幸，自己是偶尔看报得知这项扶持政策，通过申请拿到资金的，要不然，这样的机会就错过了。

（资料来源：肖瀚、金星彤：《大学生创业策略与案例分析》，

《学理论》，2012 年第 16 期）

在中国的创业环境中，诸如市场机会、文化和社会规范、政府税收优惠、有形基础设施等方面我们拥有一定的优势地位，但是在金融支持、研究开发转移、商务环境和创业教育等方面差距仍然很大，这些都成为制约中国创业活动的重要瓶颈因素。

在金融支持的途径方面，诸如创业投资、IPO 以及权益资金、债务资金和政府补贴方面中国处于很低的水平，因此需要进一步拓展创业金融支持的途径。此外，在商务环境方面，我们相对于亚洲 GEM 参与国家和地区也有明显的差距，也需要进一步创造有利于创业的商务环境，为创业企业创造更好的信息咨询、法律和会计服务。在研究开发

方面，亚洲国家 GEM 相对于其他发达国家都有明显的差距，因此，需要注重研究开发的转移以及加强对知识产权的保护。

一、金融支持

从 GEM 参与国家和地区的情况来看，创业企业的资金来源主要有三种途径：一是私人权益资本，包括自有资金、亲戚朋友借贷和引入私人股权筹集资金；二是创业资本融资；三是二板上市融资。一般而言，在创业企业的早期阶段，主要以私人权益资本和创业资本融资两种形式为主。从全球范围看，创业的金融支持最主要的来源是私人权益资本，只有以色列是一个例外。中国的创业活动中几乎看不到创业资本的部分，中国创业的金融支持最主要的来源是自有资金、亲戚朋友投资或其他的私人股权投资。

二、政府政策

政府的创业政策是指激励创业的政策，包括对创业活动和成长企业的规定、就业的规定、环境和安全的规定、企业组织形式的规定、税收的规定等。政府政策包括中央政府和地方政府的政策。我国政府在为创业提供的政策方面，与 GEM 其他成员相比有优势，也有劣势。

中国地方政府在制定政策时把新成立和成长型公司放在优先考虑的地位，但是中央政府没有表现出同样的导向。相对于其他 GEM 成员，中国初创企业的税务负担比较低，而且，创业企业面对的税务和其他管制是相对稳定的。我国地方政府对新成立企业优先扶持，而且税收政策方面也是明显优惠于其他国家的新创企业，但是，政府政策的劣势方面也很明显：一是政府通过直接扶持促进创业方面低于均值，对新公司的成长没有起到积极作用；二是新公司的审批成本高，对该项的评价值已经接近均值水平。因此，在政府直接扶持、中央政府政策制定方面和新企业审批效率方面中国有差距。

▶▶ 三、政府项目

政府项目支持作为创业环境的独立要素，是政府政策的具体化。政府项目不限于提供资金和政策支持的项目，尽管这是我国政府项目的基本形式。政府项目还包括政府为创业提供服务、支持和帮助的组织。

和 GEM 的参与国家与地区相比，我国在政府提供资金和政策支持的项目方面有明显的优势，例如，我国的科技园和孵化器对创业的贡献就比其他国家和地区大得多，这是我们在政府项目上的优势，应该保持。但是，在政府为创业提供服务、支持和帮助的组织方面，我国明显处于劣势地位。

▶▶ 四、教育和培训

教育和培训是创业活动得以开展的必要条件，也是创业者将潜在商业机会变为现实的基础。中国与其他 GEM 参与国家和地区在教育与培训方面相比处于落后水平。

在所有关于创业教育的问题上，中国的水平均低于 GEM 参与国家和地区的均值。其中，中小学教育方面差距较大。我国的中小学教育中对鼓励创造性、自立和个人的主动性方面、在提供关于市场经济的知识方面以及在关注创业和创办公司方面与国际上做得好的国家和地区相比差距很大，但是，基本上仍处于中等水平。

在商业、管理教育方面的水平和创业类的课程和项目方面，我国与其他国家和地区却存在明显的差距。

五、研究开发的转移

研究开发的转移过程是否顺利，从结果上看是研究开发转移是否实现了商业化，但是，从过程上看是创业是否有效率，创业者是否能够抓住技术和商业机会。

相对于 GEM 参与国和地区，我国的研究开发成果能更好地从发源地通过创业企业向市场转化，而且，创业企业在接触新技术、新研究上与大企业具有相同的机会。我国表现出较强的科技基础，具备对于支持个别领域的创业企业成为世界水平技术型企业的能力。

比较落后的方面是研究成果转化的条件差，无论是企业的承受能力还是政府的资助方面都不能满足创业过程中研究开发转移的效率要求。我国研究开发成果的转移工作应该有针对性地重视改进转化条件。

在知识产权保护方面，我国全面落后。知识产权法规的制定和实施难以起到有效的效果，非法销售盗版软件、音像制品等的情况还非常普遍，这也使得新创公司很难相信它们的专利和技术能得到有效的保护。

六、商务环境和有形基础设施

我国的有形基础设施整体上看相对较为齐备，这为创业活动提供了很好的"硬环境"。但我国的商务环境,也就是创业的一种软环境,总体上还有待提升。

我国的创业企业在获得资源和是否使用得起这些服务和资源方面需要进一步提升。在获得金融和非金融服务方面,我国创业企业总体表现好,但获得服务的总体状况仍有一定差距。

▶▶ 七、进入壁垒

中国的市场正处于"双高"时期。一是市场的增长率高,每年的市场都在不断扩大;二是市场的变化率高,产品更新快,产业成长和衰退快。因此,对于创业企业来说,在中国目前的市场环境下,是一个难得的机遇。

在我们至今所做的创业环境分析中,市场变化大是我国唯一接近GEM最高水平的方面。在进入壁垒方面,我国有一定优势的方面还表现在创业企业的进入成本相对较低。

▶▶ 八、文化和社会规范

我国的文化和社会规范中,对个人创业持积极态度。我国的文化中提倡鼓励自立,鼓励人们通过个人努力取得成功,也鼓励创造和创新的精神,面对创业的风险,鼓励创业者承担相应的风险。因此,我国的文化有利于个人创业。在我国的文化中,对于创业中个人与集体的关系处理上,尤其是个人责任与集体责任的关系上有不足的成分,个人在分清责任、承担责任而不是混淆责任和推卸责任上,应该有更明确的合理取向。

比较而言，我国的文化和社会规范中对鼓励个人创业具有积极作用，但是，在构建良好的个人与集体的责任关系上，我们需要做一些改变，应该提倡个人的责任心和团队精神。

拓展阅读

大学生创业优惠政策

为支持大学生创业，国家和各级政府出台了许多优惠政策，涉及融资、开业、税收、创业培训、创业指导等诸多方面。这些政策为大学生自主创业创造了良好的外部环境，对打算创业的大学生来说，只有了解了这些政策，才能走好创业的第一步。

(一) 企业注册登记方面

1. 程序更简化

凡高校毕业生（毕业后两年内，下同）申请从事个体经营或申办私营企业的，可通过各级工商部门注册大厅"绿色通道"优先登记注册。其经营范围除国家明令禁止的行业和商品外，一律放开核准经营。对限制性、专项性经营项目，允许其边申请边补办专项审批手续。对在科技园区、高新技术园区、经济技术开发区等经济特区申请设立个私企业的，特事特办，除了涉及必须前置审批的项目外，试行"承诺登记制"。申请人提交登记申请书、验资报告等主要登记材料，可先予颁发营业执照，让其在3个月内按规定补齐相关材料。凡申请设立有限责任公司，以高校毕业生的人力资本、智力成果、工业产权、非专利技术等无形资产作为投资的，允许抵充 40% 的注册资本。

2. 减免各类费用

除国家限制的行业外，工商部门自批准其经营之日起 1 年内免收其个体工商户登记费（包括注册登记、变更登记、补照费）、个体工商户管理费和各种证书费。对参加个私协会的，免收其 1 年会员费。对高校毕业生申办高新技术企业（含有限责任公司）的，其注册资本最低限额为 10 万元，如资金确有困难，允许其分期到位；申请的名称可以"高新技术"、"新技术"、"高科技"作为行业予以核准。高校毕业生从事社区服务等活动的，经居委会报所在地工商行政管理机关备案后，1 年内免予办理工商注册登记，免收各项工商管理费用。

(二) 金融贷款方面

1. 优先贷款支持，适当发放信用贷款

加大高校毕业生自主创业贷款支持力度，对于能提供有效资产抵（质）押或优质客户担保的，金融机构优先给予信贷支持。对高校毕业生创业贷款，可由高校毕业生为借款主体，担保方可由其家庭或直系亲属家庭成员的稳定收入或有效资产提供相应的联合担保。对于资信良好、还款有保障的，在风险可控的基础上适当发放信用贷款。

2. 简化贷款手续

通过简化贷款手续，合理确定授信贷款额度，一定期限内周转使用。

3. 利率优惠

对创业贷款给予一定的优惠利率扶持，视贷款风险度不同，在法定贷款利率基础上可适当下浮或少上浮。

(三) 税收缴纳方面

凡高校毕业生从事个体经营，自工商部门批准其经营之日起 1 年内免交税务登记证工本费。新办的城镇劳动就业服务企业（国家限制

的行业除外），当年安置待业人员（含已办理失业登记的高校毕业生，下同）超过企业从业人员总数60%的，经主管税务机关批准，可免纳所得税3年。劳动就业服务企业免税期满后，当年新安置待业人员占企业原从业人员总数30%以上的，经主管税务机关批准，可减半缴纳所得税2年。

（四）企业运营方面

1. 员工聘请和培训享受减免费优惠

对大学毕业生自主创办的企业，自工商部门批准其经营之日起1年内，可在政府人事、劳动保障行政部门所属的人才中介服务机构和公共职业介绍机构的网站免费查询人才、劳动力供求信息，免费发布招聘广告等；参加政府人事、劳动保障行政部门所属的人才中介服务机构和公共职业介绍机构举办的人才集市或人才、劳务交流活动给予适当减免交费；政府人事部门所属的人才中介服务机构免费为创办企业的毕业生、优惠为创办企业的员工提供一次培训、测评服务。

2. 人事档案管理免两年费用

对自主创业的高校毕业生，政府人事行政部门所属的人才中介服务机构免费为其保管人事档案（包括代办社保、职称、档案工资等有关手续）两年。

3. 社会保险参保有单独渠道

高校毕业生从事自主创业的，可在各级社会保险经办机构设立的个人缴费窗口办理社会保险参保手续。

（资料来源：为支持大学生创业，国家各级政府出台了许多优惠政策[EB/OL]．应届生毕业网，http://chuangye.yjbys.com/zhengce/537894.html）

☞【思考与讨论】

结合"引导案例",谈谈如何从创业政策中"借力"。

☞【回顾与总结】

多角度下的中国创业宏观环境分析:金融、政策、社会等。

☞【精读推荐】

国务院办公厅《关于"发展众创空间、推进大众创新创业"的指导意见》。

国务院《关于大力推进大众创业万众创新若干政策措施的意见》。

第二章　创业机会

第一节 创意与创业机会

📖 引导案例

卖火柴的大男孩赚得百万身家

在卖火柴之前，"80后"杭州人沈子凯拥有一家自己的广告公司。再往前，他是一个艺术设计专业的学生，梦想着用创意和设计将生活中很普通的东西变成有趣好玩的产品。

2007年，一个做创意的朋友送给沈子凯一盒酒店用火柴。黑色的外盒上压着细碎的花纹，火柴又长又粗，与平时看到的火柴完全两样。朋友说这叫送财，既漂亮又讨口彩的礼物让沈子凯很高兴，无聊时常常反复把玩，他想起了曾经的创意产品计划。

2007年7月，沈子凯正式注册了纯真年代艺术火柴商标，三个月后开始销售，并在2009年4月正式开始加盟连锁。目前，纯真年代的近百个经销商遍布除西藏、新疆外的中国大部地区。艺术火柴已为沈子凯赚得百万身家。

（资料来源：搜狐网，2009年8月12日）

▶▶ 一、创意及其产生过程

创意是任何一个时代的主题，因为有一个好的创意，把握住这个好的创意将会给个人带来很大的发展空间。虽然创意四处都有，但创意到底在哪里？又如何在创意中寻找创业机会呢？

创意是创造意识或创新意识的简称，它是指对现实存在事物的理解以及认知，所衍生出的一种新的抽象思维和行为潜能，是一种通过创新思维意识，进一步挖掘和激活资源组合方式进而提升资源价值的方法。

对于创意的产生，世界公认的创意大师詹姆斯·韦伯·扬（James Webb Young）有过详尽的论述。他认为创意也是有规律可循的，产生创意的基本方针有两点：

第一，创意完全是把事物原来的许多旧要素作新的组合。

第二，必须具有把事物旧要素予以新的组合的能力。

他认为，创意思维经历的过程还应该经历六个步骤，并且绝对要遵循这六个步骤的先后次序：

1. 收集原始资料（信息）

一般来说，收集的资料（信息）应该有两种类型：

（1）特定资料。主要是指与特定策划创意对象相关的资料和与特定策划创意对象相关的公众的资料。这类资料，大多由专业调查得到。

（2）一般资料。这些资料未必都与特定的策划创意对象相关，但一定会对特定的策划思维有帮助。

所以，一般策划者都应该对各方面的资料具有浓厚的兴趣，而且善于了解各个学科的资讯。创意思维的材料犹如一个万花筒，万花筒内的材料数量越多，组成的图案就越多。与万花筒原理一样，掌握的原始资料越多，就越容易产生创意。

2. 仔细整理、理解所收集的资料

资料收集到一定的程度，就要对所收集的资料进行认真的阅读、理解。

这时的阅读不是一般的浏览，而是认真地阅读，而且是要带着一个宏观的思路去认真阅读。

对所收集到的全部的资料，包括历史的、专业的资料，一般性的资料，实地调查的资料，以及脑海中过去积累的资料，统统都应像梳头一样，逐一梳理，进而理解、掌握。

3. 认真研究所有资料

研究（即商务策划思维步骤中的"判断"环节）是有一定技巧的。需要把一件事物用不同的方式去考虑，还要通过不同的角度进行分析，然后尝试把相关的两个事物放在一起，研究它们的内在关系配合如何。

4. 放开题目，放松自己

选择自己最喜欢的娱乐方式，如打球、听音乐、唱歌、看电影等，总之将精力转向任何能使自己身心放松的节目，完全顺乎自然地放松。不要以为这是一个毫无意义的过程，实质上，这个过程是转向刺激潜意识的创作过程。转向自己所喜欢的轻松方式，这些方式均是可以刺激自己的想象力及情绪的极佳方式。

5. 创意出现

假如在上述四个阶段中确已尽到责任，几乎可以肯定会经历第五个阶段——创意出现。创意往往会在策划人费尽心思、苦苦思索，经过一段停止思索的休息与放松之后出现。

詹姆斯·韦伯·扬在研究网版印刷照相制版法的问题时，进行完前两个步骤，他疲劳至极，睡觉去了。一觉醒来，整个运作中的照相制版方法及设备影像映在天花板上，啊，创意出现了！

阿基米德发现水中庞然大物的重量计算方法，是在极度疲劳，放开思索洗澡时，沐浴完毕起身离开浴盆，哗哗一声水响，触动了他的灵感！从此以后，人类对浮在水面的万吨巨轮，就是以排水量来计算其重量的。

6. 对萌发的创意进行细致的修改、补充、锤炼、提高

这是创意最后一个阶段的工作，也是必须要做的工作。一个创意的初期萌发，肯定不会很完善，所以要充分运用商务策划的专业知识予以完善。这时，重要的是要将自己的创意提交创意小组去评头论足，履行群体创意、集思广益、完善细化的程序。

概括地说，创意要遵从以上六个程序，同时要把握五个要点：一是努力挣脱思维定式的束缚；二是紧紧抓住思维对象的特点；三是尽量多角度去思考问题；四是防止两个思考角度完全重合；五是努力克服思维惰性的影响。

▶▶ **二、创意转换为创业机会**

📖 **案例与讨论**

浪漫女孩凭"吻印"致富

创富者：赵建君

创富地：吉林长春

2005 年的一天，正与男友热恋的赵建君擦掉口红时，无意中看到纸上的吻印特别漂亮，于是突发奇想，找来白纸，很认真地印了一个"吻"，还写了一些恋人之间的浪漫文字，过塑后送给男友。这个简单而充满创意的礼物让男友特别开心，还开玩笑地说"这个很有创意，还不如开个小店专门为情侣们服务呢"。

那时还没工作的赵建君对男友的这句玩笑动心了。2005 年中，"以吻定情"个性小店在东莞正式开张了。半年之后，结婚并怀有身孕的赵建君回到家乡长春休养，又在当地开了"爱的吻唇"实体旗舰店，乘势推出亲情吻唇、天使吻印（宝宝的吻印）、周年吻印、新婚吻印等。这些吻印不但可以做成卡片，还可以做成 T 恤、项链、手机链等相关产品。现在，赵建君月收入已近万元。

（资料来源：青年创业网，2010 年 1 月 5 日）

讨论题：

创业家们常说："好的创意是成功的一半。"在大多数情况下，创业机会源于创意。但是，创意并不等于创业机会，创意并不注重实现的可能性，最终未必能转化为创业者可以把握的创业机会。而创业机会则必须是实实在在的，能满足潜在的市场需求，并为创业者带来价值。但创业机会的发现又是进行创业活动的前提条件，因此，创业者需要对创意的形成、发现及转化机制有一定的了解。

首先，一个好的创意仅是一个好的创业工具，而将创意转化为良好的创业机会却是一个非常艰巨的工程。人们常常过高地估计创意的价值，而忽略了市场需求是否真实可靠。比如，中关村一家经销商与北京大学的学生合作开发了能够在黑暗中发出荧光的键盘，这样，计算机的使用者在黑暗中不用点灯就可以敲打键盘。这个创意很好，但这种键盘的成本一定比普通键盘高，而经常使用计算机的用户，绝大多数可以实现盲打，因而市场需求不会很好，正是这个原因，这个产品终未获得成功。

此外，第一个获得最好的创意也不能保证企业的成功，毫无疑问，第一个获得最好的创意是一件大好事，但除非你能够迅速地占有很大的市场份额或者建立很难逾越的市场进入壁垒，从而领先于竞争对手，否则第一个出现只不过意味着开拓了供竞争对手发展的市场，如万燕发明了 VCD，却在市场竞争中成为了"先烈"。

文化创意产业让大众创业、万众创新成为新常态

当前，我国已进入文化创意产业所代表的 3.0 时代。文化创意产业的重要性日益凸显。近日落幕的第十届中国北京国际文化创意产业博览会，4 天内便签署文化创意产业的产品交易、艺术品交易、银企合作等协议总金额 1003.8 亿元人民币，文化创意产业的良好发展势头可见一斑。据预计，今年我国文化创意产业增加值将达 18000 亿元，占GDP 比重将超过 5%，但与发达国家 15%～25% 的比重相比仍有较大距离。另外，文化创意产业出口方面，我国存在巨大的逆差。有问题才有进步的可能。这些问题都恰恰说明我国文化创意产业空间巨大。

1. 发展文化创意产业可促进转型升级

当前，中国经济发展模式亟待转型，中国的经济发展模式进入新常态，经济增长速度将回落到 7% 上下。一方面传统制造业产能过剩非常突出，另一方面资源环境约束日益显现。以创新驱动战略性新兴产业发展，优化产业结构就显得迫在眉睫。随着制造业的转型升级，未来将有大量劳动力从制造业转向其他行业，特别是第三产业。作为第三产业最重要的部分之一，文化创意产业能通过创新创业，创造大量岗位，带动大量人口就业，优化地方经济结构。以工业闻名全国的现代苏州，近年来大力扶持文化创意产业的发展，引进了中国传媒大学苏州研究院、苏州创意云网络科技有限公司等文创机构，并涌现出一批在业界有影响力的文创平台，尤其是苏州创意云网络科技有限公司研发的蓝海创意云，更是通过举办情调苏州"追逐中国梦、创意云苏州"、"恋上一座城"艺境苏州创意征集大赛、百万创意大赛等覆盖苏州乃至全国的文化创意活动，使苏州的文化创意产业更具活力，带动了文化创意产业的发展。

2. 发展文化创意产业可促进大众创业、万众创新

如何让大众创业、万众创新成为现实？人们在探讨双创之路时发现，文化创意产业天然就具有创新创业的属性。在这个产业中，人是最重要的资源，创意是最宝贵的财富。没有创新，没有创意，就不能称为文化创意产业。文化创意与大众创业、万众创新虽不属同一维度，但两者可谓水乳交融、相得益彰。特别是在互联网的助力下，文化创意产业对大众创业、万众创新的推动作用更为明显。诞生于2014年的蓝海创意云，作为一个"互联网+文化创意+金融"的新型孵化平台，依托中国传媒大学的行业优势和天河超级计算机的资源优势，为文化创意设计从业者提供任务大厅、在线创作、渲染农场、创意商城等服务，打造了一个线上众创空间，以实际行动响应李总理创新创业的号召，孵化优秀文化创意项目，降低了创业的门槛和风险，帮助年轻人实现创业梦想。蓝海创意云给文化创意设计从业者打造了一条完整的创业链，使大众创业、万众创新变得简单、快捷。

3. 文化创意与科技融合将催生附加值更高的新兴业态

中共十八大报告提出实施创新驱动发展的战略，但仅靠科技创新是不够的，文化创新、文化创意产业亦是创新驱动的另一极。追根溯源，人类需求分为物质需求和精神文化需求。制造业可以满足人类的基本物质需求，也会在一定程度上影响人类的精神文化需求。但真正能够满足人类精神文化需求的，还是文化创意产业。文化创意产业能从本质上改变人类的基本价值观念和生活需求，从而对制造业乃至整个社会经济的可持续发展产生巨大影响。要真正实现全面的创新，必须要把科技创新与文化创意产业相结合。文化创意与科技的进一步融合，能催生出附加值更高的新兴业态。例如蓝海创意云的渲染农场，与天河超级计算机合作，在全国拥有三大超级渲染中心，资源布局全国。凭借强劲的服务器、海量的存储、强大的渲染技术、专业的渲染服务团队，蓝海创意云的渲染农场节省了设计者的大量时间，帮助设计者从枯燥单调的机械渲染中解脱出来，投身到创意设计之中。像云渲染这样的新兴业态，在未来有着更为广阔的前景。

4. 文化创意产业将改变人们的工作方式

当文化创意产业的发展日新月异之时，人类的工作方式（生产工具）也随之有了改变。特别是随着"互联网+"的兴起，改变来得更快。例如传统上人们在举办各种大赛时，往往通过电子邮件甚至邮寄的方式来征集作品。此种办赛方式渐渐不能适应新时代的需求，蓝海创意云通过网络举办"恋上一座城"艺境苏州创意征集大赛、百万创意大赛等活动，将参赛者、参赛作品集聚到平台的"创客空间"（在线创作）中。创客空间以工作室为中心，整合了虚拟应用、云会议、云盘、项目管理工具等。蓝海创意云为所有入驻创客空间的创意项目提供平台、技术、设备、人力、场地等多方面的支持，帮助项目团队将创意理念转化为具体可视的创意成果。参赛者参加比赛时，在蓝海创意云官方网站进行报名注册，上传项目计划书、项目相关资料，并通过蓝海创意云创客空间组建创业团队、进行项目创作和管理，将最终创意成果上传至创客空间以及创意云合作渠道进行首页展示。可以看出，在蓝海创意云，参赛者与组织者、评审者、观众之间的互动更为灵活，更具有时代特征。

（资料来源：人民网，2015 年 11 月 13 日）

☞【思考与讨论】

结合"案例与讨论"和"拓展阅读",谈谈你平时发现的创意点以及如何将创意点转化为创业机会。

☞【回顾与总结】

(1)创意的含义及其产生过程。

(2)创意如何转化为创业机会?

☞【精读推荐】

卜希霆、刘文杰:《对话创意领袖:25位文化创意产业精英的创业秘籍》,中国传媒大学出版社,2014年版。

[日]大前研一:《创新者的思考:发现创业与创意的源头》,王伟、郑玉贵译,机械工业出版社,2007年版。

[德]根特·法汀:《创业其实没那么难:小创意胜过大资本》,颜徽铃译,天津教育出版社,2011年版。

第二节 创业机会的定义

📖 引导案例

移动互联创业背后：还有哪些创业机会？

许多人担心移动互联网又是另一波泡沫。我们的观点是，移动互联网真不是泡沫。拿大众点评来说，大家看看在传统互联网和移动互联网时代的价值有何不同。

移动互联网的基础是每个人手中的智能手机，手机与个人之间的强关系不是其他物品可以替代的！看看自己及身边的人，什么是不离身的？钱包不带都没关系，手机不能不带。所以移动互联网的创业，可以直接深入学习、工作、生活的每个细节。创新无所不在，就看你如何利用好移动互联网，如何利用智能手机的计算能力、位置信息、24h联网以及其背后的唯一持有人的信息。

移动互联网有哪些创业机会，从哪里入手？今天我们试图解读一下。目前网上的主要文章都是从行业的角度来分析，这里我们想从移动互联网背后的商业逻辑来看创业机会。目的是梳理出项目的商业逻辑，以协助创业者规划项目、投资者看清创业项目背后的价值。

一、基础需求

娱乐社交既是人类的基本需求，也是传统互联网的主要服务内容，移动互联网很自然就提供了这类服务。这背后的商业价值就不需要再分析了，这里就简要提一下。娱乐除了游戏（游戏产业很大，逻辑大家都明白），其他主要包括视频、音乐和阅读等，典型产品如下：

虾米音乐：注册用户超过 1200 万，提供流畅且近乎完美的无线音乐解决方案，通过 WiFi 或 3G 网络高速收听音乐，国内首家推出离线模式。

唱吧：用户总量达到几千万，社交 K 歌手机应用，内置混响和回声效果，可以将你的声音进行修饰美化。智能打分系统，所得评分可以分享好友 PK。

优酷：移动端日视频播放量超过 1.5 亿，月度覆盖用户超过 1 亿。日均 PV1412 万，超过爱奇艺（790 万）和 PSS（608 万）之和。

盛大云中书城：移动端用户超过 2000 万，内容囊括盛大文学旗下起点中文网、红袖添香、小说阅读网、榕树下等网站内容及众多全国知名出版社、图书公司电子书，为消费者提供包括图书、报纸杂志等数字商品。

社交类产品只要提提这些名字即可：微博、微信、陌陌、Skype等。我们一般不推荐创业者选择这类项目进行创业，一是去看看这些项目背后的失败，二是看看这些项目背后的艰难。成功不可复制，要认清项目当时的天时、地利、人和。

二、记录信息

记得智能手机刚出来时，APP 都是关于如何管理电池、管理内存，等等，说白了就是帮你管理好自己的手机。随着这些基本的手机管理需求被满足，以及被巨头们切入后，就慢慢切入到个人的自我信息管理。其商业逻辑就是帮你管理信息，不再需要笔记录。目前主要的创业项目和具体的商业模式有：

51信用卡管家：帮你管理自己的信用卡，记录自己的账单。目前激活用户近1000万。

挖财、随手记：帮你方便地用手机来记账，让用户可以随时随地记账理财。

大姨妈：听说是很多女性朋友的必备应用，解决了在日历上划日期的苦逼时代。根据你的记录测算经期、排卵期；通过健康测试，让你更了解自己的身体状况。

咕咚运动：记录你每天的运动轨迹、路程、时速等数据。还可以与朋友分享。

iOil：几年前我曾经记录每天加油的油量、公里数，再计算油耗和油费开销，现在有了APP更方便了。

这类项目应用应该还有不少可挖掘的地方，想想在我们生活中还需要经常记录些什么？生日、重要日子，宝宝的成长过程……怎么去产生商业价值，如何盈利就需要创业者去发挥自己的想象力了。

三、找商家

"大众点评"就是找餐厅的一个例子。其商业逻辑就是帮用户快速找到自己需要的商家。这类应用的主题是落在商家上，我们看看哪些商家可以APP了。比如帮用户找餐厅有：

大众点评：移动端独立用户数达到7500万，大众点评已经成功在移动互联网布局这一模式，大众点评移动客户端已经成为本地生活必备工具。

淘宝点点：最大的不同在于打通了商户后台 CRM 系统，实现 O2O 交易（不限于团购套餐）。对消费者而言，真实的菜品和点评信息，配加智能点餐系统，通过手机等移动终端实现的"懒人点菜神器"。

其他：客如云、易点、聚外卖等。

帮用户找宾馆的有：

快捷酒店管家：快速定位，在地图上直接找到附近的快捷酒店，能够直观地标注在地图上。提供快捷酒店日房信息展示及电话预订，直连酒店官网数据，可在线预订。

其他：冰点、酒店达人、今夜酒店特价、酒店小秘等。

帮用户找店铺的有：

压马路：是一个专门搜罗各种精彩设计、商品和店铺的网络平台，主要包括服饰和家居类产品。在压马路，你可以以更低的折扣价，购买到全世界精选出的有创意、有设计的好商品，也可以搜罗到各个隐藏在城市角落中的特色店铺。

还有像"找 K"帮你找 KTV 等各类以帮用户找商家为核心的应用。创业者们可以想想还有哪些商家需要被找。

四、找人服务

这类移动互联网创业可以说是 2013 年上半年最火的一类项目，即帮用户直接找到"可以为他服务的人"。打车软件就是这样的一类应用，APP 帮乘客与出租车司机直接对接服务。这类应用一般有两个应用端，需要服务的直接客户安装一个 APP，而提供服务的人安装一个终端面 APP。这也只有在移动互联网时代才能提供如何直接服务。

这类 APP 的商业逻辑是减少信息沟通的环节，直接将服务的两端对接，帮助用户快速找到"可以提供优质服务的人"。一般这类应用的主题是按职业来分的，我们看看有哪些职业可以 APP。

出租车司机：快的打车、滴滴打车、打车小秘、摇摇招车。帮助乘客方便、快速地找到出租车司机。

配驾租车司机：易到用车提供专业配驾租车服务。用户发出需求，距离最近的车辆就会来接你。高端车型，专业服务，并配有专职司机。提供便捷、轻松、舒适的用车。

代驾司机：e代驾、爱代驾等，通过移动互联网技术改善传统代驾服务行业。在大大降低代驾等候时间和代驾服务费用的同时，更将安全和便捷带给大众。直接显示离用户最近的5名代驾司机，最大限度地压缩客户等待时间。

医生：春雨掌上医生，用户数量超过千万，一款让用户"自诊+问诊"的手机客户端。用户可以免费查询自己有可能罹患的疾病，免费向专业医生提问。帮助用户方便快捷地找到医生并进行咨询。

牙医：最近提供牙科咨询和牙医预约服务的"我要看牙网"刚刚获得融资。"我要看牙网"也推出了移动端APP牙医问问，用户可就牙科问题向医生咨询，并直接预约附近的牙医安排就诊。

信用卡业务员：51办信用卡，你通过这个APP或51信用卡上的"51办卡"可以直达各大银行的信用卡业务员，直接获得优秀服务。

理发师：美美豆用户超过100万，通过手机终端将用户和发型师之间的沟通管道打通，建立美发行业领域内，线上线下相结合的一个创新模式。

家政：e家洁，一款基于地理位置的找小时工应用，主要提供清洁房屋服务。可以随时随地给身边的小时工打电话，绕开家政公司，低价、方便、简单。

律师：大律师，一款结合"图文咨询+电话咨询"的法律问答工具，为您回答您自己或他人所提出的法律问题，并可向专业律师进行电话咨询。

移动互联网让很多职业建立自己个人的品牌，让信息更对称。创业朋友们想想还有哪些职位可以用上APP，各类设计师、各类咨询师、会计师、模特、歌手、摄影师、各类维修员、裁缝师……这里的创业机会还有很多，有些虽然不一定可以做成一个很大的企业，但作为一个小而美的创业项目也不错。

五、直接购买

想到什么？淘宝？嗯，不错，现在在淘宝上可以买很多东西了，但这里面还是有不少创业机会。项目的商业逻辑是减少购买环节、降低购买成本。用移动互联网可以实现更多有意思的创业项目，我们来看看一些案例吧。

铜板街：用户可以通过移动互联网平台购买理财产品，具有安全、简单、便捷等特点。为用户精选和推荐的理财产品皆为零风险或低风险，保障用户的本金不会亏损。

格瓦拉@电影：用户通过查询电影院排片表，选择需要看的电影场次以及座位，并完成在线支付，到场自主取票，整个过程省去了排队买票的时间。

航班管家：用户上千万，可以快速查询航班、订购机票，实时了解飞机起降情况，获取机场交通餐饮购物等。

以上的购买服务淘宝都有，应该说直接购买服务淘宝都会做，但这里面留给创业者的机会在哪里？我们分析从两个方面入手：一是在一个细分领域做深，二是充分利用移动互联网的优势。

六、智能服务

这是一个替代的方式，原来需要人服务的，用机器代替。商业逻辑就非常简单，机器代替人服务，效率、成本提升。最直接的就是导航软件，替代了原来在高速口有很多举牌子"带路"的。现在好像还有，不过已经没以前多了。

其他智能服务的典型案例：

景点通：一款专业景点导游应用，目前用户300多万。可任意缩放景区地图，旅行线路规划，支持景区定位和指北针，专业的语音介绍。一个了解全国各大景区，懂玩乐、懂历史并为用户合理安排时间、设置好地图路线的景区私人导游。

大谷打工网：中国最大的手机招人平台，为打工者提供免费、可靠的求职平台。同时，也为各大企业提供智能专属的基层人力资源招人解决方案，替代传统的招聘会。

手机租房：借助智能手机特有的GPS定位、电话、短信、拍照、系统提醒等功能，努力尝试改变被中介统治已久的租房市场，帮租房人用最少的钱租到最好的房。

智能服务的APP我没有仔细去找，想想应该会有更多。比如手机挂号平台、各类银行APP等。另外，这类应用的分类也有点模糊，比如某种程序上打车APP也是智能叫车服务，替代了原来的呼叫调度中心。Anyway，何必为难自己，分类只是为了方便，没有必要太纠结。

小结

上面几种商业模型，肯定没有覆盖移动互联网的所有创业项目，我只希望起到抛砖引玉的作用。第一类"玉"是创业者能得到启发，创新出好的项目。第二类"玉"是有朋友能一起总结分析，看看在移动互联网创业背后还有哪些商业逻辑。

（资料来源：IT168，2015年7月8日）

创业，最关键的要素是机会的发现。机会是一个非常神奇的东西，成功的创业、成功的创新、成功的战略，都要仔细琢磨和抓住机会。

"成功靠的不是解决问题，而是利用机会。"这是美国著名未来学家、《大趋势》的作者奈斯比特在其著作《定见》中提出的一个定见。

德鲁克关于创新的源泉，提出了创新的七个来源，实际上就是创新的机会。从技术角度看，创新是研究。从商业角度看，创新是机会的发现。

苹果公司的乔布斯是公认的天才的创新者，然而，乔布斯并不懂技术，但乔布斯总是指引着技术创新的方向，因为他总是能够发现创新的机会，然后交给其他技术人员予以实现。

李嘉诚曾说过："当一个新事物出现，只有5%的人知道时，赶紧做，做早就是先机。当有50%的人知道时，你做个消费者就行了。当超过50%，你都不用去看了。"他还有一句话说得更直白："龙卷风来了，猪都能够飞上天。"猪并没有长翅膀，不借助龙卷风这样的机会，是无法飞上天的。

企业家与生意人的分水岭，就在于抓住机会成功后如何对待机会。

不仅创业需要机会，做成任何事，机会都很重要。只不过，离开了机会，创业几乎就不可能。

随着经济全球化的进程逐渐加快，企业面临着更加动态多变的外部环境，也面临着日趋严峻的竞争态势。在复杂、动态的环境中，各种创新和创业活动已经成为企业生存和发展的必要条件，但创新和创业活动绝不是凭空进行的，需要具备一定的条件。除了对外部环境的适应性需求外，还需要拥有创业机会。

创业机会有几种不同的定义方式：

（1）创业机会可以为购买者或使用者创造或增加价值的产品或服务，它具有吸引力、持久性和适时性。

（2）创业机会可以引入新产品、新服务、新原材料和新组织方式，并能以高于成本的价格出售的情况。

（3）创业机会是一种新的"目的—手段"关系，它能为经济活动引入新产品、新服务、新原材料、新市场或新组织方式。

（4）创业机会主要是指具有较强吸引力的、较为持久的有利于创业的商业机会，创业者据此可以为客户提供有价值的产品或服务，并同时使创业者自身获益。

综上所述，我们可以得出较为全面的概念：创业机会，是指在市场经济条件下，社会的经济活动过程中形成和产生的一种有利于企业经营成功的因素，是一种带有偶然性并能被经营者认识和利用的契机。它是有吸引力的、较持久的和适时的一种商务活动空间，并最终表现在能够为消费者或客户创造价值或增加价值的产品或服务中，同时能为创业者带来回报或实现创业目的。

课后练习

当前市场中不断地出现山寨货，而通过生产山寨货也使得一部分人"创业成功"，发家致富。阅读下列案例，谈谈你的看法。这种行为是否可以称为一种创业机会？

美国创业者崩溃记： 上的众筹还未结束，淘宝已卖出好几千且价格更便宜

山寨厂商具有特别敏锐的嗅觉，如今他们有了发现潜力爆款产品的新渠道，那就是各种众筹平台。这边产品才刚刚亮相，那边的山寨仿品已经从深圳各个小工厂流水线上下来装车运向四面八方。

成功的众筹产品都有着相似的路径，失败的众筹则各有各的死法。有些是发起者拿着钱去买了法拉利的"跑路死"；有些是因资金、人员不足，生产时间线拉得太长，迟迟不能发货的"拖延死"；当然更多的是连钱都没有筹齐死在襁褓中的"出师未捷身先死"。在这么多死法中，死得最冤的要属"山寨死"——明明筹到了钱，也准备联系代工厂生产了，结果发现深圳山寨厂商的仿品早就开始卖了，这就是以色列创业者谢尔曼（Sherman）的真实遭遇。

谢尔曼花了一年时间设计了一款带有自拍杆的手机壳 Stikbox，为了能够获得更多资金进行规模生产，谢尔曼将这款手机壳放在了众筹平台 Kickstarter 上募集资金。为了能吸引用户的支持，他还自己掏钱拍摄了一个专业的宣传视频。

就在他的产品 2015 年 12 月刚刚登上 Kickstarter 募资一个星期，谢

尔曼居然就在阿里巴巴海外批发平台 AliExpress 上看到了自己设计的自拍杆手机壳。中国的山寨自拍杆手机壳与他设计的一模一样，价格极低，有一些甚至还不到 10 美元，远远低于谢尔曼在众筹网站上设定的 39 欧元（约为 47.41 美元）。

4 Colors Available
2016 Hot Selfie Stick Case For iPhone 6 6s 6S plus Phone Shell
US $12.16 - 15.48 / piece
Free Shipping
⭐⭐⭐⭐⭐ (23) | Orders (93)

4 Colors Available
3 in 1 Selfie Stick Case for iPhone 6 6S plus Multifunction Foldable
US $13.64 - 17.49 / piece
Free Shipping
⭐⭐⭐⭐ (522) | Orders (663)

4 Colors Available
Magic Selfie Stick Case for iPhone 6s Plus Aluminum+ABS Stand
US $11.99 - 12.99 / piece
Free Shipping
⭐⭐⭐⭐⭐ (41) | Orders (171)

在仿品铺天盖地出现时，曾经为谢尔曼的创意慷慨解囊的 Kickstarter 支持者们也开始怨声载道，纷纷要求退款，还有些表示自己已经用上了 iPhone7，这个适用于 iPhone6S 的手机壳已经没有用了。

（资料来源：新浪科技，2016 年 11 月 12 日）

☞【思考与讨论】
结合资料，谈谈你对创业机会的认识。

☞【回顾与总结】
创业机会的含义是什么？

☞【精读推荐】

［美］隆内克：《创业机会》，郭武文译，华夏出版社，2002 年版。

郑炳章等：《创业研究——创业机会的发现、识别与评价》，北京理工大学出版社，2010 年版。

第三节　创业机会的特征

张朝阳是如何"发现"　　　的

张朝阳的成长经历中，1986 年是一个分水岭，他考上李政道奖学金，赴美国麻省理工学院学习。张朝阳从小就不安分，爱幻想，不甘落后，对很多东西感兴趣。他学过画画、做过飞机航模、拉过二胡，尤其喜欢看《水浒传》。他喜欢看那些自学成才的故事，读《哥德巴赫猜想》，并暗立志向：要好好念书，将来出人头地。中学时代，他的理想是当物理学家，认为只有获得诺贝尔奖，才能成就一番大事业。这是他考取清华大学的直接动力，也是他考取李政道奖学金的直接动力。

从陕西西安到北京，从北京到美国，故乡渐行渐远，理想渐行渐近。人生的转折和变化成为一种标志；而今天的张朝阳，就是理想变化的结果。1993 年，在麻省理工学院念了几个月的物理学博士后之后，张朝阳突然感到学了很多年的物理学并不太适合自己。"在物理实验中，我发现我是个操作型的人，特别注重结果，不能容忍搞一套理论，而这套理论要在 100 年之后才能得到验证。"与此同时，张朝阳看中了和中国有关的商务活动，他很幸运地在麻省理工学院谋得了亚太区中国联络官的角色，这个角色让张朝阳有机会频频回国。

1995 年 7 月，张朝阳突然有了回国创业的强烈念头，美国随处可见的"硅谷"式创业更是激起了他的热情。他清楚地认识到互联网经济极为惊人的商业和社会价值，于是下定了创业的决心。当他看到 Internet 的机遇时，感觉到应该是创业的时候了。张朝阳联系到了 ISI 公司，想做 China Online（中国在线），用 Internet 搜集和发布中国经济信息，为在美国的中国人或者对中国感兴趣的人服务。ISI 总裁当时和张朝阳的想法相近，两人一拍即合，于是融资 100 万美元，张朝阳于1995 年底以 ISI 公司驻中国首席代表身份，开始用 Internet 在中国搜集和发布经济信息，为华尔街服务。

在 ISI 的经历，张朝阳觉得中国 Internet 的市场潜力巨大。1997 年1 月初，ITC 网站正式开通，可是到了年底，第一次融资得来的 18.5 万美元所剩无几，快到了连工资都开不出来的地步。迫不得已，张朝阳向他的投资人发出了紧急求救，三位投资者再次为张朝阳提供了 10 万美元的"桥式"贷款。1998 年 2 月，张朝阳正式推出了第一家全中文的网上搜索引擎——搜狐（SOHU）。1998 年 3 月，张朝阳获得 Intel 等两家公司 210 万美元的投资，他的事业开始蒸蒸日上，1998 年 9 月，搜狐上海分公司成立，1999 年 6 月组建搜狐广州分公司。2000 年搜狐在 NASDAQ 成功上市，并购了中国最大的年轻人社区网站 Chinaren，网络社区的规模性发展给门户加入了新的内涵，使之成为中国最大的门户网站，奠定了业务迅速走上规模化的基础。

张朝阳不失时机地进行了一连串大手笔的动作，让搜狐出现在更多的地方。他及时判断出短信对互联网的巨大利益，并且尝试着把它作为一个能与互联网紧密结合的产业来运作。2001 年耗资百万成就"SOHU 手机时尚之旅"，张朝阳亲自出现在首席形象代言人的位置上，这在风风雨雨的互联网世界，确实收到了空前的效果，树立了 SOHU 人的信心。2003 年春夏之交，SOHU 再次给网络界带来惊喜：SOHU 登山队攀登珠穆朗玛。在互联网正全面复苏的时候，在 Sars 肆虐人类的时候，他想证明 SOHU 的勇气，并宣告 SOHU 的理想。

与商业行为中充满活力的张扬的形象完全相反，真实的张朝阳的本性是沉默的。张朝阳自己解释说："我话少的原因是因为我追求真实。说一些没用的话，我觉得是一种做作。我是个比较沉默寡言的人，很内向。如果为了应酬不得不说话，往往告诉自己：这仅仅是在应酬。我性格上最大的特点就是：追求真实到了一种残酷的地步。无论对自己还是对别人。不能忍受半点不真实。我要求无论自己还是他人，都要诚实，不讲假话。有的人讲某些话的时候，可能他并没有讲假话，但他话语的背后隐藏着某种心理，当他的某种心理状态在作怪的时候，我不能忍受，会给他剥出来。追求真实源于对人的关注、对人的内心世界的关注，同时跟学物理有关。学物理总要探究事物的根本原因，对世界上所发生的事情都要探个究竟。"

不论张朝阳自己如何解释他的性格与成功的原因，客观地分析他的经历，可以看出，他的出生地西安的传统文化，清华大学的校园文化以及美国的现代西方文化，基本上铸就了张朝阳的精神内核。他的沉默、务实、缓慢与持久，深厚的积淀，得自西安传统文化；他的新锐、前卫、时尚，得自清华和美国。有过类似经历的人其实很多，但能将两种相矛盾的文化结合得很好，运用得自如，将自己的理性驾驭得如本能一般，这方面，张朝阳的确有过人的本领。正是把这些文化的优势完全用于搜狐的事业，张朝阳创造了一个奇迹，最少就他代表的这一辈人来讲是如此的。

（资料来源：纯真网，2014 年 4 月 12 日）

▶▶ 一、创业机会的特点

创业机会虽有某些普遍的共性，但是它一般存在于大众视野的盲区，只有少数目光敏锐、洞察力强的人才能发现它，一旦公开就会"见光死"，也就失去机会的意义了，因此决定了创业机会具有以下特征：

1. 普遍性

凡是有市场、有经营的地方，客观上就存在着创业机会。创业机会普遍存在于各种经营活动过程之中。

2. 偶然性

对一个企业来说，创业机会的发现和捕捉带有很大的不确定性，任何创业机会的产生都有"意外"因素。

3. 消逝性

创业机会存在于一定的时空范围之内，随着产生创业机会客观条件的变化，创业机会就会相应地消逝和流失。

机会还存在于大众视野的盲区。这个观点的方法论价值在于：

第一，当我们寻找机会时，通常要遵循大众思维的反向思维，即大众关注什么，我们就向那些大众不关注的领域或方向思考、寻找。这是一种需要训练或暗示的思考方式，因为多数人的焦点是随着媒体或大众走的。

第二，当发现一个创业机会时，一定要思考：其他人发现了吗？有多少人发现了这样的机会？如果发现这种机会的人较多，那么，可能就不是机会。马云创办阿里巴巴时，多数人认为他是个疯子。这说明，这样的机会只有马云发现了，其他人没有发现。等到马云成功了，大家认为这是个机会时，其实已经不是机会了。

第三，发现创业机会，要多往自己不常关注的领域走，越是大众不熟悉的领域，越是大众不屑的领域，隐藏着越多的机会。

第四，一旦其他人发现机会成功了，最好不要跟风。因为大众一跟风，机会就消失了，留下的只是陷阱。

有的创业者认为自己有很好的想法和点子，对创业充满信心。有想法、有点子固然重要，但是并不是每个大胆的想法和新异的点子都能转化为创业机会。许多创业者因为仅仅凭想法就去创业而失败了。那么如何判断一个好的商业机会呢？《21世纪创业》的作者杰弗里·蒂蒙斯教授提出，好的商业机会有以下四个特征：

第一，它很能吸引顾客。

第二，它在你的商业环境中行得通。

第三，它必须在机会之窗存在的期间被实施（注：机会之窗是指商业想法推广到市场上去所花的时间，若竞争者已经有了同样的思想，并已把产品推向市场，那么机会之窗也就关闭了）。

第四，必须有资源（人、财、物、信息、时间）和技能才能创立业务。

▶▶ 二、识别四类创业机会

好的创业机会，必然具有特定的市场定位，专注于满足顾客需求，同时能为顾客带来增值的效果。要想寻找到合适的创业机会，创业者应识别或辨别以下创业机会：

1. 现有市场机会和潜在市场机会

市场机会中那些明显未被满足的市场需求称为现有市场机会，那些隐藏在现有需求背后的、未被满足的市场需求称为潜在市场机会。现有市场机会表现明显，往往发现者多，进入者也多，竞争势必激烈。潜在市场机会则不易被发现，识别难度大，往往蕴藏着极大的商机。例如，金融机构提供的服务与产品大多是针对专业投资大户，而占有市场大量资金的普通投资者未受到应有的重视，这种矛盾显示出为一般大众投资提供服务的产品市场极具潜力。

2. 行业市场机会与边缘市场机会

行业市场机会是指某一个行业内的市场机会，而在不同行业之间的交叉结合部分出现的市场机会被称为边缘市场机会。一般而言，人们对行业市场机会比较重视，因为发现、寻找和识别的难度系数较小，但往往竞争激烈，成功的概率也低。而在行业与行业之间出现"夹缝"的真空地带，往往无人涉足或难以发现，需要有丰富的想象力和大胆的开拓精神，一旦开发，成功的概率也较高。比如，人们对于饮食需求认知的改变，创造了美食、健康食品等新兴行业。

3. 目前市场机会与未来市场机会

那些在目前环境变化中出现的市场机会称为目前市场机会，而通过市场研究和预测分析它将在未来某一时期内实现的市场机会称为未来市场机会。如果创业者提前预测到某种机会出现，就可以在这种市场机会到来前早做准备，从而获得领先优势。

4. 全面市场机会与局部市场机会

全面市场机会是指在大范围市场出现的未满足的需求，如国际市场或全国市场出现的市场机会，着重于拓展市场的宽度和广度。局部市场机会则是在一个局部范围或细分市场出现的未满足的需求。在大市场中寻找和发掘局部或细分市场机会，见缝插针，拾遗补阙，创业者就可以集中优势资源投入目标市场，有利于增强主动性，减少盲目性，增加成功的可能性。

▶▶ 三、机会青睐于特定创业者

为什么是有些人而不是其他人看到一个机会？这些看到了机会的创业者有什么独特之处？这些人被理论界和实践界认为具备以下特征：

（1）先前经验。在特定产业中的先前经验有助于创业者识别机会。有调查发现，70%左右的创业机会，其实是在复制或修改以前的想法或创意，而不是全新创业机会的发现。

（2）专业知识。拥有在某个领域更多专业知识的人，会比其他人对该领域内的机会更具警觉性与敏感性。例如，一位计算机工程师，就比一位律师对计算机产业内的机会和需求更为警觉与敏感。

（3）社会关系网络。个人社会关系网络的深度和广度影响着机会识别，这已是不争的事实。通常情况下，建立了大量社会与专家联系网络的人，会比那些拥有少量网络的人容易得到更多机会。

（4）创造性。从某种程度上讲，机会识别实际上是一个创造过程，是不断反复的创造性思维过程。在许多产品、服务和业务的形成过程中，甚至在许多有趣的商业传奇故事中，我们都能看到有关创造性思维的影子。

尽管上述特征并非创业成功的必然，但具备了这些特征，往往较其他创业者具有更多的优势，也更容易获得成功。

看到机会、产生创意并发展成清晰的商业概念意味着创业者识别到机会，至于发展出的商业概念是否值得投入资源开发，是否能成为有价值的创业机会，还需要认真的论证。

公司总裁兼 　　姚劲波：未来创业机会多 坚持是很好的武器

与很多为资金问题焦头烂额的创业同行相比，姚劲波在创业过程中从来不差钱，一直有资金愿意为他的判断埋单。因此，当大多数创业者或者因长期无法盈利而黯然告退，或者为了维持公司而精打细算过日子的时候，姚劲波提出了互联网界的"剩者为王"，"下一个真正百亿级别的企业诞生于分类信息网站，'剩者为王'的大戏即将上演，不是我们也是另外一家。"

"所有的创业都是从理想开始的，需要发现这个社会不美好、不完善的地方，成为你自己的痛点，想办法去解决。"

58同城创业初期，刚刚来到北京的姚劲波就因为"缺乏经验"被房产中介狠狠欺骗，于是开始思考："为什么没有一个平台把各种本地化信息聚集到互联网上，让生活通过分享变得更美好？"这是他着手做58同城的初心所在，也是他创业的理想之一。如今，他依然对此有极大的信心和认同，"没有一件事情会比这个事情更大，更有价值。我会让每个人的生活因为我的存在而变得更加方便"。

"往往创业者做的事情就是有争议的，如果没有争议早就有人做了。"正如大部分创业者在初期被认为不靠谱一样，58同城起步时也不被看好，但他一直饱含信心并能够笑对争议："58做到现在，也感谢一路下来批评我们和表扬我们的所有人，让58走到今天。"

为什么说理想重要呢？"理想也是创业者很重要的武器，不断讲就能打动投资者，打动客户，甚至可以用来挖人。"比如58同城的第一个客户甚至都没有用过网站，看了媒体报道后就直接将广告费交到了前台，他对姚劲波说："你在做的事情是我想做的，你现在做这么大，我做不了了，希望通过行动表示支持。而很高级的人加入你，不是因为薪资，你也没办法提供那么好的办公环境，往往是理想。"理想为什么会有如此大的魅力呢？姚劲波认为："你去挖人，也许对方看重的不是高薪水，而是你的理想吸引人，你的理想常常对媒体、客户、员工讲，让你的理想变成对方的理想，很多用户甚至愿意为你的理想埋单，因为他知道你代表了未来。"

"今天的创业是预计5年、10年以后的成功。"

姚劲波是连续创业者，成果斐然，他创办的学大教育和58同城先后在纽交所上市。而58同城之前，姚劲波已经有过多次互联网创业经历，是不折不扣的创业明星。

姚劲波大学毕业就踏上了创业道路，创办了一个叫易域网的域名买卖网站。2000年，他将易域网卖给万网，担任万网副总裁。在万网工作没多久，他选择离开并参与创办了学大教育。当时正值国内教育产业最火的时候，姚劲波将学大教育从单一的家教网发展为覆盖多项功能的学大教育。在学大教育走上正轨之后，他放下管理职务，着手建设58同城。

"我做任何事情之前都先看这件事情是不是未来的方向，即使现在开始创业，等这件事情能够真正成功，也得是5年、10年以后的事了，创业到能上市的平均时间是7年，58同城到现在是8年。"姚劲波想用自己的创业经历告诉创业者，创业是一个长期的过程，不仅要把眼光放长远，还要一步步坚持下去。为什么这么说呢？姚劲波在演讲中表示："一个公司从开始到上市，普遍规律是5~10年，时间很长，要享受这个过程，这样就会把对手拖死，可能对方不享受这个过程，熬不住就先撤退了。"所以，"今天的创业是预计 5 年、10 年以后的成功"。

"你在互联网创业，专注是第一位的。"

很多人认为现在的创业机会比以前少了，姚劲波却说："其实时机好不好，你要回头看，在互联网做个平台，做个什么企业，那个机会可能没有了。但是现在互联网渗透越来越深，互联网创业机会不是更少了，而是更多了。"他进一步解释道："搬家、租车、教育、家教、找教练，有太多太多机会，每一个细分的市场，你乘以中国 14 亿人口，乘以中国的 380 个城市，乘以中国 GDP 这个增长速度，未来 5 年、10 年又是一个巨大的产业。"

中国正处于快速发展的时期，年轻的创业者"创业选择一个细分的点开始，像刀刃一样尖锐，做到极致，比谁都好，58 一开始就是做租房。创业不但要踩准点而且要趁早"。那么如何找到这个切入点呢？姚劲波认为如果自己当下从事的行业在未来 5 年还符合国人的消费习惯和生活习惯，那就可以坚持下去。

姚劲波劝告年轻的创业者，在互联网行业创业，专注是第一位的："未来的十几年依然是特别好的十几年，因为中国社会在变化，只要在变化，就会有机会，这种变化可能是多个维度的。太多的机会，只要你抓住一个，预判十年以后这个社会应该是什么样子，你找到这个点，然后持之以恒地努力，我觉得每个人都有机会。"

（资料来源：陈海涛、杨正：《世界这么大 我们创业吧——创业者必知的生存法则》，中国法制出版社，2015 年版）

☞【思考与讨论】

（1）一个好的创业机会有什么特征？

（2）你认为要想识别出有价值的创业机会，创业者个人需要具备哪些条件或特征或者在哪些方面有所提升？

☞【回顾与总结】

创业机会的特征及识别。

第四节　创业机会的来源

福娃娃与大胖子： 近得让你无法置信的创业机会

　　大学毕业的他在求职路上四处碰壁，原因很简单，太胖，胖得没了基本的体形。也许用人单位大多怀疑他是那种五体不勤的家伙，好长一段时间，连他自己都怀疑自己是否还有用处。

偶然的一天，他在街上闲逛，蓦然发现一家商店的门上贴着一张"福娃娃"挂图。看到图上那个胖胖的"福娃娃"很像自己的样子，他不由得笑了。

看来胖胖的身子也能给人以愉悦。

于是，他有了一个大胆而又新奇的想法：要是我也扮成一个"福娃娃"，是不是人家也会喜欢呢？顺着这个思路，他先订做了一套漂亮的民族服装穿上，再挂上甜美的微笑，然后到各大酒店去推销自己。费尽唇舌后，终于有一家酒店答应让他在门口扮成"福娃娃"的模样招徕顾客。当他打扮一新，以"福娃娃"的身份站在那家酒店门口，结果还真的给那家酒店带来了前所未有的好生意。酒店经理一高兴，便把酒店广告的大权全都授予了他。

接下那份差事，他便想方设法凭借自己的优势招徕顾客。于是，他别出心裁地组建了胖子舞蹈队，专跳富有异国风情的草裙舞，在客人用餐时带去了不少欢乐。再后来，他又专门把胖子们都扮成"福娃娃"，开展酒店送货上门的业务，一下子拓宽了市场，也为酒店寻找到了新的卖点。

时过境迁，酒店老板要提升他为酒店部门经理，他毅然谢绝了。他成立了"福娃娃"开发有限公司，富有特色的"福娃娃"舞蹈团、民歌剧团、名酒促销团等，专为各大酒店和各种盛大的晚会提供服务，一直供不应求，一年下来竟赚了个盆满钵满。他就是"福娃娃"开发有限公司的总经理张明成。

（资料来源：阿里巴巴专栏）

▶▶ 一、创业机会的五大来源

1. 创意与发明

发明创造是运用现有的科学知识和科学技术，首创出先进、新颖、独特、具有社会意义的事物及方法来有效地解决某一实际需要。创造发明提供了新产品、新服务，更好地满足顾客需求，同时也带来了创业机会。例如，随着电脑的诞生，电脑维修、软件开发、电脑操作的培训、图文制作、信息服务、网上开店等创业机会随之而来，即使你不发明新的东西，你也能成为销售和推广新产品的人，从而带来商机。

📖 案例与讨论

案例：见"引导案例"。

讨论题：

从"福娃娃"开发有限公司的案例中，讨论创意如何转变为创业机会。

2. 解决问题

创业的根本目的是满足顾客需求。而顾客需求在没有满足前就是问题。寻找创业机会的一个重要途径是善于去发现和体会自己和他人在需求方面的问题或生活中的难处。例如，上海有一位大学毕业生发现远在郊区的本校师生往返市区交通十分不便，创办了一家客运公司，就是把问题转化为创业机会的成功案例。

问题就是机会。别人的问题是你的机会，你的问题是别人的机会。问题越多的社会，机会越多。中国就是如此。在中国，几乎很难发现一个没有问题的领域，这也意味着几乎每个领域都有机会。可是，有的人在抱怨问题，有的人在发现机会。机会与问题是同一件事情的两面，只不过有人看到了问题，有人看到了机会。所以，机会实际上是看待事情的视角。横看成岭侧成峰，就是因为视角不同。成功者往往是机会导向的思维，而普通人更多的是问题导向的思维。例如，两个推销员到非洲岛国卖鞋的故事，不同的人有不同的解读。有人认为是个问题——没有市场；有人认为是个机会——潜力无限。

当然，"问题就是机会"这种思维方式是需要训练的。多数人发现问题的想不通思维是自卫式思维，即解决问题。这是人的本能。如果是解决问题，那么就需要付出成本，是有代价的。如果视问题为机会，那么就成为资源。为了解决问题而付出代价，与把问题当资源，这其中有很大的区别。

社会大众遇到问题，本能的反应是发牢骚、泄愤等，我们要以正确的心态和思维面对这些现象，并加以利用。例如，多听顾客的意见、牢骚、投诉等，就可以从中发现机会。

📖 **案例与讨论**

"爱心候妻咖啡店"

一个双休日，她早早地吃了饭就同丈夫一块儿去购物中心买衣服。结婚这些年来，每次买衣服，丈夫尽管都是跟着她一块儿去，但从他的表情上看是不太情愿的。

这次也一样。衣服是女人的命根子，一旦走进了衣服的天地，一切都会抛之脑后，包括一直跟随自己"受苦受累"的丈夫。

等到她选好了自己称心如意的衣服准备回家时，才发现丈夫走路已是一瘸一拐的。细问，才知道早上出门时丈夫穿了一双新皮鞋，由于鞋子质量有些问题，一上午下来，脚上已经磨出了血泡。她心疼地把丈夫扶到购物中心门口的石椅上坐下。此时，她发现旁边一些石椅上也坐着好多这样的男士。一打听，全是陪老婆出来买衣服，走累了，出来透透风。

她顿时觉得当男人也不容易，要是有个场所能让他们坐下来一边品茶喝咖啡，一边等在里面购物的老婆该多好呀。在回家的路上，她一直在思考这个问题，途经一家咖啡店时，她打定了主意：就在购物中心外建一家咖啡店。

不到三个月，这家购物中心的旁边就出现了一家咖啡店，她给这家店命名为"爱心候妻咖啡店"。直到如今，这家咖啡店仍兴旺地经营着。

（资料来源：阿里巴巴专栏）

讨论题：

你身边有哪些问题，怎样从中寻找到创业机会？

3. 环境变化

创业的机会大都产生于不断变化的市场环境，环境变化了，市场需求、市场结构必然发生变化。著名管理大师彼得·德鲁克将创业者定义为那些能"寻找变化，并积极反应，把它当作机会充分利用起来的人"。这种变化主要来自产业结构的变动、消费结构升级、城市化加速、人口思想观念的变化、政府政策的变化、人口结构的变化、居民收入水平提高、全球化趋势等诸方面。如居民收入水平提高，私人轿车的拥有量将不断增加，这就会派生出汽车销售、修理、配件、清洁、装潢、二手车交易、陪驾等诸多创业机会。

对于变化或异常，人们的反应是本能的。本能的反应是防卫性的，即消除异常，回归正常。多数人对于变化或异常的反应是本能的、正常的，是可以理解的。因为我们不指望每个人都成为创业者，都能够从变化或异常中发现机会。创业总是只占人口的少数比例。

案例与讨论

"饿了么"的创业史：互联网如何改变快餐业生态

从上海交大起家的饿了么，经过 5 年发展，已成为中国最大的餐饮 O2O 平台，日处理订单超过 10 万。随着巨头相继杀入餐饮 O2O 市场，饿了么选择与大众点评"联姻"，饿了么首席战略官康嘉形容"憋了一个大招"。2016 年 4 月，康嘉在与 IT 段王爷的访谈中详细介绍了饿了么 5 年创业史和产品心得。

以下是 IT 段王爷（以下简称"段"）与康嘉（以下简称"康"）的对话全文：

1. 创业起因：高校订餐是一级痛点

段：饿了么创业至今已有 5 年，请你简单介绍下 5 年的创业历程，发展历程中有哪些重要时间节点？

康：饿了么是一家大学生出来创业的团队，起步的时候资源很少，所以都是身兼多职，2007 年我们进上海交大，2008 年开始捣鼓创业，当时确实什么都不懂，2009 年网站才上线，2011 年毕业后开始正规完善的商业运作。

段：饿了么当初为何选中订餐作为创业的切入点？也就是说你们是如何挖掘出订餐是用户的一级痛点？

康：因为订餐确实是我们自己的痛点，我和 Mark（饿了么 CEO 张旭豪）喜欢打实况，废寝忘食，叫外卖结果发现体验太糟糕了，某天晚上合计了一晚，第二天就起来做事情。

这个痛点还是普遍存在的，电话叫餐经常占线、餐厅选择少、对比少、服务难以评价，经常有同学骂娘，都已经骂娘了，说明真的很痛。早期的外卖用户，以快餐居多，其实是懒的需求，不想出门，当然也可能因为太忙了。

段：饿了么发迹于上海交大，之后迅速占领上海市场。高校学生算是饿了么的天使用户吗？你们如何想到以高校市场为创业发力点？

康：原因很简单，当时我们就是在校学生，学生叫外卖的需求很普遍，而且高校人多、消费量大，从高校获取第一批用户是很自然的想法，然后逐步改进产品。还有一个原因，高校学生对新事物的接受度比较高，包容性也比较好。身边的同学经常会给我们提供很多不错的建议，同时大学校园的影响力也为招聘带来一些便利。

2. 团队管理妙招：狠抓价值观

段：饿了么除了产品、技术团队，地推人员也占很大一部分，你们是如何管理现有团队的，尤其是对地推团队的管理？

康：饿了么不仅有 BD，还有地推，这是饿了么的优势之一，也越来越是挑战。我们的原则是数字化、制度化的管理，依赖系统，系统指导人，这是一个原则，会不断加强；另外，地推和 BD 团队很辛苦，我们非常看重人情管理，增强大家的凝聚力，强调价值观。饿了么可能是这个体量的公司里，价值观讲得最多的，当然主要是对内部。

段：2015 年 11 月饿了么获得 2500 万美元 C 轮融资，估值近 1 亿美元，你们是如何处理与投资人关系的？

康：这和行业有关系，餐饮 O2O 在爆发，饿了么是龙头，估值自然高一些。我们是大学生创业团队，在与投资人沟通方面倒是不讲究技巧，基本就是透明沟通，虚心求教。正规、标准这是起码的要求，保持很强的执行力，投资人会在后面支持我们。

段：饿了么管理层与投资人出现分歧会怎么办？

康：目前还没有发生过矛盾，我们平时保持沟通，投资人帮助我们很多，如果有问题也基本在早期被化解了。

3. 专注产品放首位

段：饿了么在探索商业化方面有什么进展？你们是如何权衡产品发展与商业化进程之间关系的？

康：饿了么的收入一直在稳步增长，本来可以增长更快，但是因为巨头的涌入，行业的爆发，我们目前也把扩大市场和完善产品放在第一位。可能这几年，尤其是O2O，资本的影响越来越大，获取用户和订单量是头等大事，就像滴滴和快的用补贴的方式获取用户。

目前饿了么商业化的压力比较小，重心在完善饿了么的使用价值，要做很多事，包括中高端的外卖需求的满足。让大家随时随地都能在饿了么上面找到各种档次的餐厅，都能送到家！

段：访谈最后一个环节是嘉宾精品推荐，康总有什么好书或者精彩视频与大家分享吗？

康：我没有资格的，平时喜欢看书，关于互联网的《失控》、《未来是湿的》都很有智慧，《三体》也不错，吴晓波的书必看。最近我在看王石的自传，很真实，语言很朴素，另外金错刀老师的《马云管理日志》也超级受用。

（资料来源：创业邦，2014年6月4日）

讨论题：

"互联网+"产生了哪些领域的创业机会？

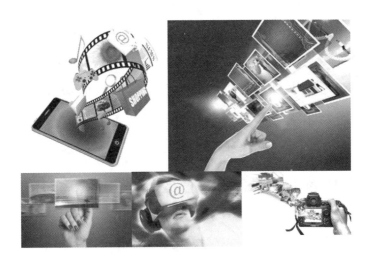

4. 市场竞争

市场竞争的方式可以有多种多样，如产品质量竞争、广告营销竞争、价格竞争、产品式样和花色品种竞争等，这也就是通常所说的市场竞争策略。如果你能弥补竞争对手的缺陷和不足，这也将成为你的创业机会。看看你周围的公司，你能比它们更快、更可靠、更便宜地提供产品或服务吗？你能做得更好吗？为此，如果创业者能分析和评价竞争对手的产品和服务，找出现有产品存在的缺陷，有针对性地提出改进方法，形成创意，并开发具有潜力的新产品或新功能，就能够出其不意，找到创业机会。

案例与讨论

卡通饭的故事

在我现在居住小区里的幼托所幼儿教师伏华在竞争中不幸下岗了。年过40的她觉得自己没有一技之长，加之年龄偏大，找工作屡屡碰壁。

一天，无所事事的她转悠到自己曾经工作过的幼儿园。孩子们正吃午饭。她发现不少孩子在爷爷奶奶的哄骗下都不肯顺利地吃饭，而是自个儿玩着自己喜爱的卡通。她突然间产生了一个奇怪的想法：要是把孩子们的饭菜也做成他们喜欢的卡通形状，是否会好一些呢？

回家后，她迫不及待地将自家的饭弄好，并且做成了幼儿园孩子们喜欢玩的那些卡通人物形状。她从事幼教多年，有一定的美术功底，因此这并不是一件难事。做好饭，她急忙送到幼儿园食堂。那儿还有几个吃得慢的孩子。她就将自己做的卡通饭送给那几个孩子吃，没想到孩子们兴奋得又吼又叫，一会儿工夫就吃完了满满一碗。几个家长高兴极了，都让她以后再做这种饭。从此以后，她便开始了经营她的"卡通饭"生涯。几年下来就有了不菲的收入。很多幼儿园的供餐竞争十分激烈，但她凭借独到的产品俘获了孩子们的心。而今，她已在我所住的小城开了几家连锁店，拥有员工80多人，包揽了附近好几家幼托所和幼儿园孩子们的午餐和晚餐。

（资料来源：阿里巴巴专栏）

讨论题：

卡通饭的创业机会是怎么产生的？为什么能在激烈的市场脱颖而出？

5. 新模式与新技术的产生

世界产业发展的历史告诉我们，几乎每一个新兴产业的形成和发展都是技术创新的结果。产业的变更或产品的替代，既满足了顾客需求，同时也带来了前所未有的创业机会。例如，随着健康知识的普及和技术的进步，围绕"水"就产生了许多创业机会，上海就有不少创业者加盟"都市清泉"而走上了创业之路。创业者如果能够跟踪产业发展和产品替代的步伐，通过技术创新则能够不断寻求新的发展机会。

📖📖 **案例与讨论**

Airbnb 创业启示：共享经济时代到来

三张充气床垫起家，在五年的时间里发展成遍布全球的知名在线平台，在192个国家的3.4万个城市提供了50万套可供出租的住宅。

Airbnb 网站用它的传奇证明：我们正走进分享经济时代。

在学术上，可以把分享经济行为划归到低信用门槛，也就是说，分享经济参与者的行为，对其他人而言可能会觉得风险较大。我们非常信任那些陌生人，把我们的财富，我们的个人经验，甚至是我们的生命与之分享。可以说，我们正在进入互联网关系最亲密的新时代。

分享经济要从根本上重塑人与人之间的关系，就像传统互联网一样，可以让陌生人彼此相识，在线交流。而现代互联网，则需要帮助联系在实体世界里的个人与社区。纽约大学教授阿伦·孙达拉贾（Arun Sundararajan）认为，人们相互之间的联系程度，远比人类需要的要低。而像 Airbnb 这样的分享经济的出现，恰恰就在这道鸿沟上面搭建了一座桥梁。

Airbnb 网站的意思是"充气床垫及早餐旅社"，这个特别的名字记录了这家公司的创立历史。这家仅有五年历史的创业公司从三张充气床垫起家，已经发展成全世界通过互联网为寻找个性化住宿体验的旅行者和想借助出租多余住宅和房屋赚钱的房主牵线搭桥的知名在线平台。

时至今日，Airbnb 已经在 192 个国家的 3.4 万个城市提供了 50 万套可供出租的住宅。总共为 850 万人提供了住宿，其中仅在 2013 年就服务了 450 万人。现在每一天晚上，就有 15 万人住在从 Airbnb 上找到的住宿地。他们的选择，从旧金山公寓中的客房到伦敦郊区的整栋乡间别墅，从森林里的树屋到爱斯基摩人的冰室，甚至整个列支敦士登公国，不一而足。

用户登录 airbnb.com 网站，不但可以通过目标城市，搜索房东免费在网站上挂出的住宅，看到相关住宅外观和内饰的照片，还可以看到房东的个人简介，包括照片和经过 Airbnb 认证过的个人信息，还有以前租住的房客的评论，甚至可以知道他的职业和他在 Facebook 上有多少好友，等等。这些基本信息连同房子的价格以及位置便利性和设施条件，可以帮助住客找到符合自己预算，并满足个性化需要的短租房。网站还提供了令房东和房客在线交流的平台，通过彼此互相了解之后，最后由房东来决定是否将房子租给某个热情的旅行者。一旦决定成交之后，租客会把信用卡信息提交至 Airbnb 后台，Airbnb 会向双方收取一定比例的手续费，这也是该网站的盈利模式。

此外，Airbnb 在全世界有 3000 名合同制的专业摄影师，可以免费帮助房主拍摄有关房子的漂亮的照片，挂到网上，经过 Airbnb 摄影师拍摄的照片，会在网上标出，成为房源信息中的重要一环。

但一开始，Airbnb 创始人只是打算配对租客和主人两方，然后让他们自行交易。但经过数年的发展后，该公司扩大了自己的经营范围，更多地参与到交易当中，包括处理所有的支付事宜、建立评价机制、聘请专业摄影师给房产拍照、提供平台供主人和租客沟通。

2011 年 6 月，一名主人发现她的旧金山公寓遭到租客的洗劫，珠宝、硬盘、护照、信用卡等被盗走。此后 Airbnb 进一步加大它的交易参与程度。针对失窃问题，它制定了大量新安全规定，设立全天候服务热线，向主人提供 5 万美元的财产保证金，后来更是提升至 100 万美元，并设立了全新的信任与安全部门。具体执行方面，Airbnb 会让专人联系被公司系统标记为最有可能损坏财物的租客，提醒房东注意照看财物。Airbnb 也有人员负责审查网站，留意可能伪造的房屋信息。

在谈到人们提供信息的真实程度和安全性问题时，Airbnb 创始人之一、现任首席技术官内森·布莱查克泽克就表示："我们会去证实房主的电话、地址、照片，他们的 Facebook 账户（客户可以选择通过 Facebook 和他们的 Airbnb 的账号连接），努力保证系统是透明的。我们还积极地通过最先进的自动程序和数据分析进行后台监控，当看到有可疑的事情，有不正常的情况就会很快发现，然后进行人工排查，可疑的账户将被从系统里面清除，保证最可信赖的人才可以使用我们的网站，互联网上常见的虚假身份注册不会出现在 Airbnb，因为我们在仔细监控每个人都在做什么。"

讨论题：

全新的短租模式给我们哪些启示？

▶▶ 二、发掘创业机会的七种"武器"

1. 从特殊事件中获得启发

美国一家高炉炼钢厂因为资金不足，不得不购置一座迷你型钢炉，而后竟然出现后者的获利率要高于前者的意外结果。再经分析，才发现美国钢品市场结构已产生变化，因此，这家钢厂就将往后的投资重点放在能快速反映市场需求的迷你炼钢技术。

2. 解决矛盾与问题

金融机构提供的服务与产品大多只针对专业投资大户，但占有市场七成资金的一般投资大众未受到应有的重视。这样的矛盾，显示提供一般大众投资服务的产品市场必将极具潜力。P2P 网贷平台应运而生。

3. 了解流程并改进

在全球生产与运筹体系流程中，就可以发掘极多的信息服务与软件开发的创业机会。比如戴尔公司初创时大幅简化工厂到客户之间的供应链，取得了巨大的成功。

4. 认识产业与市场结构变迁的趋势

在国营事业民营化与公共部门产业开放市场自由竞争的趋势中，我们可以在交通、电信、能源产业中发掘极多的创业机会。在政府刚推出的知识经济方案中，也可以寻得许多新的创业机会。

5. 认真分析人口统计资料的变化趋势

现今，单亲家庭快速增加、妇女就业的风潮、老年化社会的现象、教育程度的变化、青少年国际观的扩展，必然提供许多新的市场机会。

6. 了解价值观与认知的变化

人们对于饮食需求认知的改变，造就美食市场健康食品市场等新兴行业。

7. 积极关注新知识和新发明的产生

当人类基因图像获得完全解决，可以预期必然在生物科技与医疗服务等领域带来极多的新事业机会。

虽然大量的创业机会可以经由系统的研究来发掘，不过，最好的点子还是来自创业者长期观察与生活体验。

课 后 练 习

阅读以下案例，谈谈案例主人公三次创业的立足点是什么，源于何种创业机会，并对他选择的这三次创业机会及做法进行评价。

刘宇：大学才毕业，却已经创业三次

大学生创业，有思想有激情，若多一些理性的分析和对经验的总结，堪称典范。刘宇，尽管大学才毕业，却有过三次创业经历。他善于从每次创业过程中总结和剖析自己，而这正是值得所有创业者学习的。

1. 卖水果沙拉3个月关门

2012年，刘宇还是华中科技大学武昌分校（现武昌首义学院，以下简称首义学院）市场营销专业的一名大二学生，而他已走上了创业之路。

首义学院内有一条"多乐一街"，前后也就百来米，主要是些小吃店和杂货店，大二时，刘宇就和学校学生会同部门的两个朋友，在那条街上开了家小成本的水果沙拉店。"当时的我比较稚嫩，只是想简单地通过这种传统创业模式，体验一下自己经营店面会是怎样的感觉。不求盈利，只求保底，所以就制定了3个月的创业体验时限。"最后，刘宇的水果店生意平平，收支大致相抵，开了3个月就草草关门了。

2. 蛰伏两年主攻校园物流配送

2014年，临近毕业时，刘宇又按捺不住了，与同校的学长一起成立了武汉么么哒贸易有限公司，专门提供美妆代购业务。"当时公司业绩也比较好，股东包括我一共就三个人，每个月已经有几十万元的收益了。"但是，2015年，他却主动退出了。

朋友们的不理解很快有了答案：2015年3月底，湖北工业大学的学生了解到他的创业经历，找到他要和他一起做校园O2O项目。

体验过传统校园创业项目的刘宇表示，他原本就对新兴的O2O商业模式十分感兴趣，只是缺少一个契机去亲自尝试。刘宇说："结束第一次传统创业时，我就有了很强烈的感受——大学生创业应更注重时代性，紧抓时代创业新潮流，而不是一味守旧，只有这样才有可能走得更好更远。""66速购"平台是他的新方向，这其实是一个校园垂直电商项目。定位就是要解决物流环节最后200米的问题，建立健全一个完整的物流配送系统。同学们通过下载"66速购"APP，绑定个人手机号，填写楼栋号寝室号，即可在APP上面自主选择零食种类和数量，而刘宇安排在每栋寝室的楼栋长就负责接收订单，并将零食送到每位下单同学的寝室。很快，他就获得了50万元的天使投资。

3. 运行一年接近成功却果断刹车

刘宇及其团队一手打造的"66速购"，起初专门向大学生以O2O模式售卖零食，并送货上门。一经推出，就受到了校园大学生的广泛好评。

刘宇通过联系小零食供应商，压低进货成本，又用拿到的投资资金作为补贴，使得自己的零食相比学校超市更具价格优势。同时，通过朋友介绍、招聘等方式在校园每栋寝室楼招收楼栋长，作为存放、销售并将零食送达每名下单同学寝室的站点。为了吸引用户，刘宇还时不时地做一些优惠活动。"66速购"的业务和管理也逐渐步入正轨，并相继在武昌首义学院、湖北工业大学、中南民族大学三所高校站稳了脚跟。

可是，刘宇却在 2016 年 3 月底，公司运行整整一年的时候，停住了脚步，砍断了公司"66 速购"的所有业务。"互联网时代，用户最有价值。但大学生用户的最大特点就是对价格极其敏感，同时忠诚度并不高。校园市场毕竟有限，发展空间也不大。同时，相类似的校园电商也越来越多，竞争也比较激烈，我们并不具备绝对优势。所以公司现在处于'反思探索期'，转型必不可少。""现在自己也毕业了，算是真正走出校园，正计划在光谷创业区租个写字楼，让公司更正规化，同时也加紧设计融资的好项目。"刘宇作了上述解释。

（资料来源：应届毕业生网，2016 年 11 月 9 日）

☞ 【回顾与总结】

创业机会的五大来源：创意与发明、解决问题、环境变化、市场竞争、新模式与新技术的产生。

☞ 【精读推荐】

王超：《Uber 是什么》，中国商业出版社，2015 年版。

张爱丽：《创业机会识别过程研究——基于二阶段创业行动理论》，经济科学出版社，2014 年版。

第三章　创业机会识别与评估

第一节 创业机会的识别

📖 引导案例

放屁也能挣钱：不可思议的

这个想法对你来说有点不靠谱。在乔·康的脑袋里，突然想为 iPhone 手机设计一个放屁垫应用程序。更疯狂的是，他认为人们会购买这个应用程序。iFart 放屁应用程序的零售价是 99 美分。绝对让人发疯的是，乔·康竟然赚了大钱。

你怎么讨厌这个程序都行，但乔·康是笑到最后的人。该程序引起了媒体的争相报道，各个地方爱搞恶作剧的人爱死了它附带的那 26 个胀气的声音，比如"屁声录音"、"给朋友放个屁"和"偷袭放屁"。该程序投放到市场的头两周内下载次数达到了 11.3885 万次。用乔·康的话讲，"如果每个美国人都来玩 iFart 放屁应用程序，那么海地就有救了"。我问乔到目前为止他的应用程序赚了多少钱，他告诉我程序的下载次数超过了 60 万次，这让他和他的公司信息媒体净赚大概 40 万美元。

（资料来源：网易财经，2002 年 6 月 1 日）

▶▶ 一、机会源自创意

创业因机会而存在，而机会是具有时间性的有利情况。纽约大学柯兹纳教授认为机会就是未明确的市场需求或未充分使用的资源或能力。机会具有很强的时效性，甚至瞬间即逝，一旦被别人把握住也就不存在了。而机会又总是存在的，一种需求被满足，另一种需求又会产生；一类机会消失了，另一类机会又会产生。大多数机会都不是显而易见的，需要去发现和挖掘。如果显而易见，总会有人开发，有利因素很快就不存在了。

对机会的识别源自创意的产生，而创意是具有创业指向同时又具有创新性的想法。在创意没有产生之前，机会的存在与否意义并不大。有价值潜力的创意一般具有以下基本特征：

1. 独特、新颖，难以模仿

创业的本质是创新，创意的新颖性可以是新的技术和新的解决方案，可以是差异化的解决办法，也可以是更好的措施。

另外，新颖性还意味着一定程度的领先性。不少创业者在选择创业机会时，关注国家政策优先支持的领域就是在寻找领先性的项目。不具有新颖性的想法不仅不会吸引投资者和消费者，对创业者本人也不会有激励作用。新颖性还可以加大模仿的难度。

2. 客观、真实，可以操作

有价值的创意绝对不会是空想，而要有现实意义，具有实用价值，简单的判断标准是能够开发出可以把握机会的产品或服务，而且市场上存在对产品或服务的真实需求，或可以找到让潜在消费者接受产品或服务的方法。

3. 有潜力的创意还必须具备对用户的价值与对创业者的价值

创意的价值特征是根本，好的创意要能给消费者带来真正的价值。创意的价值要靠市场检验。好的创意需要进行市场测试。同时，好的创意必须给创业者带来价值，这是创业动机产生的前提。

4. 创意与点子不同，区别在于创意具有创业指向

进行创业的人在产生创意后，会很快甚至同时就会把创意发展为可以在市场上进行检验的商业概念。商业概念既体现了顾客正在经历的也是创业者试图解决的种种问题，还体现了解决问题所带来的顾客利益和获取利益所采取的手段。例如，帮助球手把打丢的球找回来是一个创意，容易把球打丢是实际存在的问题。有人试图解决这个问题，在高尔夫球内安置一个电子小标签，开发手持装置搜索打丢的球是解决问题的手段。

创业机会指那些适合创业的机会，特别是创意。看到机会、产生创意并发展成清晰的商业概念意味着创业者识别到机会，至于发展出的商业概念是否值得投入资源开发，是否能成为有价值的创业机会，还需要认真的论证。

▶▶ 二、机会需要市场测试

创业者对机会的评价来自他们的初始判断，而初始判断通常就是假设加简单计算。牛根生在谈到牛奶的市场潜力时说：民以食为天，食以奶为先，而我国人均喝奶的水平只是美国的几十分之一。也许这就是他对乳制品机会价值的直观判断。这样的判断看起来绝对不可信，甚至会觉得有些幼稚，但却是有效的。机会瞬间即逝，如果都要进行周密的市场调查，经常会难以把握机会。假设加上简单计算只是创业者对机会的初始判断，进一步的创业行动还需依靠调查研究，对机会价值做进一步的评价。

创业者容易犯的错误是，自己认为好的，则一厢情愿地断定顾客也应该认为好。"己所不欲勿施于人"，然而"己所欲施于人"也不一定能奏效。如何确定顾客的偏好，通常可以采用市场测试的方法，将产品或服务拿到真实的市场中进行检验。市场测试可以说是一种比较特殊的市场调查，是创业者必须读的必修课程。市场测试与市场调查不完全相同，询问一个消费者是否想购买和这位消费者实际是否购买很多时候是两回事。雀巢咖啡为打开中国市场，选择一些城市向住户投递小袋包装咖啡就是一种市场测试。

此外，商业模式设计也是机会识别和论证工作的一部分，尽管创业者在机会识别阶段难以设计出完整的商业模式。商业模式是产品、服务和信息流的一个体系架构，包括说明各种不同的参与者以及他们的角色，各种参与者的潜在利益，以及企业收入的来源。需要注意的是，不能把盈利模式简单等同于商业模式。盈利模式仅仅是商业模式的一部分，商业模式往往包含了更长链条的赚钱逻辑。只有开发出有效的商业模式，才会激发足够多的顾客、供应商等参与合作，创建成功的新企业才更具有可行性。

创业是不拘泥于当前资源条件的限制下对机会的追寻，将不同的资源组合以利用和开发机会并创造价值的过程。

课后练习

阅读以下案例，分析郭大山是如何识别这个创业机会的。

槟榔"专家"

1987年，湖南一食品厂厂长郭大山到海南考察，发现椰子、咖啡、橡胶都有人开发出各种各样的产品，唯独槟榔没有人开发。他知道，槟榔有重要的药用价值，在古代就已入药，能治疗虫积、食滞、脘腹胀痛等症；此外在我国南方和东南亚国家，一些人自古就有嚼食槟榔的习惯。据此他断定，随着人们生活水平的提高，对槟榔食品的层次要求肯定会有所提高。于是郭大山当机立断辞去厂长职务，来海南承包一家陷入极端困境的食品加工厂，开发槟榔产品。经过两年的努力，食品加工厂生产了槟榔的系列产品，如槟榔酒、槟榔口服液、槟榔口香糖、槟榔泡泡糖、槟榔酱油等，并申请了61项专利。在1992年举行的全国专利产品展销会上，槟榔系列产品一举获得5项优秀奖。从此，郭大山的事业进入稳步发展之路。

（资料来源：郑一群：《创业有道》，中国社会出版社，2013年版）

☞【回顾与总结】

（1）创业机会源自创意。

（2）创业机会需要经过市场的检验。

☞【精读推荐】

《创业天下》杂志编：《生意成于创意——创业项目大PK》，福建人民出版社，2012年版。

第二节 创业机会的评估

📖 **引导案例**

胡润百富榜

1990 年大学期间，胡润到中国人民大学深造了一年，毕业后胡润从事与父亲一样的会计行业。凭借中文优势，1997 年胡润从伦敦来到上海的安达信，胡润最初的想法只是希望在华奋斗几年后回到英国做个中产。

在胡润的记忆里，1990 年是全球 IT 业爆发的顶峰期，身边的朋友、同事很多人选择了下海创业，致富的神话不断在他眼前晃动，从创业者脸上的胜利笑容中，胡润感觉到那才是自己想要的生活。但对于胡润而言，干什么，做哪个行业，这是一个大问题。

从 1990 年第一次来中国，胡润就感受着中国日新月异的剧变。每一次回到英国，被朋友问及中国是什么样子时，"GDP 连续超过 10%……"胡润的回答总是难以让朋友"解渴"，也有着太多的不确定性。于是他试图去寻找一种万变经济中的不变标准。

胡润想到了那些中国经济成长的最大受益者。从一开始，胡润就很明确，这些人的故事代表着中国的故事，诠释着中国的变迁。对于他们的故事，包括中国十多亿百姓在内，全世界都十分好奇却又毫不知情。但此时的胡润并没意识到这个念头可能改变他此后的人生，当时的他只知道这件事情很有趣。

推出中国第一份财富排行榜

1999年，胡润开始利用业余时间和假期，查阅了100多份报纸杂志及上市公司的公告报表，凭着兴趣和职业特长，经过了几个月的折腾后，胡润终于排出了中国历史上第一份和国际接轨的财富排行榜。

要想让人们知道这样一份榜单，从而知道制作这份榜单的人，胡润明白，必须找到有影响力的传播途径。9月1日，胡润回到英国，给英国《金融时报》、《经济学人》、《商业周刊》、《福布斯》等专业财经媒体发去了传真，希望可以刊登他的这份榜单。当时西方媒体从未刊登过类似的排名榜，最终《福布斯》与胡润共进这第一遭"螃蟹餐"。但谁也无法预料几年后，胡润与《福布斯》之间关系峰回路转的变化。

尽管胡润从一开始就知道与《福布斯》的合作仅是"一次性交易"，自己从来都是体制外的自由撰稿人，且排行榜仅是介绍给欧美，在中国几乎没有影响。但对胡润来说，一份代表中国财富排名的调查结果被具有全球影响力的《福布斯》承认才是至关重要的。

随着榜单的发布，首次以"胡润"冠名的中国富豪榜显然引起了《福布斯》读者群的兴趣，一直计划打开中国市场的《福布斯》第二年主动找到胡润，特邀他合作完成本年度的"中国50人财富人物排行榜"。当在国外宣传达到效果后，在朋友们的策划下，胡润也迅速开始在国内寻找媒体支持。

从联系不到一个富豪到能约见 1/3 以上上榜者

2000 年，国内媒体的接连报道让"中国第一代富豪"突然曝光在了公众的视野。"富人们的钱到底是从哪里来的"成为中国社会各个阶层最激烈的发问。胡润说，"在这过程中，中国人对富人阶层认识转折也在无形中帮助了我"。"最初中国人认为有钱人都是靠关系致富，但这批民营企业家白手起家拼搏创富的故事改变了中国人对富人的看法。"当胡润认为的富人秩序建立后，他本人无疑成为最大赢家。

（资料来源：搜狐新闻，2017 年 3 月 14 日）

▶ 一、蒂蒙斯创业机会评价框架

有价值的创业机会可以成为有效商机，如何评价有效商机，创业学泰斗——蒂蒙斯的创业机会评价框架一直是企业行业的通用标准，涉及行业和市场，经济因素，收获条件，竞争优势，理想与现实的战略差异，管理团队、致命缺陷与个人标准五个方面的 53 项指标。

1. 行业和市场

（1）市场容易识别，可以带来持续收入。

（2）顾客可以接受产品或服务，愿意为此付费。

（3）产品的附加价值高。

（4）产品对市场的影响力高。

（5）将要开发的产品生命长久。

（6）项目所在的行业是新兴行业，竞争不完善。

（7）市场规模大，销售潜力达到 1000 万元到 10 亿元。

（8）市场成长率在 30%~50% 甚至更高。

（9）现有厂商的生产能力几乎完全饱和。

（10）在五年内能占据市场的领导地位，达到 20% 以上。

（11）拥有低成本的供货商，具有成本优势。

2. 经济因素

（1）达到盈亏平衡点所需要的时间在 1.5~2 年。

（2）盈亏平衡点不会逐渐提高。

（3）投资回报率在 25% 以上。

（4）项目对资金的要求不是很大，能够获得融资。

（5）销售额的年增长率高于 15%。

（6）有良好的现金流量，能占到销售额的 20%~30%。

（7）能获得持久的毛利，毛利率要达到 40% 以上。

（8）能获得持久的税后利润，税后利润率要超过 10%。

（9）资产集中程度低。

（10）运营资金不多，需求量是逐渐增加的。

（11）研究开发工作对资金的要求不高。

3. 收获条件与竞争优势

收获条件：

（1）项目带来的附加价值具有较高的战略意义。

（2）存在现有的或可预料的退出方式。

（3）资本市场环境有利，可以实现资本的流动。

竞争优势：

（1）固定成本和可变成本低。

（2）对成本、价格和销售的控制较高。

（3）已经获得或可以获得对专利所有权的保护。

（4）竞争对手尚未觉醒，竞争较弱。

（5）拥有专利或具有某种独占性。

（6）拥有发展良好的网络关系，容易获得合同。

（7）拥有杰出的关键人员和管理团队。

4. 理想与现实的战略差异

（1）理想与现实情况相吻合。

（2）管理团队已经是最好的。

（3）在客户服务管理方面有很好的服务理念。

（4）所创办的事业顺应时代潮流。

（5）所采取的技术具有突破性，不存在许多替代品或竞争对手。

（6）具备灵活的适应能力，能快速地进行取舍。

（7）始终在寻找新的机会。

（8）定价与市场领先者几乎持平。

（9）能够获得销售渠道，或已经拥有现成的网络。

（10）能够允许失败。

5. 管理团队、致命缺陷与个人标准

管理团队：

（1）创业者团队是一个优秀管理者的组合。

（2）行业和技术经验达到了本行业内的最高水平。

（3）管理团队的正直廉洁程度能达到最高水准。

（4）管理团队知道自己缺乏哪方面的知识。

致命缺陷：不存在任何致命缺陷问题。

个人标准：

（1）个人目标与创业活动相符合。

（2）创业家可以做到在有限的风险下实现成功。

（3）创业家能接受薪水减少等损失。

（4）创业家渴望进行创业这种生活方式，而不只是为了赚大钱。

（5）创业家可以承受适当的风险。

（6）创业家在压力下状态依然良好。

▶▶ 二、如何选择适合你的创业机会

创业需要关注机会，无论谋生型创业、兴趣型创业，还是机会型创业，都是如此。如果创业者没有发现或选择适当的创业机会，即很难成功。

1. 商业机会不一定就是创业机会

时下一些人往往认为商业机会就是创业机会，实际并不尽然，创业机会仅仅是适合创业的商业机会。要说清这个问题，涉及三个概念，即机会、商业机会、创业机会。机会是指实现某种目的的可行的突破口、切入点、环境、条件等。商业机会是指实现某种商业盈利目的之可行的突破口、切入点、环境、条件等。商业机会分为两类：一类是昙花一现的商机，这是一般性商机；另一类是会持续一段时间，且不需要较多起始投入的商机，这才是适合创业的商业机会即创业机会。创业机会有三个重要特点：①会持续一段时间。②市场会成长。③创业者有条件利用。

2. 机会辨识是创业的第一步

面对创业机会，创业者需要进行机会辨识。所谓机会辨识，就是要借助职业经验和商业知识，再加上理性的分析与思考，去了解特定机会的方方面面，进而判断创业者利用特定机会的商业前景如何。

在对某一创业机会进行辨识之前，首先需要进行"机会界定"。对一个无法明确界定或没有明确界定的创业机会，是无法进行具体分析和筛选的。所谓机会界定，即界定特定机会的商业内涵和商业边界。在此基础上才能对该机会进行分析，进而判断该机会与特定的创业者是有关的还是无关的，是有利的还是无利的，以及利大还是利小。

对某一创业机会进行辨识，通常需要就四个方面内容进行分析：①特定机会的起始市场规模有多大。②特定机会将存在的时间跨度有多长。③特定机会的市场规模将随时间变化而增长的速度与规模上限。④特定机会对于特定创业者的有利程度。

3. 要借助机会选择漏斗筛选出"好机会"

在现实经济生活中，适合创业的机会并不是很多的。创业者需要借助"机会选择漏斗"，经过一层又一层筛选，在众多机会中筛选出真正适合自己的创业机会。

第一层要筛选出较好的创业机会。一般而言，较好的创业机会多有五个特点：①在前景市场中，前 5 年中的市场需求会稳步快速增长。②创业者能够获得利用该机会所需的关键资源。③创业者不会被锁定在"刚性的创业路径"上，而是可以中途调整创业的"技术路径"。④创业者有可能创造新的市场需求。⑤特定机会的商业风险是明朗的，且至少有部分创业者能够承受相应风险。

第二层要筛选出利己的创业机会。面对较好的创业机会，特定的创业者需要回答四个问题：①创业者能否获得自己缺少但被他人控制的资源。②遇到竞争时，自己是否有能力与之抗衡。③是否存在该创业者可能创造的新增市场。④该创业者是否有能力承受利用该机会的各种风险。

4. 创业者还需要关注"机会窗口"

创业者选择了适当的创业机会，还需要在"适当的时间段"启动创业、进入市场。这个适当的时间段，就是创业的机会窗口。换言之，特定的创业机会仅存在于特定的时间段内，创业者只有在这个时间段内启动创业、进入市场，才有可能获得相应的商业回报。反之，如果创业者在机会窗口敞开之前或之后行动，那都可能血本无归。一般而言，特定机会的时间跨度越大，前景市场的成长性越好，相应地，机会窗口也就会越大。

期盼成功的创业者必须在别人还没有醒悟过来之前就去发现机会、辨识机会、选择机会，瞄准"机会窗口"敞口的时间段，一头扎进去，才可能大展身手。如果等到机会窗口接近关闭的时候再去创业，留给创业者的余地将十分有限，新创企业将很难盈利且更难成长。

课后练习

请运用蒂蒙斯创业机会评价框架，分析这个创业机会在中国或者在你所在的省份是否有价值，能否成为创业者的创业选择。

Pooper·Scooper.com 网站的经营者马修·奥斯本（Matthew Osborn）堪称专业处理狗屎行业最著名的开拓者。他从未想过，这个行业有一天竟然会让他成为百万富豪。奥斯本入这一行还要追溯至 1987 年，那一年，他在美国俄亥俄州首府哥伦布开了家名为"宠物管家"（Pet Butler）的宠物商店。当时，奥斯本还有两份全职工作，每份工作每小时的薪水不到 6 美元，一家四口全靠奥斯本一个人养活，为了让日子过得宽裕一些，他做梦都想着如何赚钱。

奥斯本了解到，在他家周围 15 英里（约合 24 公里）的范围内，总共有 10 万条狗，于是他便萌发了开一家专业处理狗屎的公司的想法。虽然工作又脏又累，奥斯本却赚不到几个钱，但他是个乐天派，看到顾客满意而归，他心里乐滋滋的，而在俄亥俄州风景最美丽的院落从事户外工作，他同样心满意足。

挺过最初的艰难以后，生意终于有了起色，奥斯本的公司如今有 7 名员工和 6 辆卡车，老主顾约有 700 人。虽然或许是奥斯本令狗屎处理行业出了名，但却是马特·波斯威尔（Matt Boswell）为这个行业创造了更美好的未来。波斯威尔是得克萨斯州"宠物管家"的老板。今天，"宠物管家"是美国最大的宠物粪便处理服务公司，为大约 3000 名顾客提供服务。

（资料来源：百度文库）

☞ 【回顾与总结】

（1）蒂蒙斯创业机会评价框架。

（2）如何利用评价体系选择合适的创业机会。

第三节　有价值的创业机会

引导案例

专注的误区

在 PMx 沙龙上，UC 创始人何小鹏提出了一个很毁"三观"的说法：移动互联网上专注不靠谱，专注有时会变成创新的最大陷阱。这也是雷军的一个反思，雷军说，以前在金山是拼命推一个石头，推了好多年，也没有滚动起来。现在，则是在山上踢石头，同时踢几块石头，看哪块滚得快，就重点发力。什么叫错误的专注，就是创始人自己的专注，而不是基于用户的专注。

最近看到一个例子，博雅互动创始人张伟的反思，这个公司刚在中国香港上市，现在市值90亿港元，他们创业前8年就一直在一个创业的大坑，是一个价值10亿元的坑：①最可怕的专注，是专注在一个错误的方向。2001年创业，8年时间，一直把腾讯当作竞争对手，一直做网页聊天工具，但一直没有被市场认知。他当时还固执地抱着聊天室产品不放应该算是一个错误。"我那时就是觉得这个事儿符合我的理想，就是要把它做成功。而我忽略了赚钱得有足够多的用户，能产生价值才算是成功了啊！"②找到一个微创新突破点至关重要——得州扑克游戏。赚钱是在企业某个阶段促使团队务实的一个手段。③在正确的方向专注。"那时我们已经做了 3 年的棋牌游戏，发现这类游戏其实生命周期是很长的，很难过时。这时，我们确定下来了，这类游戏是我们可以坚守和专注去做的，这是真正长期的价值。"张伟决定，专注做棋牌游戏，把其他的非棋牌类游戏全砍掉。

你在坑里吗？

（资料来源：站长之家，2014 年 1 月 20 日）

▶ 一、有价值创业机会的特征

创业机会是具有商业价值的创意。创业机会潜伏在市场环境中，由市场环境变化所创造。对创业机会的衡量、判断与评价重点在于：此机会是否有强劲的市场需求，能否满足顾客的某些需求，能否根植于为顾客或用户创造或增加价值的产品或服务之中，是否具有市场价值，值得去把握的创业机会需要使人们相信其创业期望获利足以弥补其机会成本，包括休闲、时间与金钱的投入和对未来不确定性的投入。

有价值的创业机会至少具备以下一个或多个特征：需求很大、边际利润很高、技术处于发展初期、市场竞争程度不太强也不太弱、获得资本的成本不太高、进入门槛不太高。如果创业机会具有这些条件，就会使得创业者获得的平均利润高于社会平均利润。当机会成本很低的时候，创业者往往会选择把握住这个创业机会，同时也会考虑把握这个机会所需要的资本。

有价值的创业机会不同于一般大量有利可图的机会，其最突出、最重要的特征是创新，使得"产品、服务、原材料和管理方法"发生巨大革新和效率极大提高，同时表现出信息的先有性和独有性。由于信息不对称，并不是所有的人都同时得到信息。当一些人先于别人得到信息后，在平衡还没有建立起来时，就可以低于平衡价格的价格得到资源并重新组合出售，以赚取超额利润。

这些特征使有价值的创业机会得以从众多创意中脱颖而出，帮助创业者识别创业机会，筛选创业项目。

▶▶ 二、有价值创业机会的评估

对于创业机会的价值，可以从很多维度进行评价。一般来说，可从以下几个维度进行评价：

1. 盈利时间

有价值的创业机会可能是项目在两年内盈亏平衡或者取得正现金流。如果取得盈亏平衡和正现金流的时间超过 3 年，那对于创业者的要求就高了，因为大多数创业者支撑不了这么长的时间，其他的投资者和合作伙伴也没有这么长时间的耐心，这种创业机会的吸引力就大大降低了。除非有其他方面的重大利好，一般要求创业机会具有较短的获得盈利时间。

2. 市场规模和结构

如果市场规模和价值小，往往是不足以支撑企业长期发展的。而创业者若进入一个市场规模巨大而且还在不断发展的市场，即使只占有很小的一个份额，也能够生存下来度过发展期。即使存在竞争对手也不担心，因为市场足够大，构不成威胁。一般来说，市场规模和价值越大，创业机会越有价值。

3. 资金需要量

大多数有较大潜力的创业机会需要相当大数量的资金来启动，只需少量或者不需要资金的创业机会是极其罕见的。如果需要过多的资金，这样的创业机会就缺乏吸引力，有着较少或者中等程度的资金需要量的创业机会是比较有价值的，创业者需要根据自身的资金实力和可以动用的资源来评价创业机会，超出能力范围的不应考虑。

4. 投资收益

创业的目标就是要获得收益，这要求创业机会能够有合理的盈利能力，包括较高的毛利率和市场增长率。毛利率高说明创业项目的获利能力强，市场增长率表明了市场的发展潜力，使得投资的回报增加。如果每年的投资收益率能够维持在25%以上，这样的创业机会是很有价值的；而每年的投资收益低于15%，是不能够对创业者和投资者产生吸引力的。

5. 成本结构

竞争优势的来源之一就是成本，较低的成本会给创业企业带来较大的竞争优势，使得该创业机会的价值较高。创业企业靠规模来达到低成本是比较可行的，低成本的优势大多来自技术和工艺的改进以及管理的优化，创业机会如果有这方面的特质，对于创业者来说是非常有利的。

6. 进入障碍

如果创业机会面临着进入市场的障碍，那么就不是一个好的创业机会。比如存在资源的限制、政策的限制、市场的准入控制等，都可能成为市场进入的障碍，削弱了创业机会。但是，对于进入障碍要进行辩证的分析，进入障碍小是针对创业者自身的。如果创业者进入以后，不能够阻止其他企业进入市场，这也不是一个好的创业机会。

7. 退出机制

有吸引力的创业机会应该有比较理想的获利和退出机制，便于创业者和投资者获取资金及实现收益。没有任何退出机制的创业企业和创业机会是没有太大吸引力的。

8. 控制程度

如果能够对渠道、成本或者价格有较强的控制，这样的创业机会比较有价值。如果市场上不存在强有力的竞争对手，控制的程度就比较大。如果竞争对手已有较强的控制能力，例如把握了原材料来源、独占了销售渠道、取得了较大的市场份额、对于价格有较大的决定权，在这种情况下，新创企业的发展空间就很小。除非这个市场的容量足够大，而且主要竞争者在创新方面行动迟缓，时常损害客户的利益，才有可能进入。

9. 致命缺陷

创业机会不应该有致命的缺陷，如果有一个或者多个致命的缺陷，将使得创业机会没有价值。

课后练习

试综合运用本章所讲的机会识别技巧，分析以下这几类领域是否存在创业机会，判断你所找出的创业机会是否有价值，并说明你运用了哪些方法（也可以自己选择一个创业机会进行评估）。

（1）不少上班族都喜欢网购，但是网购的物品到货后，快递员总是在上班族的工作时间送货，快递总是没人签收，门口的商店又不愿意帮忙代收，放在自家门口又担心会丢。

（2）现在不少人都养了宠物，但是宠物洗澡、看病等都需要去宠物店或宠物医院。但是带宠物去美容、看病不仅舟车劳顿，而且去了可能还要排很长时间队，如果宠物生病，带到外面去可能会交叉感染。

☞【回顾与总结】

有价值创业机会的特征与评估。

☞【精读推荐】

赵伟：《创业可以走直线》，江苏文艺出版社，2013年版。

第四章　创业项目考察与评估

第一节　创业项目及分类

📖 引导案例

微创业案例：有米　陈第

26岁的陈第在华南理工大学计算机专业就读期间就开始与同学李展铿等共同创立了广州优蜜信息科技有限公司（有米传媒，核心业务是有米广告）。有米广告成为当时国内第一家移动应用广告平台。截至2013年，有米传媒已经整合5000多家手机网站与5万多款APP媒介，覆盖全国600多个城市近2亿消费者，收入超过6000万元，是国内最大的手机应用广告平台。

创业前，陈第是华工计算机学院的本科生，大二时他开始做手机应用，和几位同学以做应用参赛获奖为乐，这伙人渐渐形成以陈第和李展铿（现有米副总裁）为核心的创业团队。

2010年4月1日，距离毕业典礼还有两三个月，陈第带领学生团队，推出国内首个移动广告平台——有米广告，第一版上线之前，有米技术班底花了3个多月时间进行开发，很多关键程序干脆是在学生宿舍敲出来的。4月下旬，优蜜科技公司正式成立。

从大二开始陈第他们陆续参加了"IBM主机应用创新大赛"、"微软精英大挑战"、"全国大学生信息安全竞赛"等大型比赛。在学校的时候就能接触这些著名企业，做一些实训项目，这些平台让他学到了如何进行项目管理、团队合作，这一切都为他自己创业奠定了良好的基础。

自从参加各种比赛并小有收获后，陈第萌发了创业的意图。他意识到：大型机太复杂，难度很高，不是年轻人创业就能搞出名堂的；PC市场已然成熟完善，想开创事业、进一步发展的机遇相对较少。经过陈第不自觉的"商业风险评估"，他决定从手机小游戏做起。

"年轻人觉得这个好玩，又是一个充满机会的新兴市场。"陈第和他的伙伴试着开发了蓝牙三国杀、蓝牙斗地主等手机游戏，很快便有很多用户下载。

陈第的创业遇到了瓶颈：应用若收费，没人玩。完全免费，开发者就赚不到钱。

2009年底，全球首家移动广告平台AdMob被谷歌以7.5亿美元收购，证明手机广告模式获得市场认可。这一事件给了陈第启发：应用中嵌入广告来盈利的想法在陈第脑海中逐渐成形。

2010年底，有米成为淘宝的"双十一"手机广告营销合作伙伴，还与诺基亚等客户达成了合作协议。虽然当时市面上已经多出了几家移动广告平台，不过有米的市场份额依然保持领先。

不错的业绩增长，以及美国手机广告市场的渐趋活跃，作为当时移动广告平台的C2C（Copy to China）代表，投资人主动找上门来给陈第投资。

2011年初，有米获得一笔约1000万元的天使投资，这笔资金的到账让有米度过了当时的手机广告公司价格大战。

虽然在竞争中有米烧掉了几百万元人民币，但到了2011年9月，有米新产品——积分墙的出现，亏损终止。2011年，有米收入将近2000万元，人员也扩充了两三倍。到了2012年，虽然互联网巨头腾讯、百度相继在该领域发力，但市场格局已经趋于相对稳定。在移动广告领域内部，各平台的差异化也越来越明显。

"整个市场，它越成熟，机会越多，就有很多细分的方式。如果实在打不过巨头，我们就选择差异化路线。"陈第说，有米目前不追求广告形式的丰富曝光，专注于效果营销，通过积分墙、广告墙、插屏广告及广告条，把广告效果做到最好。

目前，随着智能手机用户的快速攀升，移动广告行业也正迎来爆发式增长。陈第表示：2013年有米的目标收入将会是8000万元至1亿元。

（资料来源：《羊城晚报》，2013年3月27日）

从不同的角度划分，创业项目有多种类型：

从观念来看，创业项目分为传统创业、新兴创业以及最新兴起的微创业。

从方法来看，创业项目分为实业创业和网络创业。

从投资来看，创业项目分为无本创业、小本创业和微创业等。

从方式来看，创业项目分为自主创业、加盟创业、体验式培训创业和创业方案指导创业。

下面我们来了解一下主要的创业项目类型：

1. 传统创业

传统创业就是创业者对自己拥有的资源或通过努力能够拥有的资源进行优化整合，从而创造出更大经济或社会价值的过程。

传统创业项目选择：

（1）选择个人有兴趣或擅长的项目。

（2）选择市场消耗比较频繁或购买频率比较高的项目。

（3）选择投资成本较低的项目。

（4）选择风险较小的项目。

（5）选择客户认知度较高的项目。

（6）如果有可能，可先选择网络创业（免费开店）后进入实体创业项目。

2. 新兴创业

新兴创业的优势：

（1）投资小。新兴行业因为还没有形成产业规模，所以前期创业投资较小，投资主要分布在房屋租金、创业项目所需器材、少量人员工资费用。因各地房租租金和人员工资水平差别较大，所以创业所需资金也有所不同，2万~10万元即可。

（2）竞争压力小。新兴行业是朝阳行业，因为所从事的人比较少，所以相对来说，竞争压力也会小很多。在新兴行业创业，几乎没有同行业的竞争压力，其竞争压力主要来源于与行业服务相似或相关的传统行业。

（3）市场潜力大。新兴行业是一个未开发的市场，因为有了潜在的需求，所以诞生了这些朝阳行业，加上中国人口基数大的市场优势，选择新兴行业创业将拥有巨大的潜在市场。

（4）回报周期短。新兴行业大多是直接面对市场，面对消费者的新生产品，具有资金流动快、回报周期短的特点。但是，回报周期短的前提是所经营产品能够打入市场，获得消费者的认可。

新兴创业的风险：

（1）市场开发难度大。新兴行业创业的第一个难题就是打破人们固有的传统思维和保持了十几年甚至几十年的行为习惯，让人们了解新事物并接受它，这是一个漫长而艰难的过程。但是随着现代化营销手段的不断丰富，一夜爆红的新兴行业也不在少数。

（2）无历史经验参考。新兴行业的发展历史几乎是空白的，这样也就造成了创业者没有现成的历史经验作为参考，从创业项目的运作程序到营销推广，都需要创业者一步步去摸索，其中不可避免会遇到困难，这也就需要创业者拥有乐观的心态和持之以恒的精神来克服这些困难。

（3）专业人才缺乏。新兴行业除了没有现成的案例以外，专业人才的缺乏也是创业者必须面临的问题。创业初期在资金、推广方面本来就存在众多困难，还要在人才培养中摸索适合行业的模式，不仅需要花费资金成本，还要花费时间成本，确实是雪上加霜。

3. 微创业

微创业是指用微小的成本进行创业，或者在细微的领域进行创业，是一种自主解决就业问题的创业模式。另外，通过利用微平台或者网络平台进行新项目开发的创业活动，也称微创业。

用微小成本创业的方式很早就已经出现在各个行业，但是受限于传统的创业观念，一直没有明确提出微创业这一概念。直到近年来微博的火爆，才出现微创业这一词汇，但是早期局限于借助微博创业的狭窄领域。微创业模式比较完整地提出最早出现于2011年1月发起的一项"中国互联网微创业计划"，该计划首次提出了比较完整的关于微创业的运营模式，并推出了所有项目与互联网、移动互联网等先进技术和营销手段相结合以实现成效最大化的"微创业"原则。

微创业被认为是改变当前大学生就业难状况的一个有益探索和尝试，同时对低收入者和有创业想法的工薪阶层的创业思路也具有指导意义。目前很多企业和高校、政府部门都开始关注对初次创业者的支持，并陆续推出了不同形式的微创业计划。

微创业概念提出时间仅一年就受到了网民及各大媒体新闻、各大企事业单位、广大应届毕业生、各企业在职员工等多方人员的关注和追捧。与此同时，各大网络、企业平台陆续推出了相关的微创业平台。虽然目前来说，真正意义上的微创业平台也只有以上几家，不过不远的将来，各大企业各大公司会相继推出更多的微创业平台，这是一个趋势，一个新的浪潮。

4. 网络创业

网络创业是先有了网站运营，网店经营之后才产生的一种新型的创业形式。大多数网络创业者是从事IT行业的青年人，所以网络创业也是一种具有勃勃生机的创业形式。网络创业与网络营销是不可区分的整体。因为网络创业本身具有网络的性质，所以很多时候网络创业的本身就是网络营销，此种形式以网店为主，网站经营也有部分网络营销的成分在内。网络创业主要经营有网站和网店，归根结底就是一种以网络为载体的创业形式，包括网站的经营、网赚、网店销售等。

网络创业由于本身的特殊性，所以要求从业的人员具有一定的网络知识，并具有一定的网络安全意识，如淘宝的支付宝、百度有啊的百付宝、腾讯拍拍的财付通都是需要掌握的在线支付手段，另外网上银行也是需要掌握的一种必要手段。还有就是对计算机要有一定的认识，能熟练地操作计算机。

由于网络创业的网络特性吸引了越来越多的大学生和大学毕业生投身网络创业，造成了网络创业一浪高过一浪的创业热潮，这也说明中国的网络创业事业的蓬勃发展和生机盎然。大学生是最具活力的群体，也是新技术和新潮流的引导者和受益方。随着网络购物的方便性、直观性，使越来越多的人在网络上购物。一些人即使不买，也会去网上了解一下自己将要买的商品的市场价。此时，一种点对点、消费者对消费者之间的网络购物模式开始兴起，以国外的 eBay 为开始，国内的淘宝为象征，吸引了越来越多的个人在网上开店，在线销售商品，引发了一股个人开网店的风潮。而大学生正是这一群里的主要力量，不少大学生看到这一潮流纷纷投身个人网店，成功者比比皆是，更有不少大学生选择辍学而投身网店。除知名的淘宝网、拍拍网和易趣网等大的平台外，不断有新的和更细分的网店平台出现。从无所不包的淘宝到专售货源的第六代充值平台，大学生都可以自由选择的网店创业平台。可以预见，在将来，即使个人在网上开店销售汽车也是有可能的。网店之所以成为大学生创业热衷的领域，自然有其天然的优势。除销售范围广、推广成本低、投资成本低外，日益增长的庞大网购消费群让众多大学生看好网络购物从而欲罢不能。

5. 小本创业

没有资金或只有少量资金，想要进行创业，称为小本创业。小本，一般指资金少，但小本并非不可创业，因为资金少不代表资源少，如果资源够的话，比如人才资源、设备资源等，没有多少现有资金，也是可以创业的。小本创业具有的显著特点是投资少，风险小。创业类型众多，开店类、街摊类、服务类、网店类等。在创业前期，或者是大学生初入社会创业可以选择小本创业，甚至是无本创业，这样即使投入没有回报，也不至于将自己的资金丢到水里。

小本创业需要创业者花费很大的精力去维护自己的投资，需要创业者投入大量精力来扩充自己的专业知识。创业易选择自己熟悉的行业，不要涉足自己是门外汉的行业，否则会浪费自己大量的精力。什么项目值得你去经营，这就要考验创业者的经营头脑和敏锐的市场洞察力。

6. 自主创业

所谓自主创业，是指创业者主要依靠自己的资本、资源、信息、技术、经验以及其他因素自己创办实业，解决就业问题。自主创业需要资金链、人员、场地、产品等多项内容的系统化规划，创业起步较高，风险较大。

自主创业的企业多是小微企业，实力较弱，时刻面临生存考验，迫切需要扶持。为鼓励自主创业，政府出台了相关的促进自主创业的优惠政策，为自主创业提供帮助，营造良好的自主创业环境：建立和完善自主创业扶持政策，为自主创业提供便利；进一步简化企业注册登记程序，减免各类费用；对营业税和所得税等，给予一定的减免优惠；对创业企业的员工招聘、测评和培训等，提供免费或优惠服务；为自主创业者提供通畅甚至单独的社会保险参保渠道，解除他们的后顾之忧。有条件的地方应设立创业保障机构，专司保障创业企业的合法权益。

7. 加盟创业

加盟创业是采用加盟的方式进行创业，一般的方式是加盟开店。也就是说，加盟商与连锁总部之间是一种契约关系。根据契约，连锁总部向加盟商提供一种独特的商业经营特许权，并给予人员训练、组织结构、经营管理、商品采购等方面的指导和帮助，加盟商向连锁总部支付相应的费用。

加盟创业选择合适、可靠的品牌，保障加盟店稳步发展、持续盈利。加盟方式比较普遍，而且比较正统、专业、规模化。但同时创业者也需要从资金和经验问题，客观地考虑选择加盟项目。在包括3A创业报告在内的多家机构发布的创业报告中，加盟代理项目一直占有非常主要的市场份额，属于极其热门的领域，每年新增的创业者中，以加盟代理作为创业项目的人群大概占到40%以上的比例。同时类似于之道招商加盟网这类的专业性网站也层出不穷，这极大地丰富了创业者获得信息的渠道，而且之道网的一站式招商外包服务，为创业者提供了很大的便利。

一般来讲，加盟代理涉及的行业大概有几十个，主要集中在家居建材、餐饮美食、服装饰品、汽车销售、汽车美容、洗衣、美容美体等行业，创业者所需要的首期投入也有很大的差别，从几万元到几百万元、几千万元不等。调查显示，一般普通小吃类连锁加盟，10万元左右可以启动；一些小饰品、礼品的加盟代理，只需要2万~3万元就可以开始创业。无论投资额多少，都有成功的机会，而且都可能做成比较大的市场规模。

8. 体验式培训创业

体验式培训创业类似于一个创业模拟，从中可以领略创业经验。体验式培训创业是目前国内较为流行的一种创业模式，创业者可以通过在实体经营场所内亲身实践各个经营环节：采购、技术操作、店员管理、店面摆设、店内设计、销售技巧、顾客回访等，通过这样的完整经营训练，创业者可以领会整个创业经营过程，掌握创业技巧，实现从职员到老板的角色转变，为自己将来创业做好能力与认知的准备，为日后踏上创业之路做好充分的铺垫。

体验式培训创业具有操作性强、参与性强、实践性强、实用性强、成功率高的突出特点，目前在餐饮行业、维修技术行业、高端零售行业均受到新入行创业者的高度认可，然而目前体验式培训的商家水平参差不齐，培训流程缺乏规范与制约，因此在培训效果上也有着很大的不同。

拓展阅读

创业项目参考

1. 特色餐饮行业——独一味万州烤鱼

独一味万州烤鱼，也是千万个美食品牌中的一个种类，作为北京餐饮业态的一匹黑马，独一味万州烤鱼来源美食之都——重庆，扎根文化之都——北京，它们的结合浑然一体，和谐统一，吃烤鸭全聚德吃烤鱼独一味，也许今天的独一味就是当年的全聚德。

2. 女性饰品——哎呀呀

女性一直作为市场消费的主力军，所以开店建议围绕女性客户群体，哎呀呀女性饰品作为目前国内女性饰品的标杆企业，密切观察海外时尚潮流动向，在产品的更新上，紧跟世界潮流，深受女性喜爱，大大推动了加盟事业的发展，因此也被评为"中国最具成长性企业"。

3. 餐饮行业——鸡公煲

随着西式快餐在国内的不断壮大，具有中国特色的快餐也蠢蠢欲动。鸡公煲以自己独特的味道、便捷的就餐方式慢慢地沁入人心，大有发展势头。又因为其独特、无法复制的制作工艺和适宜大众消费的定价，备受加盟商追捧。

4. 建站行业——凡科建站快车

随着技术的发展，网站建设的门槛逐年降低，自助建站逐渐取代了传统建站成为网站建设的主流，以凡科网为代表的自助建站厂商每年新增服务企业超过 100 万，但这对于接近 6000 万的企业与商户而言还是不足以覆盖。新一代成长起来的年轻人，对于电脑技术都不陌生，学习能力强，因此，网站建设市场对年轻人来说是一个非常好的选择。在投入方面，以凡科网为例，凡科网为资助创业者提供了免费加盟政策，根据计算每年只要销售 30 个网站，即可以用不到 1 万元的成本，获利 10 万元以上的纯利润。

5. 零食行业——怡佳仁

专门针对年轻白领的零食行业在快消品业内大有喧宾夺主之嫌，据国家统计局统计，2011 年，我国休闲食品行业实现销售额 6114.05 亿元，怡佳仁成功在国内开设 2000 多家休闲食品加盟店，当之无愧地坐上了休闲食品加盟连锁的第一把交椅。

6. 玩具行业——卡诺乐

儿童市场利润空间巨大，与儿童相关的产业如母婴、西餐式的快餐业都已经实现了充分的发展，早期加盟的人群都已赚得盆满钵满，而玩具行业以其高利润、低竞争、小投资的优势依然处于上升期，玩具加盟行业的龙头品牌卡诺乐也蓄势待发，正在积极招收加盟商。

7. 服装行业——佐丹奴

俗语中"衣食住行"是人的四种基本要求，其中"衣"首当其冲，并不是全无道理，以佐丹奴为首的休闲服饰业，在大陆大行其道，佐丹奴在大陆短短数年，便拥有了1000多个销售点，服装行业的市场由此可见一斑。

☞ 【回顾与总结】

创业项目的分类。

☞ 【精读推荐】

王冀宁、陈红喜等主编：《大学生创业创新的模式选择与牵引机制——基于200个大学生创业项目的典型》，经济管理出版社，2014年版。

第二节　创业项目的考察

引导案例

大学生创业当"擦鞋哥"　月赚．万元

两年前，沈阳人李洪福从天津轻工学院本科毕业，学电子商务专业的他也和多数怀揣梦想的同学一样，将人生的落脚点选在了大城市。从天津到杭州再到青岛，他整天穿着职业装和皮鞋穿梭在各个知名企业中。"工资不高，压力极大，每天拖着疲惫的身体行走在大城市的灯火辉煌中，总感觉这样的城市不属于我，我也不属于这样的城市。"严重缺乏归属感让李洪福对自己的人生开始了认真的思考。"之所以留在大城市继续那个看似体面实则痛苦的梦，就是因为自己放不下上过大学这个事实。"

一个偶然的机会，李洪福发现擦鞋这个领域很有潜力。在进一步做了考察后，他发现了里面的商机。"现在的'90后'多数自理能力都很差，穿的高档鞋根本不会或没时间去打理，而且现在奢侈品的需

求加大，许多高档鞋、包、衣服的后续保养都是个空白。"李洪福说，这个发现让他产生了回老家创业的冲动，并开始去一些擦鞋店考察，四处偷师学艺。

2012 年 12 月，李洪福的"大学生香薰洗鞋店"在于洪区松山路低调开张。近 30 平方米的小店，他既是擦鞋工又是老板，每天忙得团团转。最辛苦的一次，是除夕前的一天，他从 5 时起床擦鞋，一直干到 24 时。"在小店打烊的那一刻，我的身体累得像散了架，但望着地上那些已经光鲜亮丽的鞋，我的心里有了极大的满足感和成就感。"李洪福说，他之所以将"大学生"三个字加到店名中，就是想告诉所有顾客，他这个擦鞋工是个大学生，大学生没什么了不起，也可以为别人擦鞋。

刚开始，也有顾客好奇李洪福的选择，觉得一个大学生当擦鞋工有些可惜。"大学毕业当擦鞋工，那上大学还有啥意义？"每到这时，李洪福都会微微一笑："千万不要把大学生的身份看得如何高，其实这个身份什么都不是，可偏有人把它当成一件虚荣的外衣。我坚信只有放得下才能站得起，许多大学生埋怨工作不好找，其实就是这个身份把他们害了。"

（资料来源：《沈阳晚报》，2013 年 5 月 28 日）

不论任何企业，所选的项目必须为自己带来经济效益，天下没有人去做不赚钱的生意。经济效益是企业的直接目标，要创造利润，先为自己赚钱。而且企业的发展必须符合社会的需要，符合历史的发展，否则将会昙花一现。社会效益是企业发展的长远目标，只有顺应时代潮流，为社会创造价值，才会得到社会的回报，企业才会长久存在。选择一个创业项目，要看它的长远价值，把经济效益和社会效益结合起来分析。

▶▶ 一、创业项目考察的内容

创业初期，对于目标项目的考察和辨识，可以说是非常关键也是较让人费神的。对项目进行考察应该关注六个方面，或者说聪明的投资者必须做的六件事，它们分别是：

1. 正当性

对项目方正当性的考察主要包括：

（1）项目方是否有工商登记，项目方的工商登记是否在有效期内。

（2）有的项目方可能会拿着别人的执照，所以投资者还需要辨别项目方所持执照是否为项目方本人所有，如果项目方提供了资料，要注意资料中的企业名称与其提供的营业执照上的企业名称、经营范围是否一致，如果不一致，需要项目方做出合理解释。签约时，要与营业执照上的法人签约，加盖营业执照上的法人公章。为安全起见，可进一步向发照当地工商机关查询。

（3）按国家对加盟连锁的有关规定，项目方必须满足"2+1"的条件（2个直营店，经营1年以上），才可以进行对外招商，这是国家为保护投资者利益出台的专门政策。据《科学投资》了解，目前相当数量正在积极进行加盟连锁招商的项目方达不到这个要求，这是违反国家有关规定的，投资者必须保持警惕。

2. 可信性

鉴于目前加盟连锁中骗局连连发生，部分投资者损失惨重，在考虑加盟之前，有必要对项目方进行可信性考察。考察的内容主要包括：

（1）项目方提供的办公地址是否真实，是否与营业执照上的地址一致。例如，一则新闻报道中几个人在北京大学附近的一个写字楼里租了一个房间，办了营业执照，然后打出旗号进行项目招商，几个月后便卷款而逃。这样的事经常发生，屡见不鲜，所以，投资者还需要考察项目方企业的存续期，已经经营了多长时间。一般来说，一个企业经营存续期越长，从业历史越久，就越可靠。必要的时候，可以向所在物业查询项目方的租赁期限，交了多长时间的租金，到什么时候为止，还可以查询项目方是否按期交纳房屋租金；从对项目方注册资金的大小，也可以看出其实力和承担违约责任的能力，这都是很细致的工作。

（2）项目方是否经营过别的企业，进行过别的项目招商，结果如何。目前一些骗子习惯于打一枪换一个地方，已经形成一种经营"模式"，如上述几个骗子，此前就曾经营过几个别的项目，这都属于公开行为，一定会留下蛛丝马迹，只要投资者够细心，就不难看出破绽。

（3）一些项目方很乐意在口头和广告、资料上宣传已加盟者的数字，这个数字往往很大，以增加对投资者的吸引力，要注意考察其真实性。

（4）一些项目方常常宣传自己获奖的情况，什么"十佳"、"最优"、"白金"、"白银"、"最具吸引力"、"投资者最满意"等，这些奖项往往由某些行业机构、招商组委会和媒体颁发，但据《科学投资》了解，其中很多是只要你给钱，就给你发奖状，钱给的越多，奖状的名称就越唬人。这种颁奖授匾完全是买卖，不值得信任。

3. 风险性

为了让项目做到"保赚不赔"，投资者一定要对项目的风险性进行充分的考察。考察的内容包括：

（1）对项目可行性和先行者的考察。当你看中一个连锁加盟项目，可以考察该项目已加盟者的经营状况，考察对象可由项目方提供，但最好由投资者自己选择，在不告知对方的前提下，先以消费者的身份进行观察。考察内容包括店址、每小时客户流量、全天客户流量、产品受欢迎程度、经营者的经营方式、雇员多少、业务熟练程度，估算其成本和投入产出。

然后以投资者的身份出现，直接向对方询问，如果对方经营状况不佳，对项目方有情绪，反而会向你介绍真实情况；如果经营状况甚好，有可能对你隐瞒，或者介绍情况不真实，以防备竞争，在这种时候，需要投资者有良好的判断力。

可以将考察的情况与项目方的介绍进行比较，基本可以得出符合实际的判断。需要注意的是，一般对项目方样板店的考察均不可靠；投资方在对经营状况不佳的加盟店进行考察时，要弄清楚对方为什么经营状况不佳，有时候是加盟者自己的原因，或是能力不足，或是不听从项目方的指导，投资者一般都喜欢听加盟者的一面之词，因为对方和自己的身份类似，同病相怜之下容易同仇敌忾，以致错过好项目。不过，如果你觉得自己实在没有能力分辨，那就不如宁可信其有不可信其无，毕竟对于风险承受能力不足的中小投资者来说，投资安全应是第一位考虑的因素。

（2）了解项目方在知识产权方面（技术、商标等）和品牌方面是否存在纠纷，是否拥有完全的所有权。

（3）了解项目方的禁忌，在什么情况下可能被解除加盟连锁资格，了解项目方所设禁忌是否合情合理，在合同中要明确这些细节，如果合同中没有这些内容，可以补充合同进行说明，必要时还要明确已交费用的退还问题，如在什么情况下投资者退出加盟，项目方必须退还保证金，这些要在合同中写清楚。对于要求加盟者一次交清若干期限费用，比如一次交齐 2~3 年管理费、服务费的项目方，投资者须保持警惕，防止对方在收钱后卷款走人，或在事情不顺利时溜之大吉。为提高投资的安全性，投资者可与项目方商量分期付款的办法，如学会技术时交多少费用，拿到设备时交多少费用，生产出合格产品时交多少费用等。

4. 持续性

对于投资者来说，好不容易选对了一个项目，当然希望能够比较长时间地经营，给自己带来效益，为此，投资者还需要对项目方的运作进行可持续性方面的考察，内容包括：

（1）项目方运作是否规范，包括行为规范和章程规范。行为规范：是否有统一的内外标志，操作流程是否规范，工艺流程是否规范，服务流程是否规范等，是否对加盟者提供统一规范的培训，培训的项目、时间，培训是否收费，收费的标准。章程规范：项目方是否提供统一的操作手册、服务手册、管理手册、培训手册，手册的编制是否规范，是否切实可行，是否便于执行，是否不让人产生歧义。

（2）如需配送，配送设备是否完整、先进，是否有统一的配送中心，配送人员的素质如何、管理如何，配送中心是否能及时响应加盟者的要求，配送原材料是否经常短缺，配送价格是否合理、是否变化无常。

一些项目方收很少的加盟费，将利润点全部放在后期的原材料配送上，这很正常，但随着投资者的投入越来越多，已经不能轻易脱身，项目方在配送原辅材料的时候随意要价，价码越来越高，条件越来越苛刻，以致令加盟者产生被勒索的感觉，这就很不正常。北京的投资者李德义就是为此与四川×鱼头闹翻，而开创了自己的李老爹。但是多数投资者没有李德义这样的幸运，也没有李德义这样的实力，李德义过去依靠做建材拥有了雄厚的积蓄。如果是中小投资者遇到这种情况，只好自认倒霉，所以要未雨绸缪，防患未然。因此应该跟项目方将配送价格说清楚，将各种可能发生的情况和处置办法，可能发生的损失和索赔条件备录于合同。还有一种是项目方不给你配送，你所需要的原材料很容易自己找到，那么，对于这样的项目一定要提高警惕。这说明这个项目的门槛很低，被模仿的可能性很大，可能要面对竞争泛滥的局面。

一般这样的项目，都缺乏可持续发展的潜力。

5. 扩张性

谁都希望生意越做越大，如果一个项目做上三五年，仍旧只能是七八平方米的店面，每个月几千元的收入，就说明这样的项目缺乏扩张性。扩张性来自两个方面，一是项目方是否拥有将事业做大的决心，是否拥有长期的战略规划，这是从高层次说。二是从低层次说，项目方在市场扩张上是否能够为投资者提供强有力的支持。

目前加盟连锁项目大多集中于快速消费品、餐饮、小食品、时尚饰品、保健品、新潮家居用品、新潮电子、小家电、社区服务性产品如洗衣、美容美发等，普遍对广告的依赖性都非常强，项目方在广告投放上是否能持续，是否能使广告覆盖一定范围，必要的时候，项目方能否提供强有力的促销支持，如物质方面的支持和政策方面的支持。这些都对投资者的扩大经营起着直接的影响。

一是项目方能否持续提高自己品牌的价值，则对投资者能否进行有效的扩张起着间接的影响；二是项目方产品创新的能力也决定着投资者跟随成长的结果，有些项目方在一个项目推出后，数年不见推出新的项目，旧的项目也不见改进创新，市场只能逐渐萎缩。

6. 延伸性

在对项目进行考察的时候，除了要考察项目主导人的人品、性格、经历、知识结构、拥有的企业资源和社会资源外，还要着重考察项目方的团队。在各种招商会上，我们可以看到，不少招商团队是由草台班子临时拼凑成的，用系红领巾的手法打领带，皮鞋满是尘土，西服满是油渍，难以想象这样的一个团队能为你的投资项目提供什么样的保证。对项目方团队的考察，一是考察团队成员的素质、从业经历、从业经验、既往业绩、圈内口碑；二是考察团队在性格和专业上的互补性；三是考察团队的稳定性。对于一些比较有经验的投资者，通过对项目方团队的察言观色和对项目方的突袭式访谈，可以得出可靠的结论。

总的来说，对项目包括项目方的考察是一件非常细致的事情，需要投资者有很好的耐心和足够的敏感。为了投资安全，付出一些这样的心力还是值得的。

▶ 二、创业项目考察的方法

自己如何创业和去判断一个项目是否是一个赚钱的好项目其实并不难，只要把握其中的关键点就可以了，一旦选择正确，就会抢得先机，拔得头筹，从一开始就立于不败之地。选好项目，再加上自己的努力，成功和赚钱就是可以预期的，也是可以实现的。选项目就是找机会，一个好的机会应该具备三个主要的特点：天时、地利、人和。会赚钱的人，也都有一个显著的特征：善于把握机会，敢于快速行动。

那么，如何选一个好项目呢？一般来讲，主要考察以下八个方面的特征，一旦符合，就要果断决策，立即行动，全力以赴。

1. 产品好不好卖

产品卖出去，把钱收回来，这就是赚钱的生意。如果产品不好卖，再多的投入，再大的努力都没有用，想赚钱，根本没戏。

2. 市场空间够不够大

没有想象的空间，没有折腾的余地，项目一开始就没了底气，没了冲劲，根本做不大。

3. 利润空间的大小

利润空间不够大，毛利太薄，很难赚到钱，可能辛苦做了一年，年底一算账，不但赔钱还要贴人工进去。

4. 趋势是否明显

把握趋势，追赶潮流也要踩好步点，赶早了，钱不好赚，开发市场成本太高；赶晚了，钱已经被别人赚走了，而且会越做越衰，越做越赔。

5. 收入是否持续保障

看重眼前利益，收益短、频、快的加盟项目是很难真正赚到钱的。真正赚钱的好项目是持续收益的，一年比一年轻松，一年比一年多赚。

6. 业务模式是否好

赚钱要靠系统，赚钱要有套路。单靠个人的蛮力打拼和胡乱折腾，是难以出成效的。业务模式的好坏直接关系到能否赚钱以及赚多赚少。

7. 品牌的效应如何

做生意要懂得借力借势，红顶商人胡雪岩经商的秘诀是六个字：布局、造势、摆平。选项目看品牌已经是妇孺皆知的道理了，关键还要选中非常有潜力的品牌，这就更需要敏锐的判断和独到的眼光，富人和穷人在这一点上的差距尤为明显。

8. 培训支持是否到位

做生意赚大钱毕竟是有步骤有方法的，成功一定有方法，失败一定有理由。自己摸索，事倍功半；培训引导，事半功倍，两者之间四倍的差距。所以，好项目还需要好的培训、好的支持和服务，否则做起事情来，麻烦就来了。

拓展阅读

目前火热的一些创业项目和点评

1. 微信营销平台创业公司

非常火爆的点，有兴趣的读者可以百度"微信营销平台"，将会看到无数的推广。"微信营销平台"提供的功能大同小异：交互式菜单、微网站、会员卡/CRM、优惠券、营销功能（刮刮卡、大转盘等抽奖功能）。我们接触的这个项目，在提供的功能上也都差不多。目前主要通过经销代理的方式在推市场，目前流水非常不错。

评述：

根据主观判断，"微信营销平台"还有一年左右时间可以舒服地赚钱。随着同质化越来越多，平台的价格将直线下降，估计不到一年只用几百元就可买到一套。就像十年前的企业建站，能赚钱就快点抓现金流。但靠这点能发展很大比较难，毕竟这么多年就一个万网做得还行。

这个行业要想做大，肯定是向 ShopEx 的思路做，将一个细分行业做深。如之前介绍过的车商通，依托微信公众号，为汽车 4S 店提供 CRM 解决方案。只有这种做法才会有竞争力，才会逐渐建立壁垒。建议这个项目快速选择一个合适的行业打造出好的产品，应该还有机会。

2. 智能电视创业项目

智能电视现在是很火的一个创业方向，吸引了大批的创业者投身其中，尤其是各类盒子层出不穷。与大部分盒子小巧玲珑并且使用 Android 系统不同，这个项目是基于 Windows 系统，并且放弃了对"小"的追求，而是专注于对电视游戏的体验，PC 机上能够玩的大型游戏都可以转移到电视机上，事实上电视机只是纯粹地回归到一个显示器而已，而手柄则代替了遥控器。基于 Windows 系统的设计使得它既可以独立发布自己的 HTPC，也可以用它的软件改造任何一台基于 Windows 的电脑。

评述：

在智能电视这个领域内创业，游戏是一个不错的方向，要充分利用好电视的大屏视觉感受及音响效果，因此创业者对于 PC 机上大型游戏的追逐是一个不错的切入点。事实上 HTPC 已经非常多了，好在创业者在 Windows 系统的基础上又做了很多的工作，使得整个体验更适合电视的应用场合。

我们仍然推崇精益创业，这样的一个产品，千万不要等到完美了之后再上市，速度要快，因为这块市场的竞争太过激烈。第一版的产品可以很简单，能玩即可，后面再慢慢追加应用，比如一些美化方面的需求，比如提供在线游戏和游戏下载等。

建议创业者不要将它单独地归类为一款软件产品。在中国纯做软件太难了，绝大部分人都不可能成为奇虎 360。定制自己的 HTPC 可操作性要更强一些，商业模式也更为清晰，通过 HTPC 培养一批小白粉丝，然后传播软件，图谋后动。

3. 跨境电商项目

这个项目的创业者开发了一款服装类 APP，准备在某小国开展跨境服装电商业务，并争取做成该小国的第一服装品牌。初期直接用地推的方式做 APP 推广，服装从国内采购。

评述：

国内的电子商务虽然并不成熟，但似乎又有点被做烂了，尤其是服装电商面临非常激烈的竞争，于是这几年做服装类的跨境电商越来越多了。在国外寻求这样的商业机会，确实是服装类电商可以考虑的一个方向。而用 APP 来做电商，也符合移动互联网发展的潮流。

物流的问题需要创业者设计清楚。有很多的跨境电商是 TOC 的，从国内往国外寄送大量的小包裹，这个问题海关很头痛，因为很难监管，而对创业者来说，回款更多的要走地下通道，有一定的政策风险。另外及时性也要考虑，毕竟邮包的寄送时间相对较长。也有很多企业在国外建立仓库，物流效率高很多，当然这要考虑成本的问题，包括仓库成本、压货成本，并且对预存的货物要有预判，要能够卖得出去才行。据说杭州海关已经立项研究了跨境电商的问题，会出台配套的措施扶持，具体细节还不清楚。

关于推广的问题，国内很流行的是刷榜，在国外尤其是小国要容易一些，地推的成本也不会太高。中国的移动互联网发展水平在国际上是相当领先的，据说东南亚国家尤其是会中文的国家，老百姓的很多APP都是中国的。在这种情况下，建议跨境电商的APP做成该国所属的，避免激烈竞争，同时增强该国老百姓的归属感。

服装的采购还是需要在国内有一部分人马来负责。有些创业者在各地收购廉价的服装，有些则固定与某些大的品牌达成合作，不一而足。建议创业者要提前考虑售后的问题，因为服装行业本身会涉及很多质量问题，退换货非常频繁。在国内开展业务要好一些，跨境操作时，售后问题会被放大，因此建议创业者多多考虑。

4. 基于LBS的找兼职平台

基于LBS（Location Based Service）的找兼职平台，产品刚刚出来，包括网站和APP。这个项目比较好理解，商家发布自己的兼职信息，兼职人员从平台上寻找适合自己的项目。原来很多兼职是从58同城、赶集网上寻找，但上面的信息更新不及时，地理位置信息不丰富。而在手机上开发专业的APP兼职平台，可以解决好这些问题。兼职人员可以经常查看信息，系统还可以自动识别附近的匹配兼职信息。

评述：

这个项目面向的市场应该是一个刚需，而且用移动互联网来解决确实有很大的技术优势。兼职有很大的用户基础，项目创始人也有多年兼职活动领队经验，应该是一个值得尝试的创业方向。

因为是刚开始的项目，还有许多需要提前注意的地方。例如，首先是需要解决信息的真实性问题，这也是专业平台的优势，这里需要建立线下团队或审核机制。其次是推广运营问题，兼职平台需要两端同时推广，需要大量商户发布信息，也需要很多兼职人员来就职。最后是盈利模式目前还不清晰，需要适当思考这里面可能的一些商业模式。

本项目的创业团队互联网基因不是很强，运营这个项目如何平衡好模式的轻重以及 APP 运营推广，也有一定的风险。

（资料来源：青年创业网，2013 年 9 月 9 日）

☞【回顾与总结】

创业项目考察的内容与方法。

第三节　创业项目的评估

📖 **引导案例**

创业要勤奋，更要避免盲目

许小姐一门心思想做老板。经过 7 年的努力工作和省吃俭用积蓄了一笔资金，其中 10 万元做了注册资金，5 万元用于流动资金。她认为，个人创业必须有丰富的工作经验。所以在过去的工作中，她总是分内分外的事全都抢着干，从不计报酬。尤其是经营方面的事，她更是竖着耳朵听，目的就是多学点本事，为自己开公司做准备。另外，她认为个人创业必须有一个好的项目。她选择了一个当时的朝阳项目——房地产租赁咨询。

2009 年底在办齐所有手续后，门店终于开张，她勤勤恳恳努力工作，但她怎么也没想到，最初的 3 个月几乎没有生意，直到第六个月才稍有收入，可生意很不稳定，半年来，她赔了 3 万元。她开始动摇了，觉得自己是在靠天吃饭，靠运气吃饭。她认为做生意不应该是赌博，肯定是哪儿弄错了。她不想再这样干下去了，她认为不能等到这15万元都赔光的时候才行动。她要去弄明白问题到底出在哪里。第七个月她关掉了公司。

导致许小姐失败的原因很复杂，首先一条重要原因就在于没有对项目进行评估，没有一个完整的创业计划。小企业抗风险能力很低，不考虑成熟，一厢情愿，自然危机重重。其次一条是没有考虑到创业的政策风险，没有想到房地产紧控，竟然连二手房市场也受到了极大冲击。要想创业成功，还要学会怎样避免"打水漂"。

（资料来源：钟晓红：《大学生创业教育》，北京理工大学出版社，

2010年版）

▶ 一、创业项目初步评估的原则

创业项目的初步评价，就是指在缺乏必要的信息和数据的情况下，对还没有经过详细策划的创业项目进行主观的、经验性的、非理性的评价。

评价的目的就是判断一个项目是否满足创业的最基本要求，及时淘汰那些毫无可行性的项目，避免对这些项目进行详细调查和策划所带来的精力和财力的浪费。

创业项目初步评价一般是由创业团队成员自己进行的，或者以非正式评价的方式邀请有关人员给予建议。

1. 差异性原则

对于不同类型的创业项目，应当对不同的评价内容有所侧重。例

如，对于独创型的技术创新项目，可能更关心它是否有明确的市场需求，因为短期之内不会有人与之竞争，只要有需求，项目就很容易成功。反之，对于创意型的创业项目，我们就要更关心它的进入壁垒问题了，因为再好的创业项目也招架不住激烈的竞争，只有具备竞争优势，才有可能取得最终的胜利。

2. 宽容性原则

初步评价的目的不是证明一个项目有多好，而只要能够证明它是不是足够差就可以了。所以，在没有确切依据的情况下，应当尽量采取宽容的态度，不让一个好项目漏网。

在这方面，即使是非常伟大的人也会犯错误。如下表所示，就是一些著名人士或公司在面对一些重大创新成果时所犯的经典错误。他们产生这些错误的原因，一方面可能是这些创新过于新颖，另一方面就是他们的态度不够宽容。

人物	事件	真相
爱迪生	镍铁电池的出现，将会使石油工业消失	2014 年全球石油工业总产值超过 420 亿吨
西方联合国际公司	由于还存在许多无法克服的技术障碍，电话不具有任何市场潜力	现在电话已成为家家必备的通话工具
爱因斯坦	核能在实际上是无法获得的，因为原子不可能会自动分裂	2014 年人类从核能发电中获得超过 2000TWh 电量（1TWh = 10 亿度）
IBM 创始人华生	电脑未来的全球市场规模只有 5 台	2014 年全球 PC 及平板出货量达 5.28 亿台

人物	事件	真相
耶鲁大学某教授	史密斯的研究虽颇具创意,但一点也不可行,所以我连 C 的成绩也无法给他	后来史密斯恰恰用自己的创意建立了联邦快递公司,改变了货物运输产业的经营方式

3. 因地制宜的原则

也就是要结合创业者的具体情况进行评价,不同的创业者可能对创业项目有不同的要求,或者说不同的创业者对各种风险的承受能力是不一样的,这就要求对创业项目进行评价的时候要根据创业者的具体情况因地制宜地制定评价的内容和标准。

▶▶ 二、创业项目初步评估的主要内容

创业项目的初步评价指向一些总体的、方向性的问题,都是至关重要的,甚至很多问题都具有"一票否决"的重要性,也是对创业项目的定性分析。

评价方面	具体评价问题
创业项目与外部环境	是否符合国家政策、地方政策、行业政策甚至国际惯例
	业务模式是符合当前消费习惯还是引导新的消费潮流
	是否会得到相关的政策优惠或政府扶持
	行业前景如何,是否属于朝阳产业

评价方面	具体评价问题
创业项目 与创业者	创业项目是否符合创业者的知识水平、职业经历和个人特征
	创业者是否足以承受失败的风险（倾向经济角度）
	是否已经具备完整的创业团队
创业项目 自身	市场需求是否明确、稳定、持久
	是否有足够的市场容量？市场容量的成长性如何
	是否具有强大的（包括潜在的）竞争者？是否具有竞争优势
	市场进入时机是否合适

▶ 三、SWOT 分析的定义

SWOT（Strengths，Weakness，Opportunity，Threats）分析法又称态势分析法或优劣势分析法，用来确定企业自身的竞争优势（Strength）、竞争劣势（Weakness）、机会（Opportunity）和威胁（Threat），从而将公司的战略与公司内部资源、外部环境有机地结合起来，是一种常用的战略规划分析工具。

SWOT 分析，是在内外部竞争环境和竞争条件下的态势分析，将与研究对象密切相关的各种主要内部优势、劣势和外部的机会和威胁等，通过调查列举出来，并依照矩阵形式排列，然后用系统分析的思想，把各种因素相互匹配起来加以分析，从中得出一系列相应的结论，而结论通常带有一定的决策性。

运用这种方法，可以对研究对象所处的情景进行全面、系统、准确的研究，从而根据研究结果制定相应的发展战略、计划以及对策等。

四、启动 SWOT 分析

1. 分析环境因素

运用各种调查研究方法,分析出公司所处的各种环境因素,即外部环境因素和内部环境因素。外部环境因素包括机会因素和威胁因素,它们是外部环境对公司的发展直接有影响的有利和不利因素,属于客观因素;内部环境因素包括优势因素和劣势因素,它们是公司在其发展中自身存在的积极和消极因素,属主动因素,在调查分析这些因素时,不仅要考虑到历史与现状,而且更要考虑未来发展问题。

(1)优势,是组织机构的内部因素,包括有利的竞争态势、充足的财政来源、良好的企业形象、技术力量、规模经济、产品质量、市场份额、成本优势、广告攻势等。

(2)劣势,也是组织机构的内部因素,包括设备老化、管理混乱、缺少关键技术、研究开发落后、资金短缺、经营不善、产品积压、竞争力差等。

(3)机会,是组织机构的外部因素,包括新产品、新市场、新需求、外国市场壁垒解除、竞争对手失误等。

(4)威胁,也是组织机构的外部因素,包括新的竞争对手、替代产品增多、市场紧缩、行业政策变化、经济衰退、客户偏好改变、突发事件等。

SWOT 方法的优点在于考虑问题全面,是一种系统思维,而且可以把对问题的"诊断"和"开处方"紧密结合在一起,条理清楚,便于检验。

2. 构造 SWOT 矩阵

将调查得出的各种因素根据轻重缓急或影响程度等排序方式，构造 SWOT 矩阵。在此过程中，将那些对公司发展有直接的、重要的、大量的、迫切的、久远的影响因素优先排列出来，而将那些间接的、次要的、少许的、不急的、短暂的影响因素排列在后面。

优势 Strengths	劣势 Weaknesses
机会 Opportunities	威胁 Threats

3. 制订行动计划

在完成环境因素分析和 SWOT 矩阵的构造后，便可以制订出相应的行动计划。制订计划的基本思路是：发挥优势因素，克服劣势因素，利用机会因素，化解威胁因素；考虑过去，立足当前，着眼未来。运用系统分析的综合分析方法，将排列与考虑的各种环境因素相互匹配起来加以组合，得出一系列公司未来发展的可选择对策。

	优势（S）	劣势（W）
机会（O）	SO 战略（增长型战略） 依靠内部优势，利用外部机会， 创建最佳业务状态	WO 战略（扭转型战略） 利用外部机会，克服内部劣势， 机不可失

续表

	优势（S）	劣势（W）
威胁（T）	ST 战略（多种经营战略） 依靠内部优势，回避外部威胁，果断迎战	WT 战略（防御型战略） 减少内部劣势，回避外部威胁，休养生息

▶▶ 五、运用 SWOT 进行创业项目案例分析

关于瑜伽会所转让的分析

安静，某学院 2008 届社会体育专业毕业生，2008 年毕业后到了北京一家健身俱乐部做健美操教练，3 年的工作中，由于良好的服务意识和扎实的基本功，连续两年获得了单位"优秀教练"的荣誉称号，并从教练升职为市场部经理。

在北京工作的这三年间，她发现随着都市人群生活节奏的加快，瑜伽作为一种新的健身方式，正在逐渐得到人们的认可，作为一种潮流，已发展成为大众化的全民健身运动。而且，在这三年的教练生涯中，她对瑜伽教授产生了浓厚的兴趣，一股回乡创业的念头在心头萌生。

"水蓝荫"瑜伽会所坐落在衡水市，占地面积 300 平方米，环境优雅，符合国际瑜伽时尚健康标准。经营项目有特色课程的开设和瑜伽产品的销售。"优越的地缘"、"经济实惠的价格"、"高质量的服务"赢得信赖。而且衡水市这两年还要加大往西、往南的发展力度，此处

将会成为黄金地段。衡水市目前已有瑜伽项目的健身俱乐部 7 家和专门的瑜伽会所 3 家。瑜伽会所目前的消费群体主要是对健康、美丽、时尚、品位、自身完美有着强烈追求、家庭稳定、收入较高的 25～45 岁的中青年女性。瑜伽没有年龄和性别限制。

由于经营者要出国发展，出国前急于将"水蓝荫"瑜伽会所进行转让。

请运用 SWOT 四要素找出安静现在所处的明确位置。

SWOT 分析：

S（优势）	W（劣势）
（1）3 年的工作经验 （2）良好的服务意识 （3）管理能力，了解市场 （4）了解瑜伽课程，对瑜伽有兴趣	对瑜伽知识、技能的掌握不够深入
O（机会）	T（威胁）
（1）经营者急需转让 （2）地理位置优越，有潜在客户群 （3）政府的有利政策 （4）经营状况良好，有固定客户群 （5）大众认可，没有性别、年龄限制	（1）生活节奏慢，压力小 （2）竞争对手有 10 家 （3）店面相对小 （4）目前经营项目有限

安静如果接手瑜伽会所，根据 SWOT 战略组合，你对她在决策和经营上有什么意见和建议？

根据 SWOT 战略组合，可以从以下四个方面进行分析：

（1）SO（优势机会）：自身主观条件方面，凭借自身的工作经验、管理能力和对市场的了解，安静可以接手瑜伽会所，加上经营者急需转让，可以发挥谈判优势。客观条件方面，瑜伽会所地理位置优越，经营状况良好，可以签订长期租赁合同，在稳定已有客户群的基础上争取新客户群。

（2）ST（优势威胁）：安静虽然拥有工作经验、管理能力，对瑜伽有浓厚兴趣，也了解市场等方面的优势，但是目前瑜伽会所的经营项目有限，还需要开发新的项目，以提升竞争力。可以聘请专业的研发人员或让会所工作人员进行专业进修和学习。

（3）WO（劣势机会）：安静的劣势是对瑜伽知识、技能的掌握还不够深入，专业方面有所欠缺，但由于瑜伽会所的经营势头良好，可以寻找合伙人一起经营瑜伽会所，或者加盟连锁店。

（4）WT（劣势威胁）：针对专业欠缺、经营受限等劣势，在经营瑜伽会所时可以推出特色服务、开发新项目、办理会员优惠制等促销手段。

课后练习

运用SWOT分析法，分析小王这个创业项目的优势与劣势、机会与威胁，如果你参与到这个项目中，你会如何规划公司的发展方向，试提出决策和经营上的意见和建议。

A公司是小王创办的年销售额50万元的地方广告代理公司，以M市为中心经营着与地域密切联系的广告业务，主要顾客有当地宾馆、旅游景点与当地餐馆，主要经营报纸、电视等广告业务。

这个行业的特点是易受 IT 影响，特别是互联网的标识广告和电子邮件广告的出现，使得 A 公司的竞争力被削弱。近年来，各企业利用网络广告的费用支出每年都在成倍地增长，但 A 公司在应用 IT 技术方面已经大大落后，现在仍没有从事网络广告业务。

由于旅游业的兴旺，M 市游客大增。A 公司是土生土长的 M 市本地企业，信息收集能力强，在当地有很好的企业信用。借着 M 市旅游业的兴旺，A 公司通过改进经营，扩大广告订单，特别是在温泉旅店的广告交易上，取得了全市第一的骄人业绩。

可是，A 公司现在的经营范围只限定在 150 公里，并且顾客以中小企业为主，经营范围十分有限。

☞ 【回顾与总结】

（1）创业项目初步评估的原则与内容。

（2）运用 SWOT 分析评估创业项目。

第五章　创业项目的选择

第一节 创业项目选择的原则

📖 引导案例

夜间洗车，从市场空白入手

2008 年，28 岁的赵秋实在河南南阳市投资 10 万元开了一家洗车店，生意很快上了轨道。可惜，好景不长，他的洗车店附近很快就陆续又来了几家同行。为了拉拢客户，他们竟半价收费，导致他的生意难以为继。

有一次，赵秋实坐的士去市区办事。偶然发现的士车的玻璃上沾满了泥，车内到处是灰尘。司机不好意思地解释说："为了拉生意，平时根本顾不上洗车，等到晚上收车后，洗车场又早已关门了。"交谈中，赵秋实又了解到，南阳市共有 2000 辆的士，车主们都配备了双班司机，保证人歇车不停。

短短的交谈中，赵秋实就发现了这一市场缺口，于是打定了主意把自己的洗车场改成晚上营业，专洗的士车。

于是，赵秋实在洗车场里装了几个 1000 瓦的照明灯泡，又制作了"午夜的士洗车场"的大牌子。当晚，他站在广告牌边等了一夜，却没迎来一辆的士，赵秋实心里有点失望。好在天快亮时，一辆路过的士突然掉头回到他的洗车场，车主兴奋地说："我开了十多年的车，第一次遇到晚上营业的洗车场。"赵秋实很快将车洗得干干净净。

听了司机的话，赵秋实立刻就意识到自己缺乏宣传，司机们都还不知道有夜晚营业的洗车场。他想起了前几天来洗车的那个出租车司机，立即拨通他的电话让他帮忙通过声讯台宣传他的午夜"的士"洗车场。

在声讯台的宣传下，第二天晚上，赵秋实就洗了 15 辆车，赚了 150 元钱。

随着洗车场名声远扬，赵秋实的生意红火起来。一回，一位来洗车的"的哥"见到赵秋实和员工忙得不可开交，便打了一桶水，拿起抹布自己洗了起来。洗完车后，他向赵秋实付钱，赵秋实根据水电成本，只按半价收了对方 5 元钱。

通过这件事，赵秋实灵机一动又推出了自助洗车模式，的士司机自己动手，他提供一切洗车用具，只收半价。这样一来，就再也没有出现排长队等候洗车的状况。许多司机都认为自助洗车模式既方便又省时间。

2009 年初，赵秋实接连推出了套餐式多种服务优惠组合，如清洗、上光打蜡、玻璃打蜡、轮胎增黑和车内消毒的五合一洗车。这种服务，每次收费 100 元，同时，他还推出 VIP 式服务，给车主提供贴心的服务。

赵秋实的商业模式迅速遭到了附近同行的竞相效仿。经过苦苦思索，他决定打造出一个以汽车文化为主题的休息场所。他将毗邻的一个可同时停 100 辆车的大仓库租了下来，配备了多组沙发和桌椅，并在服务台旁安装了两台电脑，免费供顾客上网。不久，为了给顾客提供个性化的服务，他还在自己的洗车场为的士司机提供按摩和擦鞋服务。

2010 年 7 月，赵秋实又在郊区开了两家同样规模的连锁洗车场。经过司机们的口口相传，新开的洗车场生意也迅速火爆起来。

（资料来源：《财富时代》，2009 年第 12 期）

一、创业项目选择

现在资讯发达的社会，什么资讯在网上一搜都会出现一大堆的资料。创业作为一个超级热门的词汇，当然也不例外。创业金点子、创业好项目等琳琅满目，每一个看起来都非常不错，每一个都前景非常好。但是为什么那么多的创业者以失败而告终？一份来自致富在线（zfol. net）调查对象高达数千名的调查报告显示：在众多失败的创业者当中，68%的人认为失败的原因在于最初没有选对适合自己的项目。

因此，如何选择创业项目这个问题的关键，并不在于哪个更能赚钱的问题，而是适合不适合的问题。

1. 打造一个有新意的模式

改进现有商业模式比创造一个全新的产业模式要容易。许多创业者可以从过去任职公司的经验中发现大量的机会或是可以改进的缺失，包括掌握原来公司的资源或运营模式，或是发现未被满足的客户需要和作业程序。

2. 把握最新的时代潮流

当一个新兴的产业出现之际，必然能够提供大量的创业机会，引发创业热潮，同时出现产业连锁反应，例如个人电脑的出现，引发大量的上下游相关产品与配套服务的创业机会。

3. 等待一个恰当的时机

有一些人将创意的产生归为机会的垂青，也就是运气，研究创意的专家认为没有平时的积累，是不可能产生创意的。这也就归为创业者平时的感受与观察。例如，当旧金山形成淘金热时，无数人满怀希望奔向旧金山，而李维斯却看到"供应坚固耐用的帆布牛仔裤"的商机。

李维斯的创业机会

牛仔裤的发明人是美国的李维斯。当初他跟着一大批人去西部淘金，途中一条大河拦住了去路，许多人感到愤怒，但李维斯却说"棒极了"，他设法租了一条船给想过河的人摆渡，结果赚了不少钱。不久摆渡的生意被人抢走了，李维斯又说"棒极了"，因为采矿出汗很多饮用水很紧张，于是别人采矿他卖水，又赚了不少钱。后来卖水的生意又被抢走了，李维斯又说"棒极了"，因为采矿时工人跪在地上，裤子的膝盖部分特别容易磨破，而矿区里却有许多被人抛弃的帆布帐篷，李维斯就把这些旧帐篷收集起来洗干净，做成裤子销量很好，"牛仔裤"就是这样诞生的。

所以，一种创业行为无外乎以下三种形式：

（1）新市场：用原来的产品或服务满足新的市场需求。

（2）新技术：创造人们需要的新产品/新服务。

（3）新利益：使产品/服务质量更好，功能更多，成本/价格更低。

选择项目其实也是一个选择商机的过程，这个过程既可以是发现，也可以是跟风，关键是匹配，结合自身的特点，选择适合的项目，这样自身的优势才能够被发挥出来，创业者前进的动力也就更加充足。

▶▶ 二、创业项目选择的原则

不论你的具体情况怎样，如果你要创业、要选择创业项目，必须遵循以下几个普遍原则：

1. 选项目如同谈恋爱

创业的感觉可以同恋爱相比，那么选择项目的重要性就好比结婚一样重要。任何项目的本身，有一个怀胎、孕育、出生、发育的过程，这是一个自然的过程，创业者对一个具体项目，有一个认识、理解、通透、把握的过程，这是一个历史过程。由此决定了创业的过程是人与项目长期相互融合的过程。同时决定了选择项目必须立足长远。即便是你的选择符合人们公认的原则，如发现潜在的需求，找到市场缝隙，有附加值、有特色，那也是万里长征走完了第一步，今后的每一步都是人与项目的融合。这个融合是人与项目生死相伴，永远不会完结。

2. 选项目需要知己知彼

选择项目是开创自觉的人生，标志着把握自己命运的自主意识的萌生。许多人当初未必知道，这正是迈向成功之路的起点。若干年后，当你站在事业的巅峰回头看当初的选择，便会感叹它的历史意义之重大。选择项目，是创造一个切入社会的端口，找到一个与社会结合的点。这就需要四个字："知己知彼。"知己，就是要清醒地审视自己：优势、强项、兴趣、知识积累与结构，性格与心理特征等。知彼，是对社会未来发展趋势的认识，稳定的、恒久的、潜在的需要。特别是能够对潜在的趋势和需求有所敏感，就会比别人快上一拍半拍，当此种需求显露的时候，你已经是有准备的人。

3. 选项目是重之又重

有一个人，当过一周时间的世界首富，他就是软银公司的孙正义。他大学毕业后从美国回到日本，选出了 50 个创业目标，用一年时间逐个进行考察，写出了几尺厚的资料。最后选择了做软件。既然选择目标事关人生，就不可随随便便，必须以慎重态度对待，经过一个充分的论证过程。在这个过程中，要舍得花时间，用几个月甚至一年时间都是值得的。要舍得花气力，严格地审视自己，慎重地判断社会走向，捕捉初露端倪的苗头。要能够静下心，认真调查研究，寻找事实根据。只有这样，才能使目标坚实可靠，至少是自己心里踏实确信无疑，才会全力以赴地去干，在奋进的途中不犹豫、不徘徊、不动摇，不因挫折就心猿意马、改弦更张。一门心思，一干到底。

4. 选择项目要有特色

选择的项目一定要有"根"，就是项目生命的根子、生存的权利、活下去的条件、站得住脚的基石。争夺市场份额的内生力量。可以通俗地表示成四句话：别人没有的；先人发现的；与人不同的；强人之处的。例如说"别人没有的"，可以是某种资源与某种特定需要的联系，可以是某种公认资源的新商业价值。可以是特殊气候的、温度湿度的、土壤成分的、地理位置的、长期废弃的、失传已久的。例如，一个走亲戚的人发现附近的山上有白色的土，是可以制作陶器的一种土。进一步了解到附近有铁路。于是他买下这块下面有陶土的地，把土晾干磨成粉——卖起陶土来了。再比如，"强人之处的"。一个项目其中的不论哪个方面，哪怕是一点：高人一筹、优人一档、强人一处，就是根。质量的、功能的、外观的、设计的、成本的、经验的、模式的等。比方说成本，谁能想到"世界 500 强"排名第一的是一家叫沃尔玛的零售企业。它能够把管理费用控制在销售额的 2%，这叫真功夫。据说沃尔玛总部的办公室像卡车终点站的司机休息室，可见为降低成本而努力的背后是一种什么样的精神。

拓展阅读

8 个持久赚钱的创业项目

1. 高档的宠物服务

越来越多的人把他们的宠物当作人来对待，因此寻求享受人一样的服务和产品，这种珍爱和重视使得宠物产业迅速发展，并出现了许多新业。其他豪华宠物服务还包括乘坐豪华轿车、乘船出游和私家购物，只要适合人类的同样也适合宠物。沟通宠物和人感情的产品目前也需求旺盛，比如宠物的问候卡片和日本 takara 公司生产的狗语言翻译机 bowlingual。这种机器是第一台可以翻译狗叫声的翻译机，它可以科学地分析狗叫声，并从中解读狗的感情。随着狗瑜伽的风行，也许"哎哟"是狗狗们真正想说的。

2. 助学金/大学计划

进入梦想的大学从不像到公园散步那么简单，随着学生人数的增加，竞争日益激烈。根据国家教育统计中心的报告，1988~2000 年，学位授予机构的招生人数增长了 23%，2002~2004 年，招生人数计划增长 17%，达到 1950 万人。学生和家长都意识到花时间和精力制订大学计划是必要的，这也是商机的所在。全国大学入学顾问协会职业发展部主管辛格说，现在出现了越来越多的独立顾问提供财政援助和大学计划服务。

3. 技术安全顾问

您是否为计算机的硬件、软件和网络安全担忧呢？垃圾邮件、间谍软件、安全漏洞、软件补丁、病毒，以及黑客的侵袭都让人不安。因此，许多公司将向技术安全顾问求助。尽管一些人还是会咨询通常的 IT 销售商，但是对具有最新最全面专业知识的技术安全顾问的需求正在持续上升。技术咨询的另一个趋势即电话上门服务，一些上门的维修服务还提供运输服务。把车上"载有货物"的牌子摘掉，退出法语和西班牙语班，改学计算机 fortran 语言的机会来了。

4. 家庭自动化数字顾问

家庭智能化设计及安装协会称，美国将近 86% 的消费者期待着给他们的家中装上定制的电子装置。家庭安全系统排在消费者期待的自动装置的首位，其次是家庭娱乐，自动灯控和窗户的开启装置。国际定制电子器材设计和安装协会的现任成员和前任主席杰夫·胡佛说，曾经这些装置是有钱人的装饰，但如今它已经被越来越多的中产阶级消费者接受。

5. 老年助理

发挥你的想象力，这里还有其他的新行业。为老年人提供助理服务，应客户要求，从陪伴出行到上门服务。想想美容、干洗、出诊兽医和家政服务，总之，一切能让老年人的生活更方便的行业，都赚到了老年人的钱。"许多上了年纪的人都需要有人帮忙跑腿，购买日用品，清洗和裁剪衣服。想想要是你不能开车了，你会怎么做？"费舍曼说："有些人的家人不在身边，虽然他们不需要人做伴，但有人能带他们看医生并且在外等候不也挺好吗？"

6. 药物水疗

越来越多的顾客希望医疗服务（不是严格意义上的）轻松得就像去趟沙龙，而能提供这种感觉的公司也会得到不菲的回报。药物水疗，简称"med-spas"，已成为商界的新宠。服务包括牙齿美容、推拿、光子嫩肤甚至激光近视手术。顾客希望能快速而舒适地得到治疗。不利方面：工资和创造豪华氛围意味着高管理支出。大多数水疗中心的利润率为8%~13%，对企业来说是较低的。若是觉得前景太暗淡，考虑一下网络，如美国健康测试网能够提供给消费者直接的血液检测和其他服务。

7. 老年护理咨询（老年人搬迁）

有一天你将搬走，离开见证了你美好年华的家，最后还要面对许多烦琐的事务。帮助老年人找到一个环境优美的地方安度晚年，使进入新环境变得轻松，这项服务对已经历了无数人生风雨的老年人来说，是弥足珍贵的。这一行业可做的事有很多，比如你可以帮助调查新住宅、寻找地产经纪人、售房、物品打包、安排并协助搬家并在新家处帮忙卸载。如果你想经营搬家助理的业务，需要投资1万美元左右，另加一部车、购买一批包装材料、一辆手推车、一个工具箱以及专业制服。

8. 针对中年女性（40岁以上）

当今，吸引商家目光的不只是十几岁这个顾客群了。35~55岁的中年女性的购买力日益显现。中年女性寻求各种服务，使生活更加轻松舒适。服装零售部门并没有丧失机会。中年女性同时也是健康食品和补品的主要消费者。把所有年纪相同的女性都想象成具有一样生活水平的人。把注意力放在如何简化她们的生活，通过你的产品和服务，给她们提供新的体验。贝利提到，如果模特的年龄和自己相仿，母亲们会很留意刊物上的广告，而女性平均每个月要读3本杂志。

（资料来源：创业邦，2010年3月26日）

☞【回顾与总结】

创业项目选择的原则。

第二节 创业项目选择的方法

📖 引导案例

缺乏周全了解，导致创业项目失败

徐先生在某大型公司做部门经理，手头有 30 万元积蓄，他感觉在深圳买房遥遥无期，而且觉得年龄不饶人，同时发现深圳是山寨手机制造的集散地，决定离开深圳回老家成立公司，销售山寨手机。但谁知事与愿违，因为既没有稳定的进货渠道，又缺乏对老家客户需求的了解，徐先生基本上是血本无归。

看起来，这个项目的盈利模式很简单：上游买进，然后向下游卖出，从中间赚取差价，看起来非常简单，但事实上真正盈利的却不多见。为什么发生这样的事情呢？一个最简单的判断此类生意是否可以操作的秘籍是：无论是上游还是下游，创业者至少得占着一头。具体来说，就是创业者要么对上游很熟悉，对所有的细节都非常清楚，或者有极其可靠的专业人士充当幕僚，要么对下游非常熟悉。这样才能在实际经营过程中很好地控制成本、核算利润、鉴定产品质量的好坏。如果上下游两头都不占，那么要从事此类项目就得谨慎考虑了。

（资料来源：青年创业网，2010年1月14日）

▶▶ 一、如何选择创业项目

在创业初期最重要的就是创业项目的选择，选择一个好的创业项目等于是创业成功的关键因素。所以说，在创业者的眼中选择好的项目就等于成功了一半。那么，如何才能选择好的创业项目呢?

1. 选择适合自己的项目

俗话说："隔行如隔山。"应尽量选择与自己的专业、经验、兴趣、特长能挂上钩的项目。这样不仅能发挥自身长处，对保持创业热情也有裨益。

熟悉的行业和项目有两层含义：一是自己所学专业领域的项目；二是对这个项目或者产品比较熟悉、不陌生。熟悉可以避免少走弯路，"新、奇、特"的项目打开市场需要一个过程，甚至有可能打不开市场。

2. 看准所选项目

所发展项目要有直观的利润。有些产品需求很大，但成本高、利润低，忙活一阵只赚个吆喝的大有人在。因此，要看准所选项目或产品的市场前景。

有些产品的生命周期很短，如以前有一种玩具"飞来飞去器"、健身器材"呼拉圈"等，这些产品的盛销也就是一阵风，这阵风吹过之后市场就饱和了。市场要有源源不断的需求，最好是反复重新消费的商品，只有选择这样的项目才可以长久地持续发展。

3. 从实际出发

从实际出发，不贪大求全。当你瞄准某个项目时最好适量介入，以较少的投资来了解认识市场，等到自认为有把握时，再大量投入，放手一搏。不要嫌投入太少而利润小。"船小好掉头"，即使出现失误，也有挽回的机会。

一个事物刚刚发展的时候往往意味着先机所在及没有人重视，竞争较弱，因此此时进场较容易成功，百度、阿里、淘宝、腾讯、搜狐等企业的发展壮大无不说明先机或者说大趋势的重要性；当事物发展成熟了或者衰退了往往意味着先机已经失去，此时要么市场被几大竞争对手牢牢抢占，要么该行业处于衰退期，不论哪种情况该时点进场都已经晚了，因此，进场时机的把控往往成了项目能否做起来的关键因素，因此选择创业目时可考虑一些刚刚启动的产业，如现在的 VR（虚拟现实）产业。

4. 选择潜力大的项目

尽量选择潜力较大的项目来发展。选择项目不要人云亦云，尽挑一些目前最流行最赚钱的行业。没有经过任何评估，就一头栽入。要知道，这些行业往往市场已饱和，就算还有一点空间，利润也不如早期大。

5. 周密考察和科学取舍

对获取的信息要善于分析，没有经过实地考察和对现有用户经营情况进行了解的，千万不要轻易投资。重考察，一要看信息发布者的公司实力和信誉，最好向当地工商管理等部门了解情况；二要看项目成熟度，有无设备，服务情况如何，能不能马上生产上市等；三要看目前此项目的实际实施者在全国有多少，经营情况如何等。

▶ 二、创业项目选择的步骤

1. 排除一大片

知道什么事情是不可以做的。说有个地方有 100 户人家，每家有 1 元钱，你有很大本事，把所有人家的所有钱都赚来了——100 元。还有个地方有 100 户人家，每家有 1 万元，你本事不大，只能把 1/10 人家的 1/10 的钱赚来——10000 元。

2. 画出一个圈

知道哪些事情是能长期做的。把社会恒久需要的、已初露端倪的大趋势画进来。圈子里的事才具有发展的空间与时间。空间意味着有发展的广阔天地，时间意味着可以长期地做下去。以趋势为例，任何一种趋势都是一个长长的链条，环环相扣。只要能够抓住其中的一个环节，项目的前景便大体确定了。例如，由环境保护引发治理江河，导致关闭中小造纸厂，产生纸制品的供求不平衡，腾出了一块市场。如果用再生纸做资源去填补，会怎么样呢？

3. 列出一个序

把可能做的事情排列起来。回头看看过去的 20 年中，做强、做长的企业是生存在哪些行业，很大程度上能够证实行业与发展的联系。如房地产、医药、保健品、证券市场、建材、装修、交通、教育、通信等。那么，就把大的范围圈定在这里，选出若干项。

4. 切入一个点

成就事业的公认法则是集中和持续。让生命之火在一点上持续地燃烧，不发光才是奇怪的事。在已经缩小的范围内，可做的事仍然很多，该是把眼睛转向自己的时候了，这时，比较优势的道理是有用的——认真地审视自己的强项、优势、兴趣何在，可能同时有几个，与他人比较哪个优势是最有利的。这时，机会成本的概念也是有用的——同样多的时间，同样的付出，哪个能力所对应的事业会有更大的前景收益，比较中优势会凸显出来，与自己比较选出最强的。

项目选择固然重要，还需要记住：再好的项目也要靠创造性的艰苦努力。结果由过程决定，过程由细节决定。好的创业项目也是需要创业者长久的经营。

课后练习

运用创业项目选择步骤，从以下四类比较适合大学生的创业项目中选择出适合自己或认为在你所在地区有发展前景的创业项目，并列出每一步所做的具体活动。

1. 创意类

脑力劳动者，适合富有创意、有稀奇古怪想法的大学生，不喜欢朝九晚五的生活，享受自由、不受拘束的创业大学生。工作地点随意不固定，包括企划公关、多媒体设计制作、翻译编辑、服装造型设计、广告、音乐创作、摄影等，都能作为创业项目。

2. 专业咨询类

以提供专业意见，并以口才、沟通能力取胜的行业，富有高度弹性的工作内容与场所让该类创业项目机动性大，可行性也极高，包括企业经营管理顾问、旅游资讯服务、心理咨询、专业讲师、美体美容咨询顾问等。此类创业项目适合专业知识过硬的大学生，但是创业初期艰难，需要有一定知名度。

3. 科技服务类

在网络及电脑科技如此发达的情况下，拥有相关专长创业机会相当多，包括软件设计、网页设计、网站规划、网络行销、科技文件翻译、科技公关等，适合电子信息、软件专业的大学生。

4. 生活服务类

主要以店面经营方式为主，又可分为独立开店与加盟两种。较适合的行业包括西点面包店、咖啡店、中西餐饮速食店、服饰店、金饰珠宝店、鞋店、居家用品店、体育用品店、书籍文具租售店、视听娱乐产品租售店、美容护肤店、花店、宠物店、便利商店等。大学生要选择此类创业，需要有一定的资金或是能找到投资人。

（资料来源：新浪博客，2014 年 5 月 25 日）

☞【回顾与总结】

（1）选择创业项目的方法。

（2）选择创业项目的步骤。

第三节　常规创业项目选择

引导案例

饭店老板转行自行车　店

美利达大庆经销商张昱东从 1998 年开始经营自行车店,他告诉记者,1998 年时,大庆市以休闲、运动为主的骑行爱好者也就二三十人,到了 2004 年,在体育局备案的自行车俱乐部有六七家。现在,大大小小的自行车俱乐部发展到 30 家。

自行车俱乐部越来越多,骑友也越来越多,据 UCC 大庆总代理商王大千统计,目前大庆市骑友有两万多人。现在虽然无法对大庆市自行车的年销量进行统计,但以美利达自行车店为例,每年的销量都以 18% 的速度增长。另一家自行车店的负责人也称,近几年店里的自行车年销量均以 20% 的速度增长。自行车卖得火,相关产业自然就发展起来了。从国产车到进口车、从民用车到竞技车、从零配件到骑行装备,大庆的自行车市场越做越大。

2010 年，32 岁的饭店老板王誉开了一家自行车店。

入行不久，王誉发现，大庆玩自行车的骑友还真不少。可自行车越来越贵，售后服务却不尽如人意。修车的，基本还是街边满手油污的老师傅。

"这有点儿像让修拖拉机的人去修奔驰、宝马，不配套啊。"王誉说。

2016 年 5 月，王誉的"BMW 自行车 4S 店"正式开张，这是大庆市第一家自行车 4S 店，主要经营折叠车、山地车、公路跑和骑行装备，最贵的"公路计时跑"标价 28 万元。除此之外，这家 4S 店还可以对自行车进行全面维修、更换易磨损零部件、清洁、上润滑油、涂防锈蜡油等。

（资料来源：大庆网，2013 年 11 月 6 日）

▶▶ 一、如何让自己进行项目创业

如果是第一次创业，那么你要放好 100% 的心态，做好 50% 以上的失败心态。要懂得拥抱失败，才能有机会成功。所以，第一次创业的话一定要选择自己非常有兴趣的事情来做，而且自己一定要亲力亲为地全身心投入。如果成功了那最好，你自己的努力成果，好好享受这份人生喜悦。如果失败了，那也没关系，至少你学会了创业的经验和懂得了更好的做好事情的方式。

▶▶ 二、合伙创业如何选择项目

合伙创业讲究的是诚信和付出。这个就跟谈一段感情一样，付出不一定有回报，但是不付出肯定没什么好回报。合伙创业至少要选择一个人非常有兴趣，而且有技术的项目。如果是两个人对这个项目都非常有兴趣，而且也非常看好的话那是最好的。例如，两个人都觉得在自己所在的城市或者小区开一家电影院有前景。如果你是方案提出者，那么你要首先做好这个地区的市场调查，了解周边的商业模式和周边居民的消费水平，然后了解开电影院的流程和资金方面的问题。你可以一个人来做这些事情，如果工作量太大，可以做到一半再把方案给你的合伙人看，只要你了解到周边地区的消费和商圈，决定要开的话可以咨询国内电影院加盟管理第一品牌的公司——大影易咨询，只要提供了你的想法和要求，剩下的事情交给大影易就可以了。然后一起来完成后半部分。只有先付出了才能对得起自己的这份真诚，而且相信你的合伙人也会看得到。

▶▶ 三、选择加盟创业项目

1. 加盟创业

加盟就是该企业组织，或者说加盟连锁总公司与加盟店二者之间的持续契约的关系。根据契约，总公司必须提供一项独特的商业特权，并加上人员培训、组织结构、经营管理及商品供销的协助，而加盟店也需付出相对的报酬。它是一种经济而简便的经商之道，经由一种商品或服务以及行销方法，以最小的风险和最大的机会获得成功。加盟特许经营的经营形式种类有很多，依出资比例与经营方式大概可以分为自愿加盟、委托加盟与特许加盟。

2. 加盟的实质

统一的经营理念、商品服务、企业识别系统（店铺装修、服装等）及科学系统的经营管理制度。其中经营管理制度标准化、简单化、专业化、独特化是关系整个加盟连锁企业能否做大做强的关键命脉。

3. 加盟的特点

（1）经营理念：整个加盟连锁系统，包括公司上下以及全体加盟商坚守统一的经营观念、统一的产品和服务理念、统一的价值观。

（2）企业识别系统（VIS）：极具特色且风格独特的店铺装修、色调、招牌、服饰、产品及包装。配合统一的企业愿景和文化内涵。

（3）管理四化：经营管理制度的标准化、简单化、专业化、独特化。这"四化"是决定一个加盟连锁企业成败的关键。

▶▶ 四、资金注入如何选择

如果你只是注入资金到一家公司，然后分得相应的股份，而且不参与公司的管理和操作，那么你应该选择一家有发展前景的公司（项目）。资金注入分为两种情况：

（1）这个项目还没启动，只是有人把项目策划书给你分享，希望你能入股。那么你要了解这个项目是否有市场发展前景，可行性有多高，还要预估项目多久时间可以开始走向正规盈利，更要注重的是后期还需不需要投资。然后，投资后预计多久可以盈利分红，投资的本金多久可以返还。这些都是你需要了解的。

（2）这个项目已经开启一段时间，这个项目遇到一个市场瓶颈需要注入资金来推动发展。这种项目你需要考察这个公司的管理问题，项目发展趋势，合伙人的诚信度有多高，后期是否还需要追加资金等。

课后练习

选取以下创业项目的任意一个，谈谈考察这个创业项目时你会具体考虑哪些方面？设想如果该项目需要投资，投资人会考虑哪些具体问题呢？

（1）个性婚庆报刊：由新郎自己"DIY主编"的结婚报纸，报刊的头版头条刊登的就是新人结婚的喜讯，可以将婚礼简介、爱情宣言、恋爱故事、父母嘱托、亲友祝福、结婚照、生活照等相关内容全部刊登出来。

（2）戒烟酒吧：现代人越来越提倡健康生活，如果开一间戒烟主题的温馨酒吧怎么样呢？

（3）特色茶吧：主要销售鲜花茶、水果茶，常饮鲜花茶和水果茶可以美容护肤、调节神经功能、促进新陈代谢、提高肌体免疫力。适合泡饮的鲜花和水果种类众多，可满足众多人群的口味。

拓展阅读

适合大学生的创业项目

很多大学生因为没有工作经验，更不了解市场风云，选择了不恰当的项目而创业失败。大学生创业项目征集活动开展几天以来，在众多大学生打来的电话中，有相当一部分学生向专家咨询，创业，是选自己喜欢的干，还是选看似来钱快的？在此，天津市创业培训指导中央专家的建议是，没有来钱快的，只有不适合干的，大学生创业首先要结合自己的爱好来做，"创业和就业是一个道理，不干自己喜欢的工作，永远也干不好。"大学生在创业初期可先选择一些门槛较低的项目，在挖到"第一桶金"之后，不仅积累了资本，更积累了经验，到时再转项也不迟。

在此，天津市创业培训指导中央的专家给想创业的大学生先列出了几种适合创业的项目。

借助学校品牌的项目：①各类教育与培训。②成熟的技术转让。③各种专业的咨询。

利用上风的服务项目：①家教服务。②成人考试补习。③会议礼节服务。④收出版社退书。⑤发明家俱乐部。⑥速记练习经营。⑦出租旅游用品。

可以独立运作的专业项目：①可以拆分开的业务。②图书制作前期工作。③各类平面设计工作。④各种专项代办代理业务。

利于对外合作的项目：①婚礼化妆司仪。②服装鞋帽设计。③各类信息服务。④主题假日学校。

小型多样的经营项目：①手工制造。②特色专柜。③网络维护。④体育用品。

此外，天津市创业培训专家还先列了目前市场上一些"小本经营"的项目，可帮大学生们开阔思路。

餐饮食物：投资2万元可做奶茶店老板；2万元开家社区小厨房。

咨询服务：3000元办水电维修；投资几十元月利几千元的信息服务。

服装时尚：1000元开办擦鞋服务；1万元开外贸衣饰折扣店。

美容护养：1000元开办花卉护理；3万元开家美甲店。

玩具投资：5万元开拼图小店或玩具租赁业店。

宠物经济：1万元开办网上宠物店；3万元起家做宠物生意。

数码科技：2万元开一家自拍照相吧；1万元开家老照片数码设计店。

日化家居：8万元开家眼镜店。

所有这些项目，都应该有一个策划案——要详尽、有创意、可操作。其中有的已经有过实践演练，就更具有借鉴价值。

（资料来源：大学生创业网，2010年5月26日）

☞【回顾与总结】

常规创业项目的选择技巧。

附录　200个骗人的创业项目

（1）灵芝栽培。技术是真的，但是，骗子把收购价格提高了成千上万倍，说什么种植两平方米，年收入十几万元。还搞回收合同，其实都是幌子。

（2）冬虫夏草。技术还不成熟，目前成功的只是北虫草（一种类似冬虫夏草的东西）。就连现在最权威的科学家还在实验阶段，别说大面积推广了。骗子却声称南北适宜，人人可做，不管什么土质，似乎只要你种了，就能致富，简直一派胡言。

（3）月月结果的草莓。不用管理，只要种到土里，你就等着每月采摘果子。这种草莓品种是有，但是完全达不到所说的效果，纯属炒作行为。

（4）药材种植。为了骗钱，骗子把一些不常见的或者很贵重的药材说得天花乱坠，包括签订合同、保价回收等，其实你收到的种子要么不发芽，要么成活率低得惊人，这就是个大骗局。

（5）芦荟种植。确实具有较高的营养价值和药用价值，但是真正能够回收的单位少得可怜，目前大量使用芦荟的单位大都有自己的种植基地。骗子就是为了销售他们的种苗。

（6）中华黑豚。项目假，"中华黑豚"的名字完全是那些有预谋者杜撰的，其实就是豚鼠类。骗子把那些不值钱的动物冠一个新的名称，然后称为珍稀动物，误导经营者，从而大发不义之财。他们进行种苗销售，赚的就是种苗钱。

（7）蚂蚁致富。骗子声称一窝 10 多万只，养 10 窝可以收入上万元，全是骗术。

（8）美国青蛙。项目真，市场前景也不错。但是在中国市场上，很难有真正的美国青蛙种苗。那些所谓的种苗，几乎全是自己培养的。

（9）林蛙。是中国东北之宝，可以提取林蛙油，可是并不是每个地方都能养殖的，千万不要上当。

（10）蜘蛛取毒。蜘蛛毒确实珍贵，不过，普通老百姓取的毒可没有人要，而且也不是所有的蜘蛛毒都有用。说白了，还是卖种苗或者技术。

（11）白玉蜗牛。白玉蜗牛确实好养，而且营养价值极高。骗子声称投资少，周期短，获利巨大。但是目前在中国的市场还很小。

（12）米糠提取植酸钙。从技术上讲是真的，但是请千万不要搞，因为所谓高价回收是假的。

（13）猪血提取血红素。技术真，回收假。

（14）散件组装。大多是骗取加盟费或保证金。如广告上说组装电子笔，免费提供散件，包运费，一支加工费 1.5 元。其实，这种笔市场价 0.8 元/支。你找上门，他会向你要高额的加盟费或保证金，其实这些散件和运费都包含在里面了。他们赚的就是加盟费，他们会做赔本的生意吗?

（15）废玻璃生产涤纶丝。技术不成熟，他们以高科技为幌子，提出千元投入万元回报，其实这种产品的生产技术要求非常高。家庭生产的玻璃涤纶丝，质量根本无法保证，产品也就不可能有市场，他们赚取的是生产设备钱。

（16）塑料提炼柴油。虽然是成功的技术，但只是停留在国外的科研院所，中国目前没有相应的标准，何况生产设备昂贵，小规模生产不划算。

（17）鸡蛋提取溶菌酶。技术是真的，但是生产出的产品根本就不可能被厂家收购。

（18）文化月饼及配套生产设备开发。取个斯文的名字罢了，只不过想高价销售设备。再说月饼，也就是每年的中秋节才需要的一种特殊食品，市场销量有限。

（19）鸵鸟养殖。技术是真的，但是目前我国主要是炒作阶段，商业利用时机还没有成熟，而且购种极贵，少则上万元，多则几万元。

（20）活蟾取衣。从技术上讲是真实的，而且技术早已刊登在《中国科技致富大全》上了。不过，目前真正收购癞蛤蟆皮的很少，你所看到的收购信息大多是引诱你去学习技术的。

（21）废水提银。技术是真的，然而这种含银的废水很难找（很多人以为就是一般的废水）。建议谨慎投资，最好不搞。

（22）仙人掌种植。称与种植户签订包销合同，往往采用"公司+农户"的订单农业模式吸引了广大种植户的参与。其实仙人掌种植还没有达到商业应用的阶段。

（23）仿真花代加工。产品是真的，而且也确实有许多工厂需要请人加工，许多骗子公司往往看到这点骗你没商量。其实，这种加工都是工厂委托当地的人加工的，不可能委托异地特别是边远地区加工。

（24）几千元拥有自己的公司。这是一种新骗术，主要是要你交纳几千元加盟费，成为骗子公司的网上分公司，然后由你去发展下线，从而达到推销一些陈旧设备、种苗或者骗取保证金的目的。

（25）养殖蜈蚣。销路小、饲养技术要求高。

（26）北京的公司要小心。许多出售所谓技术、机械、开网络分站、加盟连锁的北京公司把求富的人骗惨了，当然不是说所有的北京公司都这样。

（27）厂价直销玩具。那看似神奇的玩具一般价格高、质量差，根本就卖不出去。

（28）遥控飞机租玩加盟项目。骗取加盟费，而且此飞机的电池极不耐用。

（29）特大黄鳝。并不是什么稀罕的品种，而是从市场上购进一些大的黄鳝，冒充珍贵的品种。

（30）音乐哨糖。这个技术完全是最原始的工艺，在技术上没有任何科技含量。

（31）啤酒现酿机。酿出来的啤酒口感与真正的啤酒相差太远，而且价格、成本特高。

（32）厕所卫生保护神。号称能使马桶五年不用清洗，效果令人怀疑。

（33）中医点穴按摩培训。按摩作为理疗项目是可行的，但是有人把它披上神秘的点穴外衣，夸大功效，已经有很多人上了当。

（34）养殖海狸鼠。农业公司和种养户签订包销合同，并以高额回报方式，诱使农民上当受骗。

（35）组装玩具飞机。无论名字多新潮，它还是普通的玩具飞机，对儿童来说一点吸引力也没有。主要是骗取原料押金。

（36）养殖长毛兔。农业公司和种养户签订包销合同，并以高额回报方式，诱使农民上当受骗。

（37）能使人增高的产品。如××增高药等多是没多大效果的药品，××增高鞋就是在鞋帮下面胶上 5~8 厘米的鞋底。

（38）网络电话。利用宽带技术进行通话的新型通信方式，政策尚未开放，普及需要时间。

（39）万能印刷机。每台 2000 元，实际上是只值几百元的丝网印刷机。

（40）皮蛋加工机。这些机器看起来很神奇，其实它只是将家里能用的一些工具集中到一起罢了。但皮蛋（变蛋）怎样才能在极短的时间内制作成功呢？这是化学原料。皮蛋过去添加的碱是石灰，用量少，味道正。但皮蛋机加工时用的是有强烈腐蚀作用的烧碱，用量大，对人体有害。

（41）魔术印（转印）。就是过去的转移画，改了一个名称而已，没有实用价值。

（42）××烤鱼，××鱼。将一些特色菜打出加盟的旗号圈钱。

（43）天麻种植。技术是真的，但打着回收旗号的请谨慎对待。

（44）收购古钱、硬币、像章。假的，只不过是骗子想推销他们的资料罢了。

（45）联合创办清洁球生产厂。凡是联营办厂之类的，往往是骗人的，你投资他出技术，钱一旦到手，卷铺盖走人。

（46）神奇木偶跳舞人、听口令小木人（还有其他）。虽然是真实的产品，但是由于属于魔术产品，具有蒙蔽性，买回后大都有上当的感觉。

（47）手工卡通（笔）。烦琐又低产，质量粗劣，建议谨慎。

（48）凉粉加工机。这些机器看起来很神奇，其实它只是将一些普通材料、用具集中到一起罢了。

（49）小本速富或暴富绝招。就是一些无法实现的资料，再就是引诱你将连锁之类的信件发出几十封，然后就坐在家里等钱。

（50）1~2折低价批发图书。有两种情况：①所售的图书并非宣传上所列出的图书，而是一些旧书或冒牌书。②收款不发货。

（51）神奇永动鸟。一种低级的玩具，远没有宣传说的那么神奇。

（52）燃水神炉。产品称用水可以直接点灯，这是无数人的梦想。现在还没有找到把梦变现实的途径。

（53）快乐致富法。就是利用人们想一夜暴富的心理，卖一些东拼西凑的没用的资料。

（54）百元钱万里行致富法。可能就是让你在路途中为其推销产品。想法是不错，但这并不适合人人去做。

（55）人参果。实际就是香艳梨，味道还不如番茄，如果有人喜欢吃才是世界奇迹。

（56）数码影像加盟。类似于××加盟，多数不真实，为的是销售他们的产品。这种情况在北京、武汉、长沙等地最常见。

（57）小型卫星接收机。目前国内类似的产品都是假的，什么小耳朵、收视宝等，全部是骗子，收了钱不会发货的。

（58）番红花。也叫藏红花，有的改名叫泊夫兰等，药店到处都是，价格也不如宣传的那么贵，建议不要种植。

（59）木屑能变黄金。其实就是一种普通工艺品，却造成人们以为是木屑制作的假象。

（60）变动卡通画。说什么能动会变，成本 2 角，售价 1 元。其实就是光栅画片，到处都有售。现在又出现了"魔幻动画书皮"，意思一样。

（61）合成无铅柴油、汽油。虚假的项目。

（62）大蒜素加工回收。骗局，已有无数人上当。

（63）让人聪明的口腔喷剂。称只需几秒马上思维敏捷，效果不好，没有什么推广价值。

（64）植发店加盟。植发本身是真实的，但是全国的加盟店，盈利的大约只有 20%，其余的大多处于亏本状态。

（65）铁变不锈钢。几年前炒作的虚假技术。

（66）夜视镜。夜视镜就是在头上戴上一个小型探照电灯，别以为是电影场景里使用的东西。

（67）麦秸制作棉花。只能制作出白色纤维，但是与棉花无法相比。

（68）形形色色的致富机械。无论他们承诺什么，如生产工艺、人员培训、提供市场营销方案、设立分厂使用商标的手续等，你也不能全相信，要多方考察，调查市场，产品销路，谨慎行事。

（69）德×薯业。号称德国德×薯业国内总代理，其实完全是国内一家小企业杜撰出来的神话。这是一家毫无信誉的公司，不做市场，只为圈经销商的钱。已有多人上当受骗。

（70）合成有壳鸡蛋。没有营养，做成了无人要。

（71）贷款绝技、信息。其实就是要你将几百元中介费打到他的卡上，再打他电话就关机了。

（72）电表倒走器、磅秤解码器。虚假的产品。

（73）儿童学习机（或学生宝）。原来的名字叫学生宝，已经在市场上臭名昭著。现在又换了个更好的名字，其实对学生没有多少作用。

（74）老虎机、游戏机干扰器。虚假的产品。

（75）土法提取胆红素、血红素、肝钠素、尿液酶。技术是真实的，但是目前没有一家培训此技术的单位能够真正回收产品。主要是为了骗取技术培训费、资料费，有的是骗取设备费、药品费。

（76）微型沼气设备（罐）。技术暂时没有成熟，基本上是炒作，为了收取加盟费。

（77）可擦圆珠笔、万能遥控开关组装加工。虚假的。

（78）征建办事处。打出东亚××公司、美国××公司的招牌，建立办事处，其实就是收取加盟费，为其推销设备和产品。

（79）夜风筝。放风筝完全是为了休闲、健身，夜晚放风筝有什么可以值得称道的。

（80）新型榨油机。机器、技术都是可靠的，但是市面上打着"××型榨油机"，很多是伪造产品，榨出的油质量低劣，还严重跑渣。他们往往挂着××农业推广站的旗号，消除你的疑心，请谨慎选购。

（81）打长途5分钱/分钟，全国招商。收管理服务费后就不管了，要不就找借口推托。

（82）秸秆造门。招商广告吹嘘说生产主要原料是秸秆，其实主要原料是氧化镁和氯化镁、玻纤布和活性剂，秸秆只是占了10%左右。此类公司往往打着××大学的牌子和科技报国的旗号，招摇撞骗，欺骗广大迫切想致富的人。

（83）秸秆气化炉。技术待提高，成本待下降。

（84）潲水提炼生物柴油回收。难上规模，实用性不强。

（85）手机加香机项目加盟。手机消毒、加香是可靠项目，直接购买设备就行，不用加盟。

（86）2元钱的热水器、水龙头热水器。可以将水加热，但是稍不留神就触电，投资请谨慎。

（87）探宝器。探宝器是真的，可是现在哪有那么多的宝物轮到你来探测？

（88）700元办信息小报月收入5000元。自己办个信息小报推广一些产品和技术，只要经营得当，是可以赚钱的，但是说700元办信息小报有点夸张。他们大多是要你按照他们的模式印刷那种简易的小报，帮他们出售资料。这种资料可信度低，不仅不会有收入，反而有可能亏本。

（89）自动粉墙抹灰机。是真实项目，不过确实有很多单位打着粉墙机的招牌骗人，请小心。

（90）珍珠粉加盟。珍珠磨粉比较简单，购买简单的设备就可以了。建议先调查一下市场，谨慎进行，别相信加盟。

（91）纳米隐形笔。隐形笔在市场上有大量销售，只不过是打着纳米旗号迷惑人，都是同一类产品的。

（92）珍珠领带的手工加工。骗取材料费、押金等，一旦你上门交送产品他们以各种理由拒收或者对你高额罚款，说你的产品不合格，七扣八扣，那些押金还不够抵偿，反而还倒欠他们的。

（93）加工编织带、加工小玩具。同上。

（94）棒×糕。其实就是钵仔糕，比较有市场。

（95）工艺画。工艺品有一定的市场，但是现在有很多单位假借能回收产品为名，许诺使用"驰名商标"，骗人参加培训。

（96）养殖果子狸。营养价值低，市场销路小。

（97）水性瓷光涂料。夸大其词。

（98）饲养蜘蛛。不能玩，不能吃，不能用，根本没价值。

（99）小型电焊条生产。主要目的是卖技术资料。国内大厂生产出来的产品都要经过竞争才能销售出去，小作坊生产出来的产品会有人要吗？

（100）不入网，照看电视。一是出售一份没有任何作用的资料，二是叫你买他们的卫星接收器。请记住：几十元的接收器是不真实的。

（101）玩具火箭。每玩一次都要充气，必须随身携带充气筒。试想哪个小孩子愿意背着打气筒跑来跑去。

（102）批发数码手机150元（有的是200元）。全是过时的产品。

（103）提取糖苷水解酶。技术不成熟，产品质量低，千万别信广告吹嘘。

（104）微型扫描摄像机。其实是一台普通的摄像头，价格才几十元，与电视机配合才能使用。

（105）液化气式蜂窝煤。与煤有关的广告太多太吸引人，但名称千变万化，性能夸得再高，还是一块蜂窝煤。不用助燃剂无法点火，不用木屑降不下成本。与高能燃料同属于一个类型的骗局。

（106）燃煤王、超级倍化蜂窝煤。都有一个诱人的名字，可以说全是虚假的，技术远远没有达到广告上所吹嘘的那么神奇。

（107）加工回收常见招数。①打出高科技幌子设陷阱。②用高额回报作诱饵。③让产品永远不合格。另外，不明言如何运作的小本速富或暴富绝招，十之八九是在骗取资料费。

（108）新奇特商品邮购信息。有的厂家只收钱，不给邮寄产品，有些厂家收钱后寄来的却是值不了几个钱的劣质产品。

（109）藤艺加工。骗局，骗取押金。声明在一定时间里完成多少产量，逾期不退押金。这是加工骗局常用的招数。就算你请100个人来做也不可能完成他们所定下的量（合格的）。因为在骗子的眼里产品永远是不合格的。

（110）加盟醋吧。谨慎加盟，多数是骗取加盟费、材料费。

（111）燃气节能王。虚假项目，产品有两个机关骗取许多人信任。①利用散热片散热，让人们误以为是节能。②将原本细小的气孔换成粗几倍的出气孔，加大火力。

（112）燃煤神剂。说是可以将劣质煤变成优质煤，就是为了骗取资料费。

（113）订单业务。类似的还有组装合同等，绝大部分是骗人的。

（114）回收鼠须、鼠筋。多是虚假信息，广告称提供捕捉工具，就是想你买他们的工具，回收是根本不可能的。

（115）网络赚钱。有通过网络赚钱，也有通过网络行骗的。不管是网络还是现实，轻而易举就能赚取大把钱的广告都是骗人的，别相信。

（116）电话省钱机。彻头彻尾的虚假项目。打着"清华大学"的幌子行骗。凡是吹嘘在××大学或研究院支持下的项目，都要谨慎。骗子往往为自己戴高帽，迷惑人们。越是这样的，越不要相信他们。

（117）强力纳米焊割气。借纳米吹嘘，不要相信上当。

（118）加盟饮食连锁。骗子借加盟热，纷纷打出"××粥吧"、"××食王"等加盟项目。他们一系列让人心动的规划，如承诺对各加盟分店的经营管理人员进行系统培训，使加盟者具备经营管理分店的全部知识与技能，包括开店预算、选址、操作技能、店面控制等，再加之连锁计划、配送计划、管理支持等，整个规划看上去滴水不漏，完美无缺。其实都是空壳公司，圈加盟者的钱后就跑或换名字再骗。他们往往说是中国香港的子公司。当然也有不少饮食连锁是真实可靠的，对此行业有兴趣者谨慎考察。

（119）室内空气治理（纳米光触媒）。技术是真的，能实现可见光下催化降解的也有，不过是催化剂，降解能力是有限的，但有些商人为了利益最大化，不惜采用强氧化剂或强还原剂等不环保的产品进行治理，以致造成二次污染和家具伤害。

（120）台湾青枣。果实味道差，产量虽高，但是在长江流域就无法正常过冬。

（121）剪纸机。剪纸是民间艺术，多用手工制作。所谓的剪纸机就是刻字机换了个名称而已，换个名称每台小刻字机就能骗取买家上千元。

（122）电瓶修复。电瓶修复技术是一项实在的致富技术，电瓶修复需要注意几点：一是对电瓶专业知识的了解。二是掌握好修复液的制作技术。三是对修复设备进行调查，不要轻信广告。许多厂家往往夸大电瓶修复行业的前景，无非是想卖他们的机器。

（123）台湾爆×鸟，正宗烤××。其实就是取一个火爆的名字高价销售他们的机器。

（124）防盗报警卡。防盗报警卡技术是真实的，但是由于其声音太小，而且已经过时，建议小心。

（125）透视眼镜。称将美国进口的隐形眼镜放入几种进口的药水中浸泡，可直接看透扑克、麻将、牌等。但是广告者往往就是收钱不发货。

（126）充值省钱卡。一个骗局，千万别上当。

（127）纳米纤维丝回收。是假的。

（128）水晶石加工。市场有限，很多单位就是骗取技术费或销售设备的。

（129）玩具租赁。骗取加盟费，玩具质量差，价格高，很难获利。

（130）镍氢电池租赁加盟。加盟时描述的理想盈利状态很难实现。

（131）木糖提炼。木糖技术属于高新技术项目，以玉米芯、甘蔗渣为原料。规模投资建厂需几百万元甚至上千万元，中小投资者很难介入。一些技术公司号称几万元即可加盟投入生产，实在是在吹嘘，即便进入也难以盈利。他们无非是想卖一些低劣设备和没什么技术含量的技术。

（132）绢花加工。说什么手工制作，可以付高额加工费，其实都是骗人的。

（133）水晶花加工。同上。

（134）在家创业系统。完全是网上传销，是非法的。主要是骗取资料费、样品费，然后要求你发展下线。

（135）花艺组装、花卉加工、花艺技术、花艺培训、花艺加盟。同上。

（136）几百元加工磁疗保健品。国家对医疗器械领域设置门槛非常高（资金、设备、技术、产品等）。

（137）加盟韩流的陷阱。箱包、女性饰品、服装等领域盛行韩流。许多骗子也打着加盟韩流旗号招摇撞骗。鉴别真假主要看产品的产地，还有不能相信口头承诺。事先请律师对合同进行分析，要求盟主凡是承诺都要写入合同里。

（138）经销字画。近几年国画价格一路攀升，许多骗子打着字画技术转让的旗号行骗，说什么高新字画技术，数日速成，年入多少万，字画技术可以卖大钱，但不是一朝一夕可以学会的，更没有什么速成法，都是骗子圈钱的手法罢了。

（139）废机油免蒸馏合成柴油。不成熟的技术。

（140）多功能超强高效炉。3分钟可烧开水，10分钟可蒸熟馒头。每天只需要2块普通蜂窝煤。这都是骗人的鬼话。

（141）五折供应网络游戏点卡。类似于 2 折批发图书，虚假的项目。

（142）加工挂画。骗取押金、资料费。

（143）魔幻变形娃娃。产品销量实在有限，千万别经营。

（144）幻变魔球。魔术产品，销量有限，千万别经营。

（145）手巾跳舞、空中来钱、穿钞神笔。魔术产品，销量有限，千万别经营。

（146）民间融资。多数为骗局，请谨慎。

（147）石粉变钢材。变木材、石材还可以，变钢材的技术还无法实现。

（148）猪毛加工。虚假项目，骗取设备费、技术费。

（149）钞票检测卡。过时的无用产品。

（150）手机充卡值 100 元只要 36 元或打 3 折等。类似信息大多是要你往银行汇款，收钱不发货。

（151）橡胶粉加工。技术是真的，但是骗子是为了销售劣质机械，骗取保证金。

（152）饰品加盟陷阱。90% 以上的公司设在北京注册大牌商标，什么中国香港、韩国等。他们多数没有自己的工厂，都是在浙江义乌组织的低价或残次过时的商品，翻倍加价供给加盟商，生意并不是他们宣传的那么好。

（153）致富新技术。所谓新技术，一般不能只是改个名称，换汤不换药，有的只是故意改变工艺，改变流程，为的就是赚资料费。

（154）纳米光盘。15~20 元看 100 部清晰完整电影的纳米光盘，根本就是一个骗局。光盘披上纳米外表，其实和一般的光盘没什么两样。

（155）加工电子调压器。骗局。

（156）印第安人参回收（又名黄金参、铂金参）。经调查了解，此乃大骗局，纯属卖种子。

（157）网上传销。往往打着十分醒目的广告，如"坐在家里工作，穿着睡衣赚钱"等。提供的所谓免费网站，只不过是利用很简单的网络编程技术让注册者的名称出现在网页上，技术含量很低，安全方面得不到保证。而该网站公开传播的仅仅是一些通过免费空间制作的个人网页，无法确定其操作者究竟是谁，一旦受骗也无处申诉。赚钱方法有以下几种：第一种是帮一些网站做广告获得提成；第二种是通过介绍网站建设、系统开发等方面的业务获得提成；第三种是介绍朋友加入下线获取奖励。

（158）太空谷。纯属炒作，农民朋友不要受骗。

（159）猪身上采砂。朱砂是一种矿物质，猪身上根本没有"砂"，纯属虚假信息。

（160）直投好项目。一般声称是大财团，可以提供大量资金等，就是为了骗取中介费。

（161）鸭子炼金术。不可相信。

（162）无油烟锅。目前市场上热炒过此类产品，不久就发现是虚假产品。

（163）新型水晶固体燃料。其实就是固体酒精，是个实在的产品。无良商家把它的功效、价格过分吹嘘，迷惑人们。

（164）废玻璃生产纱布。技术真实，但不像一些资料所说的，设备和技术简易。

（165）电子火柴。真实产品，目前市场上有不少次品电子火柴，质量、使用期均和广告宣传差一大截。请大家细心咨询考察。

（166）机制木炭。为了销售他们的劣质机械。

（167）制香技术。要你买他们的劣质设备。

（168）鸡蛋加工卵清素。吹嘘高价回收，骗人的。

（169）稻壳提取纳米 SiO_2。SiO_2 就是二氧化硅，稻壳提取 SiO_2，成本高，市场不好。

（170）废旧轮胎制粉。技术是真实可靠的，但许多打着国外技术、高价回收、高额利润等幌子行骗。其实骗子公司提供的都是假冒或过时机器。

（171）4.5万元一年变10万元。广告吹嘘200%的收益，其实是为了销售劣质产品。

（172）假货红酸枝家具，全是越南货，部分料全是杂木染的红色，一般人看不出来，几万元的越南货，漂色后摆在门市部卖几十万元。

（173）微电子生命能量鞋。利用锂电池给一种发热材料供电的不成熟的皮鞋，骗子虚构并借用这种皮鞋所谓"无所不能"的保健、保暖功能，诱使投资人加盟上当，先骗取代理保证金，预交远期经营权属订货款，然后高价提供产品，逼使投资人无法进一步销售而主动退出，产生投资人违约的假象，达到侵吞投资人预交的远期经营订货款的目的；如果投资人继续经营，骗子就用廉价的不合格产品以高价提供给投资人，从而赚取丰厚的价差，但投资人接到的货是卖不出去的，最终血本无归。

（174）养殖淡水龙虾。是真实可靠的养殖技术，但是目前许多公司打养殖龙虾的主意，吹嘘养殖是如何简单、提供的种苗是如何的高产，这些都是不切实际的空话，一切是为了炒他们的虾苗。

（175）柴草制气燃烧炉。真实项目，但是目前的广告者完全是为了骗取加盟费，高价销售散件。

（176）急寻合作加工分厂。广告往往称刚接到一笔加急订单或是技术转让、合资联营等，这类信息绝大多数是骗人的。

（177）提供名优新奇物产品3万种。此类信息95%以上是假的，提供的地址或电话根本联系不上。一句话，骗你资料费。

（178）遥感预测仪。夸大功能的假产品。

（179）玉米提炼蛋白质粉。技术成熟的可靠项目，有些资料称提供机械、原料，加工产品回收。这类情况请谨慎，小心受骗。

（180）纸筷子。用报纸、草纸、废纸为原料做成一次性环保筷子，技术、市场尚未成熟。对此项目感兴趣的朋友请谨慎小心。

（181）特效微型电子灭害器。方圆几百米内捕鼠成功率99%，还可以驱灭蚊蝇，能产生这些效果的产品在市场上是有的。如果售价只有三四十元/台，那就需要谨慎。许多冠以高科技名衔的产品，充其量就是一些稍为改变包装的过时产品。

（182）捕捉野兔、野鸡器。效果差，不要上当。

（183）人工合成鸡蛋设备。人造蛋本身就没有市场，机器加工的人造蛋还是没有市场。

（184）生态养殖。要你种植果树，在果树下养杂交鸡、果园除草鸡（其实就是普通散养鸡），再用鸡粪繁殖苍蝇、蚯蚓，这样循环利用，达到养鸡不用饲料。骗子往往称提供种苗，产品回收，无非是引诱高价出售种苗。

（185）废旧轮胎炼油。技术是真实的，目前许多小工厂或公司转让的技术都是落后土法炼油。污染严重，生产设备存在安全隐患。生产出来的轮胎油是多种油体的混合物，油质极差。

（186）×创富工程。多是民间或某某公司提出来的新名词，但改不了其骗取钱财的核心。纯粹是一种新的通过发送信件收取下线钱财的诈骗形式。在此提醒广大朋友，当接到类似的小报资料时，千万别按照骗子的设计汇款。

（187）组装电器。如电话防盗器、节能灯、书写收音两用笔等广告，广告称只要交保证金，就可免费领料组装，回收产品，让你获得丰厚的组装费。但当你交了保证金、领料组装完产品送交时，他们常以组装不合格为由拒收，目的是骗你几千元的保证金。

（188）高价回收药材。往往打着××药材研究所、××药材场的招牌，销售种子种苗，将一些价格下滑的品种在广告中肆意吹嘘。有的将一些对环境及栽培技术有较严格要求的品种，一律说成南北皆宜，易于管理，还有的打着"联营"、"回收"等幌子骗人。

（189）出售"超高产"、"新特优"良种。利用农民求高产的心理，出售一些未经审（认）定的农作物品种。还有的将众所周知的一般品种改换一个全新的名字，迷惑引种者。

（190）很多所谓的创业项目网站，上面的项目绝大多数是虚假的。

广告云：月赚十万只要你来拿、本年度最赚钱的项目、免费铺货×万、投资 5 万＝回报 60 万×亿元的市场等你加入……当然，这其中也有少数项目还是不错的，但可以肯定地说，这其中绝大多数项目是需要大家小心谨慎的。就算看起来很简单的真实项目，实际上当你真正去做了，才会发现不是想象中的那么回事，更何况虚假的项目。

（191）快速瘦身汤。类似的产品还有"××排油带"、"×抹瘦"等，都达不到宣传的效果，有的根本就是骗取加盟费。

（192）无漫游费手机卡。没有实际价值。

（193）安全彩光鞭炮。此项目已经迷惑了不少人，让很多人上了当。

（194）租机骗局。如出租酿酒设备等，一般租限为一年，一年后才退还押金，其实骗子公司为销售设备而变换的伎俩。

（195）洗衣粉设备。为了销售他们的劣质设备，现在洗衣粉太多，个人生产出来的洗衣粉，在市场上根本没有优势可言。

（196）纳米无磷杀菌洗衣粉。虚假的项目。时下许多公司，为了诱惑消费者，把一些不相关的产品及技术扣上"纳米"的帽子，招摇撞骗。

（197）小型塑料方便袋机。建议谨慎。依据成本和市场价计算，生产出的产品根本无利可图，甚至亏本。更何况用这类型设备生产的产品多是劣质产品。

（198）窃听器。先别说此产品违法与否，就其效果来说远没有资料上说的那么神奇，二三十块钱的产品其有效范围就是十几米。

（199）仿真的手枪。如果是仿真的，有什么用？如果是真实的，那就是违法。

（200）纸铅笔。产品质量需要提高，几千元的简易设备很难生产出合格的产品。

（资料来源：搜狐网，2015 年 9 月 10 日）

参考文献

［1］郑炳章，朱燕空，张红保. 创业研究：创业机会的发现、识别与评价［M］. 北京：北京理工大学出版社，2009.

［2］张玉利，薛红志，陈寒松. 创业管理［M］. 北京：机械工业出版社，2013.

［3］［美］杰斯汀·隆内克，卡罗斯·莫尔. 创业机会［M］. 郭武文等译. 北京：华夏出版社，2002.

［4］［美］杰弗里·蒂蒙斯，小斯蒂芬·斯皮内利. 创业学［M］. 周伟民，吕长春译. 北京：人民邮电出版社，2005.

［5］周勇，葛沪飞等. 苏南国家自主创新示范区创新指数分析及其产业发展研究［M］. 南京：东南大学出版社，2015.

［6］陈海涛，杨正. 世界那么大　我们创业吧——创业者必知的生存法则［M］. 北京：中国法制出版社，2015.

［7］郑一群. 创业有道［M］. 北京：中国社会出版社，2013.

［8］张德山. 大学生创业教育［M］. 南京：江苏大学出版社，2013.

［9］王志章. 创业环境与高新产业发展［M］. 北京：人民出版社，2008.

［10］［日］大前研一. 创新者的思考：发现创业与创意的源头［M］. 王伟，郑玉贵译. 北京：机械工业出版社，2012.

［11］肖瀚，金星彤. 大学生创业策略与案例分析［J］. 学理论，2012（16）.

［12］微创业案例：有米CEO陈第［N］. 羊城晚报，2013-03-27.

［13］大学生创业当"擦鞋哥"月赚 1.5 万元［N］．沈阳晚报，2013-05-28．

［14］创业寒冬将至？女性比男性更有创业热情？［EB/OL］．中国新闻网，http：//www. chinanews. com/cj/2016/12-19/8098607. shtml．

［15］关于大力推进大众创业万众创新若干政策措施的意见［EB/OL］．中国网，http：//www. china. com. cn/zhuanti2005/txt/2015-06/05/content_ 35748893. htm．

［16］创业环境的特征［EB/OL］．豆丁网，http：//www. docin. com/p-618068819. html．

［17］幼儿园里的"小微优惠"用处大［EB/OL］．中国税网，http：//www. ctaxnews. com. cn/xinwen/toutiao/201505/t20150515_ 59799. htm．

［18］东方公司的创业选择［EB/OL］．中国就业网，http：//www. chinajob. gov. cn/gb/employment/2005-07/27/content_ 81041. htm．

［19］为支持大学生创业，国家各级政府出台了许多优惠政策［EB/OL］．应届生毕业网，http：//chuangye. yjbys. com/zhengce/537894. html．

［20］80 后沈子凯：个性成就事业 卖火柴赚得百万身家［EB/OL］．搜狐网，http：//money. sohu. com/20090812/n265871291. shtml．

［21］大脑产生创意的过程［EB/OL］．新浪博客，http：//blog. sina. com. cn/s/blog_ a84e0b7101016pnj. html．

［22］浪漫女孩凭"吻印"致富［EB/OL］．青年创业网，http：//www. qncye. com/2010/0105/46127_ 7. html．

［23］文化创意产业让大众创业、万众创新成为新常态［EB/OL］．人民网，http：//it. people. com. cn/n/2015/1113/c223607-27814299. html．

［24］移动互联创业背后：还有哪些创业机会？［EB/OL］．IT168，http：//cio. it168. com/a2015/0708/1744/000001744386. shtml．

［25］美国创业者崩溃记：Kickstarter 上的众筹还未结束，淘宝已卖出好几千，且更便宜［EB/OL］．新浪科技，http：//tech. sina. com. cn/zl/post/detail/it/2016-11-02/pid_ 8508873. html．

［26］张朝阳的创业故事［EB/OL］.纯真网，http：//www.cz88.net/lizhi/gushi/2436595.html.

［27］三个实例看如何抓住身边的财富［EB/OL］.阿里巴巴专栏，https：//club.1688.com/article/2840340.html.

［28］对话康嘉：饿了么的5年疯狂创业史［EB/OL］.创业邦，http：//www.cyzone.cn/a/20140604/258547.html.

［29］刘宇：大学才毕业，却已经创业三次，有得有失［EB/OL］.应届毕业生网，http：//chuangye.yjbys.com/gushi/anli/589240.html.

［30］哪些创业项目的确可以让人一夜暴富？［EB/OL］.网易财经，http：//money.163.com/15/0206/11/AHP2SNA200253G87.html.

［31］胡润百富榜［EB/OL］.搜狐新闻，http：//m.sohu.com/n/419343464/?_trans_=000115_3w.

［32］一个价值10亿的创业大坑：错误的专注［EB/OL］.站长之家，http：//www.chinaz.com/start/2014/0120/336227.shtml.

［33］目前火热的一些创业项目和点评［EB/OL］.青年创业网，http：//www.qncye.com/qibu/xiangmu/09095749.html.

［34］8个持久赚钱的创业项目［EB/OL］.创业邦，http：//www.cyzone.cn/a/20100326/144393.html.

［35］创业初期如何挑出好项目［EB/OL］.青年创业网，http：//www.qncye.com/2010/0114/46462.html.

［36］适合大学生的创业项目分类［EB/OL］.新浪博客，http：//blog.sina.com.cn/s/blog_8d2566140101i51b.html.

［37］大庆市出现自行车4S店 自行车行业"逆袭"［EB/OL］.大庆网，http：//www.dqdaily.com/dqw/xwzx/jj/2013-11/06/content_1722133.htm.

［38］适合大学生的创业项目［EB/OL］.大学生创业网，http：//www.studentboss.com/html/news/2010-05-26/48793.htm.

［39］200个骗人创业项目大揭秘［EB/OL］.搜狐网，http：//mt.sohu.com/20150910/n420836428.shtml.

"十三五"工商管理类教材

会计电算化实训

王曦东　主编　　姜雪梅　纪颜馨　副主编

Computerized accounting practice

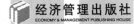
经济管理出版社
ECONOMY & MANAGEMENT PUBLISHING HOUSE

图书在版编目（CIP）数据

会计电算化实训/王曦东主编. —北京：经济管理出版社，2015.12

ISBN 978-7-5096-4095-1

Ⅰ.①会… Ⅱ.①王… Ⅲ.①会计电算化 Ⅳ.①F232

中国版本图书馆 CIP 数据核字（2015）第 298567 号

组稿编辑：王光艳

责任编辑：王光艳

责任印制：司东翔

责任校对：张春青

出版发行：经济管理出版社

（北京市海淀区北蜂窝 8 号中雅大厦 A 座 11 层　100038）

网　　址：www. E-mp. com. cn

电　　话：(010) 51915602

印　　刷：北京紫瑞利印刷有限公司

经　　销：新华书店

开　　本：720mm×1000mm/16

印　　张：21

字　　数：353 千字

版　　次：2016 年 9 月第 1 版　2016 年 9 月第 1 次印刷

书　　号：ISBN 978-7-5096-4095-1

定　　价：58.00 元

前言

随着计算机科学技术的飞速发展，互联网技术和电子商务的广泛应用，会计电算化学科的发展可谓日新月异，会计电算化的应用水平不断提高、应用范围不断扩大。以此为背景，如何造就21世纪会计电算化人才成为当今高职高专院校会计教育的重要课题。

会计电算化是一门跨学科的交叉课程，同时也是一门实践性很强的应用课程。其完整的知识体系应该由两个部分组成：一是会计电算化信息系统的基本理论部分，它要求学生要学会基于计算机信息技术的视角重新审视和理解会计的理论和方法；二是会计电算化信息系统的应用部分，它要求学生要具备一定的财务软件实践操作能力。

本书在编写上具有以下几个特点。

1. 在思路上，体现工学结合

本书突破了传统的以知识传授为主要特征的教材编写模式，采用以工作任务为中心组织课程内容的总体编写思路。课程内容突出对学生职业能力的训练，理论知识紧紧围绕工作任务完成的需要来选取，充分考虑了高等职业教育对理论知识学习的需要，并融合了相关职业资格考试对知识、技能和态度的要求。

2. 在内容上，做到全面系统

本书以用友 ERP-U872 软件为操作平台，以培养学生岗位技能为突破口，系统地介绍了会计电算化环境下总账会计岗位、出纳岗位、往来账款核算岗位、固定资产管理岗位以及薪资管理岗位的相应工作任务，内容全面，设计的岗位任务真实、系统，有助于提高学生的职业技能。

3. 在结构上，做到先理后实，理实一体

本书通过任务描述、任务分析、相关知识、任务实施、要点提示、小结、实训设计等环节，融教、学、做为一体，进一步提高学生分析问题、解决问题的能力。

本书由王曦东担任主编，姜雪梅、纪颜馨担任副主编。全书共分九个教学情境，第一章、第二章、第三章、第八章和第九章由王曦东编写，第四章和第五章由张俊龙编写，第六章和第七章由刘鹏编写。

本书在编写过程中参考了有关专家学者编写的教材和专著，在此向这些作者表示衷心的感谢。

鉴于编者认知水平有限及实践经验有限，书中难免有不足之处，恳请广大读者批评指正。

编　者

目录

第一章
会计电算化理论认知

【知识目标】

● 了解会计电算化的主要内容

● 了解会计电算化的发展历程

● 能够分析从手工核算到会计电算化、会计信息化各阶段的内容

● 理解会计电算化的功能结构

● 了解会计电算化信息系统的实施

【能力目标】

● 掌握会计信息系统实施的主要步骤

● 能根据单位计算机系统操作、维护、开发的特点，结合会计工作的要求，划分不同的电算化会计岗位

● 能建立会计电算化信息系统的内部管理制度

● 能够做好新旧系统转换前的各项准备工作

进入 21 世纪以来，我国社会经济发展迅速，资本市场不断发展壮大，计算机、通信技术和经济学等相关技术与学科获得迅速发展，为会计电算化发展创造了条件。同时，各类企业和行政事业单位对会计电算化的要求也在不断提高，为此，会计学习者和会计工作者必须努力学习会计电算化知识，不断提高自身的岗位技能水平，应对会计新的形势变化。

第一节　了解会计电算化

会计电算化是一个应用电子计算机实现的会计信息系统，它实现了数据处理的自动化，使传统的手工会计信息系统发展演变为会计电算化信息系统。

一、会计电算化的含义

会计是以货币为主要计量单位，借助于专门的方法和程序，对各单位的经济活动进行全面、连续、系统的核算和监督，并向有关方面提供会计信息，以提高经济效益的一种管理活动。

会计电算化是一门融会计学、管理学、计算机技术、信息技术、网络通信技术为一体的交叉学科，已成为会计学的一个新兴分支。因此，会计电算化的概念可表述为：会计电算化是以货币为主要计量单位，以计算机为载体，借助现代电子与信息技术，运用一定的技术方法，通过对各种会计数据的收集、输入、加工、存储、输出等手段，对各单位的经济活动进行全面、连续、系统、综合的反映和监督的一项管理活动。简言之，会计电算化就是指以计算机为载体的当代电子技术和信息技术应用到会计实务中的简称。

会计电算化的含义可以从两个方面来理解。一方面，会计电算化是一个社会的概念，即所有会计单位的会计核算、会计管理均应用了计算机信息技术。但在实际工作中，不少单位只有部分会计核算或会计管理应用了计算机信息技术，实现了会计电算化。另一方面，会计电算化是一个更新和发展的概念。随着计算机信息技术的发展，会计软件的不断更新，会计电算化的应用范围会越来越广。

二、会计电算化的相关概念

（一）数据和信息

数据是反映客观事物性质、形态、结构和特征的符号，并能对客观事物的属性进行描述。数据可以是数字、字符、文字或图形等形式。

信息是对数据加工的结果，它可以用文字、数字及图形等形式反映客观事物的性质、形式、结构和特征等内容，帮助人们了解客观事物的本质。信息必然是数据，但数据未必是信息，信息仅是数据的一个子集，只有经过加工后的有用数据才会成为信息。

尽管数据和信息存在着差别，但在实际工作中由于数据和信息并无严格的界限，因此二者经常被不加区别地使用。在会计处理过程中，经过加工处理后的会计信息往往又成为后续处理的数据。

（二）会计信息

1. 会计信息的含义

会计信息是指按照一定的要求或需要进行加工、计算、分类和汇总而形成的有用的会计数据。如原始凭证经过数据处理后变成总账及明细账等。由于会计信息在经济管理中有着极其重要的作用，因此，准确、及时是对会计信息的基本要求。

2. 会计信息的作用

企业内外使用者对信息的需求主要是为了评估和预测未来的经营活动，帮助未来的经济决策，其中主要内容侧重于财务预测，如现金流量、偿债能力和支付能力等。通常，预测经济前景应以过去经营活动的信息为基础，即由财务报告所提供的关于企业过去财务状况和经营业绩的信息作为预测依据。会计信息具体从以下三方面发挥作用。

（1）会计信息能帮助投资人和贷款人进行合理决策。在市场经济环境里，企业的资金主要来自股东和债权人，无论是现在或潜在的投资人或贷款人，为了作出合理的投资和信贷决策，必须拥有一定的信息，了解被投资或被贷款企业的财务状况和经营成果。

（2）会计信息有助于政府部门进行宏观调控。国家财政部门根据企业报送的会计报表，监督检查企业的财务管理情况；税务部门通过阅读企业的会计资料，了解税收的执行情况。

（3）会计信息有利于加强和改善经营管理。企业将生产经营的全面情况进行搜集、整理，将分散的信息加工成系统的信息资料，传递给企业内部管理部门。企业管理者可及时发现经营活动中存在的问题，作出决策、采取措施，改善生产经营管理。

（三）系统

1. 系统的含义

系统是由若干相互联系、相互作用的要素，为实现某一目标而组成的具有一定功能的有机整体。

2. 系统的特点

一般来讲，系统具有以下特征：

（1）系统是由若干要素组成的。这些要素可能是一些个体、元件、零件，也可能其本身就是一个系统（或称为子系统）。如运算器、控制器、存储器、输入/输出设备组成了计算机的硬件系统，而硬件系统又是计算机系统的一个子系统。

（2）系统有一定的结构。一个系统是其构成要素的集合，这些要素相互联系、相互制约。系统内部各要素之间相对稳定的联系方式、组织秩序及时空关系的内在表现形式，就是系统的结构。例如，钟表是由齿轮、发条、指针等零部件按一定的方式装配而成的，但一堆齿轮、发条、指针随意放在一起却不能构成钟表；人体由各个器官组成，但单个器官简单拼凑在一起不能成为一个有行为能力的人。

（3）系统有一定的功能，或者说系统要有一定的目的性。系统的功能是指系统与外部环境相互联系和相互作用中表现出来的性质、能力、功效。例如，信息系统的功能是进行信息的收集、传递、储存、加工、维护和使用，辅助决策者进行决策，帮助企业实现目标。

3. 系统的分类

系统根据其自动化程度可以分为人工系统、自动系统和基于计算机的系统。其中，人工系统是指大部分工作是由人工完成的系统；自动系统是指大部分工作是由机器自动完成的系统；基于计算机的系统是指大部分工作是由计算机自动完成的系统。

（四）会计信息系统

会计信息是企事业单位最重要的经济信息，它连续、系统、全面、综合地反映和监督企业经营状况，为管理、经营决策提供重要依据。因此有一种会计理论把会计理解为信息系统，而在现代科学技术的背景下，这样的信息系统无疑就是计算机管理信息系统。计算机会计信息系统以计算机为主要工具，对各种会计数据进行收集、记录、存储、处理与输出，并完成对会计信息的分析，向使用者提供所需会计信息，辅助他们管理、预测和决策，提高企业管理水平与经济效益。

三、会计电算化工作的内容

会计电算化工作的基本内容应从宏观和微观两方面来归纳。宏观管理会计电算化工作即全国各地区、各部门会计电算化的组织、管理工作；微观管理会计电算化工作即基层单位组织本单位开展会计电算化的工作。微观管理会计电算化工作的基本内容包括以下几方面。

1. 制定会计电算化工作的发展规划

会计电算化工作是一项庞大的系统工程，做好规划是搞好会计电算化工作的重要手段和保证。各单位的负责人或总会计师要亲自领导会计电算化工作的开展，主持拟定会计电算化工作的规划，协调单位内各部门共同搞好会计电算化工作。会计电算化工作的发展规划包括近期、中期和长期规划。

2. 会计电算化信息系统管理

会计电算化信息系统管理是指对已建立的会计信息系统进行全面管理，保证安全、正常地运行。一般包括会计信息系统的人员管理、使用管理、维护管理、档案管理和财务管理等。

3. 日常会计电算化工作

日常会计电算化工作主要包括会计核算电算化和会计管理电算化。会计核算电算化包括设置会计科目、填制会计凭证、登记会计账簿、成本核算、编制会计报表等；会计管理电算化是利用会计核算提供的数据，借助会计管理软件，完成会计预测、分析和决策工作。此外，日常会计电算化工作还应包括计算机硬件和软件的维护工作等。

4. 人员培训

人员培训包含对系统分析人员、编程人员、操作人员和管理人员等的培训。

第二节　探析会计电算化的发展

会计电算化在我国从开始应用到逐渐普及呈现了跳跃性的特点。伴随管理水平的提高和科学技术的进步对会计理论、会计方法和会计数据处理技术提出的更高要求，使会计电算化经历了由简单到复杂、由落后到先进、由手工化到机械化、再由机械化到计算机化的发展过程。

一、会计电算化的发展历程

（一）国外会计电算化的发展

在国外，会计电算化起步于 20 世纪 50 年代。1954 年，美国通用电气公司第一次利用计算机计算职工工资，开创了电子数据处理会计信息的新起点。这个时期计算机在会计领域的应用主要是核算业务的处理，目的主要是用计算机操作代替手工操作，减轻日常烦琐的手工录入与计算劳动，减少差错，提高会计工作效率。

20 世纪 50~60 年代，会计电算化发展到了建立会计电算化阶段。人们开始利用计算机对会计数据从单项处理向综合数据处理转变，除了完成基本账务处理外，还能进行一定的管理和分析，为经济分析、经济决策提供会计信息。

20 世纪 70 年代，随着计算机网络技术的出现以及数据库系统的广泛应用，会计电算化逐步发展为网络化的会计电算化。电子计算机的全面使用使各个功能系统可以共享存储在计算机上的企业生产经营成果数据，从而极大地提高了工作效率和管理水平。

20 世纪 80~90 年代，会计电算化迅速发展，进入普及阶段。由于微电子技术的蓬勃发展，微型计算机大批涌现并通过通信电路形成计算机网络，提高了计算和处理数据的能力，使微型计算机开始进入中小企业的会计业务处理领域，并得到了迅速普及，财会人员不再视电子计算机为高深莫测的计算工具。此时，美国、日本及德国等西方发达国家的会计电算化已经发展到了较为完善的程度。

（二）我国会计电算化的发展

我国的会计电算化工作始于 1979 年，其代表项目是财政部支持并直接参与的在长春第一汽车制造厂进行的会计电算化试点工作。1981 年 8 月，在财政部、原第一机械工业部和中国会计学会的支持下，在长春召开了"财务、会计、成本应用计算机问题研讨会"，以总结这一工作的经验和成果。在这次会议上提出，计算机在会计工作中的应用统称为会计电算化。

随着计算机在全国各个领域的应用推广和普及，计算机在会计领域的应用也得以迅速发展。我国会计电算化的发展大体可分为以下四个阶段：

1. 起步阶段（1983 年以前）

起步阶段始于 20 世纪 70 年代少数企业、事业单位单项会计业务的电算化，那时计算机技术应用到会计领域的范围十分狭窄，涉及的业务内容十分单一，最为普遍的是工资核算的电算化。在这个阶段，由于会计电算化人员很少、计算机硬件比较昂贵，并且软件汉化也不理想，因此会计电算化没有得到高度重视，致使会计电算化发展比较缓慢。

2. 自发发展阶段（1983~1986 年）

在自发发展阶段，全国掀起了计算机应用的热潮，加上计算机在国内市场上的大量出现，企业也有了开展电算化工作的愿望，纷纷组织力量开发财务软件。但是这一时期由于会计电算化工作在宏观上缺乏统一的规范、指导和相应的管理制度，加之我国计算机在经济管理领域的应用也同样处于发展的初级阶段，开展会计电算化的单位也没有建立相应的组织管理制度和控制措施，使得大多数会计电算化工作和会计软件开发的单位各自为政，盲目自行组织和开发软件，不仅投资大、周期长、见效慢，而且低水平重复开发现象严重，造成大量的人力、物力和财力的浪费。同时，会计软件的通用性、适用性差。针对这种情况，我国开始了对会计电算化实践经验的总结和理论研究工作，并逐步培养既懂会计又懂计算机的复合型人才。

3. 稳步发展阶段（1987~1996 年）

在稳步发展阶段，财政部和中国会计学会在全国大力推广会计电算化的同时加强了会计电算化的管理工作，各地区财政部门及企业管理部门也逐步开始对会计电算化工作进行组织和管理，使会计电算化工作走上了有组织、有计划的发展轨道，并得到了蓬勃的发展。这个阶段的主要标志：商品化财务软件市场从幼年走向成熟，初步形成了财务软件市场和财务软件产业；一部分企业、事业单位逐步认识到开展会计电算化的重要性，纷纷购买或自行开发财务软件，甩掉了手工操作，实现了会计核算业务的电算化处理；在会计电算化人才培养方面，许多中等或专科院校开设了会计电算化专业，在大学本科教育中，会计学及相关专业也开设了会计电算化课程，同时对在职财会人员的培训中，也加大了会计电算化的培训力度；与单位会计电算化工作的开发相配套的各种组织管理制度及其控制措施逐步建立和成熟起来，会计电算化的理论研究工作开始取得成效。

4. 竞争提高阶段（1997 年至今）

随着会计电算化工作的深入开展，特别是在财政部及各省市财政部门的大力推广下，财务软件市场进一步成熟，并出现激烈竞争的态势，各类财务软件在市场竞争中进一步拓展功能，各专业软件公司进一步发展壮大。这一阶段的主要标志：国外一些优秀的财务软件进入并开始在国内市场立足；国内老牌专业财务软件公司迅速壮大发展，如用友软件年销售额已突破亿元，一批后起之秀也迅速发展，如深圳金蝶、杭州新中大等专业的财务软件公司。管理型财务软件的成功开发及推广应用进一步拓展了财务软件的功能，提高了计算机在财务会计领域中的作用。与此同时，还加快了会计电算化专业人才的培养，特别是加大了中级、高级人才的培养力度，使会计电算化研究方向的研究生进一步增加，并开始在会计电算化方向设立博士生。另外，部分专业的财务软件公司在成功推广应用管理型财务软件的基础上，又开始研制并试点推广 MRPII 和 ERP 软件。

二、会计电算化的发展趋势

展望未来，随着互联网应用的迅速发展，包括财务管理、生产管理、人力资源管理、供应链管理、客户关系管理、电子商务应用在内的完整的企业管理信息系统将会得到全面发展；对供应链管理（SCM）系统的重视将逐渐超过财务系统；企业资源计划（Enterprisere Rource Planning，ERP）系统将得到广泛应用；以提高客户满意度、快速扩张市场份额为目标的客户关系管理（CRM）系统将成为热点。

会计电算化信息系统仍在不断发展中，虽然在不同规模和不同类型的企业中发展很不平衡，但主要发展趋势是从财务专项管理向全面企业管理转变，实现对企业物流、资金流、信息流的一体化、集成化管理。

第三节　认识会计电算化的功能模块

会计软件在企业单位的管理信息系统中，相对来说数据较多，处理流程复杂，而且各种会计业务在数据处理上各有其特点。因此，会计软件内部还需要划分若干个功能相对独立的模块。会计软件的功能模块是指系统中具备相对独立地完成会计数据输入、处理、输出功能的各个部分。

一、会计电算化软件的功能模块的划分

会计电算化软件各个功能模块的划分，可根据本单位会计核算业务特点和会计工作组织基础的不同来决定，它不是固定不变的。各个功能模块都是为了达到会计电算化软件的总体目标而服务的，但它们又有着各自的具体目标和任务。在会计核算工作中它们既发挥着各自不同的作用，同时又存在着十分密切的联系，这种联系主要表现在会计电算化软件与外部数据的控制联系和软件系统内部相互之间的数据联系上。

会计电算化软件按其功能可分为核算型电算化软件、管理型电算化软件和决策支持型电算化软件。这里以核算型电算化软件为例进行介绍。核算型电算化软件主要用于完成会计核算工作，包括账务处理、薪资核算、固定资产核算、成本核算、采购与应付核算、销售与应收核算、往来账款管理和会计报表处理等模块，如图1-1所示。

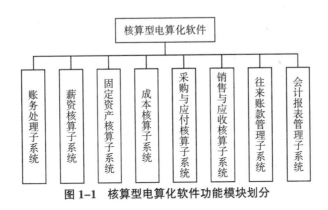

图1-1 核算型电算化软件功能模块划分

一个模块通常又被称作一个子系统，核算型电算化软件主要包含以下子系统。

1. 账务处理子系统

这是电算化软件的核心，对所有的电算化软件来说都是必不可少的。

2. 薪资核算子系统

该子系统主要完成薪资的计算、薪资费用的汇总和分配等工作，并自动编制机制转账凭证传递给账务处理子系统。

3. 固定资产核算子系统

该子系统主要实现固定资产卡片管理、固定资产增减变动处理、折旧的计提与折旧费用的分配等工作，并自动编制机制转账凭证供账务处理子系统和成本核算子系统使用。

4. 成本核算子系统

该子系统主要完成对生产费用的归集、分配和对产品制造成本的计算。

5. 采购与应付核算子系统

该子系统主要核算采购业务，包括登记商品的数量、价格，按适用税率计算税金，并确认应付款项。

6. 销售与应收核算子系统

该子系统主要核算销售所取得的收入，登记发出商品的数量，计算相关的税金，确认与管理应收账款，并管理有关票据。

7. 往来账款管理子系统

该子系统主要核算收款付款业务，进行银行对账、登记现金、银行存款日记账。

8. 会计报表处理子系统

该子系统能够规范地编制资产负债表、利润表和现金流量表，同时具有自定义报表的功能。其主要指标数据基本来自账务处理子系统中各类账簿的余额、本期发生额、累计发生额等。

二、账务处理子系统与其他系统的关系

会计核算软件各子系统间的关系，也就是电算化软件各功能模块间的关系。从核算型电算化软件的功能模块可见，一个完整的企业电算化软件可以分解为若干子系统，子系统相互作用、相互信赖的关系主要表现为控制联系和数据传递联系两种关系。由于账务处理子系统是会计电算化系统的核心，其他子系统是账务处理子系统的补充。所以下面以核算型电算化软件为例，具体介绍账务处理子系统与各子系统之间的主要数据联系，如图 1-2 所示。

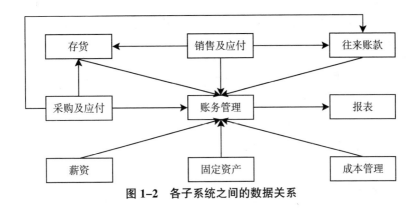

图 1-2 各子系统之间的数据关系

第四节 会计电算化信息系统的实施与管理

会计电算化信息系统是企业管理信息系统的核心系统，反映了企业的经济活动，也是会计人员实施会计电算化操作的基础和平台，掌握对其的使用和管理对于企业和会计工作人员都是非常重要的。

一、会计电算化信息系统所需的硬软件配置

建立会计电算化信息系统首先需要建立系统运行平台：一是运行会计软件的硬件环境，即计算机（或计算机网络）硬件系统；二是运行会计软件的系统软件环境，如网络操作系统、数据库管理系统等。

（一）会计电算化的硬件配置

计算机硬件是指计算机系统中的所有机械、电、磁及光设备。换言之，计算机系统中那些看得见、摸得着的物理设备都是硬件，如主机箱、显示器、打印机、键盘等。计算机硬件设备是会计电算化工作的基石，计算机硬件设备的好坏直接影响到今后会计电算化工作的质量和效率。

硬件配置是指会计电算化所需硬件系统的构成模式，目前主要有单机系统、多用户系统和网络系统等模式。

1. 单机系统

单机系统是指整个系统中只配置一台计算机和相应的外部设备，所使用的计

算机一般为微型计算机。在单机结构中，所有的数据集中输入输出，一次只能供一个用户使用。

（1）优点。投资规模小，见效快。

（2）缺点。可靠性差，一台机器发生故障，会使整个工作中断；不利于设备、数据共享，易造成资源的浪费。

（3）适用范围。适用于经济和技术力量比较薄弱的小单位。

2. 多用户系统

多用户系统是指整个系统配置一台计算机主机和多个终端。数据通过各终端输入，即分散输入。各个终端可同时输入数据，主机对数据集中处理。

（1）优点。这种分散输入、集中处理的方式，很好地实现了数据共享，每个用户通过各自的终端或控制台与主机连接，如同独有一台计算机，这样既提高了系统效率，又具有良好的安全性。

（2）缺点。系统比较庞大，系统维护要求和费用较高。

（3）适用范围。适用于会计业务量大、地理分布较集中、资金雄厚且具有一定系统维护能力的单位。

3. 网络系统

网络系统主要是指用通信线路连接多台计算机，这些计算机不仅具有信息处理能力，而且可以通过网络系统共享网络服务器上的硬件资源和软件资源，可以与其他计算机通信和交换信息。其主要有客户机服务器系统模式（Client/Server，C/S）与文件/服务器系统模式（File/Server，F/S）。

（1）优点。能够在网络范围内实现硬件、软件和数据的共享，以较低的费用实现一座办公楼、一个建筑群内部或与异地的数据通信，具有较高的传输速度，且容易维护，可靠性高，使用简单方便，结构灵活，具有可扩展性。

（2）缺点。安全性不如多用户系统，工作站易被病毒感染等。

（3）适用范围。局域网（Local Area Network，LAN）对大多数用户适用，广域网（Wide Area Network，WAN）对具有异地财务信息交换需求的单位（如集团型企业）更适用。总体而言，网络系统不仅是世界范围计算机应用的潮流，也是财务系统应用的潮流。

（二）会计电算化的软件配置

1. 系统软件的配置

计算机软件是指计算机的程序及其文档。程序是计算任务的处理对象和处理规则的描述；文档是为了便于了解程序所需的阐明性资料。就程序而言，有的是用来支持计算机工作和扩大计算机功能，有的则是专为解决某种具体问题而编制的。由于这些程序是看不见、摸不着的，所以叫作"软件"。只有硬件而没有软件，计算机几乎是无用的，只有当软件和硬件结合成一体，组成计算机系统后才能发挥计算机的作用。

系统软件是指与计算机硬件直接联系，提供用户使用的软件，它担负着扩充计算机功能，合理调用计算机资源的任务，如操作系统、数据管理系统等都是系统软件。系统软件的选择与配置主要应考虑以下技术指标：①与所选计算机的兼容性。②数据处理能力是否满足企业要求。③是否能支持财会软件中汉字处理的要求。④数据安全保密性。⑤远程数据的维护能力。⑥性能价格比。⑦是否满足总体规划的要求。

2. 会计软件的配置方式

一般来说，配置会计软件的方式主要有选择通用会计软件、定点开发、选择通用会计软件与定点开发相结合三种。选择通用会计软件是企事业单位实现会计电算化的一条捷径，也是各单位采用最多的一种方式。

（1）选择通用会计软件的优点。目前，国内外许多企事业单位使用商品化通用会计软件，其有以下几个优点。

1）成本低。相对于自行开发会计软件，选择商品化通用软件的成本比较低。这主要是因为商品化通用软件能批量生产，单位成本低，因而售价相对低廉。

2）见效快。对于基础较好的企事业单位，买到软件即可开始试运行，运行几个月后即可以代替手工记账，其时间短、见效快。而同样的项目若采用自行开发的方式，往往需要一年甚至几年。

3）软件质量高。经过财政部和各省市财政部门评审的商品化通用会计软件一般都是由实力雄厚的专业软件公司开发的。软件生产厂家汇集了一批会计电算化人才、会计专业人才、计算机高级人才，在开发过程中都会认真研究各单位的会计核算特点，所开发出的会计软件功能完善、核算准确、质量较高，符合现行会计制度，基本上能够满足大多数单位的会计核算要求。

4）维护有保障。生产商品化通用会计软件的公司一般都有专门的软件维护队伍，而且很多厂家都承诺有偿终身维护。当软件出现问题、会计制度发生重大变动或企事业单位的需求提高时，大多数会计软件公司能立即组织力量对软件改进和升级。这为各单位电算化的顺利进行提供了保证。

（2）选择通用会计软件的不足。由于通用会计软件自身的局限，也存在一些不足之处，主要体现在以下两点。

1）对会计人员要求较高。在手工方式下，会计人员在进行会计核算时，常常采用一些自己习惯的工作方式。而商品化会计软件为保证软件通用，通常设置多种自定义功能，如要求用户根据系统提供的语法，定义各种转账公式、数据来源公式、费用分配公式等。这就要求会计人员必须改变自己的工作习惯，以适应会计软件的要求。当然，从长远来看，这有利于会计人员整体综合素质的提高与会计电算化事业的发展。

2）不能完全满足单位的核算要求。会计软件的通用性是指会计软件适用于不同的企事业单位，不同的会计工作需要及适应单位会计工作不同时期需要的性能。其包括纵向与横向两方面的通用性。纵向的通用性是指会计软件适应不同时期会计工作需要的性能；横向的通用性是指会计软件适应不同单位会计工作的需要的性能。由于商品化软件要供各单位使用，对通用性要求较高，因而不可能满足各单位的各种会计核算和会计管理要求，对某些特殊单位也不适用。解决这个问题的办法是开展会计电算化的初期，先选择通用的商品化会计软件，因为这种方式投资少、见效快，易于成功。待会计电算化工作深入后，通用会计软件不能完全满足工作需要时，可以在通用会计软件基础上，企事业单位与会计软件公司相结合，进行会计软件的再开发，从而满足需要。

（3）选择通用会计软件应考虑的问题。目前，我国会计软件公司的发展已具备一定规模。商品化通用会计软件的不断开发、推广与使用，一方面极大地丰富了会计软件市场，给企事业单位在选择软件时提供了更多的机会；另一方面也给企事业单位在选择会计软件时提出了一个难题，即怎样选择既符合国家法律政策与有关规定，又符合本单位实际需要与未来发展要求的软件？我们认为，企事业单位在选择会计软件时应主要从以下几个方面对会计软件进行认真的考查。

1）会计软件所需的计算机硬件环境。目前，商品化会计软件品种多，不同软件厂家生产的会计软件对计算机硬件环境的要求也不尽相同。

2）商品化会计软件对计算机软件环境的要求。这主要是指对操作系统（DOS、Windows、UNIX、OS/2）的要求、对中文环境的要求、对数据库（FoxBase、FoxPro、SQL、Oracle 等）的要求。如某 Windows 版本会计软件对计算机软件环境的要求如下：①操作系统：单机版为 Windows 2000，网络版为 Windows 2000 Server，客户服务器结构为 Windows XP。②中文环境：Windows 2000 中文版。③数据库系统：SQL。

因此，在购买某商品化会计软件之前，必须搞清楚你想购买的会计软件对计算机硬件和软件的要求，并结合本单位的条件，选择合适的会计软件。

综上所述，企事业单位选择会计软件时应全面考虑，权衡利弊，既着眼于现在，又要放眼未来，选择最适合本单位要求的商品化会计软件，促进会计电算化事业的发展，使本单位早日步入会计电算化的行列。

二、会计电算化信息系统的人员配置与要求

会计电算化岗位是指直接管理、操作、维护计算机及会计软件系统的工作岗位。实行会计电算化的单位要根据计算机系统操作、维护、开发的特点，结合会计工作的要求，划分电算化会计岗位。

（一）会计岗位的划分

会计电算化工作开展后，会计岗位可分为以下两类。

1. 基本会计岗位

基本会计岗位是指会计主管、出纳、会计核算各岗、稽核、会计档案管理等工作岗位。基本会计岗位必须是持有会计证的会计人员，未取得会计证的人员不得从事会计工作。基本会计工作岗位可以一人一岗、一人多岗或一岗多人，但应当符合内部控制制度的要求。出纳人员不得兼管稽核、会计档案保管及收入、费用、债权债务账目的登记工作。另外，基本会计岗位的会计人员还应当有计划地进行轮换，以及实行回避制度。

2. 会计电算化岗位

会计电算化岗位是指直接管理、操作、维护计算机及会计软件系统的岗位。实行会计电算化的单位要根据计算机系统操作、维护及开发的特点，结合会计工作的要求划分会计电算化岗位。电算化岗位可分为以下几种。

（1）系统管理员。要求具备会计和计算机知识，可由会计主管兼任。采用中

小型计算机和计算机网络会计软件的单位，需设立此岗位。

（2）系统操作员。要求具备会计知识及上机操作知识。如果由基本会计岗位的会计人员负责上机操作，系统操作员可由除出纳岗位以外的其他各岗位会计人员兼任。

（3）凭证审核员。由具有会计师以上职称的财会人员担任较好。

（4）系统维护员。要求具备计算机知识。采用小型计算机和计算机网络会计软件的单位，需设立此岗位。维护员一般不对实际会计进行操作。

（5）会计档案资料保管员。可由会计档案管理人员兼任。

（二）会计电算化岗位责任

各单位应根据工作需要建立会计电算化岗位责任制，明确每个工作岗位的职责范围。

1. 系统管理员岗位责任

（1）负责电算化系统的日常管理工作，监督并保证本系统的正常运行，达到合法、安全、可靠、可审计的要求。在系统发生故障时，应及时到场，并组织有关人员尽快修复正常运行。

（2）协调本系统各类人员之间的工作关系。

（3）负责计算机输出的账表、凭证的数据正确性和及时性检查工作。

（4）负责本系统各有关资源（硬件资源和软件资源）的调用、修改和更新的审批手续。

（5）负责对本系统各类人员的工作质量考评，以及提出任免意见。

（6）完善企业现有电算化管理制度，并制定岗位责任与经济责任考核制度。

2. 系统操作员岗位责任

（1）负责有关子系统的数据输入、数据备份和输出会计数据（包括打印输出账簿、报表）工作。

（2）严格按照系统操作说明进行操作。

（3）数据输入操作完毕，应进行自检核对工作，核对无误后交数据审核员复核。

（4）对审核过的凭证及时记账，并打印出有关的账表，交有关人员审核。

（5）每天系统操作结束后，应及时做好数据备份。

（6）注意安全保密，各自的操作口令不得随意泄露，备份数据应妥善保管。

（7）操作过程中发现问题，应记录故障情况并及时向系统管理员报告。

3. 凭证审核员岗位责任

（1）负责凭证的审核工作，包括对各类代码合法性、摘要规范性和数据正确性的审核。

（2）对不真实、不合法、不完整、不规范的凭证，应退还给各有关人员更正修改后，再进行审核。

（3）对不符合要求的凭证和输出的账表不予签章确认。

4. 系统维护员岗位责任

（1）定期检查软件、硬件的运行情况。

（2）负责系统运行中软件、硬件故障的消除工作。

（3）负责系统的安装和调试工作。

（4）按规定程序实施软件完善性、适应性和正确性维护。

5. 会计档案资料保管员岗位责任

（1）按会计档案管理有关规定行使职权。

（2）负责本系统各类数据软盘、系统软盘及各类账表、凭证、资料的存档保管工作。

（3）做好各类数据、资料、凭证的安全保密工作，不得擅自出借。

（4）按规定期限，向各类电算化岗位人员催交各种有关的软盘资料和账表、凭证等会计档案资料。

（三）会计电算化系统的构建人员及其要求

1. 系统分析人员

系统分析人员的工作是根据用户的要求，并通过对现有会计信息系统的接口界面、业务处理过程、数据流程和数据结构等进行全面的分析，并在可行性分析的基础上确定新系统的目标，提出系统的逻辑模型，作为下一步系统设计的主要依据。系统分析人员一般至少应具备以下几个方面的知识：财会理论与实务、企业管理理论与实务、信息系统开发技术、计算机知识。

2. 系统设计人员

系统设计阶段的主要任务是把系统逻辑模型转化成可由计算机实施的具体方案，即系统的物理模型。系统设计人员应确定系统的硬件资源、软件资源、系统结构模块划分及功能、数据库设计等。其应具备以下几个方面的知识：数据结构、数据库理论与设计、系统开发技术、程序设计及语言应用能力、财会业务知识、企业管理知识等。

3. 程序设计人员

编制程序阶段的主要任务是以系统的物理模型为依据，编制程序并进行调试。该阶段主要由程序设计人员来完成，因此对于程序设计人员，要求具备数据结构、数据库理论与应用、程序语言、计算机硬件基本知识及其使用、财会业务知识、系统分析设计技术等知识。

4. 系统使用与维护人员

系统使用与维护阶段的主要任务是负责系统日常运行工作以及硬件、应用软件的维护，这一阶段涉及的人员主要有操作员、硬件维护人员、软件维护人员。其中，操作员主要负责系统日常运行、录入等工作，应具备计算机硬件基本知识、计算机汉字输入技术。硬件维护人员负责计算机房、计算机硬件等设备的维护与管理工作。软件维护人员负责应用软件的错误排除、更正等工作，其所应具备的知识包括财会业务知识、企业管理知识、程序设计技术、程序语言应用、数据库理论与应用、数据结构、计算机硬件知识及使用、操作系统、各种软件工具应用及系统分析设计技术等。

5. 系统管理人员

系统管理人员参与整个系统开发过程，主要负责系统开发项目组织与运行过程管理等工作，以保证系统研制顺利进行以及系统正常运转。他们应具备的知识包括财会业务知识、企业生产经营管理业务知识、计算机基本知识、系统开发技术、数据库知识、系统工程知识等。

三、会计电算化信息系统对传统会计信息系统的影响

会计电算化是会计发展史上的一次革命，与手工会计系统相比，不仅仅是处理工具的变化，在会计科目编码、记账凭证、会计核算形式、账簿和报表等方面都与手工处理有许多不同之处。

（一）会计科目编码的变化

科目编码并不是在计算机用于会计数据处理之后才提出来的要求，人们发现对会计科目进行编码以后，给会计科目的使用、会计数据的分类与查找带来了很多方便。但是，对会计科目编码的重视与研究却是应用会计电算化以后的事情。

一个以计算机作为处理工具的会计信息系统必须有一套科学的会计科目体系以及一套相应的会计科目编码方案，这对于提高系统的输入效率和处理效率，对于输出详细而又完整的会计核算资料都有着极为重要的意义。编码方式的变化是会计电算化以后对会计实务最直接的影响之一。

1. 电算化方式下科目编码的目的

电算化方式下的科目编码能够简化会计数据的表现形式，以利于会计数据的输入、储存、加工处理和传输。通过某种有规则的编码方式，可以使计算机根据科目代码判断它所代表科目的属性，如类型、级别等，以利于计算机对会计数据的分类、汇总。

2. 电算化方式下科目编码的要求

代码要有可扩展性。会计科目代码在账务处理子系统乃至整个会计信息系统中使用范围广，一旦代码的长度或编码方式发生变化，对整个系统的影响非常大。但企业的经济活动处于不断的发展变化之中，会计科目的数量（特别是明细科目）也随之不断发生增减变化。这就要求会计科目编码方案要有一定的可扩展性，在一定的时期内，在不改变原有编码体系的条件下可以很顺利地增加新科目。

代码位数不宜过长。这个要求和前一个要求存在矛盾。因为要使科目代码方案相对稳定，具有较大的适应性，首先是在编码方法上想办法，其次是增加代码的长度。但代码切忌过长，否则对记忆、输入、使用都非常不便。据国外资料统计，会计科目代码的长度和输入出错率有很大关系，代码越长，出错率越高。但当会计科目代码的长度在 8 位以下时，这种关系不太明显；超过 8 位，出错率会大幅度上升。所以会计科目代码的长度在 8 位以内为宜。

科目编码体系要能体现出科目之间的层次关系。会计科目体系是一个典型的树型结构，在会计数据处理上，当一个明细科目的金额发生增减变化时，必须知道它的上级科目（例如，一个三级所属的二级科目、该二级科目所属的一级科目），以便对相应科目的金额进行更新。

3. 电算化方式下科目编码的方法

我国公布的有关会计制度对一级科目及其编码做了统一规定。一级科目代码的长度固定为 4 位。第一位数字（即千位）表示会计科目的类别，其中，1 表示资产类，2 表示负债类，3 表示共同科目类，4 表示所有者权益类，5 表示成本类，6 表示损益类科目。在手工会计下，明细科目的详细程度、名称、级数等带有很大的灵活性。如在手工方式下明细分类账不仅是根据记账凭证上的明细科目栏登记，有时还要参照摘要中的说明及所附的原始凭证。

而采用计算机处理一般应严格根据所给出的明细会计科目去登记明细分类账。另外，采用计算机处理后，管理上一般要求提供更详细的会计核算资料，在进行账务处理子系统的设计时，必须根据需要对明细会计科目的名称、核算内容规范化。因此，电算化方式下科目代码的设计主要体现在明细科目代码的设计上。电算化方式下科目编码的方式主要有如下几种。

（1）代码总长度、级数及每级的位数均固定的编码方式。如将代码长度定为8位，前4位为一级科目代码，第5位至第6位为二级科目代码，第7位至第8位为三级科目代码。这种编码方式的优点是编码方式简单直观、易于使用、便于计算机处理，但代码容量有限、不易扩充。如采用纯数字编码，任意一个二级科目最多可下设99个三级科目，再多则无能为力。此外，因总长度固定，若在三级科目下再加设四级科目时亦非常困难。

（2）代码总长度固定、级数固定，但每级的位数不固定的编码方式。这种编码方式与前一种方式相比有一定的灵活性，但仍不能从根本上适应不同科目的特点，不能从根本上解决代码扩充与代码长度的矛盾。例如，对有些二级科目来说，由于其下设的三级科目较多，可能需要将三级科目的位数定为3位，但有些二级科目下面的三级科目很少或没有三级科目，却同样要保留3位的长度，从而造成浪费。

（3）代码总长度固定，但级数及每一级的位数可随科目而异的编码方式。也就是说，有的科目下设的明细科目较多则该级的位数就长一些，否则会短一些；有些科目核算上要求细则多设几级，否则少设几级，一切根据科目的特点而定。这是一种比较理想的编码方式，但在实际工作上比较困难，需要在代码之外附加一些信息。

（4）代码总长度不定、级数不定且各级位数亦不固定的编码方式。如第一级为财政部统一规定的3位数字码；第二级为混合编码，以大写字母开始，以数字结束；第三级为混合编码，以小写字母开始，以数字结束；第四级为字母编码，以大写字母开始，以小写字母结束；第五级为数字编码。若级数超过五级，则按第二级至第五级的编码规律开始下一循环。二级以下每级长度不足，第二级至第四级每级最少2位，第五级最少1位。这种编码方式层次清楚，可扩充性强，编码有规律，但这种方式数字、大小写字母混用，输入不便且计算机处理均有一定困难。

（二）记账凭证的变化

与手工方式相比，电算化方式下的记账凭证在内容上基本保持一致，但记账凭证的产生、取得及分类却有很大的不同。在电算化方式下，记账凭证有三个来源。

1. 人工凭证

对零星业务编制的人工凭证主要产生于未单独设置子系统进行核算的经济业务，加零星的现金收支、银行存款的存取及应收、应付账款的往来结算等。这些业务的处理类似于手工方式下记账凭证的编制，即先填制原始凭证，包括自制原始凭证和外来原始凭证，经会计人员整理加工、审核后，填制记账凭证，再交计算机操作人员手工录入，存入凭证文件。

2. 各业务子系统产生的机制凭证

各业务子系统处理业务后自动编制的机制凭证与人工凭证的区别比较大，它无须人工直接参与编制，而是在处理一定业务后，由各子系统自动编制凭证并传递到账务处理子系统。

3. 由账务处理子系统产生的机制凭证

由账务处理子系统自身派生的机制凭证主要涉及期末一些固定的结转业务。这种记账凭证完全产生于账务处理子系统的内部，它也是由计算机自动编制的。出于计算机能够自动产生机制凭证，大大提高了凭证编制的速度，特别是大大提高了月末一些固定结转业务凭证的编制速度，从而减轻了财会人员的劳动强度。

在手工会计信息系统中，记账凭证是由会计人员根据原始凭证编制的。在会计电算化信息系统中，记账凭证既有会计人员通过键盘手工输入计算机中的，也有计算机自动产生的（即机制凭证），会计凭证的输入形式包括键盘输入、软盘转入和网络传输等。会计凭证输入计算机后以文件的形式保存在磁性介质中。

（三）会计核算形式的变化

会计核算形式又称会计核算组织程序或账务处理程序，是指凭证、账簿及报表的相互关系及其填制方法。在手工会计信息系统中，为了提高会计核算工作的效率和质量，节省人力和物力，各企事业单位根据其经济活动的特点、规模大小和业务繁简等实际情况，设计或选用合适的记账程序和方法，如记账凭证核算组织程序、科目汇总表核算组织程序、多栏式日记账核算组织程序、日记总账核算组织程序，总账和明细账、日记账核对等。但这些核算形式只能在一定程度上减少或简化转抄工作，而不能完全避免转抄，这就决定了这些处理形式不可避免地带有手工处理的局限性，即数据大量重复、准确性差等。在长期的账务处理实践中，人们总结出了一套特有的方法来避免和发现转抄错误。如记账凭证；过账之后，一般在它上面加注"√"号以防止重复登账；明细账和总账采用平行登记的方法，以便相互核对，发现明细账或总账中的过账错误和计算错误。但无论会计人员的素质如何，从填制记账凭证到编制报表的每一个环节中，转抄错误和计算错误都难以避免。手工会计下之所以会产生账证不符、账账不符、账表不符的现象，其原因就在这里。因此，手工会计信息系统中信息的正确性、及时性仍不能得到充分的保证，核算工作效率比较低。

在会计电算化信息系统中，是否还有必要完全照搬手工会计下的会计核算形式呢？答案是否定的。因为手工会计下的会计核算形式并不是会计数据处理本身所要求的，而是手工处理的局限性所致的。计算机处理和手工处理相比，不仅在处理速度上有成百倍、成千倍的提高，而且不存在因为工作时间过长或疲劳而引起的计算错误和抄写错误。这样，完全可以从所要达到的目标出发，设计出更适合计算机处理、效率更高、数据流程更加合理的账务处理形式。

在计算机会计信息系统中，记账工作完全由会计软件代替，由于计算机具有高速、准确处理数据的能力，因此，手工记账程序和方法失去了本来的意义。任何一个企事业单位都不必再考虑选用何种记账程序和方法，只要会计软件提供的记账程序是正确的，会计人员只需选择记账功能，计算机就可以高速、快捷、及时、准确地完成记账工作。

（四）账簿和报表的变化

账簿是指根据会计凭证排序时，分类记录经济业务的簿籍。按其性质和用途分类，可以分为序时账簿、分类账簿和备查账簿。其中，序时账簿包括现金日记账、银行存款日记账；分类账簿包括总分类账和明细分类账；备查账簿则用于对上述账簿中未记录或记录不详的内容进行补充登记。在手工会计下，上述账簿属于数据存储。一张新的记账凭证产生以后，将其数据按会计科目的方向进行转抄、登记，从而形成相应的日记账或分类账。在会计电算化信息系统中，账簿和报表都发生了变化。

1. 纸张介质改变为光介质、磁介质

在手工会计信息系统中，会计账簿的存储介质是看得见、摸得着的纸张介质。在会计电算化信息系统中，会计账簿的存储介质是看不见、摸不着的光介质、磁介质。

2. 账簿输出方式的变更

在手工会计信息系统中，总账、明细账、日记账都是严格区分的，并有其特定的输出格式。在会计电算化信息系统中，类似手工的账簿种类、格式在计算中并不完全存在或并不永久存在，账簿中的数据以数据库文件的形式保存，数据库文件可以设置一个或者多个。当需要输出这些账簿时，计算机自动从数据库文件中依次按相应的会计科目进行挑选，然后按照财会人员需要的格式将这些账簿在屏幕上显示或从打印机输出。

3. 账簿分类的变革

在会计电算化信息系统中，财会人员只要给出一个会计科目，计算机就可将涉及该科目的所有业务全部筛选出来，形成所谓的账簿，而不管这个科目是现金科目还是银行存款科目，是总账科目还是明细科目。而且只要对挑选的结果按日期进行排序或索引，所有的账都可表现为日记账的形式。

4. 报表编制方法的变更

在手工条件下，报表中的数据，一部分出财会人员从账簿、其他报表上获取，然后手工填入报表；还有一部分根据基本数据进行计算，然后将结果填入报表，若报表中的一个数据出错，整张报表都需重新计算，然后再填写。在手工条件下，编写报表是一件费时、费工、费力的事情。在会计电算化信息系统中，编制报表的方法发生了很大的变化，财会人员只要定义好报表格式、取数公式、输入基本数据，计算机便自动从账务核算系统或其他会计核算系统中采集数据。当会计期间发生变化时，系统自动根据定义的公式和获取数据的方法采集数据，生成所需的报表。因此，能够大大节省编制报表的时间，减少编制错误，省事又经济，将大量重复、复杂的劳动简单化，从而提高工作效率。

（五）内部控制的变化

在会计电算化信息系统中，原来使用的靠账簿之间互相核对来实现的差错纠正控制已经不复存在，计算机电磁介质也不同于纸张介质，它能不留痕迹地进行修改和删除。此外，计算机在硬件和软件结构、环境要求、文档保存等方面的特点决定了会计电算化信息系统的内部控制必然具有新的内容。控制范围已经从财会部门转变为财会部门和计算机处理部门；控制的方式也从单纯的手工控制转化为组织控制、手工控制和程序控制相结合的全面内部控制。如会计电算化信息系统本身已建立起新的岗位责任制和严格的内部控制制度，会计电算化岗位设置系统管理员、系统操作员、凭证审核员、系统维护员、会计档案资料保管员等岗位；会计软件增加了安全可靠性措施，各类会计人员必须有自己的操作密码和操作权限，防止非指定人员擅自使用功能；定期对会计数据进行强制备份；系统本身增加各种自动平衡校验措施等。

（六）会计职能及方法的变化

在手工会计信息系统中，会计的主要职能是事后反映和监督。在会计电算化信息系统中，会计职能和方法有了新的变化，主要表现在以下几个方面。

1. 会计职能的进一步扩展

由于计算机在会计中的应用，会计信息系统和决策支持系统的建立，会计职能出现了转化和扩展，工作重点由过去的主要是对外编送会计报表，转向利用会计数据加强企业内部的经营管理；由过去单纯事后核算和分析，转向全面核算；由过去会计部门只是反映财务情况，提供财务信息，转化为干预生产，推动经营和参与决策，发挥会计在企业经营管理中的重要作用。

2. 会计方法的发展及变化

在长期的会计工作实践中逐渐形成了一套科学严密的方法体系。随着计算机在会计中的应用，会计职能变化和会计数据范围扩大，会计方法也发挥了较大的变化。一方面是原有方法的改进；另一方面是吸收、补充和广泛采用了一些新的会计方法。例如，为了加强核算和控制功能，出现了标准成本计算方法等。为了满足分析、预测和构造经济模型的要求，以运筹学为核心，组织各种数学方法（如线性代数、量本利分析、回归分析、多元方程和高层次数据模型等）在会计中加以运用。一些生产机械化自化水平比较高的企业，原始数据的采集突破了原始凭证的局限性，可以通过自动化仪表、传感器、脉冲信号式数据采集装置，将原始数据直接输入计算机，不需人工记录和传递，从而提高了原始数据采集的及时性和准确性。以上这些方法的运用，一般都是因数据巨大或处理流程复杂，自动化水平高，只有采用电子计算机才能实现。同时，由于计算机在会计中的应用，有可能将科学的方法论、系统论、信息论、控制论等最新的科研成果运用到会计工作中去，充实会计方法体系，增强会计在预测、控制、核算和分析等工作中的功能，充分发挥会计在经济管理工作中的作用。

3. 会计管理职能的进一步强化

在手工条件下，许多复杂、实用的会计模型，如最优经济订货批量模型、多元回归分析模型等很难在企业管理中得以实施，大部分预测、决策需要依赖管理者个人的主观判断。

随着会计电算化信息系统的发展，会计电算化信息逐渐从核算型转向管理型，这不但是国际会计信息系统发展的主流，也是我国会计信息系统发展的必然趋势。管理人员借助先进管理软件工具便可以将已有的会计管理模型在计算机中得以实现，同时又可以不断研制和建立新的计算机管理模型，使管理人员利用计算机管理模型可以迅速地存储、传递，以及取出大量会计核算信息和资料，并毫不费力地代替人脑进行各种复杂的数量分析、规划求解，及时、准确、全面地进行会计管理、分析和决策工作。这样，可以使会计职能成为一种跨事前、事中和事后三个阶段，集核算、监督、控制、分析、预测于一体的全方位、多功能的管理活动。

四、会计电算化信息系统的管理

会计电算化信息系统的管理分为宏观管理和微观管理。宏观管理是指国家、行业或地区为保证会计工作的顺利开展和电算化后的会计工作质量而制定的办法、措施和制度。管理制度的完善和贯彻是做好会计工作的关键，为会计电算化能够从一开始就进入规范化、程序化轨道提供重要保证。微观管理是指基层单位对已建立的会计电算化信息系统进行全面管理，保证系统安全、正常地运行。

（一）会计电算化信息系统的宏观管理

会计电算化信息系统是管理信息系统的重要组成部分，各级财政部门在会计电算化的宏观管理中具有法律的领导地位和职责。会计电算化的宏观管理是国家履行政府职能的重要内容，应从制度、软件及人才等多方面予以引导和支持。会计电算化宏观管理的主要任务有以下几点。

1. 制订会计电算化的发展规划

会计电算化总体规划应以一定时期、一定地区的发展战略目标为依据，结合本单位的实际情况来制订。发展规划应包含的内容有：会计电算化的建设目标和总体结构，计算机会计电算化建立的途径，系统的硬件、软件配置，会计电算化的工作步骤，会计电算化建设工作的管理体制和组织机构，专业人员的培训与配备计划，资金的来源及预算等。制订会计电算化的发展规划是建设会计电算化的战略计划，也是决定系统成败的关键。

2. 制定会计电算化管理规章及专业标准

为保证会计电算化的健康发展，制定会计电算化宏观管理规章及专业标准是非常必要的。国际会计师联合会（IFAC）分别于 1984 年 2 月、1984 年 10 月和 1985 年 6 月公布了《电子数据处理环境下的审计》、《计算机辅助审计技术》和《电子计算机数据处理环境对会计制度和有关的内部控制研究与评价的影响》。我国财政部于 1989 年 12 月发布了全国性会计电算化管理规章《会计核算软件管理的几项规定（试行）》，1990 年 7 月发布了《关于会计核算软件评审问题的补充规定（试行）》。并根据《中华人民共和国会计法》的有关规定，于 1994 年 6 月 30 日重新发布了《会计电算化管理办法》、《商品化会计核算软件评审规则》和《会计核算软件基本功能规范》三项规章制度。为指导基层单位开展会计电算化工作，1996 年财政部发布了《会计电算化工作规范》。以上都是目前指导我国会计电算化建设工作的最重要文件。

3. 大力抓好人才的培养

人才是会计电算化建立和发展的关键，人才培训既是会计电算化宏观管理的需要，也是企业单位会计电算化建设工作的需要。只有培养出众多既懂计算机又懂会计业务的人才，才能加快会计电算化的进程和水平的提高。人才培养既要避免人才匮乏又要避免人才的浪费，要求合理地进行多层次、多渠道、多形式的培养，合理地规划。因此，要将会计电算化人才培养作为会计电算化信息系统宏观管理的重要内容之一。特别是各级财政和主管部门应培养一批会计电算化专业管理人员，对本地区、本行业、本部门会计电算化建设工作进行统一协调、组织、管理和指导，避免盲目开展，各自为政。企事业单位会计电算化到底需要配备什么样的人才，主要由单位开展计算机会计工作的方式和程序来决定。

4. 推动会计电算化理论研究

会计电算化的发展需要理论研究的支持和指导。各级财政主管部门应在宏观管理中注重理论研究工作，坚持百花齐放、百家争鸣的方针，鼓励支持从事会计电算化实际工作的人员学习理论、开展研究，做到理论和实际相结合。

（二）会计电算化信息系统的微观管理

为了对会计电算化信息系统进行全面管理，保证系统安全、正常运行，在企业中应切实做好会计电算化的以下管理工作。

1. 建立内部控制制度

内部控制制度是为了保护财产的安全完整，保证会计及其他数据正确可靠，保证国家有关方针、政策、法令、制度和本单位制度、计划的贯彻执行，提高经济效益，利用系统的内部分工所产生的相互联系，形成一系列具有控制职能的方法、措施和程序的一种管理制度。

2. 建立岗位责任制

建设会计电算化应建立、健全会计工作岗位责任制，要明确每个工作岗位的职责范围，切实做到事事有人管、人人有专职、办事有要求、工作有检查。按照会计电算化的特点，在实施会计电算化信息系统建设过程中，各单位可以根据内部控制制度和本单位的工作需要，对会计岗位进行重新划分和调整，设立必要的工作岗位。

3. 操作管理

实施会计电算化后，系统的正常、安全、有效运行的关键是操作使用。操作管理主要体现在建立与实施各项操作管理制度上。如果单位的操作管理制度不健全或实施不得力，都会给各种非法舞弊行为以可乘之机。如果操作不正确，会造成系统内数据的破坏或丢失，影响系统的正常运行，也会造成录入数据的不正确，影响系统的运行效率，甚至输出不正确的账表。因此，单位应建立、健全操作管理制度并加以严格控制，以保证系统的正常、安全、有效运行。

操作管理的任务是建立计算机会计系统的运行环境，按规定录入数据，执行各自模块的运行操作，输出各类信息，做好系统内有关数据的备份及故障时的恢复工作，确保计算机系统的安全、有效和正常运行。操作管理制度主要包括以下内容：

（1）规定操作人员的使用权限。通常由会计主管或系统管理员为各类操作人员设置使用权限和操作密码，规定每一个人可以使用的功能模块和可以查询打印的资料范围，未经授权不得随便使用。在授权时应注意，系统的开发人员、维护人员不得担任操作工作，而出纳人员也不得单独担任除登记日记账以外的其他操作；对不同的操作人员规定不同的操作权限，而且要对企业的重要会计数据采取相应的保护措施，未经授权的人一律不得上机。

（2）操作人员上机必须登记。登记内容包括姓名、上机时间、操作内容、故障情况和处理结果等，上机操作记录必须由专人保管。

（3）操作人员必须严格按照会计业务流程进行操作。要预防已输入计算机的原始凭证和记账凭证未经审核就登记在机内账簿上。已输入的数据发生错误应根据不同情况进行留有痕迹的修改。

（4）操作人员做好数据备份。为确保会计数据和会计软件的安全保密，防止对数据和会计软件的非法修改和删除，操作人员应及时做好数据备份工作，对磁性介质存放的数据要保存双备份，以防发生意外。

（5）其他制度。为避免计算机病毒的侵入，操作人员不得使用外来软盘，如必须使用则要先进行病毒检查；若计算机硬件、软件出现故障，要及时进行排除，确保会计数据的安全性与完整性。

4. 维护管理

系统的维护包括软件维护和硬件维护两部分。

（1）软件维护主要包括正确性维护、适应性维护及完善性维护三种。正确性维护包括诊断和清除错误的过程。适应性维护是指当单位的会计工作发生变化时，为了适应会计工作的变化而进行的软件修改活动。完善性维护是指为了满足用户在系统功能上的需求而进行的软件修改活动。

（2）在硬件维护工作中，较大的维护工作一般是由销售厂家进行的。使用单位除自行开发软件的单位外，一般不配专职的硬件维护员，可直接由软件维护员担任，即通常所说的系统维护员。系统维护员负责系统的硬件设备的维护工作，及时排除故障，确保系统能正常运行；负责日常的各类代码、标准摘要、数据及源程序的正确性及适应性维护；有时还负责完善性的维护。

维护的管理工作主要通过制定维护管理制度和组织实施来实现。维护管理制度主要包括以下内容：系统维护的任务、维护工作的承担人员、软件维护的内容、硬件维护的内容、系统维护的操作权限以及软件修改的手续。

维护是系统整个生命周期中最重要、最费时的工作，它应贯穿于系统的整个生命周期，不断地重复进行，直至系统过时和报废。现有的统计资料表明：在软件系统生命周期各部分的工作量中，软件维护的工作量一般占50%以上，因此，各单位应加强维护工作的管理，保证软件的故障及时排除，满足单位会计工作的需要。加强维护管理是系统安全、有效和正常运行的保证之一。

5. 机房管理

保证计算机机房设备的安全和正常运行是进行会计电算化的前提条件。因此设立机房有两个目的：一是给计算机设备创造一个良好的运行环境，保护计算机设备；二是防止各种非法人员进入机房，保护机房内的设备、机内的程序与数据的安全。以上是通过制定与贯彻执行机房管理制度来实施的。因此，机房管理的主要内容包括机房人员的资格审查，机房内的各种环境、设备要求，机房中禁止的活动和行为，设备和材料进出机房的管理要求等。

6. 档案管理

会计档案管理主要是建立和执行会计档案立卷、归档、保管、调阅和销毁等管理制度。实施会计电算化后，大量的会计数据存储在磁盘中，而且还增加了各种程序、软件等资料。各种账表也与原来的有所不同，主要为打印账表。这些都给原有的档案管理工作提出了新的要求，即加强会计档案的管理。这里的档案主要是指打印输出的各种账簿、报表及凭证，存储会计数据和程序的软盘及其他存储介质，系统开发运行中编制的各种文档及其他会计资料。档案管理的任务是负责系统内各类文档资料的存档、安全保管和保密工作。有效的档案管理是存档数据安全、完整与保密的有效保证。档案管理一般也是通过制定与实施档案管理制度来实现的。档案管理制度一般包括以下内容：

（1）存档的手续。存档手续主要是指各种审批手续，比如，打印输出的账表必须有会计主管、系统管理员的签章才能存档保管。

（2）各种安全保证措施。比如，备份软盘应贴上写保护标签，存放在安全、洁净、防热和防潮的场所。

（3）档案使用的各种审批手续。调用源程序应由有关人员审批，并记录下调用人员的姓名、调用内容及归还日期等。

（4）各类文档的保存期限及销毁手续。打印输出账簿应按《会计档案管理办法》的规定进行保管与销毁。

（5）档案的保密规定。对任何伪造、非法涂改或更改、故意毁坏数据文件、账册和软盘等行为进行相应的处理。

7. 病毒预防

计算机病毒是危害计算机信息系统的一种新手段，它可以危害或破坏计算机资源。轻则中断或干扰信息系统的工作，重则破坏机内数据而造成系统重大甚至是无可挽回的损失。因此，在会计电算化的运行过程中必须高度重视计算机病毒问题。

病毒感染的具体表现主要有：侵害计算机的引导区或破坏文件分区表，使系统无法启动或调用文件；系统无法调用某些外部设备，如打印机、显示器等，但这些设备本身并无故障；系统内存无故减少，软件运行速度减慢甚至死机；在特定的日期，当前运行的文件突然被删除；用户存储在硬盘上的文件被无故全部删除；正在运行的计算机突然无故重新启动；突然格式化特定的磁道、扇区甚至整个磁盘；屏幕突然出现弹跳的小球、字符或某些特定的图形等。除以上表现外，一般说来只要正在工作的计算机发生突然的非正常运行，通常都应首先怀疑是感染了计算机病毒。

根据病毒的特点和侵害过程，防范计算机病毒主要有以下几种方法：

（1）建立网络防火墙抵御外来病毒或"黑客"对网络系统的非法侵入。

（2）使用防病毒软件经常对计算机系统进行检查，以防止病毒对计算机系统的破坏。

（3）不断改进数据备份技术并严格执行备份制度，从而将病毒可能造成的损失降到最低限度。

目前出现一些可以对受到破坏的数据进行抢救的软件，这些软件甚至可以在对硬盘进行格式化后，恢复硬盘中原来所保存的数据。有条件的单位应根据需要置备这些软件以便在必要时抢救机内数据。

第五节　安装用友 ERP-U8V10.1

【任务描述】

北京宏远科技有限责任公司在激烈的市场竞争环境中，为了提高办公效率，决定于 2012 年 1 月 1 日开始实行会计电算化，经过对多种会计软件的比较选择，选中了用友公司生产的以中小企业为目标的用友 ERP-U8V10.1 管理系统，现需要完成对软件的安装任务。

【任务分析】

用友 ERP-U872 管理系统属于应用软件的范畴，其正常地运行需要有相应的硬件配置和软件准备。

1. 硬件环境

根据企业使用环境不同，对硬件的要求也不同。服务器建议使用专业服务器，服务器硬件最低使用 800 MHz 以上的 CPU，内存 512MB 以上；硬盘空间要大于 20GB，分区必须为 NTFS 格式；CPU 主频最低 500MHz 以上。

2. 软件环境

用友 U8V10.1 必须运行于 Windows 操作系统中，服务器操作系统应为 Windows 2000 Server、Windows 2003 Server 或更高版本；数据库系统可使用 SQL Server 2000、SQL Server 2005 及 SQL Server 2012；客户端建议使用 Windows XP；WEB 服务必须安装 IIS。

【任务实施】

（1）将用友 ERP-U8V10.1 安装盘放入光盘驱动器中，打开光盘目录，双击运行安装盘下的 Setup.exe 应用程序文件。

（2）当准备安装完成后，界面将自动显示如图 1-3 所示的欢迎安装界面，在该界面中，单击左下角的"安装手册"按钮后，可以查看用友公司为用户提供的安装手册信息，也可以单击"下一步"按钮进行安装。

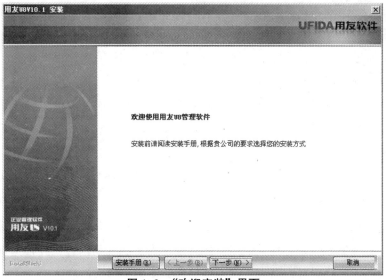

图 1-3 "欢迎安装"界面

（3）单击"下一步"按钮，弹出如图1-4所示的界面，在该界面中显示了软件的使用许可协议，用户可拖动右侧的滚动条查看使用许可协议。若要继续安装，必须选择"我接受许可证协议中的条款（A）"按钮。

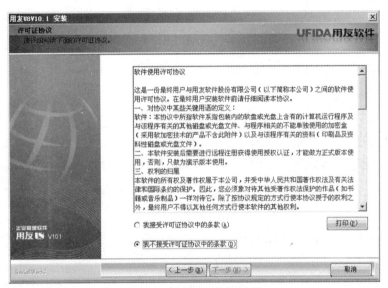

图1-4 软件使用许可协议

（4）单击"下一步"按钮，将检查系统中是否已安装过用友 U8 产品，若发现安装过，单击"下一步"按钮，可对历史版本进行清理，清理完成后，还需要重新启动计算机，重新开始安装新版本软件。

（5）如果是第一次安装 U8V10.1 到计算机中，则不会出现图 1-5 所示的界面，而直接显示如图 1-7 所示的"客户信息"界面，输入用户名和公司名称。

（6）输入完用户名和公司名称后，单击"下一步"按钮，弹出如图 1-6 所示的选择安装路径界面，默认安装到系统盘的 U8SOFT 文件中。若需要指定安装路径，则单击右侧的"更改"按钮设置新的安装路径。

（7）使用默认安装位置，直接单击"下一步"按钮，弹出如图 1-7 所示的"安装"界面，可选择安装的类型。安装类型分为全产品、服务器、客户端及自定义 4 类。在安装类型下方还可选择安装的语言。在安装类型中，除了标准和全产品外，其他类型的安装都可由用户选择需要安装的产品内容，并根据选择类型计算出需要占用的磁盘空间。本书中选择安装类型为"全产品"。

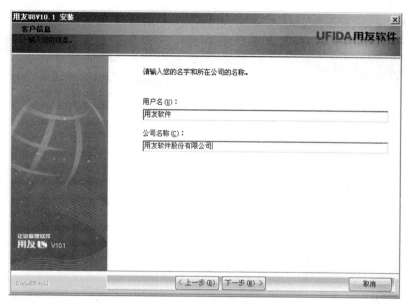

图 1-5　客户信息界面

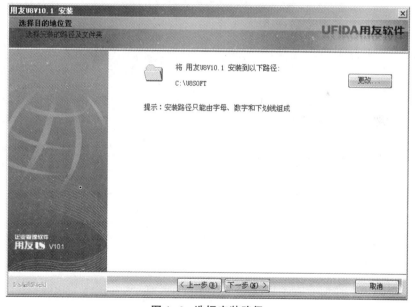

图 1-6　选择安装路径

（8）单击"下一步"按钮，进入如图 1-8 所示的"系统环境检查"界面。在该界面中，将根据上一步选择的安装类型检测环境的适应性。

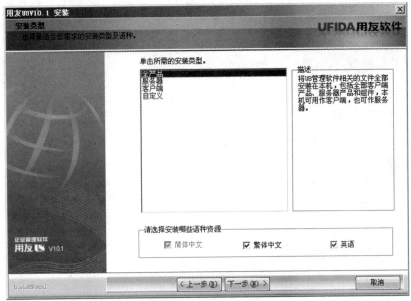

图 1-7　安装类型选择

图 1-8　系统环境检查

（9）单击"检测"按钮，将对系统的"基础环境"和"缺省组件"进行检查。若检查中有某部分不符合要求，将在其右侧显示相应的信息，如图1-8所示，单击右侧信息链接可打开相关文件夹，从中选择需要安装的组件进行安装。若"基础环境"和"缺省组件"都满足要求后，显示如图1-9所示系统环境检查通过的界面，才可以继续安装。

图1-9 系统环境检查通过

（10）检测通过后，单击"确定"按钮，若选择"是否记录详细安装日志"复选框，可记录安装每一个MSI包的详细日志，默认不选中该复选框。

（11）单击"安装"按钮，系统开始安装，如图1-10所示。

（12）用友ERP-U872软件十分庞大，按标准模式安装需占用2.4G以上的磁盘空间，所以安装过程需要较长时间。在安装过程，不需要用户参与控制。完成文件的复制后，将显示如图1-11所示的界面。

（13）在如图1-11所示界面中，默认选中了"是，立即重新启动计算机。"的单选按钮，单击"完成"按钮，将重新启动计算机。

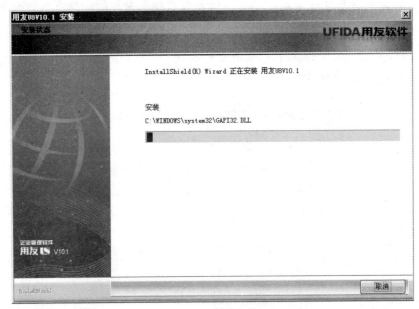

图1-10 开始安装

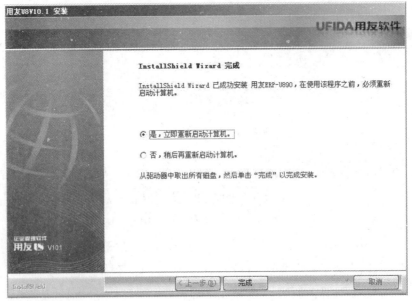

图1-11 安装完成

小 结

通常来说，会计电算化的概念有广义和狭义之分。

狭义的会计电算化是指以电子计算机为载体的当代电子信息技术在会计工作中的应用。

广义的会计电算化是指与实现会计工作信息化有关的所有工作，包括会计软件的开发，企业建立、应用并维护的会计信息系统，会计信息化人才的培训，会计信息化的宏观规划，以及会计软件市场的培育和发展等。

会计电算化是时代发展的必然，是会计自身改革和发展的必由之路，它对会计工作的各方面都产生了深远的影响。

会计电算化信息系统的实施与管理的主要内容包括：会计电算化信息系统的组织与规划、会计电算化信息系统的硬件配置、会计电算化信息系统的软件配置、会计电算化信息系统的人员配备与培训、会计电算化信息系统内部管理制度的建立、会计电算化信息系统的维护等。

课后练习

1. 如何正确理解会计电算化的含义？

2. 简述数据与信息、会计数据与会计信息之间的区别和联系。

3. 什么是系统？什么是会计信息系统？

4. 在会计核算中取得原始凭证、开设账户、填制凭证、审核凭证、登记账簿、成本核算、制作报表等过程，分别是对会计数据的什么加工环节？

5. 会计电算化信息系统中的会计工作组织与手工方式相比，有何不同？二者的依据各是什么？

6. 会计信息系统有哪些发展阶段？各个发展阶段的特征是什么？

7. 建立会计电算化岗位责任制的意义是什么？

第二章
系统管理与基础档案设置

【知识目标】

- 理解用友 ERP-U8V10.1 系统管理中的主要功能
- 了解用友 ERP-U8V10.1 基础档案设置的主要内容
- 掌握会计科目设置的主要内容
- 了解企业应用平台的主要功能

【能力目标】

- 能熟练建立会计账套
- 能够设置操作员并授予相应的权限
- 会备份、恢复会计账套
- 能够熟练设置编码方案、数据精度
- 能准确设置部门、个人、供应商、客户、外币等基础信息

用友 ERP-U8V10.1 管理系统是由多个子系统构成的，各个子系统功能彼此独立，彼此之间紧密联系，共享数据，共用相同的基础信息。用友 ERP-U8V10.1 的企业应用平台，集合了软件的所有功能，可以实现系统基础数据的集中维护、各种信息的及时沟通、数据资源的有效利用等功能。

第一节 建立账套

【任务描述】

北京宏远科技有限责任公司从 2016 年 1 月 1 日起开始采用用友 ERP-U8V10.1 软件替代手工记账，为顺利实现从手工到电算化记账的交接，特收集北京宏远科技有限责任公司建账资料，如表 2-1 所示。

表 2-1 北京宏远科技有限责任公司账套基本信息

账套号	333
账套名称	北京宏远科技有限责任公司
启用会计期	2016 年 1 月 1 日
账套路径	D:\2016 年会计账套
单位名称	北京宏远科技有限责任公司
单位简称	北京宏远
单位域名	http://www.beijinghy.com
单位地址	北京市宏远路 100 号
法人代表	李云升
邮政编码	100000
联系电话及传真	12345678、23456789
电子邮件	Bjhy@163.com
税号	110105293499110
本币代码	RMB
企业类型	工业
行业性质	2007 年新会计制度科目
账套主管	陈明
按行业性质预设会计科目	按行业性质预设会计科目
基础信息	该企业有外币核算；需要对客户、供应商进行分类
编码方案	科目编码级次：4-2-2 其他科目编码级次采用默认值
数据精度	小数位定为 2
需要立即启用的模块	启用总账系统，启用时间为 2016 年 1 月 1 日

【任务分析】

手工记账转为电算化记账是一种大的变革，电算化的初始化过程十分复杂，建账过程中需要较多的企业基础信息，所以在建账之前需要对企业信息进行一次较全面的收集，这样才能保证企业建账的顺利进行。

【相关知识】

1. 账套的概念

账套是指一个独立、完整的数据集合，这个数据集合包括一整套独立、完整的系统控制参数、用户权限、基本档案、会计信息、账表查询等，是一个独立的数据库。一般来说，每一个独立核算的企业均可以在用友 ERP-U8V10.1 管理系统中建立一个账套，每个账套用于存放不同年度的会计数据，一般称其为年度账。不同账套之间的数据相互独立存在。

2. 账套管理的主要功能

对财务账套进行统一管理，可以进行创建账套、修改账套、账套备份及恢复等操作。

【任务实施】

（1）单击"开始"→"程序"→"用友 ERP-U8"→"系统服务"→"系统管理"命令，弹出系统管理窗口，单击"系统"→"注册"命令（或按组合键 Ctrl+R），将弹出如图 2-1 所示的系统管理注册对话框，然后按顺序填写对话框中各栏内容。

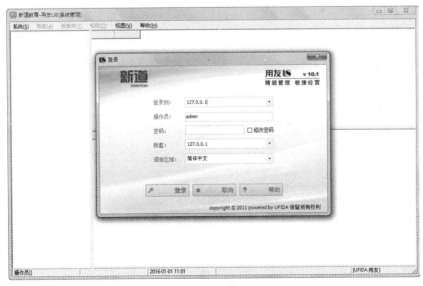

图 2-1 系统管理注册

登录到：点击下拉列表框选择服务器，如果服务器和客户端同装在一台计算机上，则选择本机器名称。

操作员：系统默认操作员为"admin"。

密码：第一次登录密码为空。

账套：选择"default"。

最后单击"确定"按钮。

（2）点击"确定"注册完毕后，选择"账套"→"建立"命令，如图2-2所示。

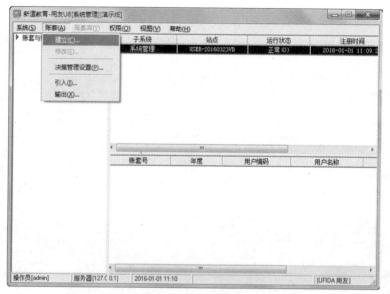

图2-2　建立新账套

（3）打开"创建账套"对话框，按照图2-3所示输入企业账套信息。

账套号：系统中已经存在的账套，只可查看。用友软件可以管理999个账套，每个账套号不可重复，编号从001~999。

账套名称：账套名称一般是使用该账套的单位名称，用于标识该账套所属的会计主体。账套名称将在输出凭证、账簿、报表等业务资料时使用，所以在此处应清楚输入该单位的全称，尤其在建有多个账套的软件环境中，如某财务公司，更应该把账套名称写清楚，以免混淆不清。

账套路径：新建账套文件的存储路径，一般财务软件提供了默认的账套存储路径，也可以更改路径，设置其他存储路径为账套的当前路径，但只可以是本地路径。

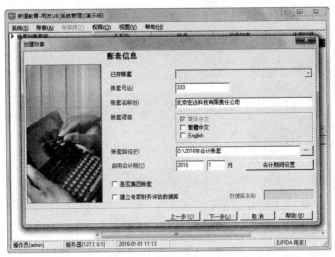

图 2-3 账套信息设置

启用会计期：会计分期又称会计期间，是指将一个企业持续经营的生产经营活动划分为一个个连续的、长短相同的期间。不同的会计主体可能有不同的会计期间划分。会计期间是为适应企业会计核算管理的要求，根据不同情况人为划定的会计分期，据以结算盈亏，按期编制财务会计报告，从而及时地向各方面提供有关的企业财务状况、经营成果和现金流量的信息。输入的新建账套启用日期，一经确定不可修改。初学者最好设置为年初。

（4）单击"下一步"按钮，弹出"单位信息"对话框，按照表 2-1 内容输入单位基本信息，如图 2-4 所示。

（5）单击"下一步"按钮，弹出如图 2-5 所示对话框，录入企业"核算类型"信息。

本币代码、本币名称：大多数企业一般以人民币（RMB）为记账本位币，但对于外币业务较多的企业，也可以某一种外币作为记账本位币。企业的记账本位币一经确定，就不能随意更改，因此要仔细确认输入的记账本位币代码和名称是否正确。

企业类型：单击下拉列表框选择和本企业相同或相近的类型。系统提供有工业、商业、医药流程三种类型。

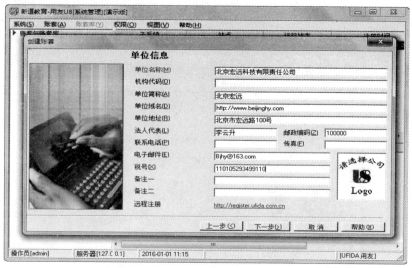

图 2-4 单位信息设置

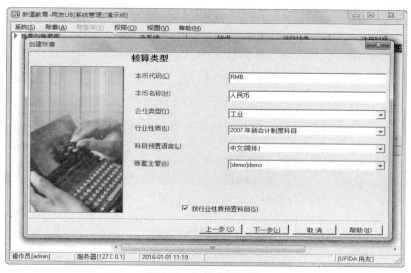

图 2-5 核算类型设置

行业性质：从下拉列表框中选择本单位所处的行业性质。它会影响软件系统内预置会计科目体系和报表格式等内容。这一设置的目的是使系统按照所指定行业的性质为该账套建立一套适合本单位的会计科目表，以减轻操作人员的工作量。若该企业所需要的会计科目与预设资料有差异，还可以通过修改预设的会计科目来达到适应单位会计核算管理的目的，在建账完成后，对会计科目进行相应增减或修改。在此选择了 2007 年新会计制度科目。我国财政部于 2006 年 2 月 15 日颁布了新企业会计准则和审计准则体系（包括 1 项基本准则、38 项具体准则和 48 项审计准则），2007 年 1 月 1 日起在上市公司中率先执行，其他企业鼓励执行，2007 年新会计制度科目就是此类科目。

科目预置语言：一般国内企业都使用中文（简体）。

账套主管：由于没有增加新用户，暂时使用"demo"为账套主管。

按行业性质预置科目：如果企业希望系统按照所选行业预置一般会计科目体系，则点击该选项前的方框，即出现符号"√"；如果企业不希望系统按所选行业预置科目时，则将项目前方复选框中的"√"去掉即可。

（6）单击"下一步"按钮，弹出"基础信息"对话框，按图 2-6 所示设置账套号为 333 的基础信息。

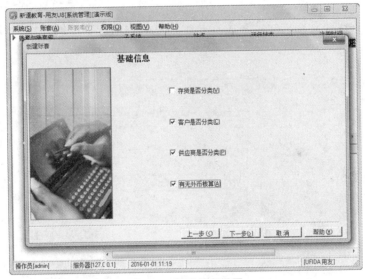

图 2-6　基础信息设置

存货是否分类：若单位存货量较多，而且种类较复杂，可以选中该复选框，表示对存货进行分类管理；如果单位的存货较少且类别单一，也可以选择不进行存货分类。需要注意的是，如果选择了存货要分类，那么在进行基础信息设置时，必须先设置存货分类，然后才能设置存货档案；如果选择了不分类，那么在进行基础信息设置时，可以直接设置存货档案。

客户是否分类：如果单位客户较多，且希望分类管理，可选中对应的复选框，表明要对客户进行分类管理；如果单位客户较少，也可以选择不进行客户分类。注意：如果选择了客户分类，那么在进行基础信息设置时，必须先设置客户分类，然后才能设置客户档案；如果客户不分类，那么在进行基础信息设置时，可以直接设置客户档案。

供应商是否分类：如果单位供应商较多，且希望分类管理，可选中对应的复选框，表明要对供应商进行分类管理；如果单位供应商较少，也可以选择不进行供应商分类。注意：如果选择了供应商分类，那么在进行基础信息设置时，必须先设置供应商分类，然后才能设置供应商档案；如果供应商不分类，那么在进行基础信息设置时，可以直接设置供应商档案。

有无外币核算：如果单位有外币核算业务，可选中对应的复选框；否则，可以不设置。

（7）单击"完成"按钮，弹出如图 2-7 所示的对话框。若要创建账套，则单击"是"按钮，开始创建账套文件。根据计算机的性能不同，建账过程的时间不等。

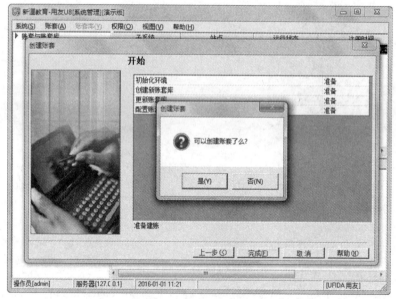

图 2-7　选择是否创建账套

（8）经过一段时间的建账后，将弹出如图 2-8 所示的"编码方案"对话框，这是由系统预先设置的编码方案。

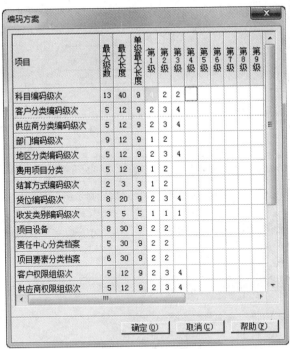

图 2-8 编码方案

计算机处理内部信息时，主要是对会计科目编码进行处理，而并非对会计科目进行处理，因此正确设置会计科目编码规则对会计电算化系统来说是非常重要的。

会计科目结构是树形分支结构，按照分支所处的位置分级管理。最上面的是一级科目，逐级向下设置明细科目，最后设置的则为最低级明细科目。会计科目由科目编码和科目名称两部分组成。其中，科目编码最大级数为 9 级，单级最大长度为 15 位。科目编码只能由数字组成。科目名称可以由汉字或字符构成，最大 40 个字符或 20 个汉字。用户可以根据实际业务需要来设置科目编码级数和各级编码的长度。我国国内新会计制度一般都将一级科目编码的长度定为 4 位。例如，某企业会计科目编码规则为 4-2-2，则科目级次为三级，一级科目编码为 4位，二级、三级科目编码均为 2 位，如图 2-9 所示。

用友 ERP-U8 软件为了方便用户进行分级管理、核算，对财务账套中的基础数据进行了分级设置。可分级设置的内容包括科目编码、客户分类、供应商分类等，本书对科目编码规定为 4-2-2，表示一级科目编码为 4 位，二级、三级科目编码为 2 位，其他的编码级次均采用默认值。

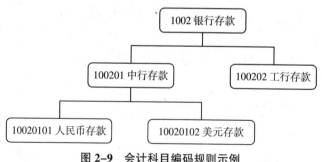

图 2-9　会计科目编码规则示例

（9）单击"确定"按钮，弹出如图 2-10 所示的"数据精度"对话框，设置数据精度。

图 2-10　数据精度设置

数据精度是用于确定数据的小数位数。在会计电算化系统中，由于各单位对单价、数量等的核算精度要求不一致，因此对金额、数量等要求保留的小数位数进行定义，以保证数据段精确度。对大多数企业而言，保留 2 位小数是可以接受的，所以本书中数据精度均采用默认值 2。

（10）单击"确定"按钮完成账套创建工作，会弹出如图 2-11 所示窗口，询问用户是否立即启用系统。

（11）单击"是"按钮，弹出如图 2-12 所示"系统启用"窗口。选中总账的复选框以启用总账系统，启用时间为 2016 年 1 月 1 日。

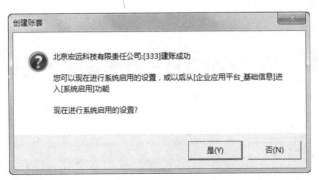

图 2-11　是否启用账套

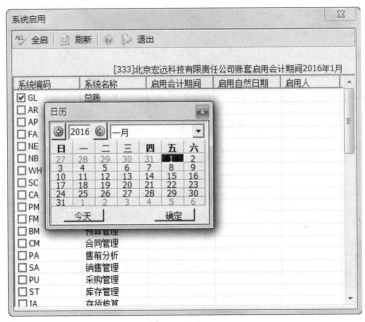

图 2-12　系统启用

　　启用何种系统需要提前规划，只能启用已安装系统中的子系统，不能够启用没有安装的子系统。使用上述类似的方法可以启用其他子系统，UFO 报表系统不需要设置启用。

第二节 增加用户及操作员权限设置

根据《会计电算化工作规范》的规定，开展会计电算化的单位应根据工作需要，建立、健全包括会计电算化岗位责任制、会计电算化操作管理制度等，以保证会计电算化工作的顺利开展。建立会计电算化岗位责任制，明确每个工作岗位的职责范围，目的是发挥会计的监督职能，对不相容的职务应分离与牵制，对重要事项应监督和制约。

会计电算化岗位包括直接管理、操作、维护计算机及会计软件系统的工作岗位。会计电算化岗位分工是指设置允许使用财务软件的操作人员的姓名并规定其操作权限。会计电算化岗位及其权限设置一般在系统初始化时完成，平时可根据人员的变动进行相应调整。账套新建完成后，就需要及时设置用户并对用户的权限进行分配。

【任务描述】

增加如表 2-2 所示的北京宏远科技有限责任公司操作员信息，设置操作员相应权限。

表 2-2 北京宏远科技有限责任公司操作员一览表

编号	姓名	口令	所属部门	权限
301	陈明	1	财务部	账套主管
302	李伟	2	财务部	总账中"出纳签字"权限及"出纳"所有权限
303	张强	3	财务部	总账中除"审核凭证"、"记账"、"恢复记账前状态"之外的全部权限； 具有"AP 应付款管理"、"AR 应收款管理"、"AS 公用目录设置"、"FA 固定资产管理"、"WA 薪资管理"的全部权限

【任务分析】

为了明确不同操作人员的责任，在用友财务软件中，每个用户都拥有不同的权限。例如，第一节中用到的 admin 和 demo，分别表示为系统管理员和账套主管。除了这两个权限外，财务软件提供了更多的岗位设置和权限设置，诸如会计主管、总账会计、出纳等岗位。这些操作员的账号、权限需要由系统管理员或账套主管进行分配管理。

用友 U8 的所有子系统的权限全部集中在系统管理和基础设置中进行定义管理。用友 U8 提供了三种权限管理，包括功能级别的权限管理、数据级别的权限管理及金额级别的权限管理。

【相关知识】

用户权限设置是按照会计内部控制制度的要求，对所设立的用户进行权限分配，确定用户对账套数据的处理权限以及操作范围。其目的是实行必要的财务分工，满足内部控制的要求。用户权限设置是保证数据安全的最好途径。

《会计电算化工作规范》中明确规定上机操作人员对会计软件的操作工作内容和权限，杜绝未经授权的人员操作会计软件。《会计核算软件基本功能规范》也规定了为保证会计数据的安全，会计软件应具有防止非操作人员擅自使用的功能和对指定操作人员实行使用权限控制的功能。

授权时首先要确定用户授权范围。用户授权范围是指该用户的操作权限所能作用的范围。给用户授权的是系统管理员，因此系统管理员授予用户权限时一定要十分谨慎。在权限分配时应特别注意不相容职务的职权应明确，相互牵制与分离，如记账人员与经济业务事项、会计事项的涉及人员。

在用友财务软件中分别设置了系统管理员和账套主管，将用户设置为账套主管后，账套主管将自动拥有对这一账套的全部操作权限。同时用友软件允许一个账套设置多名账套主管。

【任务实施】

（1）在"系统管理"窗口中，单击"权限"→"用户"命令，如图 2-13 所示。弹出"用户管理"对话框，如图 2-14 所示。

（2）单击"增加"按钮，弹出"操作员详细情况"对话框，输入编号、姓名、口令等项目，如图 2-15 所示，然后按照各栏要求填写相应内容。

编号：编号是操作员的唯一标识，不同用户的编号不能相同。编号可以由数字、字母组合而成。

姓名：姓名是指进行电算化系统的操作人员的名称，属于必须输入的项目，应为操作人员的真实姓名，因为它将作为操作人员对系统进行操作的证据。如在会计凭证上的制单人签字等。

图 2-13 增加用户

图 2-14 用户管理

认证方式：系统提供了三种认证方式，通常使用"用户+口令（传统）"的方式进行认证。

口令、确认口令：即用户密码，是用户进行系统登录时的初始密码。为保证系统的安全，最好设置这项内容且必须牢记。进入系统后，用户还可以再次修改密码，同时用友软件允许使用空密码。

（3）设置好以上参数后，单击"增加"按钮，即在系统中添加了操作员陈明

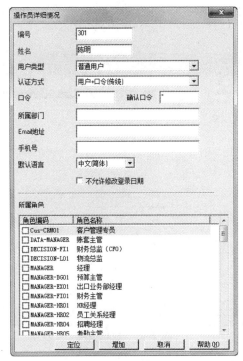

图 2–15　操作员详细情况

的信息。

（4）以类似的方法，再添加操作员李伟及张强。

（5）将操作员增加完成后，单击"取消"按钮退出，返回到"用户管理"窗口，就可以看到新添加的两个操作员的信息。

（6）在"用户管理"窗口中，单击"权限"→"权限"命令，如图 2–16 所示。

（7）单击"操作员权限"窗口的右上方"账套主管"，下拉列表框选择要分配权限的 333 号账套，账套所在年度为 2012 年，再在窗口左侧列表框中选择操作员"陈明"，选中右上方"账套主管"项目前的复选框，弹出如图 2–17 所示的提示对话框，单击"是"按钮，则该操作员即具有该年度账套所有子系统的操作权限。

（8）设置"李伟"的操作权限。在"操作员权限"窗口的左侧列表框中选择操作员"李伟"，单击"修改"按钮，在右侧窗口选中相应权限前的复选框，如图 2–18 所示。

图 2-16 权限设置

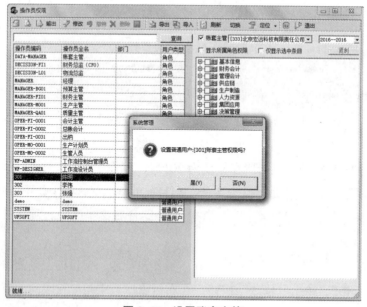

图 2-17 设置账套主管

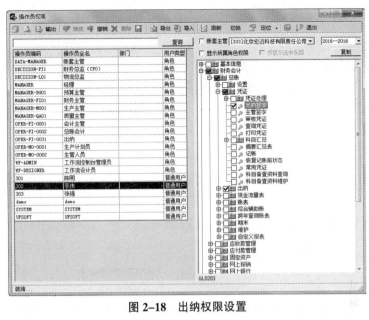

图 2-18　出纳权限设置

（9）设置"张强"的操作权限。在"操作员权限"窗口的左侧列表框中选择操作员"张强"，单击"修改"按钮，在右侧窗口选中相应权限前的复选框，如图 2-19 所示。

图 2-19　会计权限设置

（10）单击"保存"按钮后退出。

第三节　账套备份与恢复

【任务描述】

　　将已创建的 333 号账套备份到指定的文件夹中，并练习使用备份账套对数据进行恢复。

【任务分析】

　　将企业资料备份保存到不同介质（如硬盘、光盘、网盘等）上是非常重要的，因为当遇到不可抗力的原因如地震、火灾等，使软件或数据损坏，那备份的资料就有可能会使企业的损失降到最低。企业应做好备份工作，如将备份的资料复制到不同地点的不同机器上进行保存，年度资料须刻录光盘进行保存等。

【任务实施】

　　（1）在"用户管理"窗口中，单击"账套"→"输出"命令，如图 2-20 所示。

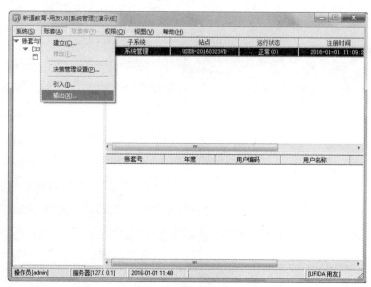

图 2-20　账套输出 1

　　（2）在弹出的"账套输出"对话框中，单击"账套号"，下拉列表框选择目标账套号"333",如图 2-21 所示。

图 2-21 账套输出 2

(3)单击"确认"按钮,系统开始生成备份文件。文件生成后系统提示选择保存路径,选择并确认路径后,即可完成账套备份。

(4)在"系统管理"窗口,单击"账套"→"引入"命令,如图 2-22 所示。

图 2-22 账套引入

（5）在弹出的"请选择账套备份文件"对话框中，选择将要引入的账套数据，单击"确定"按钮，如图 2-23 所示，系统会自动将账套数据引入到系统中，即可完成账套恢复。

图 2-23　选择备份路径

第四节　基础档案设置

在"企业应用平台"的"基础设置"选项卡中，展开"基础档案"菜单，在此可以分别对部门档案、人员类别、人员档案、供应商和客户档案、计量单位组、计量单位和存货档案、会计科目、凭证类别、项目目录、结算方式等信息进行设置。

一、部门档案设置

【任务描述】

设置如表 2-3 所示的北京宏远科技有限责任公司的部门档案。

表 2-3　部门档案

编　号	名　称	部门属性
1	综合部	管理兼技术
101	经理办公室	管理
102	财务部	财务
103	总务部	库房
2	生产科	生产
201	加工车间	基本生产
202	辅助车间	辅助生产
3	供销科	供销
301	供应部	供应
302	销售部	销售

【任务分析】

　　部门是指在核算单位管辖下的具体有财务核算或业务管理要求的单元体，它不一定是实际中的部门机构，如果该部门不进行财务核算或业务管理，可以不在系统中设置该部门档案。部门档案信息包括部门编码、名称、负责人和部门属性等信息。

　　在设置部门档案时，部门负责人数据暂时不用设置，等职员数据设置完成后再返回到此补充即可。如果在此发现编码方案不适合，可以在部门档案数据为空时修改部门编码方案。

【任务实施】

　　（1）使用"301 陈明"的权限，弹出"企业应用平台"对话框，点击窗口左下角的"基础设置"选项，在"设置"选项卡中，单击"基础档案"→"机构人员"→"部门档案"命令，系统弹出"部门档案"设置窗口，如图 2-24 所示。

　　（2）在"部门档案"窗口中，单击"增加"按钮，即可在编辑区内输入相关部门信息，输入完毕，单击"保存"按钮，系统自动将录入的部门编号及名称显示在左上方的区域内，如图 2-24 所示。用类似的方法，把表 2-3 中的各部门信息逐个进行录入。

　　（3）录入完成后，关闭窗口即可。

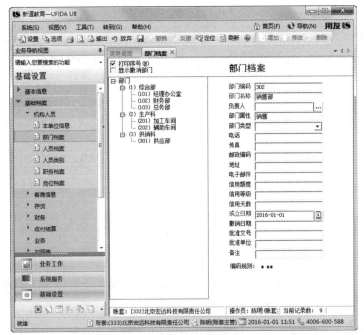

图 2-24　部门档案设置

【要点提示】

修改部门数据：只要在"部门档案"窗口的左侧单击选中某一个部门，选中信息将显示在右边的窗口中，单击工具栏中的"修改"按钮，可对其进行修改，但是部门编码不能修改。

删除部门数据：在"部门档案"窗口的左侧单击选择要删除的部门，单击工具栏中的"删除"按钮，即可删除，但是已经使用的部门不可删除。

二、人员类别设置

【任务描述】

设置如表 2-4 所示的北京宏远科技有限责任公司的人员类别。

表 2-4　人员类别设置

档案编码	档案名称
1011	企业管理人员
1012	车间管理人员
1013	基本生产人员
1014	销售人员

【任务分析】

人员分类原则一般按照员工所在岗位来划分。如表 2-4 所示内容，即北京宏远科技有限责任公司人员的类别设置。

【任务实施】

（1）在企业门户窗口中，双击"基础档案"选项，打开"基础档案"对话框，单击"机构人员"，选择"人员类别"命令，弹出"人员类别"设置窗口。

（2）在"人员类别"窗口中，选择"正式工"，单击"增加"按钮，录入相关信息后，单击"确定"系统保存录入信息。

（3）用类似的方法，把表 2-4 中的各人员类别信息逐个录入，如图 2-25 所示。

图 2-25 人员类别增加

（4）录入完成后，关闭窗口即可。

三、人员档案设置

【任务描述】

设置如表 2-5 所示的北京宏远科技有限责任公司的人员档案。

表 2-5 人员档案

序号	编号	姓名	所属部门	职员属性	职员类别
1	101	李云生	经理办公室	负责人	企业管理人员
2	102	李丽	经理办公室	厂办秘书	企业管理人员
3	103	陈明	财务室	会计主管	企业管理人员
4	104	李伟	财务室	出纳	企业管理人员
5	105	张强	财务室	会计	企业管理人员

序号	编号	姓名	所属部门	职员属性	职员类别
6	106	刘英	总务室	保管员	企业管理人员
7	201	李明	加工生产车间	车间工人	基本生产人员
8	202	王维	辅助车间	车间工人	基本生产人员
9	301	王涛	销售部	组长	销售人员
10	302	刘伟	供应部	负责人	销售人员

【任务分析】

人员档案主要用于记录本单位的人员，包括人员编号、姓名、所属部门、职员属性和职员类别等。不需要将单位所有员工的信息都录入到系统中，一般只需要将与会计核算有关的人员档案录入即可。例如，各部门的普通员工、生产车间工人的信息都可以不录入。

人员编号具有唯一性，人员姓名可以重复。

职员类别中的"是否业务员"，是指此人员是否可操作 U8 其他的业务产品，如总账、库存等，只有勾选了此项，才能在做各种出入库单据、收付款处理等业务时作为业务员被选入。当该人员为业务员时，系统提示设置该业务员的"生效日期"、"失效日期"、"业务或费用部门"、"信用天数"、"信用额度"和"信用等级"等选项。

【任务实施】

（1）在企业应用平台的"设置"选项卡中，执行"基础档案"→"机构人员"→"人员档案"命令，弹出"人员列表"设置窗口

（2）单击"增加"按钮，弹出"人员列表"录入界面。

（3）在左侧窗口中，选择员工所属部门，然后单击"增加"按钮，如图 2-26 所示，即可录入人员档案信息。

（4）录入完成后点击"保存"按钮即完成操作。

（5）用类似的方法，完成其他人员档案的录入，操作完成后，录入的信息即显示在窗口右侧，如图 2-27 所示。

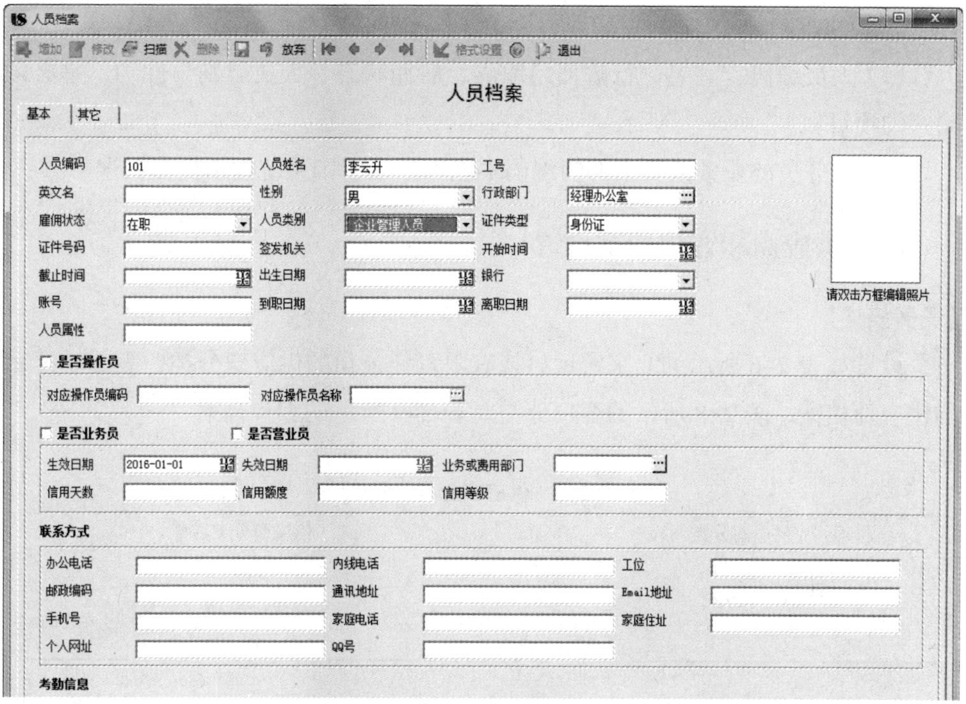

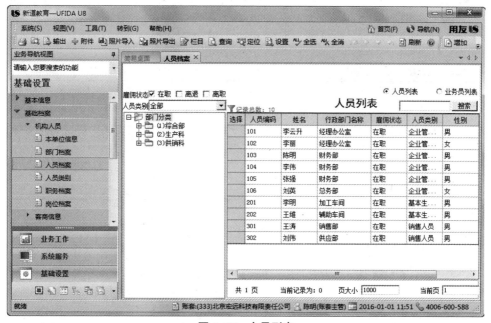

图 2-26 人员档案

图 2-27 人员列表

【要点提示】

（1）人员编码、姓名、行政部门编码、雇佣状态、人员类别、性别，是必须输入的项目。

（2）业务员的业务或费用部门编码不能为空，否则系统提示操作错误。

四、供应商和客户档案设置

【任务描述】

设置如表 2-6 所示的北京宏远科技有限责任公司的供应商分类，表 2-7 所示的供应商档案，表 2-8 所示的客户分类及表 2-9 所示的客户档案。

表 2-6 供应商分类一览表

供应商分类编码	供应商分类名称
01	工业企业
02	商业企业
03	其他企业

表 2-7 供应商档案一览表

编号	名称	简称	分类	税号	开户行	账号
001	北京第一化工厂	京化	01	0108765424512	工行北京支行	01075315
002	天津模具厂	天模	01	0229145412085	工行天津支行	02213458
003	北京电子芯片厂	京芯	03	0101547122974	工行北京支行	01047895
004	北京中关村市场	中关	02	0104896245752	农行北京支行	01074829

表 2-8 客户分类一览表

客户分类编码	客户分类名称
01	工业企业
02	商业企业
03	其他企业

表 2-9 客户档案一览表

客户编码	客户名称	客户简称	分类编码	税号	开户行	账号
001	石家庄轴承厂	石轴	01	0311487564986	工行石家庄支行	03114586
002	北京塑钢门窗厂	京钢	01	0107102335456	工行北京支行	01063458
003	天津航空公司	津航	03	0223338129478	建行天津支行	02254323
004	北京朔日公司	朔日	03	1010957748220	农行北京支行	01058592

【任务分析】

供应商和客户是企业的往来单位，为了便于对业务数据进行统计、分析，企业可以根据自身管理需要对供应商和客户进行分类管理。

1. 分类

往来单位按用户单位的对象不同，可分为供应商和客户。供应商是用户单位的采购对象，供应商往来款项应由应付账款子系统进行核算。客户是用户单位的销售对象，客户往来款项应由应收款项子系统进行核算。

2. 设置往来单位内容

往来单位档案内容包括往来单位代码、名称、地址、电话、邮编和联系人等信息。

【任务实施】

（1）在企业应用平台"设置"选项卡中，执行"基础档案"→"机构人员"→"客商信息"→"供应商档案"命令，弹出"供应商档案"设置窗口，单击"增加"按钮后即可进入"增加供应商档案"的窗口，如图2-28所示。

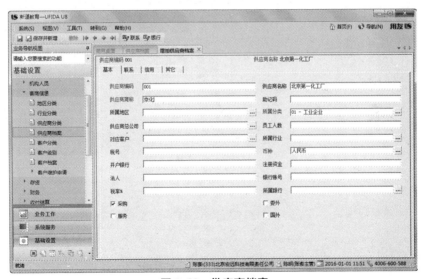

图2-28 供应商档案

（2）录入供应商档案信息，点击"保存"按钮。

（3）用类似的方法，完成其他供应商档案的录入，操作完成后，录入的项目即可显示在"供应商分类"窗口的右侧，如图2-29所示。

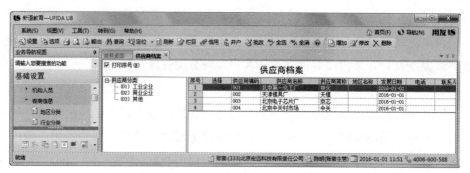

图 2-29　供应商档案汇总

　　(4) 执行"基础档案"→"机构人员"→"客商信息"→"客户分类"命令，弹出"客户分类"设置窗口，单击"增加"按钮后即可进行客户分类设置，如图 2-30 所示。

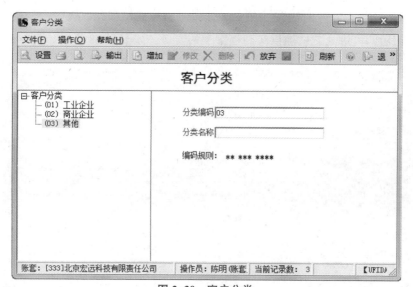

图 2-30　客户分类

　　(5) 录入客户分类信息，点击"保存"按钮，重复上述操作，完成其他客户分类情况的设置，操作完成后，设置的项目即显示在窗口左侧。

　　(6) 执行"基础档案"→"机构人员"→"客商信息"→"客户档案"命令，弹出"客户档案"，设置窗口，单击"增加"按钮后即进入"增加客户档案"窗口，如图 2-31 所示。

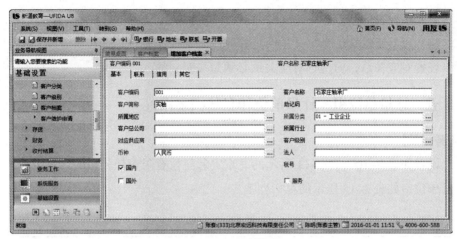

图 2-31 客户档案

（7）录入客户档案信息，点击"保存"按钮。

（8）用类似的方法，完成其他客户档案的录入，操作完成后，录入的项目即显示在"客户分类"窗口的右侧，如图 2-32 所示。

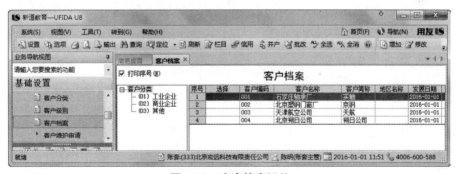

图 2-32 客户档案汇总

【要点提示】

（1）一般而言，如果在创建账套的过程中设置基础信息时选择了对客户及供应商进行分类管理，则必须首先建立客户及供应商分类，然后再进行增加客户及供应商档案的操作。如果不进行分类管理，可以直接建立客户及供应商档案。

（2）供应商档案主要用于设置往来供应商的信息，它是会计科目设置中供应商往来核算辅助账设置的基础。

（3）客户档案主要用于设置往来客户的信息，它是会计科目设置中客户往来核算辅助账设置的基础。

（4）为了处理既是客户又是供应商的往来单位，客户档案和供应商档案记录可以设置对应关系，但这种对应关系必须是一对一的。

五、计量单位组、计量单位和存货档案设置

【任务描述】

设置如表 2-10、表 2-11 所示的北京宏远科技有限责任公司的计量单位组及计量单位，如表 2-12 所示的存货档案。

表 2-10　计量单位组

计量单位组编码	计量单位组名称	计量单位组类别
001	重量	无换算
002	数量	固定换算率

表 2-11　计量单位

计量单位编码	计量单位名称	计量单位组编码	主计量单位标志	换算率
01	千克	001	是	1.00
02	件	001		
03	次	002		

表 2-12　存货档案表

存货编码	存货名称	计量单位组	主计量单位名称
01	甲材料	重量	千克
02	乙材料	重量	千克
03	A 产品	重量	件
04	B 产品	重量	件
05	其他	重量	次

【任务分析】

1. 计量单位组设置

计量单位组分无换算、浮动换算、固定换算三种类别，每个计量单位组中有一个主计量单位、多个辅助计量单位，可以设置主辅计量单位之间的换算率，还可以设置采购、销售、库存和成本系统所默认的计量单位。

设置为固定换算率时，可以选择的计量单位组中才可以包含两个（不包括两个）以上的计量单位，且每一个辅计量单位对主计量单位的换算率不为空。此时

需要将该计量单位组中的主计量单位显示在存货卡片界面上。

设置为浮动换算率时，必须并且只能设置两个换算单位，这两个单位之间的换算率可能会在不同的业务交易中有不同的换算率。

2. 计量单位设置

计量单位组设置完成后，选择要设置计量单位的单位组，单击"增加"按钮，进行单位组下的计量单位设置。

输入唯一的"计量单位编码"、"计量单位名称"、"换算率"和"条形码编码"，带"*"为必输项。换算率是指辅计量单位和计量单位之间的换算比。如一块砖为 13 千克，则 13 就是辅计量单位块和计量单位千克之间的换算比。

3. 存货管理

存货是企业重要的流动资产，为了便于对存货进行数量管制、实物管理和业务数据的统计和分析，企业可以根据自身对存货的管理要求对存货进行分类管理。

【任务实施】

（1）在企业应用平台"设置"选项卡中，执行"基础档案"→"存货"→"计量单位"命令，弹出"计量单位组"窗口。

（2）单击"增加"按钮后即可进行计量单位组设置，如图 2-33 所示。

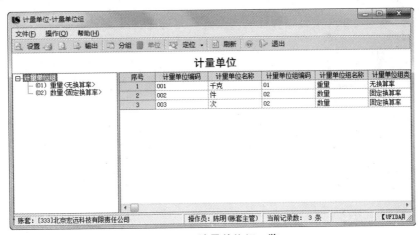

图 2-33 计量单位组一览

（3）设置完毕后，点击"保存"按钮，即完成计量单位组的设置。

（4）单击"单位"按钮，弹出"计量单位"对话框，点击"增加"按钮后即可进行计量单位设置。

（5）执行"基础档案"→"存货"→"存货档案"命令，弹出"存货档案"设置窗口，选择存货分类的最末级，单击"增加"按钮后即可进行增加存货档案的设置，如图 2-34 所示。

图 2-34 存货档案汇总表

（6）每一存货档案设置完成后，点击"保存"按钮，即可完成一种存货档案的设置操作。重复上述操作过程，即可完成所有存货档案的设置操作。

六、会计科目设置

【任务描述】

根据北京宏远科技有限责任公司会计科目的需要情况，设置如表 2-13 所示的会计科目。

表 2-13 会计科目一览表

科目编码	科目名称	辅助账类型	受控系统	计量单位/币种
1001	库存现金	日记账		
1002	银行存款			
100201	工行存款	日记账、银行账		
100202	外币存款			美元
1121	应收票据	客户往来	应收系统	
1122	应收账款	客户往来	应收系统	
1123	预付账款	供应商往来	应付系统	
1221	其他应收款	个人往来		
140301	甲材料	数量核算		千克
140302	乙材料	数量核算		千克
140501	A 产品	数量核算		件
14502	B 产品	数量核算		件

科目编码	科目名称	辅助账类型	受控系统	计量单位/币种
2201	应付票据	供应商往来	应付系统	
2202	应付账款	供应商往来	应付系统	
2203	预收账款	客户往来	应收系统	
221101	工资			
221102	职工福利			
222101	应交增值税			
22210101	进项税额			
22210102	销项税额			
660201	工资			
660202	折旧费			
660209	其他			

【任务分析】

会计科目是会计要素的具体化，是填制凭证、登记账簿、编制会计报表的基础。设置会计科目是会计核算方法之一，用户根据本企业会计核算和会计管理的需要在总账初始化中设置会计科目。会计科目在设置时要考虑其完整性、科学性和扩展性需求。

【相关知识】

1. 设置会计科目的相关内容

设置会计科目时主要涉及以下内容：

（1）科目编码。为了方便计算机识别和处理会计数据，需要对每一个会计科目进行编码，通常只用数字表示。科目编码是整个会计电算化系统处理的核心内容。在会计电算化系统中，计算机只以科目编码来识别账户，系统的全部数据处理都围绕着科目编码来进行。科目编码必须按其级次的先后顺序建立。

（2）助记码。助记码是用于帮助记忆会计科目的编码，一般用会计科目的汉语拼音的第一个字母组成。录入凭证时，为了提高会计科目录入的速度可以用助记码来帮忙录入，以提高用户的工作效率。

（3）科目名称。科目名称是对会计对象的具体内容进行分类核算的名称。会计科目名称必须根据会计准则和行业会计制度的规定设置和使用。一般用中文名称，一部分通用财务软件也用英文名称。在对科目名称命名时只需命名本级科目，不需加上级科目名称。用友财务软件中的科目中文名称最多可输入10个汉字, 科目英文名称最多可输入 100 个英文字母。科目中文名称和英文名称至少要输入一个。

(4) 余额方向。余额方向表明了会计科目的性质。会计科目的性质是指在正常业务情况下, 科目余额所在的方向。一般情况下, 资产类账户的余额在借方, 负债类和所有者权益类账户的余额在贷方, 成本类账户的余额在借方。在实际设置中可以根据实际需要调整会计科目的余额方向。

(5) 账页格式。在有些通用财务软件中还提供了账页格式功能。账页格式是指科目开设账簿的明细账格式, 是定义该科目在账簿打印时的默认打印格式。在用友财务软件中, 系统还提供了外币金额式、数量金额式、外币数量式、金额式等四种账页格式供选择。一般情况下, 有外币核算的科目可设为外币金额式, 有数量核算的科目可设为数量金额式, 既有外币又有数量核算的科目可设为外币数量式, 既无外币又无数量核算的科目可设为金额式。

(6) 外币核算。外币核算用于指定进行外币核算的外币种类, 以及对核算外币进行选择。系统在处理核算外币的会计科目时, 会自动默认在"货币处理"或"外币设置"功能中输入的汇率, 用户也可以根据实际情况对外币汇率进行修改。

(7) 数量核算。数量核算用于设定该科目是否有数量核算, 以及数量计量单位。计量单位可以是任何汉字或字符。

(8) 辅助核算。辅助核算也叫辅助账类, 用于说明本科目是否有其他核算要求。系统除完成一般的总账、明细账核算外, 还提供部门核算、往来单位核算、职员核算等多种核算功能供用户选择。

2. 设置会计科目的原则

设置会计科目时必须遵循以下原则:

(1) 必须按照会计核算的具体内容进行分类。财务软件的会计科目对采用新会计制度的企业会计而言一般分为六类, 即资产类、负债类、所有者权益类、成本类、损益类和共同类; 对行政事业单位而言一般可分为五类, 即资产类、负债类、净资产类、收入类、支出类。这样的分类方式方便系统进行相应的会计内容的核算。

(2) 必须满足财务会计报告编制的要求。凡是会计报表中所用的数据, 要从总账系统中取数的, 必须设置相应的会计科目。

(3) 必须满足会计核算的要求。在会计核算时所能用到资产类、负债类、所有者权益类等的各类会计科目中可能用到的各级常用的明细科目均要求设置。

(4) 必须保持科目与科目之间的协调性和体系完整性。既要设置总账科目，又要设置明细科目，这样才能总括和详细地提供会计核算资料。

(5) 必须保持会计科目的相对稳定。如果会计科目在本年中已经使用，则不能删除，不能再增设下一级明细科目。

(6) 要考虑与其他子系统相衔接。在会计电算化系统中，只有末级科目才允许输入期初余额、发生额等金额。也只有末级科目才能接收其他子系统转入的数据，因此要将其他子系统中的核算科目设置为末级科目。

【任务实施】

(1) 在企业应用平台“设置”选项卡中，执行“基础档案”→“财务”→“会计科目”命令，弹出“会计科目”设置窗口，如图 2-35 所示。在该窗口中，可对各类各级会计科目进行增加、删除、修改等操作。

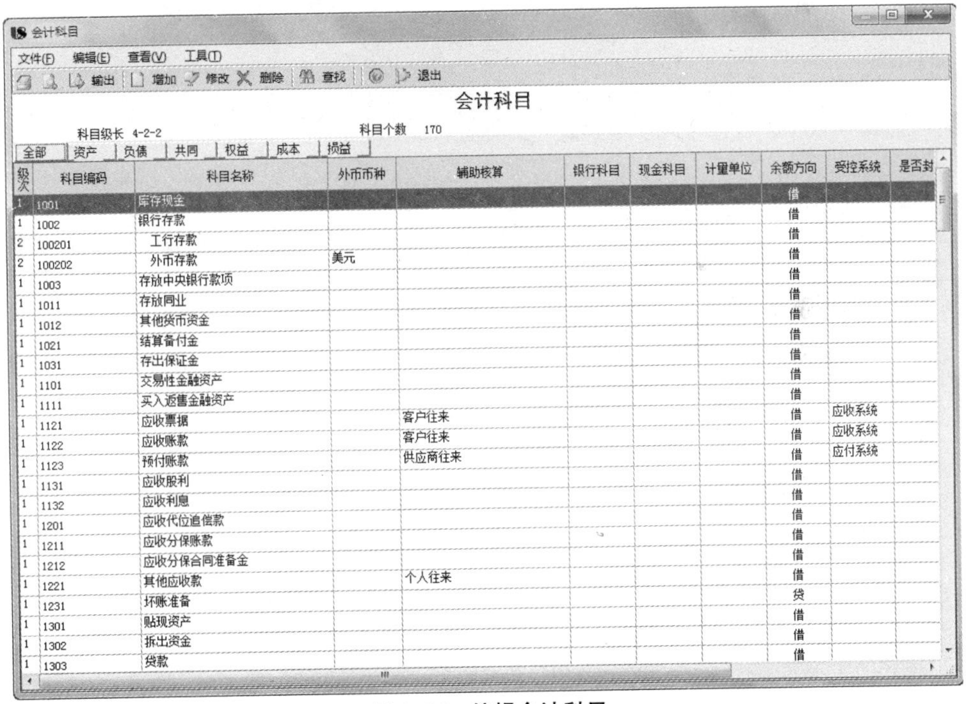

级次	科目编码	科目名称	外币币种	辅助核算	银行科目	现金科目	计量单位	余额方向	受控系统	是否封
1	1001	库存现金						借		
1	1002	银行存款						借		
2	100201	工行存款						借		
2	100202	外币存款	美元					借		
1	1003	存放中央银行款项						借		
1	1011	存放同业						借		
1	1012	其他货币资金						借		
1	1021	结算备付金						借		
1	1031	存出保证金						借		
1	1101	交易性金融资产						借		
1	1111	买入返售金融资产						借		
1	1121	应收票据		客户往来				借	应收系统	
1	1122	应收账款		客户往来				借	应收系统	
1	1123	预付账款		供应商往来				借	应付系统	
1	1131	应收股利						借		
1	1132	应收利息						借		
1	1201	应收代位追偿款						借		
1	1211	应收分保账款						借		
1	1212	应收分保合同准备金						借		
1	1221	其他应收款		个人往来				借		
1	1231	坏账准备						贷		
1	1301	贴现资产						借		
1	1302	拆出资金						借		
1	1303	贷款						借		

图 2-35　编辑会计科目

(2) 在“会计科目”窗口中单击“增加”按钮，弹出“新增会计科目”对话框，如图 2-36 所示。用户需要在对话框中录入科目编码、科目名称等。相关信息录入完毕后，单击"确定"按钮，系统自动按科目编码顺序保存增加的会计科目。

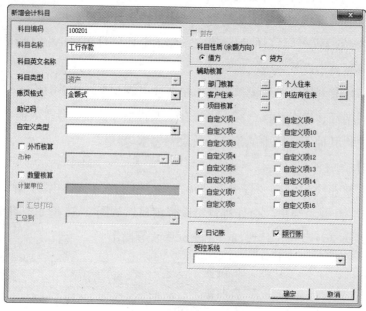

图 2-36　新增会计科目

（3）指定科目。在"会计科目"窗口执行"编辑"→"指定科目"命令，弹出"指定科目"对话框，如图 2-37 所示。通过窗口右侧的功能键完成单个或全

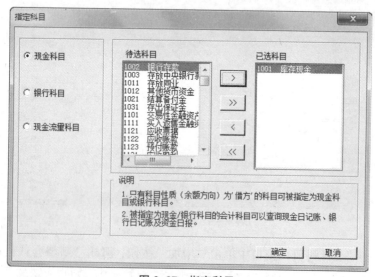

图 2-37　指定科目

部科目的选择或删除的操作过程，选定科目后，单击窗口右下角"确定"按钮，即可完成指定科目的操作。

【要点提示】

（1）增加或修改会计科目时，需要对会计科目是否设有外币核算、数量核算或辅助核算进行选择，若有核算要求，则选中对应的复选框。若选中"外币核算"，则需要利用下拉列表进行币种选择的操作；若选中"数量核算"，需要输入"计量单位"。增加的会计科目性质通常由系统根据录入的科目编码进行判断，若增加的是明细科目，则系统根据总账科目自行判断，用户不能修改。

（2）非末级会计科目、已经使用过的会计科目不能再修改科目编码；若需要对已经录入了期初余额的会计科目进行修改，必须首先回到"余额录入"窗口将余额清零后，再回到"会计科目"窗口对科目进行修改。

（3）系统规定只有在指定科目后，出纳签字功能才能执行，从而实现现金、银行存款管理的保密性。一般在指定科目之前，应该将现金科目设置为日记账，银行存款科目设置为银行账和日记账。

（4）会计科目的设置内容会对项目管理、凭证类别的选择及期初余额的录入产生影响，所以一般需要在这些项目录入之前进行设置。

七、凭证类别设置

【任务描述】

设置北京宏远科技有限责任公司的凭证类别，分别为收款凭证、付款凭证、转账凭证，如表 2-14 所示。

表 2-14　凭证类别一览表

类型	限制类型	限制科目
收款凭证	借方必有	1001，100201，100202
付款凭证	贷方必有	1001，100201，100202
转账凭证	凭证必无	1001，100201，100202

【任务分析】

填制凭证是企业日常会计业务处理的重要组成部分，填制凭证时需要进行凭证类别的选择，所以在填制凭证之前首先必须进行凭证类别的设置。每个单位可以根据自己的记账习惯来设置以下凭证类型。

（1）不再细分类型，只设记账凭证。

（2）将记账凭证分为3类：收款凭证、付款凭证、转账凭证。

（3）将记账凭证分为3类：现金凭证、银行凭证、转账凭证。

（4）将记账凭证分为5类：现金收款凭证、现金付款凭证、银行收款凭证、银行付款凭证、转账凭证。

（5）自定义凭证类型。

【任务实施】

（1）在企业应用平台"设置"选项卡中，执行"基础档案"→"财务"→"凭证类别"命令，弹出"凭证类别预置"窗口，如图2-38所示。

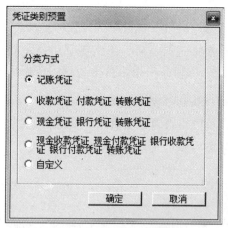

图2-38　凭证类别预置

（2）系统提供了五种凭证类别设置方案，用户可根据本企业自身需要进行选择。一般除选择凭证类别为"记账凭证"外，其他各种设置必须在会计科目设置完成之后进行。

（3）在"凭证类别预置"窗口中选择将凭证分为收款凭证、付款凭证、转账凭证，点击"确定"按钮后弹出"凭证类别"对话框，如图2-39所示，进行凭证类别的详细设置。

（4）凭证类别的详细设置应根据每类凭证的特点选择"限制类型"和"限制科目"。系统提供无限制、借方必有、贷方必有、凭证必无、凭证必有、借方必无、贷方必无等7种"限制类型"，用户只需要利用下拉列表框进行选择，如图2-39所示。"限制科目"需要根据凭证特点，配合限制类型进行选择，直到限制科目符合凭证特点为止。

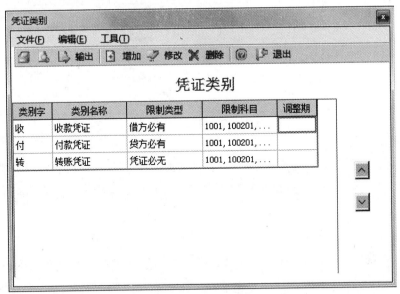

图 2-39 凭证类别

【要点提示】

借方必有：制单时，此类型凭证借方至少有一个限制科目发生。

贷方必有：制单时，此类型凭证贷方至少有一个限制科目发生。

凭证必有：制单时，此类型凭证无论借方还是贷方至少有一个限制科目发生。

凭证必无：制单时，此类型凭证无论借方还是贷方都不可有任何一个限制科目发生。

借方必无：制单时，该类记账凭证的借方必须没有借方必无科目。

贷方必无：制单时，该类记账凭证的贷方必须没有贷方必无科目。

八、项目目录设置

【任务描述】

设置如表 2-15 所示的北京宏远科技有限责任公司的项目目录。

表 2-15　项目目录一览表

项目目录设置步骤	设置内容
定义项目大类	生产成本
指定核算科目	生产成本
项目分类定义	编码：1；名称：自主研发
	编码：2；名称：委托研发
项目目录定义	A 产品
	B 产品

【任务分析】

项目目录设置步骤主要包括定义项目大类、指定核算科目、项目分类定义、项目目录定义等，目的是通过项目目录设置，对企业实际经营过程中的诸如在建工程等进行管理。

【相关知识】

所谓项目，是指企业在核算管理中进行专门经营或管理的内容。在企业实际经营过程中，有许多项目，如在建工程、新产品开发等，这些都是单独核算的。在传统手工会计中，项目核算一般是设置大量的明细科目，根据科目开设账页，然后在账页中开设收入、成本、费用等专栏进行明细核算，工作量比较大。在财务软件系统中，专设项目核算辅助账，将相同特性的项目定义为一个项目大类，然后在每一大类下进行项目管理，使其与总账业务处理过程同步进行核算管理，从而减轻了工作量。

【任务实施】

（1）在企业应用平台"设置"选项卡中，执行"基础档案"→"财务"→"项目目录"命令，弹出"项目档案"设置窗口。

（2）"项目档案"窗口分上下两部分，上部分主要是对项目大类进行操作的区域。"增加"、"删除"、"修改"功能键也是针对项目大类的相应操作设置的。

（3）单击"增加"按钮，弹出"项目大类定义_增加"设置窗口。增加一个项目前后经历三个操作步骤，首先是定义"项目大类名称"，如图 2-40 所示，用户可根据项目设置情况输入名称，然后单击"下一步"按钮，进入"定义项目级次"步骤。

（4）项目级次即项目编码规则，项目分类最多分为 8 级，其总级长不能超过 22 位，每级级长不能超过 9 位。这里定义为 1 级 1 位，如图 2-41 所示。单击

"下一步"按钮，进入定义项目栏目步骤。

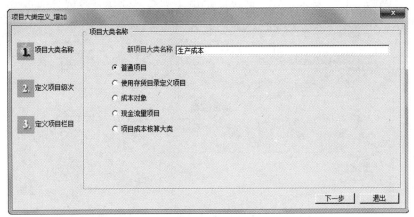

图 2-40　项目大类

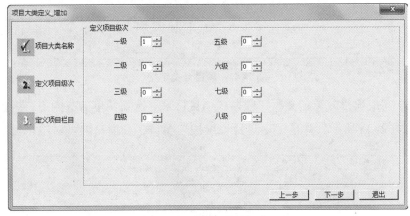

图 2-41　定义项目级次

（5）定义项目栏目主要是完成项目栏目的名称、各栏目属性的编辑。点击窗口右侧的"增加"按钮，即可增加项目栏目，用户也可以根据自身需要对项目栏目进行修改。

（6）指定核算科目就是具体指定核算当前大类项目所使用的会计科目。选择"项目大类"，然后单击位于"项目档案"窗口的"核算科目"选项，即可进入"核算科目"选项卡。用户将左侧的"待选科目"栏中归属于当前项目大类的会计科目移至右侧的"已选科目"栏中，选择完毕后，单击"确定"按钮。

（7）项目分类定义是对同一项目大类下的项目所作的进一步划分。在"项目档案"窗口中，选择"项目分类定义"选项，单击"增加"按钮，在窗口右侧输入"分类编码"和"分类名称"信息，单击"确定"按钮，系统自动将新增的项目分类显示在选项卡左侧的空白区域内，如图 2-42 所示。

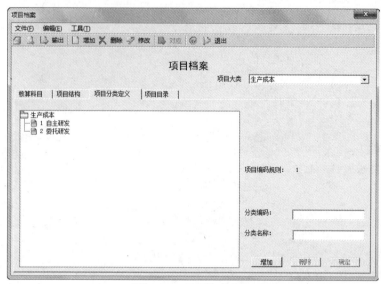

图 2-42　项目分类定义

（8）完成项目分类定义后，选择"项目目录"选项，单击右侧的"维护"按钮，如图 2-43 所示。弹出"项目目录维护"窗口，在窗口内可对项目目录进行

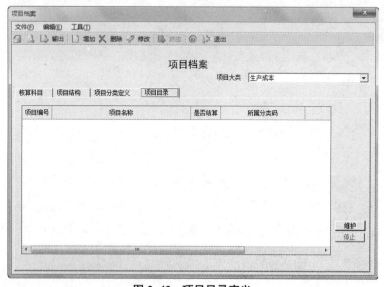

图 2-43　项目目录定义

相关操作，增加项目目录时，单击"增加"按钮，即可增加项目目录，如图2-44所示。

图2-44　项目目录维护

【要点提示】

项目管理需要遵循一定的顺序，一般是按照项目大类、核算科目、项目结构、项目分类和项目目录的顺序进行，有些顺序是不可颠倒的，如项目大类定义必须在项目分类定义之前、项目目录定义又必须在项目分类定义之后等。另外，核算科目窗口直接列示会计科目表中设置的项目核算辅助账的科目，所以，项目管理应该在会计科目设置之后进行。

九、结算方式设置

【任务描述】

设置如表2-16所示的北京宏远有限责任公司结算方式。

表2-16　结算方式一览表

结算方式编码	结算方式名称	是否票据管理
1	现金结算	否
2	现金支票	是
3	转账支票	是
4	银行承兑汇票	是
5	其他方式	否

【任务分析】

用友ERP-U8V10.1应用系统提供了设置银行结算方式的功能，用于建立和管理用户在经营活动中涉及的结算方式。结算方式是指企业在日常经营过程中进行款项结算的方式，主要包括支票、汇票等。

设置结算方式的内容有结算方式编码、名称等。在用友财务软件中要设置结算方式编码，用以标识某结算方式，一般用数字表示。同时，用户根据企业的实际情况，必须录入所用结算方式的名称，一般用汉字或英文字母表示。

【任务实施】

（1）在企业应用平台"设置"选项卡中，执行"基础档案"→"收付结算"→"结算方式"命令，弹出"结算方式"设置窗口。

（2）单击"增加"按钮即可将图中右侧的窗口变为可编辑状态，根据本企业的需要，输入"结算方式编码"和"结算方式名称"，选择"是否票据管理"，然后单击"保存"按钮，即可将增加的结算方式显示在左侧窗口中，如图 2-45 所示。

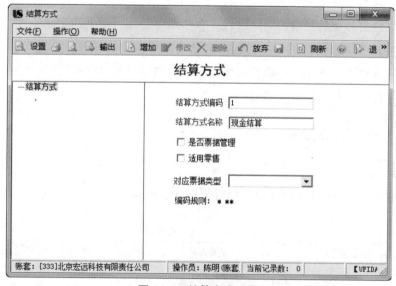

图 2-45　结算方式设置

【要点提示】

（1）结算方式编码必须符合编码规则，否则系统不予确认。

（2）若需要对某种结算方式进行票据管理，则勾选"是否票据管理"选项前的复选框，以方便出纳对银行结算票据的管理，票据管理功能类似于手工会计中设置支票登记簿的管理功能。

小　结

用友 ERP-U8V10.1 的企业应用平台为各子系统提供了一个公共的交流平台。本章主要介绍了企业应用平台的基本功能及其与各子系统的关系，并对基本信息、基础档案设置等操作进行了较为系统的演示。

基础档案设置内容较多，主要包括部门、人员、客户、供应商、存货、会计科目、项目、凭证类别、结算方式等，是后续业务处理的基础，也是企业能否成功实施和运用会计电算化的基础。

实训设计

【实训目的】

通过上机实训，使学生了解系统管理的基本功能，掌握建立新账套、财务分工、修改账套、设置基础分类档案的操作内容和操作方法，熟练掌握会计数据备份与恢复的方法，熟练掌握总账系统初始化中会计科目设置、期初余额录入及相关分类设置，掌握日常业务处理中凭证处理和记账的方法，熟悉出纳管理的内容和处理方法，熟练掌握期末业务处理的内容和方法。

【实训要求】

1. 启用和退出系统管理

2. 增加操作员

3. 建立新账套

4. 财务权限设置

5. 设置基础分类档案

6. 进行会计数据备份与恢复

7. 设置操作员

8. 建立账套（不进行系统启用的设置）

9. 设置操作员权限

10. 设置备份计划

11. 将账套修改为"有外币核算"的账套

12. 在"企业门户"中启用"总账"系统（启用日期为 2016-1-1）

13. 设置部门档案

14. 设置职员档案

15. 设置客户分类

16. 设置客户档案

17. 设置供应商档案

18. 设置操作员王华东、张纳及周正健所填凭证有对查询、删除、审核、弃审以及关闭的权限

19. 利用单据设计功能将"应收单"中的"币种"和"汇率"删除

20. 设置系统参数

21. 设置会计科目

22. 设置项目目录

23. 设置凭证类别

24. 输入期初余额

25. 设置结算方式

26. 由 001 号操作员设置常用摘要，由 002 号操作员对除"设置常用摘要"以外的业务进行操作

【实训资料】

1. 增加操作员李阳、杜娟、柳莉

2. 账套主管李阳

3. 设置如下基本账套信息

账套号：001

账套名称：成都远方有限责任公司

账套路径：默认

启用会计期：2016 年 1 月 1 日

会计期间设置：2016 年 1 月 1 日至 12 月 31 日

4. 单位信息

单位名称：成都远方有限责任公司

单位简称：远方公司

单位地址：成都市达星路 256 号

法人代表：曹阳

邮政编码：610081

联系电话及传真：02845193

税号：130207511140660

5. 核算类型

记账本位币：人民币（RMB）

企业类型：工业

行业性质：新会计制度科目

账套主管：李阳

要求按行业性质预置会计科目。

6. 基础信息

该企业无外币核算，进行经济业务处理时，对客户、供应商进行分类。

7. 分类编码方案

科目编码级次：4-2-2-2-2

其他科目编码级次采用默认值。

8. 数据精度

该企业对存货数量、单价的小数位数定为 2。

9. 操作员及其权限

操作员及其权限的内容如表 2–17 所示。

表 2–17　操作员及其权限设置

编号	姓名	口令	所属部门	角色	权限
01	周正健		财务部	账套主管	账套主管的全部权限
02	王华东		财务部	总账会计	除恢复记账前状态外的所有总账系统的权限
03	张纳		财务部	出纳	总账系统中出纳签字及出纳的所有权限

10. 账套信息

账套号：001

单位名称：南京华兴股份有限公司

单位简称：华兴公司

单位地址：南京市鼓楼区珠江路 1 号

法人代表：杨定文

邮编：250888

税号：25001001006688

启用会计日期：2016 年 1 月

企业类型：工业

行业性质：新会计制度会计科目

账套主管：周正健

基础信息：对存货、客户进行分类

分类编码方案：

科目编码级次：4222

客户分类编码级次：123

部门编码级次：122

存货分类编码级次：122

收发类别编码级次 12

结算方式编码级次：12

11. 部门档案

部门档案的内容如表 2-18 所示。

表 2-18　部门档案设置

部门编码	部门名称
1	人事部
2	财务部
3	市场部
301	供应部
302	销售部
4	加工车间

12. 职员档案

职员档案的内容如表 2-19 所示。

表 2-19　职员档案设置

职员编码	职员姓名	所属部门
1	杨文	人事部
2	李丽	人事部
3	周正健	财务部
4	王华东	财务部
5	张纳	财务部
6	杨明	供应部
7	刘红	销售部
8	刘伟	加工车间

13. 客户分类

客户分类的内容如表 2-20 所示。

表 2-20　客户分类

类别编码	类别名称
1	南京地区
2	上海地区
3	东北地区
4	华北地区
5	西北地区

14. 客户档案

客户档案的内容如表 2-21 所示。

表 2-21　客户档案

客户编码	客户简称	所属分类
01	南京天益	1 南京
02	大地公司	1 南京
03	上海邦立	2 上海
04	明兴公司	2 上海
05	鞍山钢铁	3 东北
06	伟达公司	4 华北
07	光华公司	5 西北

15. 供应商档案

供应商档案的内容如表 2-22 所示。

表 2-22 供应商档案

供应商编码	供应商简称	所属分类
01	南京无忧公司	00
02	大为公司	00
03	杰信公司	00

16. 888 账套总账系统的参数

不允许修改、作废他人填制的凭证；凭证审核控制到操作员。

17. 会计科目

（1）"1001 库存现金"为现金总账科目；"1002 银行存款"为银行总账科目。

（2）增加会计科目。

需增加的会计科目的内容如表 2-23 所示。

表 2-23 增加的会计科目

科目代码	科目名称	辅助账类	计量单位
一、资产类			
1001	库存现金	日记账	
1002	银行存款	日记账、银行账	
100201	工行存款	日记账、银行账	
1012	其他货币资金		
101201	存出投资款		
101202	银行汇票		
1101	交易性金融资产		
110101	债券		
110102	股票		
11010201	成本	客户往来（无受控系统）	
11010202	公允价值变动	客户往来（无受控系统）	
1121	应收票据	客户往来（无受控系统）	
1122	应收账款	客户往来（无受控系统）	
1123	预付账款	供应商往来（无受控系统）	
1131	应收股利		
1132	应收利息		
1221	其他应收款		
122101	个人	个人往来	

续表

科目代码	科目名称	辅助账类	计量单位
1231	坏账准备	注意：方向改为"贷方"	
1401	材料采购		
1403	原材料	数量核算	吨
1405	库存商品	数量核算	吨
1406	发出商品		
1408	委托加工物资		
1411	周转材料		
141101	包装物		
141102	低值易耗品		
1471	存货跌价准备		
1501	持有至到期投资		
1502	持有至到期投资减值准备	注意：方向改为"贷方"	
1503	可供出售金融资产		
1511	长期股权投资		
1512	长期股权投资减值准备	注意：方向改为"贷方"	
1601	固定资产		
1602	累计折旧	注意：方向改为"贷方"	
1603	固定资产减值准备	注意：方向改为"贷方"	
1604	在建工程		
1605	工程物资	项目核算	
160501	专用材料	项目核算	
160502	专用设备	项目核算	
160503	预付大型设备款	项目核算	
160504	为生产准备的工具及器具	项目核算	
1606	固定资产清理		
1701	无形资产		
170101	专利权		
1702	累计摊销	注意：方向改为"贷方"	
1703	无形资产减值准备	注意：方向改为"贷方"	
1801	长期待摊费用		
1811	递延所得税资产		
1901	待处理财产损益		
二、负债类			
2001	短期借款		
2101	交易性金融负债		
2201	应付票据	供应商往来（无受控系统）	
2202	应付账款	供应商往来（无受控系统）	

科目代码	科目名称	辅助账类	计量单位
2203	预收账款	客户往来（无受控系统）	
2211	应付职工薪酬		
2221	应交税费		
222101	应交增值税		
22210101	进项税额		
22210102	销项税额		
22210103	进项税额转出		
22210104	转出未交增值税		
222102	未交增值税		
222103	应交城市维护建设税		
222104	应交教育费附加		
222105	应交个人所得税		
222106	应交所得税		
222107	应交营业税		
2231	应付利息		
2232	应付股利		
2241	其他应付款		
224101	存入保证金		
224102	职工个人	个人往来	
2501	长期借款		
2502	应付债券		
2701	长期应付款		
2801	预计负债		
2901	递延所得税负债		
三、所有者权益类			
4001	实收资本		
4002	资本公积		
4101	盈余公积		
410101	法定盈余公积		
4103	本年利润		
4104	利润分配		
410401	提取法定盈余公积		
410402	应付利润		
410403	未分配利润		
四、成本类			
5001	生产成本		
5101	制造费用		

续表

科目代码	科目名称	辅助账类	计量单位
五、损益类			
6001	主营业务收入	收入类数量核算	吨
6051	其他业务收入	收入类	
6101	公允价值变动损益	收入类	
6111	投资收益	收入类	
6301	营业外收入	收入类	
6401	主营业务成本	支出类数量核算	吨
6402	其他业务成本	支出类	
6403	营业税金及附加	支出类	
6601	销售费用	支出类	
6602	管理费用	支出类	
660201	职工薪酬	支出类部门核算	
660202	办公费	支出类部门核算	
660203	差旅费	支出类部门核算	
660204	税金	支出类部门核算	
660205	无形资产摊销	支出类部门核算	
660206	水电费	支出类部门核算	
660207	折旧费	支出类部门核算	
660208	业务招待费	支出类	
660209	修理费	支出类部门核算	
660210	其他	支出类	
6603	财务费用	支出类	
6701	资产减值损失	支出类	
6711	营业外支出	支出类	
6801	所得税费用	支出类	
6901	以前年度损益调整	支出类	

18. 项目目录

项目大类为"自建工程"，核算科目为"在建工程"及明细科目，项目内容为 A 工程和 B 工程，其中 A 工程包括"自建厂房"和"设备安装"两项工程。

19. 凭证类别

凭证类别的内容如表 2-24 所示。

表 2-24　凭证类别

凭证类别	限制类别	限制科目
收款凭证	借方必有	1001, 1002
付款凭证	贷方必有	1001, 1002
转账凭证	凭证必无	1001, 1002

20. 期初余额

库存现金：8 000（借）

工行存款：222 000（借）

应收职工借款——杨明：6 000（借）

库存商品：50 000（借），100 吨

短期借款：120 000（贷）

实收资本：166 000（贷）

21. 结算方式

（1）现金结算；

（2）现金支票结算；

（3）转账支票结算；

（4）银行汇票结算。

22. 常用摘要

常用摘要的内容如表 2-25 所示。

表 2-25　常用摘要

摘要编码	摘要内容
1	购买包装物
2	报销办公费
3	计提折旧费

第三章
总账管理系统

【知识目标】

● 明确总账系统的概念、特点、功能，了解和掌握数据处理流程

● 掌握凭证处理流程，熟练掌握记账凭证的填制、审核与记账操作及凭证的查询、修改方法

● 掌握错账更正的原理和基本方法

● 掌握各种账簿的查询方法，了解各类账簿的打印方法

● 掌握期末业务处理的原理和方法

【能力目标】

● 掌握总账系统的初始化设置

● 能够准确判断原始凭证类型，准确作出记账凭证

● 熟练记账及账簿的查询

● 熟练期末业务的转账定义设置

● 熟练期末业务的转账生成

总账管理系统又被称为总账子系统，它包括总账系统初始设置、填制审核会计凭证、登记账簿等内容和环节，是会计业务处理的核心，也是电算化会计系统运行的基础。其他子系统的数据都必须传输到总账系统，同时将总账系统中的某些数据传输给其他子系统，一般会计电算化工作都是从总账系统开始的。

第一节　总账系统初始化

总账子系统又称账务处理子系统，是指要完成从记账凭证输入到记账，再从记账到账簿输出等账务处理工作的子系统。总账子系统是会计信息系统中的核心子系统，与其他子系统之间有着大量的数据传递关系。进行总账子系统的设计，一方面要从总账子系统的目标出发，使所设计的系统能够及时处理各种凭证和生成各种账表，满足企业会计核算和会计管理的需要；另一方面又要充分考虑它与其他子系统的关系，设计良好的数据传递接口。

一、总账子系统的功能目标

总账子系统的功能目标主要有以下几点：

其一，及时、准确地采集和输入各种凭证，保证进入计算机的会计数据及时、准确和全面。

其二，高效、正确地完成记账过程。

其三，随时输入某个时期内任意会计科目发生的所有业务，随时输出各个会计期间的各种账表，为企业管理提供信息。

其四，建立总账子系统与其他子系统的数据接口，实现会计数据的及时传递和数据共享。

其五，提供部门核算和管理、项目核算和管理、往来核算和管理等功能。

二、手工操作方式下的账务处理程序

总账系统账务处理流程是指从收集、整理原始凭证开始，通过设置或输入记账凭证，登记账簿，并为编制会计报表做好准备的过程，这一过程一般被称为账务处理程序。为比较透彻地了解电算化账务处理的特点，有必要对电算化账务处理程序和手工会计处理程序作一基本的比较。

在手工操作方式下，通常有记账凭证账簿处理程序、科目汇总表账簿处理程序、汇总记账凭证账务处理程序、日记总账账务处理程序等种类，不同账务处理程序的主要区别在于登记总分类账的依据不同。手工方式下的（科目汇总表）账务处理程序如图 3-1 所示。

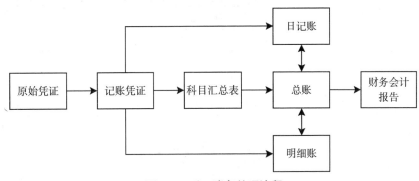

图 3-1 手工账务处理流程

图 3-1 中所反映的各处理环节的基本操作过程如下：

第 1 步，根据原始凭证，按照所设置的会计科目及所确定的复式记账方法，填制记账凭证。

第 2 步，根据记账凭证（收、付款记账凭证）逐笔登记日记账。

第 3 步，根据记账凭证及其所附原始凭证逐笔登记明细分类账。

第 4 步，根据记账凭证定期编制科目汇总表或汇总记账凭证。

第 5 步，根据科目汇总表（或汇总记账凭证）定期登记总分类账。

第 6 步，按照对账要求，定期核对总分类账、日记账、明细分类账。

第 7 步，根据核对清查后的总分类账、明细分类账编制财务会计报告。

三、电算化处理方式下的账务处理程序

在电算化处理方式下，账务处理从输入会计凭证开始，经过计算机对会计数据的处理，生成各类账簿文件，产生科目余额文件，并完成汇总、结账、编制报表等业务处理过程。财务软件在保持会计固有的特征（如设置会计科目，复式记账，通过账户分类连续、系统地记录和核算经济业务等）的同时，又要调整和改进与手工操作相关的技术特性内容。但电算化环境下的账务处理过程与手工操作方式下的账务处理过程又有相似之处，手工方式下的账务处理流程可被看成是建立电算化账务处理系统逻辑模型的基础。为此，可以在手工处理流程的基础上优化出电算化账务处理的流程，如图 3-2 所示。

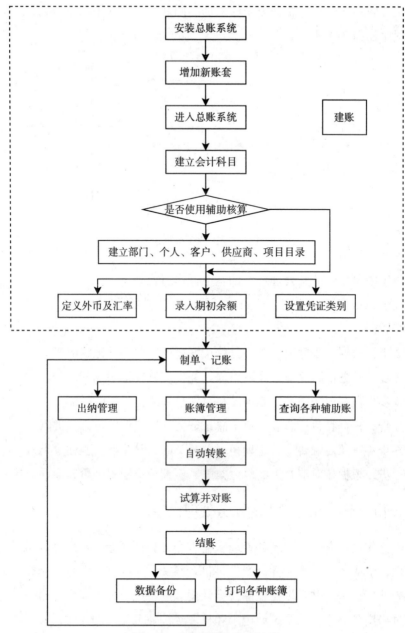

图 3-2　电算化账务处理流程

1. 电算化账务处理具体步骤

根据图 3-2 对账务处理过程的描述，电算化账务处理具体包括以下操作步骤：

（1）将有关会计凭证（包括由手工输入的记账凭证和由系统自动生成的机制凭证）输入或转入到账务处理系统，并存入临时凭证数据库。

（2）对记账凭证进行审核签字后，进行自动记账处理，形成记账凭证文件、账簿文件和余额文件，同时，根据会计科目汇总数据，更新科目汇总文件。

（3）按照设置的输出条件，生成各种正式的总分类账、日记账、明细分类账账簿，生成科目汇总表。

（4）通过提取、汇总、筛选、引用等技术处理生成各类会计报表。

2. 电算化过程中依据的会计原理及特点

从原始资料到各种账簿数据信息的处理过程中，相应的软件需依据以下基本工作原理和处理特点：

（1）采用统一记账凭证格式和统一凭证编号，以规范数据内容和简化处理环节。

（2）采用一次登账方式，即从凭证库中取一条未入账记录，根据其明细科目代码登记相应的明细账或日记账，然后依照其上下级科目的联系分别累计出发生额、余额数据，并传递至上一级科目。该流程改变了传统的分别登记总账、明细账、日记账的做法，提高了数据的一致性。

（3）登账以后，所有一级科目和明细科目最新的发生额、余额及数量等辅助指标即自动生成，改变了传统的定期汇总、月底结账的做法，提高了信息产生的及时性。

（4）积累和存储所有一级科目和明细科目各个会计期间的发生额、余额及数量、外币等指标，改变了传统的为满足少数对外定期报表的需要，仅积累一级科目及当前月、季、年的总括数据的做法，大大扩充了系统的信息量，为进行财务管理和财务分析准备了丰富的信息源。

四、总账系统的功能结构

由于系统设计的思路不同，系统开发者对于账务处理流程的理解不同，不同账务处理系统所具有的功能也都会有所不同，但其中包含的主要会计业务处理功能仍非常相似。通常，一个包含初始化设置、日常处理和辅助核算功能的账务处理系统的主要功能（模块）结构如图3-3所示。

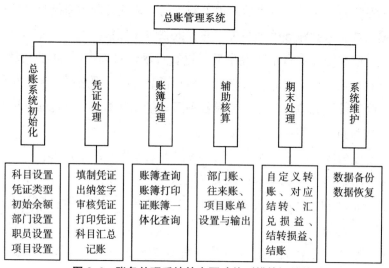

图 3-3 账务处理系统的主要功能（模块）结构

对于通用账务处理系统而言，其基本操作过程中主要涉及以下操作项目。

1. 系统初始化

系统初始化包括设置会计科目、凭证类型、外币与汇率、结算方式，录入期初余额等。系统初始化既是对手工核算资料的全面整理，也是对后续核算内容的必要准备。

2. 日常凭证业务处理

日常凭证业务处理包括记账凭证的填制、修改、审核、记账以及必要时对凭证的查询输出，这是日常会计核算活动的主要内容。

3. 账簿管理

账簿管理包括对账簿栏目设置、数据处理或组合、汇总等运算过程，以及各种账簿的查询与打印。

4. 出纳业务

出纳对货币资金的处理业务，通常在凭证的录入、审核以及期末对账、往来分析等环节中体现。

5. 辅助核算

辅助核算包括部门核算、往来核算、通用项目核算等。其中每项业务都需要进行初始化设置，并依照规范的日常业务处理程序来处理各项业务内容。

6. 期末业务

期末业务包括各项结转、转账、调汇以及对账、结账等内容。期末业务的自动化处理使及时编制对外财务报告成为可能。

7. 系统维护

系统维护包括数据备份、数据恢复、数据导入、数据导出等内容，是对软件系统正确、高效运行的保障措施。

五、总账系统与其他子系统之间的数据传递关系

总账系统是指完成设置账户、复式记账、填制和审核凭证、登记账簿等工作的子系统。在整个会计电算化信息系统中，总账系统既是中枢，又是基本系统，它综合、全面、概括地反映企业各个方面的会计工作内容，其他各子系统的数据必须传输到总账系统进行相应的处理，同时总账系统还把某些数据传输给其他子系统以供利用，许多单位的会计电算化工作往往是从总账系统的管理开始的。用友 ERP-U8 的总账系统与其他子系统之间的数据传递关系如图 3-4 所示。

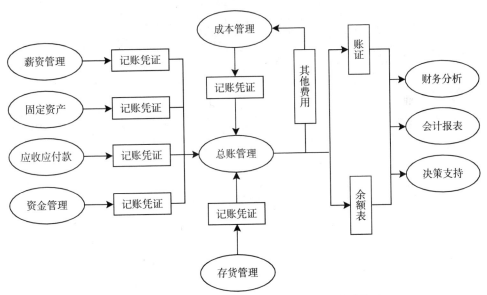

图 3-4　总账系统与其他子系统之间的数据传递关系

第二节 总账系统参数设置

一、参数设置

【任务描述】

北京宏远科技有限责任公司从 2016 年 1 月 1 日起启用总账管理系统。根据企业核算与管理的需要，对总账系统参数作出如表 3-1 所示的设置。

表 3-1 北京宏远科技有限责任公司账套基本信息

选项卡	参数设置
凭证	取消"现金流量科目必录现金流量项目"；自动填补凭证断号；其他采用系统默认值
权限	出纳凭证必须经由出纳签字；取消"允许修改、作废他人填制的凭证"；其他采用系统默认值
会计日历	数量小数位、单价小数位均为 2 位；其他采用系统默认值
其他	部门、个人、项目均按编码排序；其他采用系统默认值
账簿/凭证打印/预算控制	采用系统默认值

【任务分析】

建立新账套后，由于具体情况需要或业务变更，常常致使一些账套信息与核算内容不符，这时就可以通过以下系统参数设置，进行账簿选项的调整和查看。

1. 制单序时控制

若选择此项，制单时凭证编号必须按日期顺序排列。

2. 支票控制

若选择此项，使用银行科目编制凭证时，系统针对票据管理的结算方式进行登记，如果录入支票号在支票登记簿中已存，系统提供登记支票报销的功能；否则，系统提供支票登记簿的登记功能。

3. 赤字控制

若选择此项，在制单时，当"资金及往来科目"或"全部科目"的最新余额出现负数时，系统将予以提示。

4. 允许修改、作废他人填制的凭证

若选择此项，在制单时可修改或作废别人填制的凭证，否则不能修改。

5. 制单权限控制到科目

操作员要在系统管理的"功能权限"设置中设置科目权限，再选"制单权限控制到科目"，权限设置才有效。若选择此项，操作员在制单时只能使用具有相应制单权限的科目制单。

6. 制单权限控制到凭证类别

操作员要在系统管理的"功能权限"设置中设置科目权限，再选择"制单权限控制到凭证类别"，权限设置才有效。若选择此项，操作员在制单时，只显示此操作员有权限的凭证类别。

7. 操作员进行金额权限控制

若选择此项，操作员可以对不同级别的人员进行制单金额大小的控制。

8. 超出预算允许保存

选择"预算控制"选项后，"超出预算允许保存"项才起作用。

9. 可以使用应收受控科目

若科目为应收款系统的受控科目，为了防止重复制单，只允许应收系统使用此科目进行制单，总账系统是不能使用此科目制单的。所以如果在总账系统中也能使用这些科目填制凭证，则应选择此项。

10. 可以使用应付受控科目

操作原理同"可以使用应收受控科目"。

11. 外币核算

如果企业有外币业务，则应选择相应的汇率方式——固定汇率、浮动汇率。固定汇率，即在制单时，当月只按一个固定的汇率折算本位币金额。浮动汇率，即在制单时，按当日汇率折算本位币金额。

12. 权限设置

如只允许某操作员审核其本部门操作员填制的凭证，则应选择"凭证审核控制到操作员"；若要求现金、银行科目凭证必须由出纳人员核对签字后才能记账，则选择"出纳凭证必须经由出纳签字"；如要求所有凭证必须由主管签字后才能记账，则选择"凭证必须经主管签字"；如允许操作员查询他人凭证，则选择"可查询他人凭证"。

13. 自动填补凭证断号

如果选择凭证编号方式为"系统编号",则在新增凭证时,系统会按凭证类别自动查询本月的第一个断号默认为本次新增凭证的凭证号;如无断号则为新号,与原编号规则一致。

14. 现金流量科目必录现金流量项目

选择此项后,在录入凭证时如果使用现金流量科目则必须输入现金流量项目及金额。

15. 批量审核凭证进行合法性校验

批量审核凭证时针对凭证进行二次审核,提高凭证输入的正确率。

16. 凭证编号方式

系统在"填制凭证"功能中一般按照凭证类别按月自动编制凭证编号,即"系统编号";但有的企业需要系统允许在制单时手工录入凭证编号,即"手工编号"。

17. 预算控制

选项从财务分析系统取数,选择该项,则制单时,若某一科目下的实际发生数导致多个科目及辅助项的发生数及余额总数超过预算数与报警数的差额,则报警。

【任务实施】

(1)单击"开始"→"程序"→"用友 ERP-U8"→"企业应用平台"命令,弹出系统"登录"对话框,选择具有操作权限的操作员、对应账套、操作日期进入企业应用平台。

(2)选择"业务"选项卡,单击"财务会计"→"总账",打开总账系统,如图 3-5 所示。

(3)单击"设置"→"选项",打开"选项"对话框。在"选项"对话框中,单击"编辑"按钮,分别对"凭证"、"权限"、"会计日历"、"其他"、"凭证打印"等选项进行具体设置,如图 3-6 至图 3-10 所示。

(4)设置完毕后单击"确定"按钮。

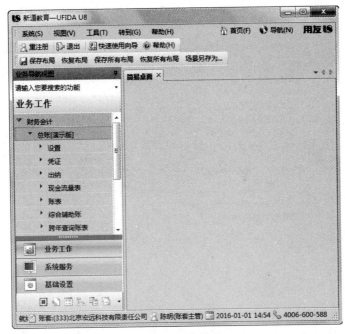

图 3-5 总账系统

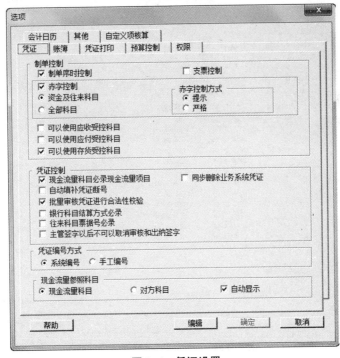

图 3-6 凭证设置

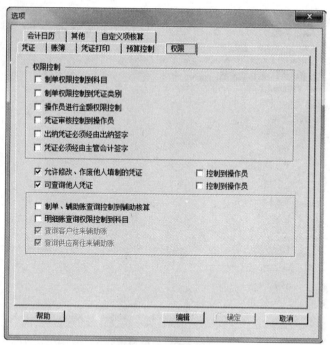

图 3-7 权限设置

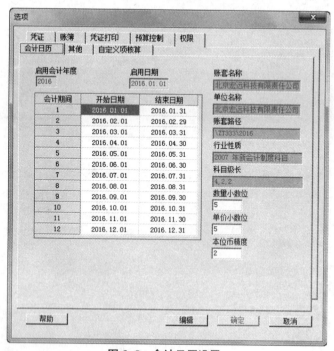

图 3-8 会计日历设置

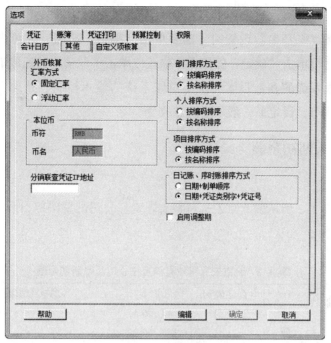

图 3-9 其他设置

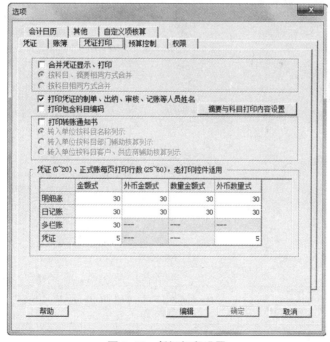

图 3-10 凭证打印设置

【要点提示】

（1）在修改账套参数设置时，需要单击"编辑"按钮，才可进行选项的修改，修改后，可单击"确定"按钮保存修改或单击"取消"按钮取消修改。

（2）总账系统的参数设置将决定总账系统的输入控制、处理方式、数据流向、输出格式等，设定后一般不要随意改变。

二、录入期初余额

【任务描述】

录入如表 3-2 所示的北京宏远科技有限责任公司的总账期初余额，并进行期初试算平衡。

表 3-2　北京宏远科技有限责任公司总账期初余额

科目名称	方向	币别/计量单位	期初余额	辅助核算期初余额
库存现金（1001）	借		12 996	
银行存款（1002）	借		2 858 760	
交行存款（100201）	借		2 858 760	
外币存款（100202）	借			
应收票据（1121）	借		58 500	2015-12-15，凭证号：转-55，石家庄轴承厂购买 A 产品 1 000 件，单价 50 元，价税合计 58 500 元，付款期限为三个月的商业承兑汇票一张，票号 45125852，增值税专用发票号：58458412
应收账款（1122）	借		86 210	2015-12-18，凭证号：转-56；北京塑钢门窗厂购买 A 产品 500 件，单价 50 元，价税合计 29 250 元，货款未付，增值税专用发票号：25348412 2015-12-25，凭证号：转-57；天津航空公司购买 B 产品 800 件，单价 60 元，价税合计 56 160 元，货款未付，增值税专用发票号：43252341 2015-12-28，凭证号：付-58；为天津航空公司代垫运费 800 元
原材料（1403）	借		700 000	
甲材料（140301）	借	千克	600 000	单价 20 元，共 30 000 千克
乙材料（140302）	借	千克	100 000	单价 10 元，共 10 000 千克
库存商品（1405）	借		270 000	
A 产品（140501）	借	件	180 000	单价 30 元，共 6 000 件

科目名称	方向	币别/计量单位	期初余额	辅助核算期初余额
B 产品（140502）	借	件	90 000	单价 45 元，共 2 000 件
固定资产（1601）	借		3 488 000	
累计折旧（1602）	借		823 545	
短期借款（2001）	贷		21 47 060	
应付账款（2202）	贷		117 000	2015-12-29，凭证号：转-89；从北京第一化工厂采购甲材料 50 000 千克，单价 20 元，价税合计 117 000 元
预收账款（2203）	贷		200 000	2015-12-30，凭证号：收-61；预收天津航空贷款 200 000 元，转账支票票号 55555
长期借款（2501）	贷		1 400 000	
实收资本或股本（4001）	贷		2 700 000	
盈余公积（4101）	贷		86 861	
利润分配（4104）	贷			

【任务分析】

录入期初余额功能用于年初录入余额、调整余额以及核对期初余额并进行试算平衡。如果是第一次使用总账系统，必须使用此功能输入科目余额，以便登记账户期初余额，为正确核算各类账户余额做好准备。

【相关知识】

会计人员在录入总账期初余额时需要注意，如果是第一次使用账务处理系统，必须使用此功能输入科目余额。如果系统中已有上年的数据，在使用"结转上年余额"后，上年各账户余额将自动结转到本年；如果是年中建账，比如建账月份为 5 月，可以录入 8 月初的期初余额，以及 1~4 月的借、贷方累计发生额，则系统将自动计算年初余额；若是年初建账，可以直接录入年初余额。

在用友软件的期初余额录入界面可以看到期初余额栏有三种不同的颜色，分别表示不同的内容。

（1）数据栏为白色时，表示该科目是末级科目，可以直接录入科目余额。

（2）数据栏为灰色时，表示该科目是非末级科目，此余额不须录入，系统将根据其下级科目的余额自动汇总计算。

（3）数据栏为黄色时，表示该科目为带有辅助核算项的会计科目。这时，录入期初余额时需要将光标移至设有辅助项的科目处，双击鼠标，进入相应辅助核算项期初录入窗口，录入辅助核算项期初数据，系统将自动汇总其辅助核算项金额。例如，客户往来款项由应收系统核算，则客户往来科目中各客户的期初余额应在应收系统中录入，在总账系统中只能录入科目期初。若科目既有客户往来核算，又有部门（或项目）核算，则在总账系统中只能录入该科目下各部门（或项目）的期初数。

【任务实施】

（1）在总账系统中，选择"设置"→"期初余额"命令，打开期初余额对话框，直接录入数据栏为白色的各末级科目的余额。双击数据栏为黄色的带有辅助核算项的会计科目，打开与辅助核算项对应的期初录入窗口，单击"往来明细"按钮。单击"增行"按钮，录入辅助核算的明细期初数据，如图3-11所示。

科目名称	方向	币别/计量	期初余额
存出保证金	借		
交易性金融资产	借		
买入返售金融资产	借		
应收票据	借		
应收账款	借		客户往来
预付账款	借		
应收股利	借		

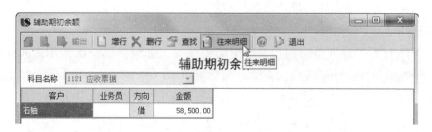

图 3-11 辅助核算数据录入

（2）各账户期初余额录入完毕后，单击"试算"按钮，弹出期初试算平衡表对话框，当显示试算结果平衡时，表明数据录入基本正确，否则需要进一步核对期初数据，如图 3-12 所示。

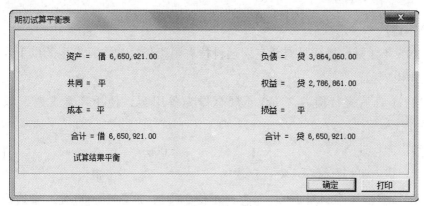

图 3-12　试算平衡

【要点提示】

（1）如果某科目为数量、外币核算，必须先录入本币余额，再录入期初数量、外币余额。

（2）非末级会计科目余额不用录入，系统将根据其下级明细科目自动汇总计算填入。

（3）出现红字余额用负号录入。

（4）修改余额时，直接输入正确数据即可。

（5）凭证记账后，期初余额变为只读状态，不能再进行修改。

（6）总账科目与其下级明细科目的余额方向必须一致。

（7）如果期初余额试算不平衡，可以填制凭证，但不能记账。

（8）若已经使用本系统记过账，则不能再录入、再修改期初余额，也不能执行"结转上年余额"的功能。

第三节　日常凭证处理

初始化设置完成后，便可以开始进行日常账务处理了。日常账务处理包括填制凭证、修改凭证、审核凭证、凭证汇总、记账等。

一、填制凭证

【任务描述】

2016年1月，操作员对北京宏远科技有限责任公司本月发生的以下经济业务填制相应凭证。

（1）1日从交行提取3 000元现金作为备用金，使用现金支票，票号为xj00001。

借：库存现金　　　　　　　　　　　3 000

　　贷：银行存款——交行存款　　　　　　　　3 000

（2）3日购买甲材料1 000千克，单价20元，价款20 000元，增值税税率17%，价税款已经通过交通银行转账支付，转账支票号：zz00001，材料已入库。

借：原材料——甲材料　　　　　　　20 000

　　应交税费——应交增值税——进项税　3 400

　　贷：银行存款——交行存款　　　　　　　　23 400

（3）5日收到境外的投资10 000美元，汇率为6.78，转账支票票号为：zz00002。

借：银行存款——外币存款　　　　　67 800

　　贷：实收资本　　　　　　　　　　　　　　67 800

（4）10日销售A产品一批，售价为50 000元，增值税税率为17%，款项已收存交通银行，转账支票的票号为：zz00003。

借：银行存款——交行存款　　　　　58 500

　　贷：主营业务收入——A产品　　　　　　　50 000

　　　应交税费——应交增值税——销项税　　8 500

（5）15日综合部购买2 000元的办公用品。

借：管理费用——其他　　　　　　　2 000

　　贷：库存现金　　　　　　　　　　　　　　2 000

（6）18日销售部销售甲材料50千克，单价40元，增值税税率为17%，价税款已付。转账支票票号为：zz00004。

借：银行存款——交行存款　　　　　2 340

　　　　贷：其他业务收入　　　　　　　　　　　　2 000

　　　　　　应交税费——应交增值税——销项税　　 340

（7）22 日销售部报销业务招待费 1000 元，库存现金补付 200 元。

　　借：管理费用——招待费　　　　　　　　　　1 000

　　　　贷：其他应收款　　　　　　　　　　　　　　800

　　　　　　库存现金　　　　　　　　　　　　　　200

（8）23 日生产车间领用甲材料 500 千克，单价 20 元。

　　借：制造费用　　　　　　　　　　　　　　10 000

　　　　贷：原材料——甲材料　　　　　　　　　10 000

（9）修改未审核的第 8 笔业务。

（10）生成领用原材料常用凭证以及调用该常用凭证。

（11）将付字第 4 号凭证"报销费用"作废并删除。

【任务分析】

　　凭证处理是日常账务处理中最频繁的工作，也是会计电算化账务处理系统中最基本的工作。目前的会计电算化系统是以记账凭证数据作为系统的最基础数据，记账凭证的正确性是决定系统输出正确与否的基础。一般账务系统的凭证处理功能主要包括凭证录入、凭证修改、凭证审核、出纳签字、凭证汇总和凭证记账，查询和打印输出各种凭证、总账和明细账，进行月末记账和结账等。

　　填制记账凭证是账务系统处理的起点，也是所有查询数据最主要的一个来源。在使用计算机处理账务后，电子账簿的准确、完整与否完全依赖于记账凭证的填制情况，因而在实际工作中，必须确保准确、完整地输入记账凭证。在会计电算化系统中，编制输入记账凭证主要有两种方式：一种方式是直接在计算机上根据审核无误的原始凭证编制记账凭证；另一种方式是先由人工编制记账凭证，审核后再输入计算机系统。

【相关知识】

　　填制凭证就是将若干张经济业务相同的原始单据集中编制成一条条记录，从而形成一张完整的记账凭证输入计算机。填制记账凭证是会计电算化账务处理系统主要数据的录入口，包括凭证头和凭证正文两大部分。凭证头部分，包括凭证类别、凭证编号、制单日期和附单据数等；凭证正文部分，包括摘要、会计科目、金额等。如果输入的会计科目有辅助核算要求，则应输入辅助核算内容；如果一个科目同时兼有多种辅助核算，则还要求输入各种辅助核算的有关内容。

1. 凭证类型

凭证类型即本凭证属于何种类型的记账凭证，用户如果采用分类的记账凭证，通常只需输入凭证类型编码即可，也可使用系统提供的帮助键参照录入。需要注意的是，必须是定义过的凭证类型才能这样录入。

2. 凭证编号

一般情况下，凭证编号由系统按月自动编制，即每类凭证每月都从 1 号开始，以后按照当前期间同类凭证的最大号加 1 给出。对于网络用户，如果是几个人同时制单，在凭证的右上角，系统会提示一个参考凭证号，真正的凭证编号只有在凭证已填制并经保存完毕后才给出，如果只有一个制单或使用单户版制单时凭证右上角的凭证号即为正在填制的凭证的真正编号。

如果在"选项"中选择"系统编号"，则由系统按时间顺序自动编号。否则，应手工编号，允许最大凭证编号为 32767。系统规定每页凭证可以有 5 笔分录，当某号凭证不只一页，系统自动在凭证号后标上分单号，如收—0001 号 0002/0003 表示为收款凭证第 0001 号凭证共有三张分单，当前光标所在分录在第二张分单上。

3. 制单日期

如果在"选项"中选择"制单序时控制"，新增凭证时系统就会自动给出上一次录入的同类凭证最后一张的日期。

4. 附单据数

在"附单据数"处录入原始单据张数，根据填制记账凭证所依据的原始凭证实际张数输入。

5. 摘要

摘要即对本凭证所反映的经济业务内容的说明。在会计电算化系统中，摘要是以行为单位编制的，很多会计软件要求凭证中的每一行都要有一个相对独立的摘要。这是由于会计软件在执行自动记账时要将凭证中的摘要内容复制到相应的账簿中作为账簿中的摘要内容，如果凭证中的某一行摘要内容为"空"，则相应账簿中这一记录也为"空"，由此影响账簿的可读性。此外，录入凭证分录的摘要时，可按参照按钮录入常用摘要，但常用摘要的选入不会清除原来录入的内容。

6. 会计科目

系统要求输入最末级会计科目，如科目编码、科目名称或科目的助记码。

7. 金额

金额是相应会计科目的借方或贷方发生额。金额可以手工输入，即用户根据业务金额，利用键盘和鼠标输入到指定凭证的位置的过程；也可以通过计算得出，如有外币核算的业务，可以根据用户以前设置的外币汇率，按照录入的外币自动折算成本币金额，或反向操作。录入金额时应注意金额的方向。每一科目不允许借贷双方都有金额，也不允许双方为零。金额可以是红字，红字金额用负数形式输入。如果方向不符，可按空格键调整金额方向。

8. 辅助核算项目

通过科目设置可知，许多会计科目在完成一般会计核算的基础上，还有进一步辅助核算的要求。为实现这些辅助核算，在凭证输入过程中，凡是涉及这些科目的分录，在录入完会计科目后，系统会根据该科目的辅助核算要求用户录入不同的辅助核算数据。辅助核算信息并不是每张凭证必有的内容，只有在设置了辅助核算的科目出现在记账凭证中时，才需要输入辅助核算信息。

9. 签字

签字是指填制记账凭证、审核记账凭证、记账以及出纳等人员的签字。凭证输入完毕，系统自动将进入系统登录时的操作人员的姓名填入有关签章位置，该项内容不需要输入。

10. 作废/恢复

日常操作过程中，若遇到非法凭证需要作废，可以使用"作废/恢复"命令，将这些凭证作废。作废凭证仍能保留凭证内容及凭证编号，只在凭证左上角显示"作废"字样。作废凭证既不能修改也不能审核，但需要进行记账处理。如果不想保留作废凭证，可以通过"整理凭证"功能，将其彻底删除，并对该作废凭证之后的未记账凭证重新编号。

【任务实施】

（1）以"303 张强"的身份登录到"企业应用平台"后，打开"总账"窗口。

（2）在"总账"窗口，选择"凭证"→"填制凭证"命令，打开"填制凭证"对话框，单击"增加"按钮，增加一张新凭证。

（3）填制凭证头部分。首先选择"凭证类别"，再输入"制单日期"和"附单据数"(附原始凭证张数)。

(4)输入凭证正文部分。依次输入摘要、科目、借方金额或贷方金额,然后按"回车"键,继续输入下一条分录的摘要、科目、借方余额或贷方余额。若借方、贷方均无辅助账科目,则输入完成后,可单击"保存"按钮。若借方、贷方科目有辅助核算项,则要在弹出的对话框中输入辅助核算内容,如银行结算方式、往来明细、部门核算、数量核算等内容,然后单击"保存"按钮。以任务资料中几笔业务的凭证为例,如图 3-13 至图 3-15 所示。

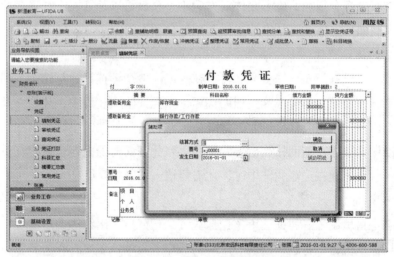

图 3-13 提取备用金凭证

图 3-14 购买材料凭证

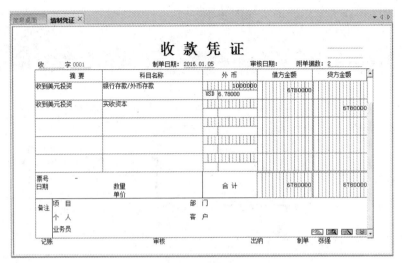

图 3-15　收到投资凭证

（5）在"填制凭证"界面上，单击"查看"按钮，打开"查看"对话框，录入查询条件，单击"确定"按钮，查找出需要修改的凭证直接进行修改；也可以单击翻页按钮，查找出所需要的凭证直接进行修改，如图 3-16 所示。

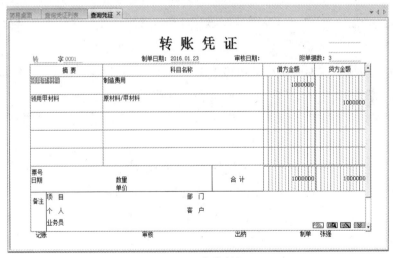

图 3-16　查询凭证

（6）单击"保存"按钮，保存修改内容。

（7）在"填制凭证"界面，查询到要生成为常用凭证的凭证，选择"制单"→"生成常用凭证"命令，打开"常用凭证生成"对话框，输入代号和说明，单击

"确认"按钮保存为常用凭证，如图3–17所示。

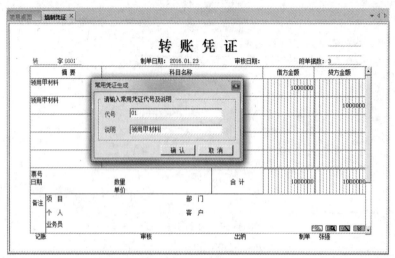

图3–17　生成常用凭证

（8）以后需要调用常用凭证时，在"填制凭证"界面上，选择"制单"→"调用常用凭证"命令，打开"调用常用凭证"对话框，直接输入凭证编号，单击"确定"按钮，或单击"参照"按钮，打开"常用凭证"对话框，选择所需凭证，单击"选入"按钮即可。

（9）在"填制凭证"窗口，通过单击"首页"、"上页"、"下页"、"末页"按钮翻页查找，或单击"查看"按钮，输入条件查找要作废的凭证。

（10）选择"制单"→"作废/恢复"命令，凭证左上角显示"作废"字样，表示已将该凭证作废，如图3–18所示。

（11）选择"制单"→"整理凭证"命令，在弹出的对话框中选择要整理的月份，单击"确定"按钮，打开"作废凭证表"对话框。

（12）双击需删除的凭证所在行的"删除？"按钮，单击"确定"按钮。

（13）系统提示"是否还需整理凭证断号"，单击"是"按钮对凭证编号进行整理。

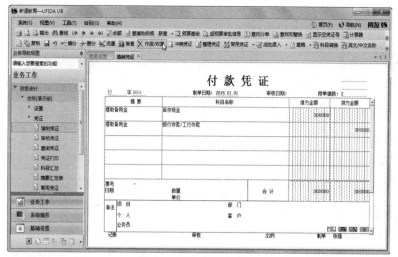

图 3-18 作废/恢复凭证

【要点提示】

（1）在系统编号时，凭证一旦保存，其凭证类别、凭证编号将不能再修改；在手工编号时，凭证一旦保存，其凭证类别不能再修改，凭证编号可修改。

（2）在录入辅助明细时，当数量、单价、金额三项都有数据时，系统提供反算功能，即改变数量或单价会反算金额，改变金额会反算单价。

（3）金额不能为"零"，红字以"-"表示。

（4）可以按"="键取当前凭证借贷方金额的差额到当前光标位置。每张凭证上只能使用一次。

（5）输入的结算方式、票号和发生日期将在进行银行对账时使用。

（6）凭证填制完成后，在未审核前可以直接修改。

（7）正文中不同的摘要可以相同也可以不同，但不能为"空"。每行摘要将随相应的会计科目在明细账、日记账中出现。完成新增分录后，按"回车"键，系统将摘要自动复制到下一行分录。

（8）凭证日期应满足总账选项中的设置，如果默认系统的选项，则不允许凭证日期逆序。

二、出纳签字及凭证审核

【任务描述】

2012年1月，操作人员将北京宏远科技有限责任公司本月发生的出纳业务进行出纳签字，对所有业务进行凭证审核。

【任务分析】

为了加强企业库存现金收入与支出的管理，应加强对出纳凭证的管理。出纳凭证的管理可以采用多种方法，其中出纳签字就是主要的方法之一。出纳签字是指由出纳人员通过"出纳签字"功能对制单员填制的带有库存现金、银行科目的凭证进行检查核对，主要是核对出纳凭证的科目金额是否正确，如果凭证正确，则在凭证上进行出纳签字；如果认为该张凭证有错误或有异议，则出纳不签字，应交与填制人员修改后再核对。

凭证审核是由具有审核权限的操作员按照会计制度规定，对制单人填制的记账凭证进行合法性检查，其目的是防止错误及舞弊。审核的主要内容：记账凭证是否与原始凭证一致，经济业务是否正确，记账凭证相关项目是否填写齐全，会计分录是否正确等。审核中如发现有错误或有异议时，应交与凭证填制人员进行修改或作其他处理。

记账凭证的准确性是进行正确核算的基础，因此在手工处理系统中，对手工填制的凭证必须经过第二人审核后才能登账。在会计电算化账务处理系统中，无论是直接在计算机上根据已审核的原始凭证填制的记账凭证，还是直接将手工编制并审核后的凭证输入系统，都要经过他人的审核后，才能作为正式凭证进行记账处理。

凭证审核时，可直接由具有审核权限的操作员根据原始凭证对未记账的凭证进行审核，对正确的记账凭证，发出签字指令，计算机会在凭证上填上审核人名字。根据会计内部控制的要求，凭证制单人和审核人不能为同一人，即任何操作员都不能审核自己填制的凭证。

【任务实施】

（1）以出纳302李伟身份进入总账系统，选择"凭证"→"出纳签字"命令，如图3-19所示，打开"出纳签字"对话框。

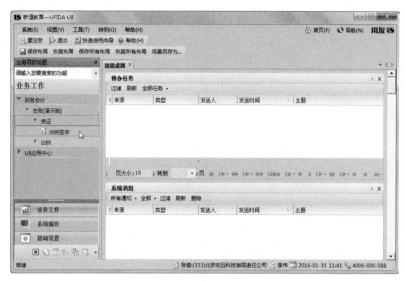

图 3-19　出纳签字

（2）在"出纳签字"对话框中，单击"确定"按钮，打开"出纳签字"情况窗口。

（3）在"出纳签字"情况窗口中，单击"确定"按钮，打开待签字的第一张凭证。

（4）单击"出纳签字"按钮，逐张进行出纳签字。

（5）单击"签字"按钮，完成出纳签字，如图 3-20 所示。

图 3-20　单张出纳签字

（6）以账套主管 301 陈明身份进入总账系统，如图 3-21 所示，选择"凭证"→"审核凭证"命令，打开"审核凭证"对话框。

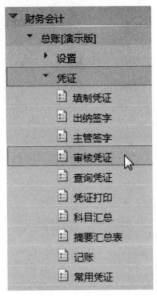

图 3-21　审核凭证

（7）在"审核凭证"对话框中，单击"确定"按钮，打开"审核凭证"情况窗口。

（8）在"审核凭证"情况窗口中，单击"确定"按钮，打开待审核签字的第一张凭证。

（9）单击"审核签字"按钮，逐张进行审核签字或者直接选择"审核"→"单张审核凭证"命令，进行单张审核签字。

（10）单击"审核"按钮，如图 3-22 所示。

【要点提示】

（1）要进行出纳签字的操作至少应满足以下两个条件：第一，在"总账"系统的"选项"中已经设置了"出纳凭证必须经由出纳签字"；第二，已经在会计科目中进行了"指定科目"的操作，将"库存现金"指定为现金科目，将"银行存款"指定为银行科目。

（2）出纳签字后的凭证不能直接修改或删除，只有取消签字后才可以修改或删除。取消签字只能由出纳自己进行。

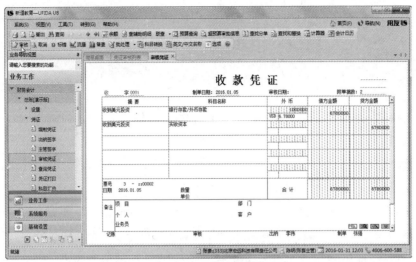

图 3-22 单张审核凭证

（3）出纳签字并非审核凭证的必要步骤。若在设置总账参数时，未选择"出纳凭证必须经由出纳签字"，则可以不执行出纳签字的操作。

（4）审核人必须具有审核权限。若在总账系统的选项中选中"凭证审核控制到操作员"复选框，则应继续设置审核的明细权限，即"数据权限"中的"用户"权限，该用户才真正拥有了审核凭证的权限。

（5）在审核凭证时还可以对错误凭证进行"标错"处理。作废凭证既不能被审核，也不能被标错。

（6）凭证审核签字后，不能对其进行修改或删除，只有取消审核签字后才可以进行修改或删除。

三、凭证记账

【任务描述】

（1）2016 年 1 月，操作员将北京宏远科技有限责任公司本月已审核无误的记账凭证进行记账。

（2）使用记账的逆操作功能——取消记账。

（3）修改错误但已经记账的凭证。

【任务分析】

会计电算化账务处理系统中的记账和手工会计中的记账意义是相同的，都是一个数据归集、汇总的过程，以便能全面、系统地反映企业各项经济业务活动的变动情况。但由于采用计算机进行数据处理，因此记账的原理和过程又有所不同。

【相关知识】

1. 记账原理

在会计电算化账务处理系统中，实际上并不存在手工意义上的账簿，所有的账簿数据均以电子数据的形式（数据库文件方式）在系统中存放。从系统内部的处理过程来看，记账处理实际上是会计数据在不同数据库文件之间的传递。当然，在数据传递过程中，伴随有数据的运算处理。

通过前面的凭证处理工作可知，作为账务处理系统基础数据的记账凭证数据，尽管从要求上讲，输入系统并经过审核签章后即成为合法数据，但由于审核通过的记账凭证仍然可通过凭证的审核功能取消审核签章并进行"无痕迹"修改，因此，只有审核通过并记账处理后的凭证才是真正合法有效的凭证。从这一点来看，记账实际上成为形成系统正式有效数据的一个关口，通过记账处理，正式形成了系统的基础数据，这是记账处理的主要功能目标。

从系统的内部处理过程来看，通过凭证输入功能输入的凭证，首先暂时存放在一个临时数据库文件中，凭证审核签字操作（或取消审核签字操作）实际上都是对这个临时数据库文件中数据的修改处理。临时数据库文件中存放的数据，由于其具有不稳定性，并不能作为产生系统输出而进行的各种数据处理的基础数据。通过记账处理，系统自动将这个临时数据库中的数据（通过审核的）转移到另外一个稳定的数据库文件中，该数据库文件中的数据是不能被修改的。当然，系统为了方便形成系统的输出（账簿输出、报表输出、辅助核算、辅助管理信息资料的输出等），还同时自动运算处理形成了其他一些稳定的数据库文件。

2. 记账过程

记账是由有记账权限的操作人员登录系统，调用系统的记账功能，选择需要记账的凭证后由系统自动完成的，具体的记账处理过程不需要操作人员进行干预。在一般账务系统中，记账处理过程包括以下内容。

（1）选择记账凭证。操作者通过此过程的操作，可以控制计算机系统本次记账处理的记账凭证对象，一般通过记账凭证的月份、凭证类型、凭证号（或凭证号范围）等指标进行控制。

（2）对选择的记账凭证进行合法性检验。这项检验工作由系统自动进行，主要检验是否有不平衡凭证。这项检验已在凭证输入时进行过，再次检验主要是为了防止计算机病毒对数据造成的破坏以及对系统数据库文件的非法操作所造成的数据破坏。通过系统检验，若发现错误数据，系统将自动提示用户，并终止以后的记账处理过程。只有当所选范围的所有记账凭证均检验通过后，才能进行记账处理。

（3）打印记账凭证汇总表。这项工作是否进行，是由用户选择的，用户可选择"打印"或"不打印"，无论何种选择都不影响今后的记账处理。

（4）正式记账。如前所述，电算化账务系统中的记账处理实际上是数据在不同数据库文件中的传递过程。当然，在这个数据传递过程中还伴随着对数据的运算处理过程。为确保数据的安全，在正式记账处理过程中，系统首先将记账前各数据库的状态进行保护（通过对其进行备份），然后进行具体的数据传递和运算处理并形成新的数据。

（5）取消记账又称恢复记账前状态或反记账。在记账过程中如由于断电使记账发生中断而导致记账错误，或者记账后发现输入的记账凭证有错误，需进行修改，可调用恢复记账前状态功能，将数据恢复到记账前状态，待调整完成后再重新记账。系统提供两种恢复记账前状态的方式：一种是将系统恢复到最后一次记账前状态；另一种是将系统恢复到本月月初状态。

（6）修改错误凭证。日常业务处理时，如果未记账前发现凭证有错误，可以通过直接修改或取消签字后进行修改的方法来保证凭证的正确无误。如果凭证已记过账，按照有关规定，只能对错误凭证采取红字冲销法或补充登记法进行更正，即对凭证修改采取有痕迹的修改，以保证留下审计线索。补充登记法即相当于增加一张凭证。红字冲销法，即将错误凭证采用增加一张红字凭证全额冲销，若需要，再增加一张蓝字凭证补充的方法。会计电算化方式下，红字冲销凭证的适用条件和操作思路与手工会计下的相同。

【任务实施】

（1）选择有记账权限的操作员，选择"凭证"→"记账"命令，打开"记账"对话框中的"记账选择"命令，双击并输入需要记账的凭证范围，如果不输入记账范围，系统默认为所有凭证，如图 3-23 所示。

（2）单击"下一步"按钮，打开"记账—记账报告"对话框，单击"下一步"按钮，进入"记账报告"对话框。

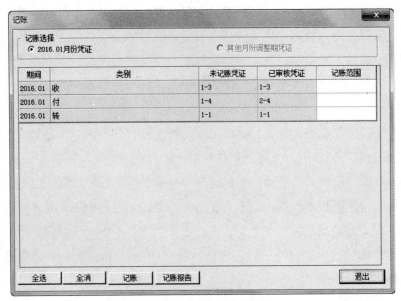

图 3-23　确定记账范围

　　（3）单击"下一步"按钮，进入"记账"对话框，单击"记账"按钮，打开"期初试算平衡表"对话框，单击"确定"按钮。

　　（4）系统开始登记有关的总账、明细账、辅助账，记账完毕，单击"确定"按钮，如图 3-24 所示。

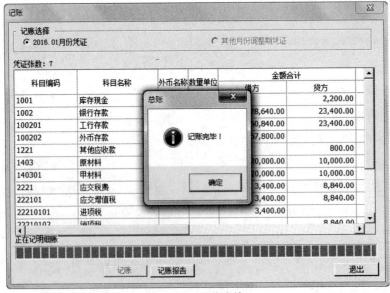

图 3-24　记账完毕

（5）在"总账系统"窗口，选择"期末"→"对账"命令，打开"对账"对话框。

（6）按"Ctrl＋H"键，系统弹出如图3-25所示的"恢复记账前状态功能已被激活"提示对话框，单击"确定"按钮。

图 3-25 激活恢复记账前状态功能

（7）单击"退出"按钮，返回到"总账系统"窗口，选择"凭证"→"恢复记账前状态"命令，打开如图3-26所示的"恢复记账前状态"对话框。

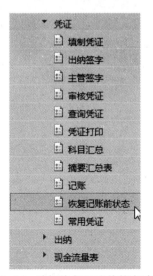

图 3-26 选择恢复记账前状态功能

（8）选择一种恢复方式，如选择恢复到"2012 年 01 月初状态"，单击"确定"按钮。提示"恢复记账完毕！"信息，单击"确定"按钮。

（9）选择具有冲销凭证权限的人（本例为陈明）登录总账系统，并进入"填制凭证"窗口。

（10）选择"制单"→"冲销凭证"命令，出现"冲销凭证"对话框。

（11）在"凭证号"栏录入"1"，如图 3-27 所示。

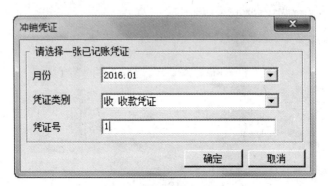

图 3-27　冲销收 1 凭证

（12）单击"确定"按钮，系统自动生成一张红字冲销凭证，如图 3-28 所示，单击"确定"按钮。

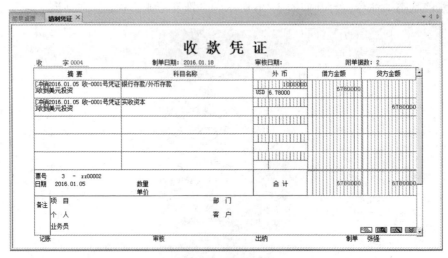

图 3-28　红字凭证

第四节　出纳管理

货币资金包括现金和银行存款等。由于它们具有的一些特性，管好、用好企业货币资金是现代企业管理的一项重要内容。出纳管理功能是出纳人员进行货币资金管理的工具，它包括现金和银行存款日记账的输出、支票登记簿的管理以及银行对账的功能，并可对长期未达账提供审计报告。下面主要介绍银行日记账的查询和银行对账的使用。

一、银行存款日记账的查询

【任务描述】

2016 年 1 月 31 日，北京宏远科技有限责任公司出纳查询银行存款日记账。

【任务分析】

银行存款日记账是专门用于逐日逐笔登记银行存款的增加、减少和结存情况的账簿，一般按开户银行和其他金融机构分别设置。查看银行存款日记账，便于及时了解银行存款的增加、减少和结存情况。

【任务实施】

（1）在"总账系统"中，选择"出纳"→"银行日记账"命令，打开"银行日记账查询条件"对话框。

（2）选择查询科目、查询期间及查询方式，如图 3-29 所示。

图 3-29　银行日记账查询

(3) 单击“确定”按钮，打开“银行日记账”窗口，如图 3-30 所示。选中某条记录，单击“凭证”按钮，可查看相应的记账凭证；单击“总账”按钮，可查看银行存款总账。

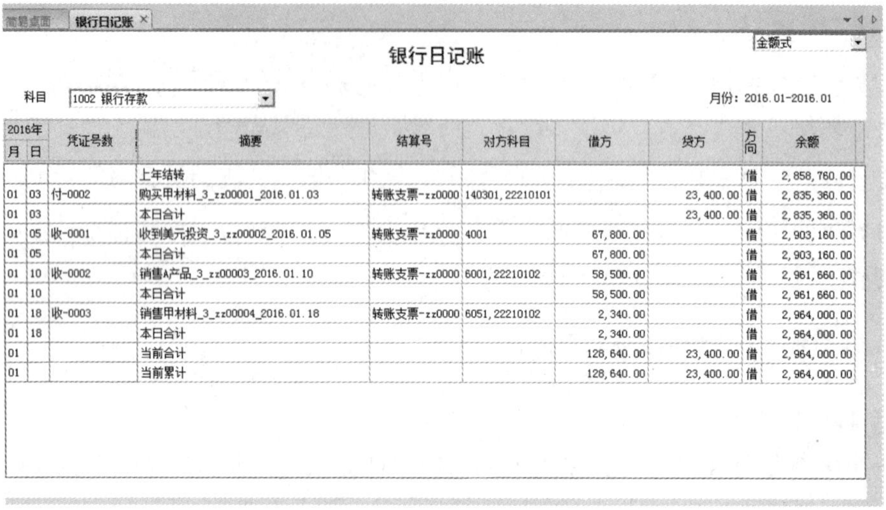

2016年 月	日	凭证号数	摘要	结算号	对方科目	借方	贷方	方向	余额
			上年结转					借	2,858,760.00
01	03	付-0002	购买甲材料_3_zz00001_2016.01.03	转账支票-zz0000	140301,22210101		23,400.00	借	2,835,360.00
01	03		本日合计				23,400.00	借	2,835,360.00
01	05	收-0001	收到美元投资_3_zz00002_2016.01.05	转账支票-zz0000	4001	67,800.00		借	2,903,160.00
01	05		本日合计			67,800.00		借	2,903,160.00
01	10	收-0002	销售A产品_3_zz00003_2016.01.10	转账支票-zz0000	6001,22210102	58,500.00		借	2,961,660.00
01	10		本日合计			58,500.00		借	2,961,660.00
01	18	收-0003	销售甲材料_3_zz00004_2016.01.18	转账支票-zz0000	6051,22210102	2,340.00		借	2,964,000.00
01	18		本日合计			2,340.00		借	2,964,000.00
01			当前合计			128,640.00	23,400.00	借	2,964,000.00
01			当前累计			128,640.00	23,400.00	借	2,964,000.00

图 3-30　银行日记账内容

【要点提示】

只有在“会计科目”功能中使用“指定科目”功能，指定“现金总账科目”及“银行总账科目”，才能查询“现金日记账”及“银行日记账”。

二、银行对账

【任务描述】

2016 年 1 月 31 日，根据北京宏远科技有限责任公司银行对账的要求，完成下列任务：

(1) 333 账套银行账的启用日期为 2016 年 1 月 1 日，交通银行人民币户企业银行存款日记账余额为 1 211 700 元，银行对账单期初余额为 1 199 700 元，未达账系银行已付，企业未付款 12 000 元（2015 年 12 月 31 日，结算方式：其他；票号：××8657）。请根据以上资料录入 333 账套银行对账单期初余额。

(2) 输入北京宏远科技有限责任公司 2016 年 1 月工行的银行对账单，如表 3-3 所示。

表 3-3 北京宏远科技有限责任公司 2016 年 1 月工行的银行对账单

日期	结算方式	票号	借方金额（元）	贷方金额（元）
2016.01.01	现金支票	xj00001		3 000
2016.01.03	转账支票	zz00001		234 000
2016.01.10	转账支票	zz00003	58 500	
2016.01.18	转账支票	zz00004	2 340	

（3）进行银行对账。

（4）查询余额调节表。

【任务分析】

为了保证银行对账的正确性，第一次使用银行对账功能进行对账之前，必须先将企业银行存款日记账余额、银行对账单余额及双方的未达账项录入到银行对账单期初余额中。在开始使用银行对账之后，银行对账单期初录入一般不再使用。

【相关知识】

银行对账是企业货币资金管理的重要内容，由于凭证传递时间的不同以及企业和银行在业务处理上可能存在差错，往往会发生双方账面记录不一致的情况。为了及时发现记账差错，正确掌握银行存款实际可用的金额，企业必须定期将银行存款日记账及银行传来的对账单进行核对，并编制银行存款余额调节表，这就是银行对账。

银行对账一般通过以下几个步骤来完成：录入银行对账期初数据、录入银行对账单、进行银行对账、编制银行存款余额调节表等。

【任务实施】

1. 录入银行对账期初数据

（1）在"总账"中，选择"出纳"→"银行对账"→"银行对账期初录入"命令，打开"银行科目选择"对话框。

（2）单击"确定"按钮，打开"银行对账期初"对话框。

（3）在单位日记账"调整前余额"栏输入"2 858 760"，在银行对账单"调整前余额"栏输入"2 859 760"，如图 3-31 所示。

（4）单击"日记账期初未达项"录入单位日记账期初未达项，在"企业方期初"窗口单击"增加"按钮，输入未达账项数据，如图 3-32 所示。

（5）单击"返回"按钮，在"银行对账期初"窗口显示调整后余额。

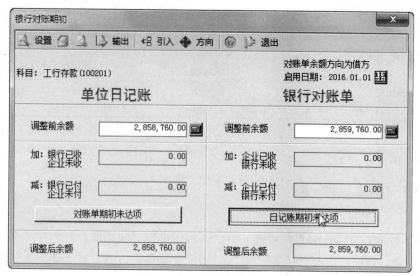

图 3-31　银行对账期初录入

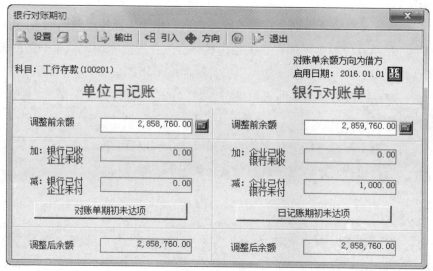

图 3-32　录入未达账项

（6）单击"退出"按钮。

2. 录入银行对账单

（1）在"总账"中，选择单击"出纳"→"银行对账"→"银行对账单"命令，打开如图 3-33 所示的"银行科目选择"对话框。

图 3-33　银行科目选择

（2）选择月份 2016 年 1 月，单击"确定"按钮，打开"银行对账单"对话框。

（3）单击"增加"按钮，输入如图 3-34 所示的对账单记录。

图 3-34　录入银行对账单

（4）单击"退出"按钮。

3. 进行银行对账

（1）在"总账系统"中，选择"出纳"→"银行对账"命令，打开"银行科目选择"对话框。选择"工行存款"科目，单击"确定"按钮，打开"银行对账"窗口。

（2）在"银行对账"对话框中，单击"对账"按钮，出现如图 3-35 所示的"自动对账"条件选择窗口。

科目: 100201(工行存款)

单位日记账							银行对账单					
票据日期	结算方式	票号	方向	金额	两清	凭证号数	日期	结算方式	票号	方向	金额	两清
2016.01.10	3	zz00003	借	58,500.00		收-0002	2016.01.01	2	xj00001	贷	3,000.00	○
2016.01.18	3	zz00004	借	2,340.00		收-0003						
2016.01.01	2	xj00001	贷	3,000.00	○	付-0001						
2016.01.03	3	zz00001	贷	23,400.00		付-0002						
	3		贷	1,000.00		付-0012						

图 3-35　银行对账

（3）输入截止日期，选择对账条件，单击"确定"按钮，系统进行自动勾对并作出勾对符号，如果对账单中有与日记账相对应但未选中的已达账记录，则可进行手工对账，即分别双击银行对账单和单位日记账的"两清"栏，标上两清标志。

（4）对账完毕，单击"检查"按钮，检查平衡结构，单击"确定"按钮返回。

（5）单击"退出"按钮。

4. 编制银行存款余额调节表

（1）选择"出纳"→"银行对账"→"余额调节表查询"命令，打开"银行存款余额调节表"窗口。

（2）单击"查看"按钮或直接双击该行，系统即显示出生成的"银行存款余额调节表"，如图 3-36 所示。

银行存款余额调节表

银行科目（账户）	对账截止日期	单位账账面余额	对账单账面余额	调整后存款余额
工行存款(100201)		2,893,200.00	2,856,760.00	2,893,200.00
外币存款(100202)		0.00	0.00	0.00

图 3-36　银行存款余额调节表

【要点提示】

1. 录入银行对账期初数据时的注意事项

（1）银行对账单余额方向为借方时，借方发生表示银行存款增加，贷方发生表示银行存款减少；反之，借方发生表示银行存款减少，贷方发生表示银行存款增加。系统默认银行对账单余额方向为借方，单击"方向"按钮可调整银行对账单余额方向。

（2）在执行对账功能之前，应将"银行对账期初"中的"调整后余额"调平。否则，在对账后编制银行存款余额调节表时，会造成银行存款与单位银行账的账面余额不平。

2. 录入银行对账单时的注意事项

（1）录入银行对账单时，其余额由系统根据银行对账单期初余额自动计算生成。

（2）企业如果在多家银行开户，对账单应与其账号所对应的银行存款末级科目一致。

3. 进行银行对账时的注意事项

（1）银行对账包括自动对账和手工对账两种方式。自动对账是计算机根据对账条件将银行日记账未达账项与银行账进行自动核对、勾销，自动对账两清的标志为"○"。手工对账是对自动对账的补充，手工对账两清的标志为"Y"。

（2）在自动对账后如果发现一些应勾对而未勾对上的账项，可以分别单击"两清"栏，直接进行手工调整勾对。

4. 查询银行存款余额调节表时的注意事项

（1）银行存款余额调节表应显示账面余额平衡，如果不平衡应分别查看：第一，银行对账期初的"调整后余额"是否平衡；第二，银行对账单录入是否正确；第三，"银行对账"中勾对是否正确。如果有不平衡、不正确，应进行调整。

（2）在银行对账之后可以查询对账勾对情况，如果确认银行对账结果是正确的，可以使用"核销银行账"功能核销已达账。

第五节　账簿管理

【任务描述】

2016年1月，北京宏远科技有限责任公司定义并查询333账套中2016年1

月份应交增值税多栏账，要求"分析方式"及"输出内容"均为"金额"式。

【任务分析】

本任务有两个：一是定义多栏账，类似于手工会计核算中的开设多栏账；二是查看多栏账。

【相关知识】

凭证制单、审核和记账（如果在查询或打印时选择未记账功能也可）之后，系统就可以生成正式的会计账簿，可以进行查询、统计和打印等操作。会计账表查询主要包括总账、余额表、明细账、日记账、序时账、多栏账及日报表查询等基本账表查询，客户往来账、供应商往来账、个人往来账、部门辅助账、项目辅助账、综合辅助账等辅助账查询以及现金流量表的查询等。管理人员可通过系统提供的强大查询功能，进行全方位的统计和查询操作，以满足管理的需要。

【任务实施】

（1）在"总账系统"中，选择"账表"→"科目表"→"多栏账"命令，打开"多栏账"对话框。

（2）单击"增加"按钮，打开"多栏账定义"对话框。

（3）单击"核算科目"对应的按钮，选择"应交增值税"科目，单击"自动编排"按钮，系统自动将所选科目的下级科目定义为分析科目。如图 3-37 所示。

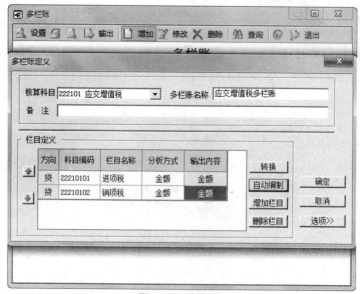

图 3-37　多栏账

(4) 在“项目定义”区域，选择“分析方式”及“输出内容”均为“金额”式，系统只输出其分析方向上的发生额。若选择“余额”式，系统对其分析方向上的发生额按正数输出，其相反方向按负数输出。

(5) 单击“选项”按钮，单击“分析栏目前置”项，将“进项税额”的方向改为借方。

(6) 单击“确定”按钮，返回到“多栏账”对话框。

(7) 单击“查询”按钮，在“多栏账查询”对话框中，选择要查询的应交增值税多栏账及查询期间。

(8) 单击“确定”按钮，即可查询到所定义的多栏账，如图 3–38 所示。

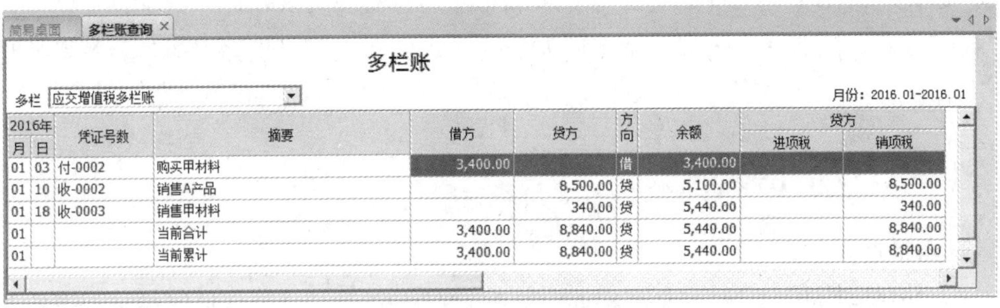

2016年 月	日	凭证号数	摘要	借方	贷方	方向	余额	贷方 进项税	销项税
01	03	付-0002	购买甲材料	3,400.00		借	3,400.00		
01	10	收-0002	销售A产品		8,500.00	贷	5,100.00		8,500.00
01	18	收-0003	销售甲材料		340.00	贷	5,440.00		340.00
01			当前合计	3,400.00	8,840.00	贷	5,440.00		8,840.00
01			当前累计	3,400.00	8,840.00	贷	5,440.00		8,840.00

图 3–38　应交增值税多栏账

【要点提示】

(1) 多栏账查询只适用于有下级科目的科目。没有下级科目的科目不能使用此功能。

(2) 单击“选项”按钮可以对多栏账格式及分析方向进行设置。其中，多栏账输出格式有分析栏目前置和分析栏目后置两种。分析栏目前置是指将分栏科目放在余额列之前进行分析，如增值税多栏账可采用这种方式。分析栏目后置是指将分栏科目放在余额列之后进行分析，与手工多栏账保持一致。

(3) 单击“分析栏目前置”项后，才能修改科目的方向，以便分析科目的借方发生额（余额）或贷方发生额（余额）。

第六节　总账期末处理

　　期末会计业务是指会计人员在每个会计期末都需要完成的会计工作，其中包括银行对账、期末转账业务、试算平衡、对账、结账以及期末会计报表的编制等。

　　期末会计业务与日常业务相比较，具有数量多、业务种类繁杂且时间紧迫的特点。在手工会计工作中，每到会计期末，会计人员的工作非常繁杂。而在计算机处理下，由于各会计期间的许多期末业务具有较强的规律性，由计算机来处理这些有规律的业务，不但节省会计人员的工作量，也可以加强财务核算的正确性和规范性。

一、转账定义

【任务描述】

　　2016 年 1 月 31 日，北京宏远科技有限责任公司对期末常见的经济业务定义转账凭证，主要需要完成以下任务。

　　（1）定义结转按月预提短期借款利息的凭证，月利息率为 0.2%。

　　（2）定义结转当月销售成本的凭证。

　　（3）定义结转期间损益的凭证。

【任务分析】

　　第一次使用总账系统进行期末业务处理时，可以对企业经常发生的期末业务事先定义好转账凭证模板、分录，以后各月只要调用转账生成功能，即可快速生成转账凭证。

【任务实施】

　　1. 定义"自定义转账"凭证

　　（1）单击"总账"→"期末"→"转账定义"→"自定义转账"命令，打开"自定义转账设置"对话框。

　　（2）单击"增加"按钮，打开"转账目录"对话框，如图 3-39 所示，输入转账序号"1"，转账说明为"计提短期借款利息"，并选择凭证类别"转 转账凭证"单击"确定"按钮。

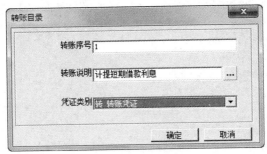

图 3-39　自定义转账

（3）打开"自定义转账设置"的窗口，输入第一条记录科目编码"6603"，方向选择"借"，金额公式选择"JG（　　　）"。

（4）单击"增行"按钮，继续定义转账定义下一行。科目编码输入"2231"，方向选择"贷"。在金额公式栏单击"参照"按钮，选择"期末余额"单击"下一步"按钮。

（5）打开"公式向导"对话框，选择会计科目"2001"、期间选择"月"，选中"继续输入公式"复选框，单击"乘"按钮，如图 3-40 所示。

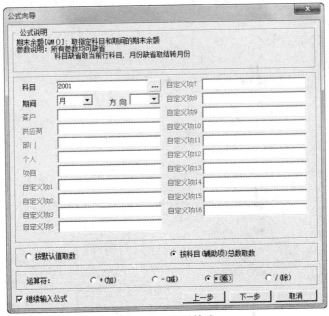

图 3-40　设置转账

（6）选择"常数"单击"下一步"按钮，在常数文本框中输入"0.002"，如图 3-41 所示。

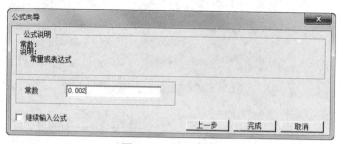

图 3-41　录入常数

（7）单击"完成"按钮，系统显示设置好的转账设置，单击"保存"按钮后退出。

2. 定义"销售成本结转"凭证

（1）单击"总账"→"期末"→"转账定义"→"销售成本结转"命令，打开"销售成本结转设置"对话框。

（2）在"凭证类别"下拉列表框中选择类别"转 转账凭证"，在"库存商品科目"文本框中输入科目代码"1405"，在"商品销售收入科目"文本框中输入科目编码"6001"，在"商品销售成本科目"文本框中输入科目编码"6401"，如图 3-42 所示。

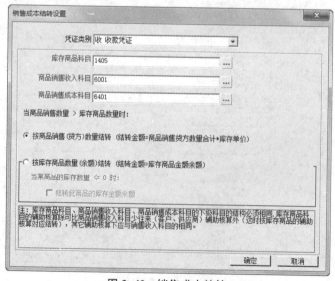

图 3-42　销售成本结转

3. 定义"期间损益结转"凭证

单击"总账"→"期末"→"转账定义"→"期间损益结转设置"命令，在"凭证类别"下拉列表框中选择"转账凭证"，在"本年利润科目"下拉列表框中选择"4103"，单击"确定"按钮。如图 3-43 所示。

图 3-43　结转损益

【要点提示】

（1）转账科目可以为非末级科目，部门可为空，表示所有部门。

（2）自定义转账功能可以完成对各种费用的分配、分摊、计提及税金的计算等，可以自定义期间损益转账凭证，另外，系统也单独提供了结转期间损益的功能，用户可根据实际情况决定采用哪一种方式结转期间损益。

（3）如果用户使用了应收、应付系统，那么在总账系统中，不能按客户、供应商辅助进行结转，只能按科目总数进行结转。

二、转账凭证的生成

【任务描述】

继续使用相关资料，完成以下任务。

（1）生成"自定义转账"凭证。

139

（2）生成"销售成本结转"凭证。

（3）生成"结转期间损益"凭证。

【任务分析】

由于转账是按照已记账的数据进行的，因此在进行月末转账工作之前，必须将所有未记账凭证记账，否则，将会影响生成的转账凭证数据的正确性。特别是对于相关转账分录，必须按顺序依次进行转账生成、审核、记账。转账凭证每月只能生成一次。

【任务实施】

1. 生成"自定义转账"凭证

单击"总账"→"期末"→"转账生成"→"自定义转账"命令，在"转账生成"窗口中单击"全选"（或者选中要结转的凭证所在行），单击"确定"，如图 3-44，单击"保存"，即生成了如图 3-45 所示的自定义转账凭证，单击"退出"按钮。

2. 生成"销售成本结转"凭证

单击"总账"→"期末"→"转账生成"→"销售成本结转"命令，在"转账生成"窗口中单击"确定"按钮，打开"销售成本结转一览表"窗口，单击"确定"按钮，单击"保存"按钮，凭证出现"已生成"标志，单击"退出"按钮。

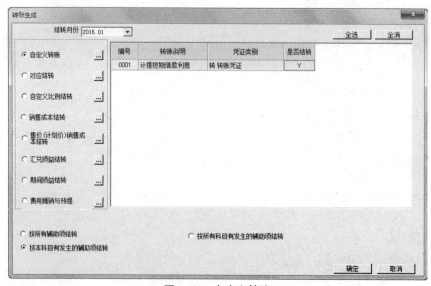

图 3-44　自定义转账

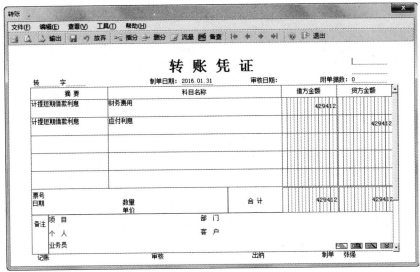

图 3-45 生成"自定义转账"凭证

3. 生成"期间损益结转"凭证

(1) 检查当月所有凭证均已审核、记账。

(2) 单击"总账"→"期末"→"转账生成"→"期间损益结转"命令，在"转账生成"窗口中单击"全选"按钮，如图 3-46 所示，单击"确定"按钮，生成如图 3-47 所示的期间损益结转凭证。

图 3-46 期间损益结转

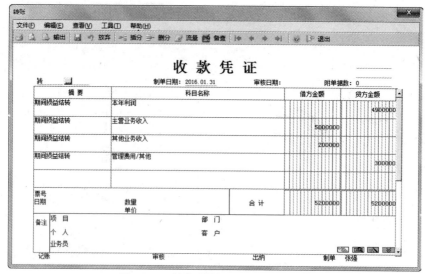

图 3-47 生成"期间损益结转"凭证

（3）单击"保存"按钮，单击"退出"按钮。

【要点提示】

转账凭证生成的工作应在月末进行。如果有多种转账凭证形式，特别是涉及多项转账业务时，一定要注意转账的先后次序。

三、月末对账和期末结账

【任务描述】

2016 年 1 月 31 日，北京宏远科技有限责任公司进行月末对账，核对无误后再进行月末结账。

【任务分析】

在会计期末，除了对收入、费用类账户余额进行结转外，还要进行对账、结账。为了保证账证相符、账账相符，应经常进行对账，至少一个月一次，一般可在月末结账前进行。结账就是计算和结转各账簿的本期发生额和月末余额，并结束会计期间的账务处理工作。结账每月只进行一次。

【相关知识】

结账是一项将账簿记录定期结算清楚的账务工作。在一定时期结束时，如月末、季末、年末，财务人员为了编制会计报表，需要进行结账。结账的内容通常包括两个方面：一是结清各种损益类账户，并据以计算确定本年利润；二是结清各资产、负债和所有者权益类账户，并分别结出本期发生额合计和余额。

对不需要按月结计本期发生额的账户，月末结账时，只需要在最后一笔经济业务之下划通栏单红线，不需要再结计一次余额。

库存现金、银行存款日记账和需要按月结计本期发生额的收入、费用等明细账，每月结账时，要在最后一笔经济业务之下划通栏单红线，结出本期发生额和余额，在摘要栏内注明"本月合计"字样，在下面划通栏单红线。

需要结计本年累计发生额的某些明细账户，每月结账时，应在"本月合计"行下结出自本年初起至本月末止的累计发生额，登记在月末发生额的下面，在摘要栏内注明"本年累计"字样，并在下面划通栏单红线。12月末的"本年累计"就是全年累计发生额，全年累计发生额下要划通栏双红线。

年度终了结账时，有余额的账户，要将其余额结转下年，并在摘要栏内注明"结转下年"字样。

在电算化环境下，结账的含义除包含上述内容以外，还包括结账后禁止在当期继续使用处理业务的各项功能，如不能输入、修改凭证，不能记账等。

【任务实施】

1. 月末对账

（1）单击"总账"→"期末"→"对账"命令，打开"对账"对话框，如图 3-48 所示。

图 3-48 月末对账

（2）选中所要对账的月份，在"是否对账"栏双击鼠标，出现"Y"标记，如图 3-48 所示。

（3）单击"对账"按钮，系统开始自动对账，并显示对账结果。

（4）单击"退出"按钮。

2. 期末结账

（1）选择"期末"→"结账"命令，打开"开始结账"对话框，单击"下一步"按钮，如图 3-49 所示。

图 3-49　选择结账月份

（2）打开"结账——核对账簿"对话框，单击"对账"按钮，系统自动进行对账，对账完毕后，单击"下一步"按钮，如图 3-50 所示。

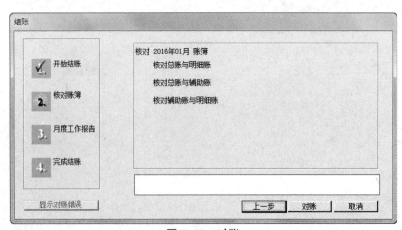

图 3-50　对账

（3）打开"结账——月度工作报告"对话框，单击"下一步"按钮，如图3–51所示。

图 3–51 工作报告

（4）打开"结账——完成结账"对话框，系统提示"2016 年 1 月工作检查完成，可以结账！"单击"确定"按钮。

【要点提示】

（1）结账必须按月连续进行，上月未结账，则本月不能结账。

（2）每月对账正确后才可以进行结账。

（3）若与子系统联合使用，其他子系统未全部结账，总账不能结账。

（4）若结账后发现结账错误，可以取消结账。其操作方法：进入"结账"对话框，选择要取消结账的月份，按"Ctrl＋Shift＋F6"即可。

（5）取消结账前，要进行数据备份。

小　结

在整个会计电算化信息系统中，总账系统既是中枢，又是最基本的系统，它综合、全面、概括地反映企业各个方面的会计工作内容，其他各子系统的数据必须传输到总账系统进行相应的处理，同时总账系统还把某些数据传输给其他子系统以供利用。许多单位的会计电算化工作往往都是从总账系统开始的。

总账系统的基本功能主要包括系统设置（初始化）、凭证管理、账簿管理、期末管理、往来管理、出纳管理、系统维护等。

实训设计

【实训目的】

通过上机操作，掌握日常业务处理中凭证处理和记账的方法；熟悉出纳管理的内容和处理方法；熟练掌握期末业务处理的内容和方法。

【实训要求】

1. 填制凭证

2. 审核凭证

3. 出纳签字

4. 修改凭证

5. 删除凭证

6. 设置常用凭证

7. 记账

8. 查询凭证

9. 冲销凭证

10. 查询日记账

11. 查询资金日报表

12. 支票登记簿

13. 银行对账

14. 查询"管理费用"三栏式总账，并联查明细账

15. 查询余额表并联查专项资料

16. 查询"管理费用"明细账

17. 定义"应交增值税"多栏账

18. 查询客户往来明细账

19. 查询部门总账

20. 定义转账分录

21. 生成机制凭证

【实训资料】

1. 2016 年 1 月发生的经济业务

（1）1 月 8 日，以现金支付购买包装箱货款 600 元。

（2）1 月 8 日，以工行存款支付 500 元财务部的办公费，转账支票号 3356。

（3）1 月 12 日，销售给光华公司库存商品 100 吨，货款 80 000 元，税金 13 600 元，收到银行汇票，票号为 1688，款项存入银行。

（4）1 月 22 日，收到杨明偿还借款 1 000 元。

（5）1 月 22 日，以转账支票（NO.9988）500 元支付销售部办公费。

2. 常用凭证

摘要：从工行提取现金

凭证类别：转账支票

科目编码：1001 和 100201

3. 银行对账期初数据

企业日记账余额 222 000 元，银行对账单期初余额 220 000 元，企业已收银行未收的未达账为 2015 年 12 月 20 日的 2 000 元。

4. 银行对账单

2016 年 1 月银行对账单

单位：元

日期	结算方式	票号	借方金额	贷方金额	余额
2016.01.08	转账支票	3356		800	219 200
2016.01.22	转账支票	5689	500		219 700

5. 计提短期借款利息，余额利率为 0.001 65

6. 将"应交税费——应交增值税（销项税额）"贷方余额转入"应交税费——应交增值税（未交增值税）"

7. 销售成本结转

8. 期间损益结转

第四章
应收款管理系统

【知识目标】

● 掌握用友 ERP-U8V10.1 应收款管理系统的基本功能

● 熟悉应收款管理系统参数设置的主要内容

● 掌握应收款管理系统期初余额录入的方法

● 掌握应收款管理系统日常业务处理的方法

● 掌握应收单据、收款单据的审核与核销的方法

【能力目标】

● 熟练进行应收款管理系统的初始化设置

● 熟练进行应收单据处理

● 掌握收款单据的处理与核销

● 掌握坏账的处理

● 能够熟练进行月末结账与取消结账处理

　　应收款管理系统主要用于核算和管理客户往来款项。对于往来款项的核算与管理可以深入到各产品、各地区、各部门和各业务员，并可从各种角度对往来款项进行分析、决策。本章主要介绍应收款管理子系统的功能目标，应收款管理子系统与其他子系统的关系，特别是与购销存管理系统的数据传递关系，并结合用友 ERP-U8V10.1 管理软件，对应收款管理子系统的各个功能模块进行

详细的分析与介绍。

第一节　认识应收款管理系统

应收款管理子系统主要实现企业对业务往来账款进行核算与管理，以发票、费用单、其他应收单等原始单据为依据，记录销售业务及其他业务所形成的往来款项，处理应收款项的收回、坏账、转账等情况，同时提供票据处理的功能，实现对承兑汇票的管理。

一、客户往来款项的核算方法

系统根据对客户往来款项核算和管理的程度不同，提供了两种应用方案。

如果在销售业务中应收款核算与管理内容比较复杂，需要追踪每一笔业务的应收款、收款等情况，或者需要将应收款核算到产品一级，那么可以选择该方法。在这种方法下，所有的客户往来凭证全部由应收款管理系统生成，其他系统不再生成这类凭证。

在这一方法中，本系统实现应收账款核算和管理的功能主要包括以下六个方面。

（1）根据输入的单据或由销售管理子系统传递过来的单据，记录应收款项的形成，包括由于商品交易和非商品交易所形成的所有应收项目。

（2）处理应收项目的收款及转账业务。

（3）对应收票据进行记录和管理。

（4）在应收项目的处理过程中生成凭证，并传递给总账系统。

（5）对外币业务及汇兑损益进行处理。

（6）根据所提供的条件，提供各种查询及分析。

二、在总账子系统核算客户往来款项

如果销售业务中应收账款业务并不十分复杂，或者现销业务很多，则可以选择在总账子系统通过辅助核算完成客户往来核算。该方法着重对客户的往来款项进行查询和分析，其主要功能包括以下两项：

一是若同时使用销售管理子系统，可接收销售管理子系统的发票，并对其进行制单处理，为制单而预先进行科目设置。

二是客户往来业务在总账子系统生成凭证后，可以在此进行查询。

三、应收款管理系统与其他子系统的主要关系

应收款管理系统与其他子系统的主要关系如图 4-1 所示。

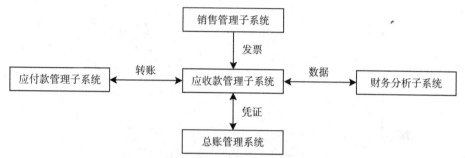

图4-1　应收款管理系统与其他子系统的关系

1. 应收款管理系统与销售管理系统的关系

销售管理系统为应收款管理系统提供已审核的销售发票、销售调拨单以及代垫费用单。应收款管理系统为销售管理系统生成凭证，并提供销售发票、销售调拨单的收款结算情况以及代垫费用的核销情况。

2. 应收款管理系统与总账管理系统的关系

应收款管理系统向总账系统传递凭证，并能够查询其所生成的凭证。

3. 应收款管理系统与应付款管理系统的关系

应收款管理系统和应付款管理系统之间可以进行转账处理，如应收冲应付。

4. 应收款管理系统与财务分析系统的关系

应收款管理系统向财务分析系统提供各种分析的数据。

四、应收款管理系统的操作流程

如果第一次使用应收款管理系统，可按照下列操作流程进行，如图 4-2 所示。

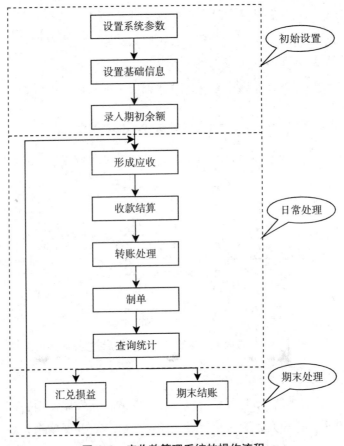

图 4-2　应收款管理系统的操作流程

具体说明如下：

（1）初次进入应收款管理系统，要进行账套参数和基础信息的设置。

（2）在进入正常处理之前，还应录入期初余额。

（3）日常处理包括票据的处理、单据的结算、票据的管理、凭证的处理以及坏账和转账处理等。

（4）期末处理包括汇兑损益的处理及期末结账的处理。

第二节　应收款管理系统初始设置

在进行应收业务处理前，企业应根据核算要求和实际业务情况进行有关设置，将一个通用系统转化为适应企业核算管理要求的专业系统。系统初始化主要包括账套参数的设置、初始设置、基础信息设置及期初数据录入等。

一、应收款管理系统初始参数设置

【任务描述】

北京宏远科技有限责任公司在启用了应收款管理系统之后，根据企业核算与管理的需要，需要对应收款管理系统参数作如表 4-1 所示的设置。

表 4-1　应收款管理系统参数的设置

常规参数	坏账处理方式为"应收余额百分比"，其他采用系统默认设置
凭证参数	采用系统默认设置
权限与预警参数	启用客户权限，并且按信用方式根据单据提前 7 天自动报警；其他采用系统默认设置

【任务分析】

应收款管理系统提供应收单据、收款单据的录入、审核、核销、转账、汇兑损益、制单等处理，提供各类应收和收款单据的详细核销信息、报警信息、凭证等内容的查询，提供总账表、余额表、明细账等多种账表查询功能，提供应收账款分析、收款账龄分析、欠款分析等丰富的统计分析功能。因而，操作人员必须对应收款管理系统的常规参数、凭证参数、权限与预警参数等进行设置，才能确保系统功能的正常运行。

【相关知识】

1. 应收款管理系统的两种应用方案

应收款管理系统提供了"详细核算"和"简单核算"两种应用方案，满足用户不同管理的需要。

（1）详细核算。详细核算应用方案的功能主要包括记录应收款项（包括由于商品交易和非商品交易所形成的所有应收项目）的形成、处理，应收项目的收款及转账情况，对应收票据进行记录和管理，随应收项目的处理过程自动生成凭证并传递给总账系统，对外币业务及汇兑损益进行处理及提供针对多种条件的各种查询和分析。

（2）简单核算。简单核算应用方案的功能主要包括接收销售系统的发票对其进行审核，以及对销售发票进行制单处理并传递给总账系统。企业通过在应收款管理系统中设置"应收账款核算模型"来决定具体选择哪一种方案。

2. 系统的前期准备工作

在应用系统之前，应该对现有的数据资料进行整理以便能够及时、顺利、准确地运用系统。为了便于系统的初始化，应该做好以下准备。

（1）根据系统客户目录中的内容，准备好有业务往来的所有客户的详细资料，包括客户的名称、地址、联系电话、开户银行、所属总公司、信用额度、最后的交易情况等。

（2）根据系统存货目录中的内容，准备用于销售的所有存货的详细资料，包括存货的名称、规格型号、价格、成本等数据。

（3）定义好发票、应收单的格式。

【任务实施】

应收款管理系统初始设置主要包括常规参数、凭证参数、权限与预警参数设置以及期初余额录入等，目的是通过初始设置，体现出企业对应收款管理的具体要求，建立一个适合企业应收款管理系统的子账套。

（1）在应收款管理系统，选择"设置"→"选项"命令，打开"选项"对话框。

（2）在"选项"对话框中，单击"编辑"，选择"常规"，在"坏账处理方式"的下拉列表中选择"应收余额百分比法"，其他采用系统默认设置，单击"确定"，如图4-3所示。

（3）在"选项"对话框中，单击"编辑"按钮，选择"凭证"，采用系统默认设置，单击"确定"按钮，如图4-4所示。

（4）在"选项"对话框中，单击"编辑"按钮，选择"权限与预警"，选中"启用客户权限""信用方式"前的复选框，并在"提前天数"的下拉列表中选择"7"，其他采用系统默认设置，如图4-5所示。

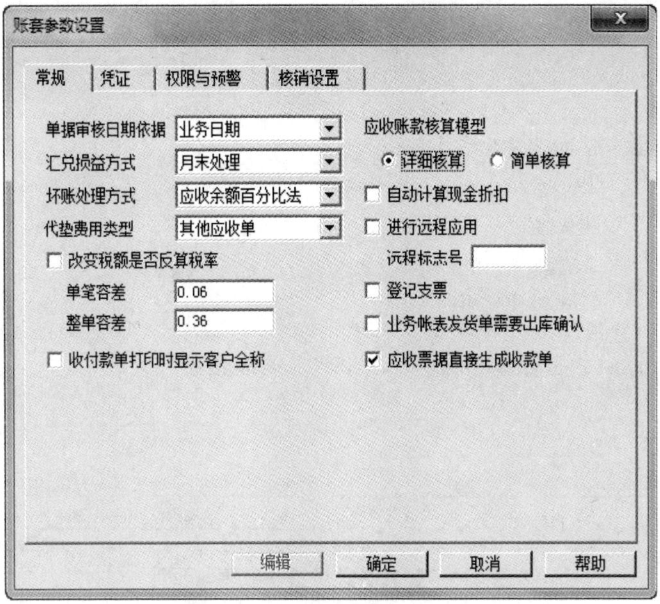

图 4-3 账套参数设置—常规

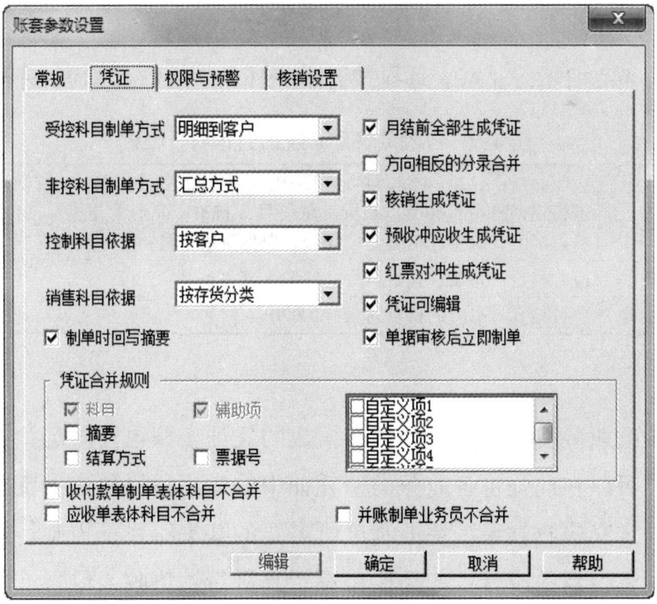

图 4-4 账套参数设置—凭证

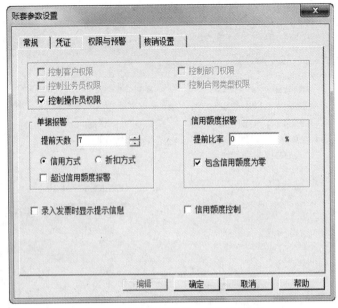

图 4-5　账套参数设置—权限与预警

二、设置应收款管理系统会计科目

【任务描述】

设置如表 4-2 所示的北京宏远科技有限责任公司应收款管理系统的会计科目。

表 4-2　应收款管理系统的会计科目设置

基本科目设置	应收科目：1122；预收科目：2203；销售收入科目：6001；税金科目：22210102；销售退回科目：6001；银行承兑科目：1121；商业承兑科目：1121；现金折旧科目：6603；票据利息科目：6603；票据费用科目：6603；收支费用科目：6601
控制科目设置	应收科目：1122；预收科目：2203
结算方式科目设置	各种结算方对应的科目均为：100201

【任务分析】

如果系统的业务类型较固定，那么生成的凭证类型也较固定，为了简化凭证生成的操作，可以在此处将各业务类型凭证中的常用科目预先设置好。其中，基本科目设置是定义应收款系统凭证制单所需要的基本科目；控制科目设置是进行应收科目、预收科目的设置；产品科目设置是进行销售收入科目、应交增值税科目、销售退回科目的设置；结算方式科目设置是进行结算方式、币种、科目的设置。依据用户定义的科目，不同的业务类型，生成凭证时自动带出科目。

【任务实施】

（1）打开应收款管理系统，选择"设置"→"初始设置"命令，打开"初始设置"窗口。

（2）在"初始设置"窗口中，选择"设置科目"→"基本科目设置"命令，设置基本科目，如图4-6所示。

图4-6 基本科目设置

（3）选择"设置科目"→"控制科目设置"命令，设置应收科目、预收科目，如图4-7所示。

图4-7 控制科目设置

（4）选择"设置科目"→"结算方式科目设置"命令，设置结算方式、币种、科目，如图4-8所示。对于现结的发票、收付款单，系统会根据单据上的结算方式查找对应的结算科目，并在系统制单时自动带出。

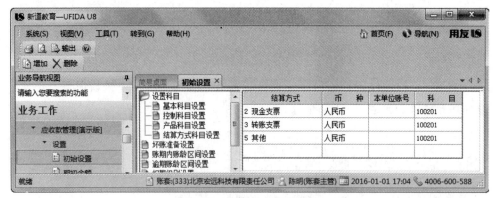

图 4-8　结算方式科目设置

【要点提示】

1. 受控科目制单方式

该选项提供了明细到客户和明细到单据两种制单方式。如果选择第一种方式，当用户将一个多笔业务合并生成一张凭证时，若核算发现此多笔业务的控制科目相同，系统会自动将其合并成为一条分录。

2. 非控科目制单方式

该选项提供了汇总方式、明细到客户和明细到单据三个选项。如果选择"汇总方式"选项，当用户将多个客户的多笔业务合并生成一张凭证时，若核算发现此多笔业务的非控制科目相同，而且其所带辅助核算项目也相同，系统会自动将其合并成一条分录。

3. 控制科目依据

该选项提供了按客户、按客户分类及按地区三个选项。应收控制科目是指带有所有客户往来辅助核算同时受控于应收系统的科目，在会计科目中进行设置。

4. 销售科目依据

该选项中提供了两个选项，分别是按存货和按存货分类。

三、设置坏账准备

【任务描述】

对北京宏远科技有限责任公司的坏账准备进行设置，其中，提取比率 5%，坏账准备期初余额为 0，坏账准备科目 1231（坏账准备），对方科目 6701（资产减值损失）。

【任务分析】

坏账初始设置是指用户定义系统内计提坏账准备比率和设置坏账准备期初余额的功能，其作用是根据用户的应收账款计提坏账准备。

【任务实施】

（1）在应收款管理系统中，选择"设置"→"初始设置"→"坏账准备设置"命令，打开"坏账准备设置"窗口。此处需要注意的是，如果在应收账款管理系统的选项中，坏账处理方式为直接转销法，则该功能菜单不显示。

（2）录入任务描述中的坏账准备设置数据，如图4-9所示，单击"确定"按钮保存设置。

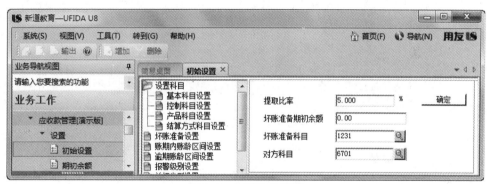

图 4-9 坏账准备设置

四、设置账期内账龄区间

【任务描述】

对北京宏远科技有限责任公司的应收款管理系统进行账龄区间设置，设置数据如表4-3所示。

表 4-3 应收款管理系统的账龄区间设置

序号	起止天数	总天数
01	0~30	30
02	31~60	60
03	61~90	90
04	91~120	120
05	121 以上	

【任务分析】

账期内账龄区间设置是指用户定义账期内应收款时间间隔的功能，其作用是便于用户根据自己定义的账款时间间隔，进行账期内应收账款或收款的账龄查询和账龄分析，清楚了解在一定期间内所发生的应收款、收款情况。

【任务实施】

（1）在应收款管理系统中，选择"设置"→"初始设置"→"账期内账龄区间设置"命令，打开"账期内账龄区间设置"对话框。

（2）依次输入总天数30、60、90、120，如图4-10所示。

图4-10　账期内账龄区间设置

（3）单击"退出"按钮。

五、设置报警级别

【任务描述】

对北京宏远科技有限责任公司的应收款管理系统进行报警级别设置，设置数据如表4-4所示。

表4-4　应收款管理系统的报警级别设置

序号	起止比率（%）	总比率（%）	级别名称
01	0~10	10	A
02	10~20	20	B
03	20~30	30	C
04	30以上		D

【任务分析】

操作人员可以通过对应收款管理系统报警级别的设置，将客户按照欠款余额与其授信额度的比例分为不同的类型，以便于掌握各个客户的信用情况。

【任务实施】

（1）在应收款管理系统中，选择"设置"→"初始设置"→"报警级别设置"命令，打开"报警级别设置"对话框。

（2）依次输入总比率和级别名称。如图 4-11 所示。

图 4-11　报警级别设置

（3）单击"退出"按钮。

六、设置单据编号

【任务描述】

对北京宏远科技有限责任公司的应收款管理系统进行单据编号设置，允许手工修改销售专用发票的单据编号。

【任务分析】

用户可将自己的往来业务与数据类型建立对应关系，达到快速处理业务以及进行分类汇总、查询、分析的效果。

【任务实施】

（1）在企业应用平台，单击"设置"页签，选择"单据设置"→"单据编号设置"命令，打开"单据编号设置"对话框。

（2）选择单据类型"销售专用发票"，单击" ✍ "按钮，选择"手工改动，重号时自动重取"项，如图 4-12 所示。

（3）单击"保存"按钮，单击"退出"按钮。

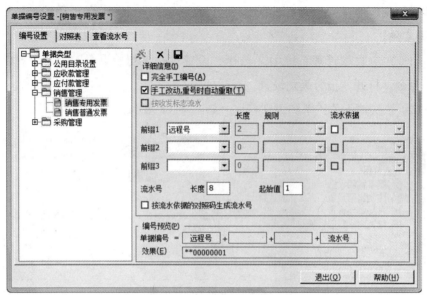

图 4-12　单据编号设置

七、录入期初余额

【任务描述】

北京宏远科技有限责任公司所有应收项目期初余额如下，请在应收款管理系统中录入期初余额并与总账系统对账。

（1）2015-12-09；凭证字号转-118 号；石家庄轴承厂购买普通 A 产品 1 000 件，单价 50 元，价税合计 58 500 元，付期限三个月的商业承兑汇票一张，票号 40589521，增值税专用发票号 56789001。

（2）2015-12-10；凭证字号转-119 号；北京塑钢门窗厂购买普通 A 产品 500 件，单价 50 元，价税合计 29 250 元，货款未付，增值税专用发票号 56789002。

【任务分析】

通过期初余额功能，用户可将正式启用账套前的所有应收业务数据录入到系统中，作为期初建账的数据。本次任务中，需要在期初余额录入窗口中录入应收单据的期初金额。这些单据包括未结算完的发票和应收单，预收款单据未结算完的应收票据等。

【任务实施】

（1）在应收款管理系统中，选择"设置"中的"期初余额"命令，单击"确定"按钮，如图 4–13 所示。

图 4–13 期初余额查询

（2）在打开的"期初余额明细表"窗口中，单击"增加"按钮，在打开的"单据类别"窗口中，选择单据名称"应收票据"，单据类型"商业承兑汇票"，单击"确定"按钮，如图 4–14 所示。

图 4–14 期初余额明细表

（3）依次输入期初票据的相关信息，输入完毕单击"保存"按钮，单击"退出"按钮，返回到"期初单据录入"窗口，如图 4–15 所示。

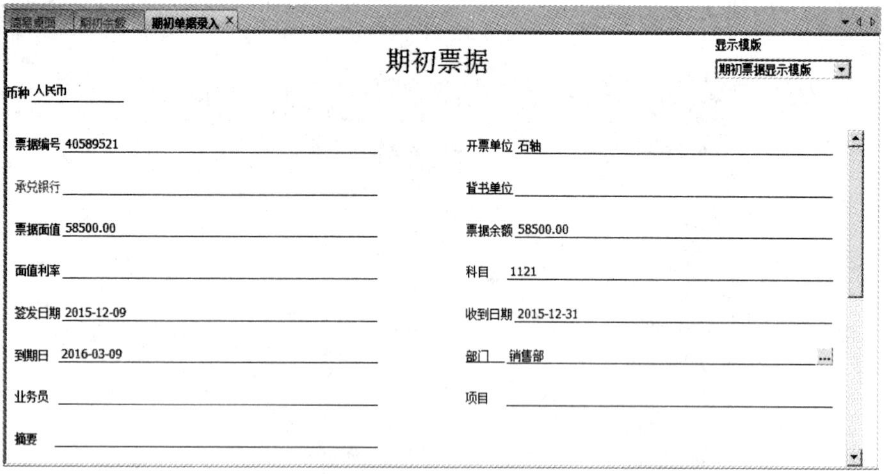

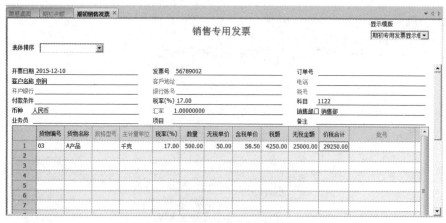

图 4-15　期初单据录入

（4）单击"增加"按钮，在打开的"单据类别"窗口中，选择单据名称"销售发票"，单据类型"销售专用发票"，方向"正向"，单击"确定"按钮。

（5）在打开的"期初销售发票"窗口，录入开给石家庄轴承厂的专用发票信息，输入完毕单击"保存"按钮，录入开给北京塑钢门窗厂的专用发票信息，输入完毕单击"保存"按钮，单击"退出"按钮，返回到"期初余额录入"窗口，如图 4-16 所示。

图 4-16　期初销售发票录入

（6）在"期初余额明细表"窗口中，单击"对账"按钮，打开"期初对账"窗口。

（7）单击"退出"按钮，返回到"期初余额"窗口，显示期初余额明细表，如图 4-17 所示。

图 4-17　期初余额明细表

【要点提示】

（1）在初次使用应收款管理时，应将启用应收款管理系统时未处理完的所有客户的应收账款、预收账款、应收票据等数据录入到本系统。当进入第二年度时，系统自动将上年度未处理完的单据转为下一年度的期初余额。在下一年度的第一会计期间内可以进行期初余额的调整。

（2）单据日期必须小于该账套启用期间（第一年使用）或者该年度会计期初（以后年度使用）。

（3）单据中的科目栏目，用于输入该笔业务的入账科目，该科目可以为空。我们建议在录入期初单据时，最好录入科目信息，这样不仅可以执行与总账对账的功能，而且可以查询正确的科目明细账与总账。

（4）发票和应收单的方向包括正向和负向，类型包括系统预置的各类型以及用户定义的类型。

（5）期初发票中表头、表体中均可以输入科目项目，且必须是应收系统的受控科目。

（6）操作员可以通过选择单据类型（收款单、付款单）来达到增加预收款、预付款的目的。

（7）期初余额录入或引入后，可与总账系统进行对账。

（8）在日常业务中，可对期初发票、应收单、预收款、票据、合同结算单进行后续的核销、转账处理。

（9）在应收业务账表中查询期初数据。

第三节　应收款管理系统日常业务处理

【任务描述】

2016 年 1 月，北京宏远科技有限责任公司接连收到两笔来自其他单位的回款。

2016 年 1 月 6 日，销售科向天津航空公司出售 B 产品 1 000 件，不含税单价 80 元，加税合计 93 600 元，开出增值税专用发票（票号为 567890003），货已发出，另开出转账发票（票号略），代垫运费 5 000 元，货款尚未收到。要求输入并审核该张销售专用发票。

2016 年 1 月 15 日，收到银行收账通知，收到北京塑钢门窗厂以电汇方式支付的 2015 年 12 月购买产品的价税款 29 250 元。

【任务分析】

销售发票与应收单据是应收账款日常核算的原始单据，单据处理是应收款管理系统处理的起点。在此，可以录入销售业务中的各类发票，以及销售业务之外的应收单。根据业务模型的不同，单据处理的类型也不同，具体分如下两种情况：如果同时使用应收款管理系统和销售管理子系统，则销售发票和代垫费用产生的单据由销售管理子系统录入、审核，自动传递到应收款管理系统，在应收款管理中对这些单据进行查询、核销、制单，且在应收款管理系统需要录入的单据仅限于应收单；如果没有使用销售管理子系统，则各类发票和应收单均应在应收款管理系统中录入。

【任务实施】

操作员在录入销售专用发票时，应按照以下步骤进行：

（1）在应收款管理系统中，选择"应收单据处理"→"应收单据录入"命令，打开"单据类别"窗口。如图 4-18 所示。

（2）单击"确定"按钮，录入收款单信息，如图 4-19 所示。

（3）单击"保存"按钮后，单击"审核"按钮，系统提示"是否立即制单？"，如图 4-20 所示。

（4）单击"是"按钮，编制出的收款凭证如图 4-21 所示。

图 4-18 单据类别

图 4-19 销售专用发票

图 4-20 是否立即制单

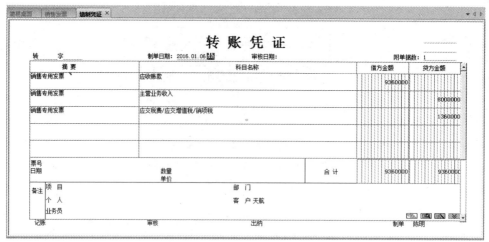

图 4-21　生成记账凭证

（5）单击"保存"按钮，单击"退出"按钮。

（6）在应收款管理系统中，选择"应收单据处理"→"应收单据录入"命令，打开"单据类别"窗口。选择单据名称"应收单"，单据类型"其他应收单"，方向"正向"，如图 4-22 所示。

图 4-22　单据类别

（7）单击"确定"按钮，录入代垫运费信息。

（8）单击"保存"按钮后，单击"审核"按钮，系统提示"是否立即制单?"，选择"是"后，生成付款凭证，如图 4-23 所示。

（9）在应收款管理系统中，选择"收款单据处理"→"应收单据录入"命令，打开"收付款单录入"窗口。

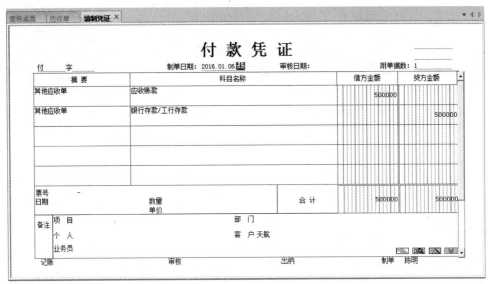

图 4-23　付款凭证

（10）单击"增加"按钮，录入收款单中各项信息，如图 4-24 所示，单击"保存"按钮，保存新增数据。

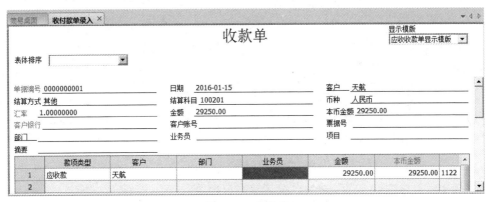

图 4-24　收款单

（11）单击"审核"按钮，系统提示"是否立即制单？"，选择"是"后，生成收款凭证，如图 4-25 所示。

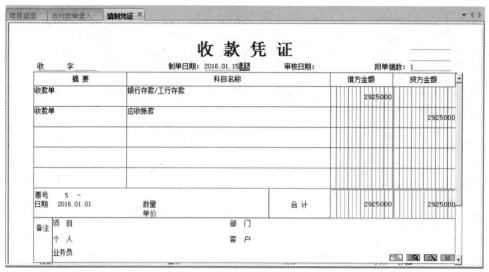

图 4–25　收款凭证

【要点提示】

（1）如果启用销售管理系统，则销售发票及代垫费用产生的其他应收单不在应收款管理系统中录入，而应在销售管理系统中填制销售发票，复核后，传递给应收款管理系统。若没有启用销售管理系统，则所有应收单据在应收款管理系统中进行录入，而存货出库成本的核算还需在总账系统中手工进行结转。本书默认没有启用销售管理系统。

（2）只有经过审核之后的应收款单据才可以被系统确认有效，在应收单填制保存后就可以立即对该张单据进行审核，也可以使用应收款管理系统的应收单审核命令进行处理。

（3）对于已审核的单据，在没有生成凭证前，如需取消审核，可以在单据明细表中直接单击"弃审"按钮，或者双击该记录，打开已审核的单据，然后单击该单据工具栏上的"弃审"按钮。如果需要弃审已经生成凭证的应收单据，则应先删除凭证，再对该应收单据进行弃审。

（4）在填制应收单据时，只需录入上半部分的内容，下半部分的内容除对方科目外均由系统自动生成，下半部分的对方科目可以生成凭证后手工录入。

第四节　坏账处理

坏账处理功能可用来处理坏账的发生、坏账的收回和坏账的计提。其中，坏账的发生和收回是根据往来款业务情况在日常核算中进行的；而坏账的计提只能在年末进行，并由应收款管理系统根据用户对坏账计提方法的设置自动计算，然后制单完成。

【任务描述】

2016 年 1 月 15 日，北京塑钢门窗厂 2015 年 12 月 10 日形成的应收账款 29 250 元确认为坏账。

【任务分析】

本笔业务实质是将宏达的应收账款转为坏账，编制会计分录如下：

借：坏账准备　　　　　　　　　29 250

　　贷：应收账款——京塑　　　　　　　29 250

【相关知识】

1. 计提坏账准备

坏账计提是指预先估计经营风险，按预先进行坏账准备设置的参数，计提可能发生的相应坏账金额。

坏账计提应在"基础设置"选项中进行设置。如果坏账准备已经计提成功，则本年度将不能再做计提坏账准备。

2. 坏账发生

坏账发生是指用户确定某些应收款为坏账。双击"坏账发生"选项，弹出"坏账发生"对话框。

在对话框中选择日期和客户名称，单击"确定"按钮，即可在窗口中打开坏账发生单据明细表。

单击"确认"按钮，在弹出的"是否立即制单"提示框中，单击"是"按钮，可以制单；单击"否"按钮取消制单。

3. 坏账收回

坏账收回是指系统提供的对应收款已经确定为坏账后，又被收回的业务处理功能。通过本功能可以对一定期间内发生的应收坏账收回业务进行处理，反映应收账款的真实情况，便于对应收账款进行管理。

【任务实施】

（1）在应收款管理系统中，选择"坏账处理"→"坏账发生"命令，打开"坏账发生"窗口，单击"确定"按钮。

（2）在客户栏录入"002"或单击"参照"按钮，选择"北京塑钢门窗厂"，如图 4-26 所示。单击"确定"按钮，打开"发生坏账损失"窗口。

图 4-26　坏账发生

（3）选择坏账发生的单据，在"本次发生坏账金额"栏中录入该单据产生坏账的金额 29 250 元，单击"OK"按钮，系统提示"是否立即制单?"，如图 4-27 所示。

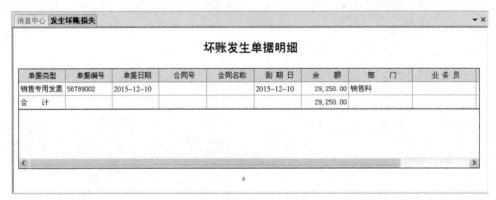

单据类型	单据编号	单据日期	合同号	合同名称	到期日	余额	部门	业务员
销售专用发票	56789002	2015-12-10			2015-12-10	29,250.00	销售科	
合　计						29,250.00		

图 4-27　坏账发生单据明细

（4）单击"是"按钮，完善凭证，如图 4-28 所示。

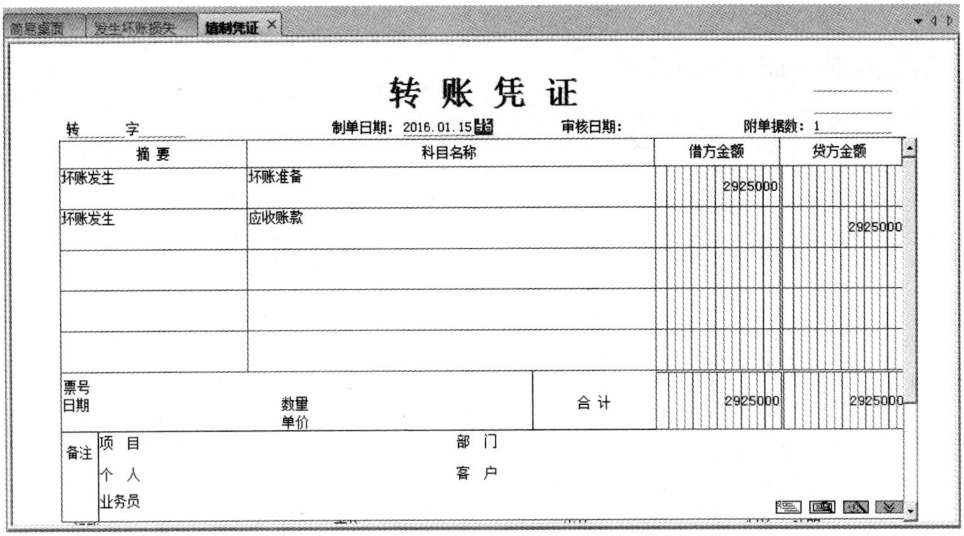

图 4-28 转账凭证

第五节 应收款管理系统期末业务处理

【任务描述】

2016 年 1 月 31 日，操作员张强对应收款管理系统进行月末结账。

【任务分析】

期末处理是指用户进行的期末结账工作。如果当月业务已全部处理完毕，就可以执行月末结账，只有月末结账后，才能开始下月工作。

进行月末处理时，一次只能选择一个月进行结账。前一个月没有结账，则本月不能结账；有未审核的结算单，则不能结账。如果选项中选择单据日期为审核日期，则应收单据在结账前应该全部审核；如果选项中选择"月末全部制单"，则月末处理前应该把所有业务生成凭证；年度末结账，应对所有核销、坏账、转账等处理全部制单。在执行了月末结账功能后，该月将不能再进行任何业务处理。

【任务实施】

（1）在应收款管理系统中，选择"期末处理"→"月末结账"命令，打开"月末处理"窗口。

（2）双击结账月份的"结账标志"栏，使其变成"Y"字样，然后单击"下一步"按钮，如图4-29所示。

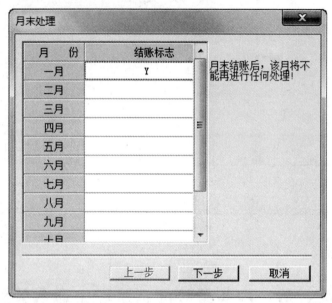

图4-29　月末结账

（3）当"处理情况"栏中均为"是"字时，单击"完成"按钮，系统提示结账成功；否则系统将提示不能结账的原因。

【要点提示】

（1）应收款管理系统与销售管理系统集成使用时，在销售系统结账后，才能对应收款管理系统进行结账处理。

（2）在执行了月末结账功能后，发现该月还有未处理的业务，可以取消结账处理。

（3）如果当月总账系统已经结账，则不能执行应收款管理系统的取消结账功能。

小　结

应收款管理系统通过发票、其他应收单、收款单等单据的录入，记录销售业务及其他业务所形成的往来款项，处理应收账款的收回、坏账、转账等情况，提供票据处理功能。系统根据对客户往来核算和管理的程度不同，提供了"详细核算"和"简单核算"两种应用方案。详细核算应用方案的功能主要包括记录应收账款（包括由于商品交易和非商品交易所形成的所有应收项目）的形成，处理应收项目的收款及转账情况，对应收票据进行记录和管理，随应收项目的处理过程自动生成凭证并传递给转账系统，对外币业务及汇兑损益进行处理以及提供针对多种条件的各种查询和分析。

实训设计

【实训目的】

通过上机实训，使学生熟悉应收款管理系统的基本功能；掌握初始设置、日常处理和月末处理的操作内容和操作方法。

【实训要求】

1. 启用应收款管理系统

2. 根据资料完成系统初始设置

3. 录入收款单据并进行审核、核销处理

4. 录入销售发票并进行审核

5. 录入应收单并进行审核

6. 进行月末结账和备份

【实训资料】

1. 新建一个账套号（资料如下）

（1）账套信息。账套号：学号后3位；账套名称：天阳机械有限公司；采用默认账套路径；启用日期：2016年1月1日；会计期间：1月1日至12月31日；企业为生产制造企业。

（2）单位信息。单位名称：四川天阳机械制造有限公司；单位简称：天阳公司；单位地址：成都市高新区龙马大道18号；法人代表：王新；邮编：640451；联系电话及传真：028-55666780；电子邮件：TYJXGS@126.com；纳税人登记号：829048174。

（3）核算类型。记账本位币：人民币（RMB）；企业类型：工业企业；行业性质：新会计制度科目；不按行业性质设置科目。

（4）基础信息。进行经济业务处理时，要对存货、客户、供应商进行分类，不要求进行外币核算。客户分类编码级次：223；供应商分类编码级次：223；部门编码级次：122；结算方式编码级次：12；会计科目编码级次：42222；数据精度选择默认两位小数。

（5）开户银行。工商银行成都市高新区分行；账号：3462970。

（6）用户及权限。账套主管：张强，编号001，口令为1；总账会计：李强，编号002，口令为2；应收、应付会计：陈云，编号003，口令为3。

（7）启用系统模块。总账模块启用日期：2016年1月1日；应收款系统启用日期：2016年1月1日。

2. 基础信息设置

（1）部门档案。天阳公司部门档案的内容如表4-5所示。

表4-5　天阳公司部门档案

部门编码	部门名称	负责人	部门属性
1	总经理办公室	王刚	综合管理
2	财务部	张强	财务管理
3	销售部	王刚	市场销售
301	销售一部	李同	销售产品
302	销售二部	黎平	销售产品
4	采购部	孙玲	采购供应

（2）职员档案。天阳公司职员档案的内容如表4-6所示。

表4-6 天阳公司职员档案

职员编号	职员名称	所属部门	职员属性
101	王刚	总经理办公室	总经理
201	张强	财务部	财务经理
202	李强	财务部	总账会计
203	陈云	财务部	应收、应付会计
301	李同	销售一部	部门经理
302	黎平	销售二部	部门经理
401	孙玲	采购部	部门经理

（3）客户分类。天阳公司客户分类的内容如表4-7所示。

表4-7 天阳公司客户分类

客户分类编码	客户分类名称
01	长期客户
02	中期客户
03	短期客户

（4）客户档案。天阳公司客户档案的内容如表4-8所示。

表4-8 天阳公司客户档案

客户编号	客户名称	类别	客户简称	所属行业	税号	开户银行	银行账号
001	成都机械厂	长期	成机	工业	1111	建行	8888
002	杭州商贸公司	中期	杭州商贸	商业	2222	工行	9999
003	重庆万科公司	短期	重庆万科	工业	3333	中行	7777
004	昆明丰沛公司	中期	昆明丰沛	商业	4444	工行	6666

（5）供应商分类。天阳公司供应商分类的内容如表4-9所示。

表4-9 天阳公司供应商分类

供应商分类编码	供应商分类名称
01	工业
02	商业
03	事业

（6）供应商档案。天阳公司供应商档案的内容如表4-10所示。

表 4-10　天阳公司供应商档案

供应商编号	供应商名称	简称	所属行业	邮编	税号	开户银行	银行账号
001	成都实业公司	成实	商业		1122	工行	3333
002	重庆朔阳公司	朔阳	事业		2233	农行	4444
003	北京宏远公司	宏远	商业		3344	建行	5555

（7）存货信息。

1）存货分类。天阳公司存货分类的内容如表 4-11 所示。

表 4-11　天阳公司存货分类

存货分类编码	存货分类名称
01	产品类
02	材料类
03	应税劳务类

2）计量单位组。天阳公司计量单位组的内容如表 4-12 所示。

表 4-12　天阳公司计量单位组

单位组编码	计量单位组名称	计量单位组类别
01	基本单位	无换算
02	产品	固定换算

3）计量单位。天阳公司计量单位的内容如表 4-13 所示。

表 4-13　天阳公司计量单位

单位编码	单位名称	单位组编码	计量单位组名称	计量单位组类别	换算率
11	吨	01	基本单位	无换算	
12	元	01	基本单位	无换算	
21	件	02	产品	固定换算	1
22	箱	02	产品	固定换算	50

4）存货档案。天阳公司存货档案的内容如表 4-14 所示。

表 4-14　天阳公司存货档案

存货编码	存货名称	计量单位	所属分类	税率	存货属性	参考售价	参考成本价
0101	A 产品	件	01	17	自制、销售	100	60
0102	B 产品	件	01	17	自制、销售	10	5
0201	甲材料	吨	02	17	外购、生产耗用		
0202	乙材料	吨	02	17	外购、生产耗用		
0301	运费	元	03	7	外购、应税劳务		

（8）会计科目。在总账系统中对会计科目进行增加，并录入期初余额，试算平衡后开始日常业务的记录。天阳公司会计科目的内容如表4-15所示。

表4-15 天阳公司会计科目

科目编码	科目名称	辅助账类型	账页格式	余额方向	期初余额（元）
1001	库存现金		金额式	借	19 636
1002	银行存款		金额式	借	583 800
1121	应收票据	客户往来	金额式	借	351 000
1122	应收账款	客户往来	金额式	借	234 000
1123	预付账款	供应商往来	金额式	借	7 000
2201	应付票据	供应商往来	金额式	贷	46 800
2202	应付账款	供应商往来	金额式	贷	28 080
2203	预收账款	客户往来	金额式	贷	80 000
4001	实收资本		金额式	贷	1 000 000
4002	资本公积		金额式	贷	40 556
6701	资产减值损失		金额式		

（9）凭证类别。天阳公司凭证类别的内容如表4-16所示。

表4-16 天阳公司凭证类别

类别字	类别名称	限制类型	限制科目
收	收款凭证	借方必有	库存现金、银行存款
付	付款凭证	贷方必有	库存现金、银行存款
转	转账凭证	凭证必无	库存现金、银行存款

（10）开户银行。天阳公司开户银行的内容如表4-17所示。

表4-17 天阳公司开户银行

开户银行编号	开户银行名称	银行账号	暂封标志
001	工商银行成都市高新区分行	3462970	否

（11）结算方式。天阳公司结算的方式如表4-18所示。

表4-18 天阳公司结算方式

结算方式编码	结算方式名称
1	现金
2	支票
201	现金支票
202	转账支票

结算方式编码	结算方式名称
3	商业汇票
301	商业承兑汇票
302	银行承兑汇票
4	汇兑

3. 应收款系统设置

（1）账套参数设置。①常规选项。应收款核销方式：按单据；单据审核日期依据：单据日期；汇兑损益方式：期末处理；坏账处理方式：应收余额百分比法；代垫费用类型：其他应收单；应收账款核算模型：详细核算；自动计算现金折扣。②凭证选项。受控科目制单方式：明细到客户；非控科目制单方式：汇总方式；控制科目依据：按客户；销售科目依据：按存货；月末结账前全部制单；预收冲应收生成凭证。③权限与预警选项。根据信用额度自动报警，提前比率20%，包含信用额度为0。

（2）基本科目设置。应收科目：1122；预收科目：2203；主营业务收入科目：6001；应交增值税科目：22210102；销售退回科目：6001；银行承兑科目：1121；商业承兑科目：1121；现金折扣科目：660302；票据利息科目：660301；票据费用科目：660302。

（3）产品科目设置。天阳公司产品科目设置的内容如表4-19所示。

表4-19 天阳公司产品科目设置

存货编码	存货名称	销售收入科目	应交增值税科目	销售退回科目
0101	A产品	6001	22210102	6001

（4）控制科目设置。天阳公司控制科目设置的内容如表4-20所示。

表4-20 天阳公司控制科目设置

编码	客户简称	应收科目	预收科目
001	成机		
002	杭州商贸	应收账款	预收账款
003	重庆万科		
004	昆明丰沛		

（5）应收账款期初余额录入。应收账款期初余额录入的相关内容如表 4-21 所示。所附两张专用发票的内容如表 4-22、表 4-23 所示。

表 4-21   天阳公司应收账款期初余额录入的内容

单据类型	单据编号	单据日期	客户	摘要	方向	价税合计（元）	部门	业务员
专用发票	161226	161226	成都机械厂	销售	借	117 000	销售一部	李同
专用发票	161227	161227	杭州商贸公司	销售	借	117 000	销售二部	黎平

表 4-22   附专用发票的内容 1

开票日期	2016-12-26	发票号	161226	客户名称	成都机械厂
开户银行	建行	账号	8888	税号	1111
销售部门	销售一部	业务员	李同	币名	人民币
货物名称	A 产品	计量单位	件	数量	1 000
无税单价（元/件）	100	价款（元）	100 000	税额（元）	17 000

表 4-23   附专用发票的内容 2

开票日期	2016-12-27	发票号	161227	客户名称	杭州商贸公司
开户银行	西湖区工行	账号	9999	税号	2222
销售部门	销售二部	业务员	黎平	币名	人民币
货物名称	B 产品	计量单位	件	数量	10 000
无税单价（元/件）	10	价款（元）	100 000	税额（元）	17 000

（6）应收票据期初余额录入。天阳公司应收票据期初余额录入的相关内容如表 4-24 所示，所附银行承兑汇票的内容如表 4-25 所示。

表 4-24   天阳公司应收票据期初余额录入的内容

单据类型	单据编号	单据日期	客户	摘要	方向	余额（元）	部门	业务员
银行承兑汇票	161025	161025	重庆万科公司	销售	借	351 000	销售一部	李同

表 4-25   附银行承兑汇票的内容

票据编号	161025	开票单位	万科公司
承兑银行	市工行	票据面值	351 000
票据余额（元）	351 000	签发日期	2016-10-25
收到日期	2016-10-27	到期日	2017-01-25
部门	销售一部	业务员	李同
摘要	销售	科目	1121

（7）预收账款期初余额录入。天阳公司预收账款期初余额录入的相关内容如表 4-26 所示。

表 4-26　天阳公司预收账款期初余额录入的内容

单据类型	单据编号	单据日期	客户	摘要	方向	余额（元）	部门	业务员	结算方式
收款单	161228	161228	昆明丰沛公司	销售	贷	8 000	销售二部	黎平	转账支票

（8）坏账准备设置。坏账准备提取率：0.5%；坏账准备期初余额：7 200 元；坏账准备科目：1231 坏账准备；对方科目：5701 资产减值损失。

（9）付款条件设置。30 天信用：2/10，n/30；60 天信用：4/10，1/30，n/60；90 天信用：4/10，2/30，1/60，n/90。

（10）报警级别设置。报警级别的设置如表 4-27 所示。

表 4-27　报警级别设置

序　号	起止比率	总比率	级别名称
01	0%~10%	10%	A
02	10%~30%	30%	B
03	30%~50%	50%	C
04	50%~100%	100%	D
05	100%以上		E

4. 日常业务资料

（1）2016 年 1 月 1 日，销售一部李同向成都机械厂销售 B 产品 6 000 件，单价 10 元，计 60 000 元，增值税 10 200 元，开出 No.201601 增值税专用发票。

（2）2016 年 1 月 11 日，销售二部黎平向重庆万科公司销售 B 产品 150 件，单价 10 元/件，计 1 500 元，增值税 255 元，开出 No.201611 增值税专用发票，货款未收。

（3）2016 年 1 月 14 日，收到成都机械厂购买 A 产品前欠货款 117 000 元，出纳根据工商银行入账单登记入账。

（4）2016 年 1 月 17 日，向昆明丰沛公司发出 B 产品 1 500 件，单价为 10 元/件，增值税 2 550 元，昆明丰沛公司上月已付款 8 000 元，余款收到存入银行。

（5）2016 年 1 月 18 日，销售一部李同向北京中信集团销售 A 产品 500 件，单价 100 元/件，计 50 000 元，增值税 8 500 元，同时开出 No.201618 增值税专用发票，货款未收。

（6）2016 年 1 月 20 日，杭州商贸公司的 117 000 元应收款确认无法收回，经批准确认核销，按有关规定确认为坏账损失。

（7）2016 年 1 月 25 日，重庆万科公司签发的 3 个月银行承兑汇票到期，面值 351 000 元，款项已存入银行。

（8）2016 年 1 月 30 日，已核销的杭州商贸公司 117 000 元的坏账重新收回。

（9）2016 年 1 月 31 日，计提坏账准备。

5. 月末处理

（1）月末结账。

（2）进行账表的查询。

第五章
应付款管理系统

【知识目标】

- 掌握用友 ERP-U8V10.1 应付款管理系统的基本功能
- 熟悉应付款管理系统参数设置的主要内容
- 掌握应付款管理系统期初余额录入的方法
- 掌握应付款管理系统日常业务处理的方法

【能力目标】

- 熟练进行应付款管理系统的初始化设置
- 熟练掌握应付单据处理
- 掌握付款单据的处理与核销
- 掌握凭证的集中处理
- 能够熟练进行月末结账与取消结账处理

应付款管理系统主要用来实现企业与供应商业务往来款项的核算与管理。在应付款管理系统中,通过发票、其他应收单、付款单等单据的录入,记录采购业务及其他业务所形成的应付款项,处理应付款项的支付、冲销等情况,提供票据处理的功能,实行对应付票据的管理。应付款管理系统主要提供了初始设置、日常处理、期末处理等功能。

第一节　认识应付款管理系统

应付款管理系统主要用于核算和管理与供应商的往来款项。应付款管理系统对于往来款项的核算与管理可以深入到各产品、各地区、各部门、各业务员，可从各种角度对往来款项进行分析、决策，使购销存业务子系统和财务分析子系统有机地联系起来。本系统适用于各级各类有应付款核算的工商企业。

一、供应商往来款项的核算方法

根据企业对供应商往来款项核算和管理的程度不同，系统提供了以下两种应用方法。

1. 在应付款管理系统核算供应商往来款项

如果采购业务以及应付款核算与管理业务比较复杂，需要追踪每一笔业务的欠款和支付等情况，或者需要将应付款核算到产品一级，那么可以选择此方案。在这种方案下，所有的供应商往来凭证全部由应付款系统生成，其他系统不再生成这类凭证。在这一方法中，应付款管理系统实现应付账款的核算和管理。其功能主要包括以下六项。

（1）根据输入的单据记录应付款项的形成，包括由于商品交易和非商品交易所形成的所有应付项目。

（2）处理应付项目的付款及转账情况。

（3）对应付票据进行记录和管理。

（4）在应付项目的处理过程中生成凭证，并向总账系统进行传递。

（5）对外币业务及汇兑损益进行处理。

（6）根据所提供的条件，提供各种查询及分析。

2. 在总账系统核算供应商往来款项

如果采购业务以及应付款业务并不十分复杂，或者现购业务很多，则可以选择在总账系统通过辅助核算完成供应商往来核算。此方法着重于对供应商的往来款项进行查询和分析。其主要功能包括以下两项：

（1）若同时使用采购管理子系统，可接收采购管理子系统的发票，并对其进行制单处理，为制单而预先进行科目设置。

（2）供应商往来业务在总账系统生成凭证后，可以在总账系统中进行查询。

具体选择哪一种方案，可以在总账系统中通过"账簿选项"的方式来设置。因此，在使用应付款管理系统的情况下，应先启用总账系统，才能启用应付款管理系统。

二、应付款管理系统与其他子系统的主要关系

不同的应用方法，其系统功能、接口、操作流程等均不相同。在此以第一种应用方法为例，介绍应付款管理系统与其他子系统的主要关系，如图 5-1 所示。

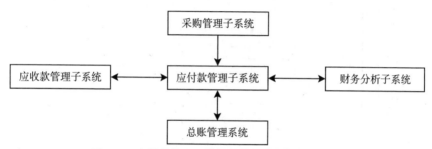

图 5-1　应付款管理系统与其他子系统的主要关系

1. 应付款管理系统与采购管理系统的关系

应付款管理系统接收采购管理系统提供的各种发票，在此生成凭证，并对发票进行付款结算处理。

2. 应付款管理系统与总账系统的关系

应付款管理系统向总账系统传送凭证，并能够查询其所生成的凭证。

3. 应付款管理系统与应收款管理系统的关系

应付款管理系统和应收款管理系统之间可以进行转账处理。

4. 应付款管理系统与财务分析系统的关系

应付款管理系统向财务分析系统提供各种分析的数据。

三、应付款管理系统的操作流程

应付款管理系统的操作流程如图 5-2 所示。

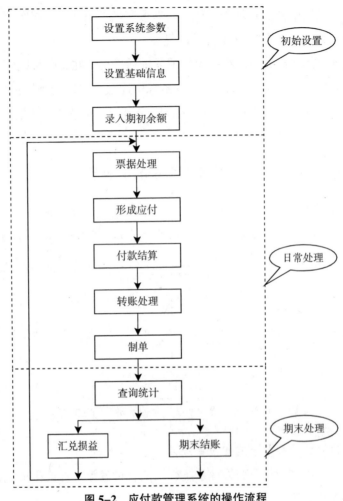

图 5-2 应付款管理系统的操作流程

操作流程说明如下：

（1）初次进入应付款管理系统，要进行账套参数的设置。

（2）在进入正常处理之前，还应进行一些初始设置和录入期初余额。

（3）日常处理包括单据的录入、单据的结算、票据的管理、凭证的处理，以及转账处理等。

（4）月末处理包括汇兑损益的处理及月末结账的处理。

第二节　应付款管理系统初始设置

与应收款管理子系统一样，应付款管理子系统的初始化过程包括系统选项设置、基本信息设置、初始设置和期初余额录入等部分组成。

一、应付款管理系统参数设置

【任务描述】

北京宏远科技有限责任公司从 2016 年 1 月 1 日起启用应付款管理系统。根据企业核算与管理的需要，对应付款管理系统参数进行如表 5-1 所示的设置。

表 5-1　应付款管理系统参数设置

常规设置	采用系统默认设置
凭证参数	采用系统默认设置
权限与预警参数	采用供应商权限，并且按信用方式根据单据提前 7 天自动报警。其他采用系统默认设置

【任务分析】

1. 选择设置控制科目的依据

控制科目在本系统指所有带有供应商往来辅助核算的科目。本系统提供三种设置控制科目的依据，即按供应商分类、按供应商、按地区分类三种依据。

（1）按供应商分类设置。供应商分类指根据一定的属性将往来供应商分为若干大类。例如，可以按时间长短、按行业等方式来分类，按行业又分为零售供应商、批发供应商等。选择分类方式，可以针对不同的供应商分类设置不同的应付科目和预付科目。

（2）按供应商设置。为每一种供应商设置不同的应付科目和预付科目。这种设置适合特殊供应商的需要。

（3）按地区分类设置。针对不同的地区分类设置不同的应付科目和预付科目。例如，将供应商分为华东、华南、东北等地区，可以在不同的地区分类下设置科目。

2. 选择设置存货采购科目的依据

（1）按存货分类设置。存货分类是指根据存货的属性对存货所划分的大类，如可以将存货分为原材料、燃料及动力、在产品及产成品等大类，并针对这些存货分类设置不同的科目。

（2）按存货设置。如果存货种类不多，可以直接针对不同的存货设置不同的科目。

3. 选择制单方式

系统提供三种制单方式，包括明细到供应商、明细到单据和汇总的方式。各种方式的含义见应收款管理子系统部分。

【任务实施】

（1）在应付款管理系统，单击"设置"→"选项"命令，打开"选项"对话框。

（2）在"选项"对话框中，单击"编辑"按钮，分别选择"常规"、"凭证"、"权限与预警"等选项卡进行具体设置，如图 5-3 至图 5-5 所示。

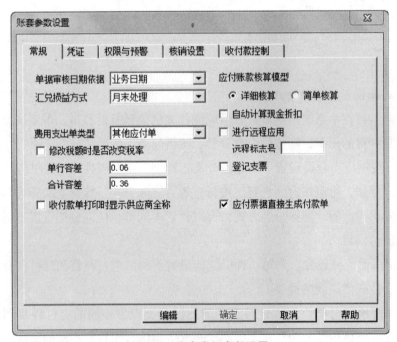

图 5-3　账套常规参数设置

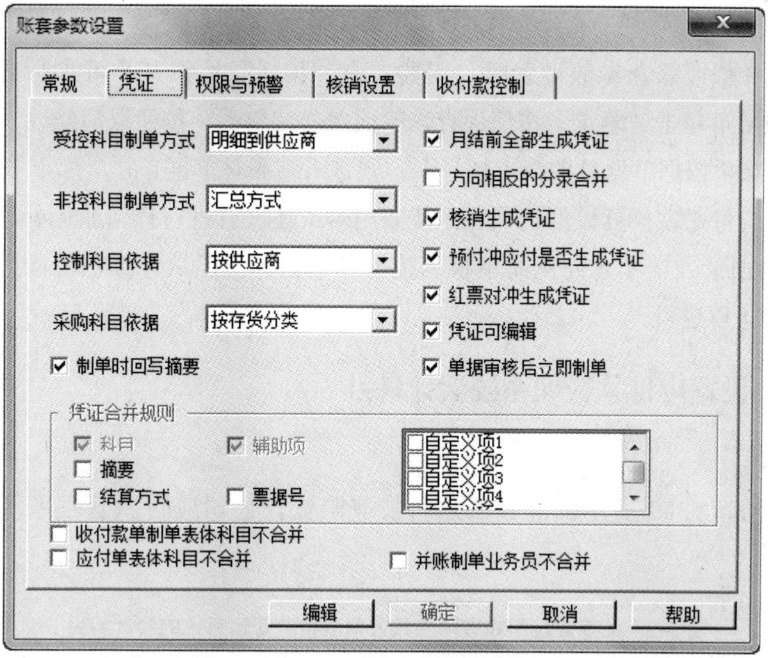

图 5-4 账套凭证参数设置

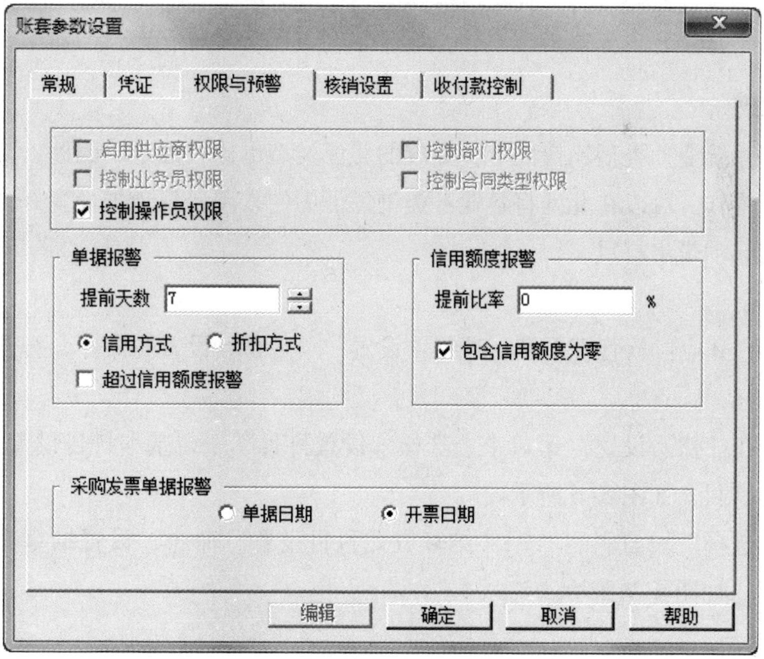

图 5-5 账套权限与报警参数设置

【要点提示】

（1）在修改账套参数设置时，需要单击"编辑"按钮，才可进行选项的修改。修改后可单击"确定"按钮保存修改或单击"取消"按钮取消修改。

（2）如果依据单据日期为审核日期，则月末结账时单据必须全部审核。

（3）应付账款核算模型选项在系统启用时或还没有进行任何业务处理时（包括期初数据录入）才允许从简单核算改为详细核算。但从详细核算改为简单核算，随时可以进行。

二、设置应付款管理系统会计科目

【任务描述】

设置如表 5-2 所示的北京宏远科技有限责任公司应付款管理系统的会计科目。

表 5-2　北京宏远科技有限责任公司应付款管理系统的会计科目

基本科目设置	应付科目：2202；预付科目：1123；采购科目：1401；税金科目：22210101；银行承兑科目：2201；商业承兑科目：2201；现金折扣科目：6603；票据利息科目：6603；票据费用科目：6603
结算方式科目设置	各种结算方式对应的科目均为 100201

【任务分析】

由于系统业务类型比较固定，生成的凭证类型也比较固定，因此，为了简化凭证生成操作，可以在此处将各业务类型凭证中的常用科目预先设置好，以便生成凭证时自动带出科目。

【任务实施】

（1）打开应付款管理系统，选择"设置"→"初始设置"命令，打开"初始设置"窗口。

（2）在"初始设置"窗口中，选择"设置科目"→"基本科目设置"命令，设置基本科目，如图 5-6 所示。

（3）选择"设置科目"→"结算方式科目设置"命令，设置结算方式、币种、科目，如图 5-7 所示。

图 5-6 基本科目设置

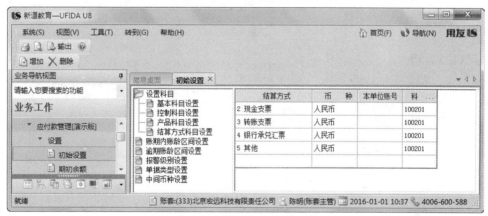

图 5-7 结算方式科目设置

三、设置账期内账龄区间

【任务描述】

对北京宏远科技有限责任公司的应付款管理系统进行账龄区间设置，设置数据如表 5-3 所示。

表 5-3 账龄区间设置

序 号	起止天数	总天数
01	1~30	30
02	31~60	60
03	61 以上	—

【任务分析】

　　账期内账龄区间设置是指用户定义账期内应付账款的时间间隔。它的作用是便于用户根据自己定义的账款时间间隔，进行账期内应付账款账龄查询和账龄分析，清楚了解在一定期间内所发生的应付款、付款情况。

【任务实施】

　　（1）在应付账款管理系统中，选择"设置"→"初始设置"→"账期内账龄区间设置"命令，打开"账期内账龄区间设置"对话框。

　　（2）依次输入总天数"30"、"60"。如图5-8所示。

图5-8　账期内账龄区间设置

　　（3）单击"退出"按钮。

四、设置报警级别

【任务描述】

　　对北京宏远科技有限责任公司的应付款管理系统进行报警级别设置，设置数据如表5-4所示。

表5-4　报警级别设置

序号	起止比率（%）	总比率（%）	级别名称
01	0~20	20	D
02	20~40	40	C
03	40~60	60	B
04	60以上		A

【任务分析】

操作员可以通过对报警级别的设置，将供应商按照欠款余额与其授信额度比例的不同划分出的不同类型，以便掌握各个供应商的信用情况。

【相关知识】

在设置报警级别的时候需要注意以下问题：

（1）序号由系统自动生成，不能修改、删除。应直接输入该区间的最大比率及级别名称。

（2）系统会根据输入的比率自动生成相应的区间。

（3）单击"增加"按钮，可以在当前级别之前插入一个级别。插入一个级别后，该级别后的各级别比率会自动调整；删除一个级别后，该级别后的各级别比率会自动调整。

【任务实施】

（1）在应付款管理系统中，选择"设置"→"初始设置"→"报警级别设置"命令，打开"报警级别设置"对话框。

（2）依次输入总比率和级别名称。如图 5-9 所示。

图 5-9 报警级别设置

（3）单击"退出"按钮。

五、设置单据编号

【任务描述】

对北京宏远科技有限责任公司的应付款管理系统进行单据编号设置，允许手工修改销售专用发票的单据编号。

【任务分析】

应付款管理系统提供了发票和应付单两大类型的单据。

（1）单据类型中的发票根据启用系统的不同而有所不同，若同时使用采购管理子系统，发票类型默认为专用发票、普通发票、运费发票、废旧物资收购凭证、农副产品收购凭证和其他收据；若只使用应付款管理系统，发票只有专用发票和普通发票两种。发票的单据类型不能删改。

（2）应付单记录采购业务之外的应付款情况，可以按应付款项的不同设置应付单类型。例如，应付单可分为应付费用款、应付利息款、应付罚款、其他应付款等。应付单的对应科目由用户自己定义。在此只能增加应付单的类型。

【任务实施】

（1）在企业应用平台，单击"设置"页签，选择"单据设置"→"单据编号设置"命令，打开"单据编号设置"对话框。

（2）选择单据类型"采购专用发票"，单击" ✎ "按钮，选择"手工改动，重号时自动重取"项，如图5-10所示。

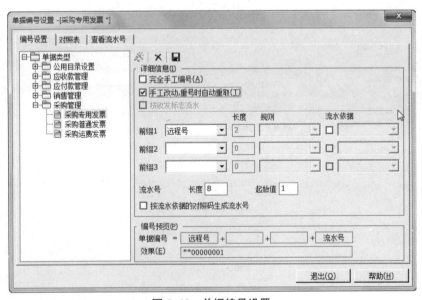

图 5-10　单据编号设置

（3）单击"保存"按钮，单击"退出"按钮。

六、录入期初余额

【任务描述】

北京宏远科技有限责任公司所有应付项目期初余额如下，请录入期初余额并与总账系统对账。

应付款管理系统启用时，应付账款账户有期初余额 117 000 元，为 2015 年 12 月 10 日，从北京第一化工厂购入甲材料 5 000 千克，不含税单价 20 元所形成，取得增值税专用发票，票号为 56781001。

【任务分析】

通过期初余额功能，用户可将正式启用账套前的所有应付业务数据录入到系统中，作为期初建账的数据。本次任务中，需要在期初余额录入窗口中录入采购专用发票的具体金额。

【相关知识】

当初次使用本系统时，要将上期手工方式下未处理完的单据录入到本系统，以便于以后的核销处理。当进入第二年度处理时，系统自动将上年度未处理完的单据转到下一年度的期初余额，可以进行期初余额的调整。在应付款管理系统中，期初数据包括上期期末、本期期初所有供应商的应付账款、预付账款、应付票据等数据。

【任务实施】

（1）在应付款管理系统中，选择"设置"→"期初余额"命令，如图 5-11 所示，单击"确定"按钮。

（2）在打开的"期初余额明细表"窗口中，单击"确定"按钮，打开"单据类别"窗口，选择单据名称"采购发票"，单据类型"采购专用发票"，方向"正向"，单击"确定"按钮。如图 5-12 所示。

（3）依次输入期初采购发票票据的相关信息，如图 5-13 所示。输入完毕，单击"保存"按钮，单击"退出"按钮，返回到期初余额录入窗口。

（4）单击"对账"按钮，打开"期初对账"窗口，如图 5-14 所示。

（5）单击"退出"按钮，返回到"期初余额明细表"窗口。

图 5-11　期初余额查询

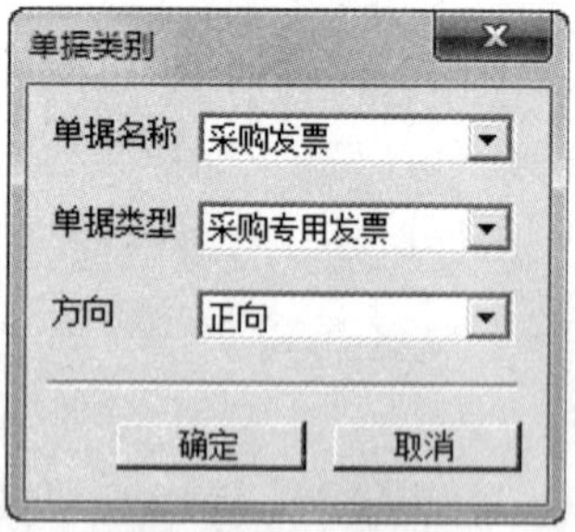

图 5-12　单据类别

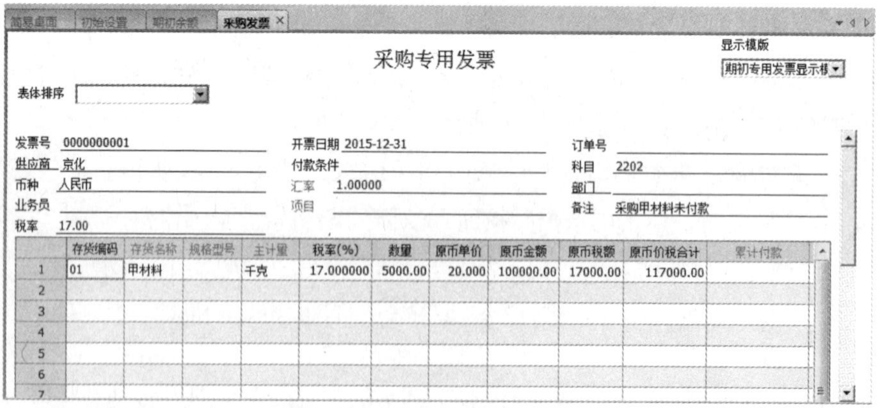

图 5-13　期初采购专用发票

图 5-14 期初对账

【要点提示】

（1）退出了录入期初余额窗口后，单击"刷新"按钮，可看到新录入的期初余额数据资料。

（2）若没有设置允许修改采购专用发票的编号，则在填制采购专用发票时不允许修改采购专用发票的编号。系统默认的状态为不允许修改。

（3）期初余额所录入的票据保存后自动审核。

（4）当保存了期初余额结果，或在第二年使用需要调整期初余额时可以对其进行修改。当第一个会计期已结账，期初余额只能查询不能修改。

（5）录入预付款的单据类型仍然是"付款单"，但是款项类型为"预付款"。

第三节 应付款管理系统日常业务处理

【任务描述】

2016 年 1 月 2 日，供应部收到普通发票一张，系从北京第一化工厂采购甲材料 5 000 公斤时发生的运输费 1 100 元，要求输入该运费发票，材料尚未收到。

2016 年 1 月 7 日，从天津模具厂购入乙材料 1 000 公斤并验收入库，取得对方开具的增值税专用发票，票号 567891002，不含税单价 100 元。签发一张由工商银行承兑的期限为三个月的银行承兑汇票交付天津模具厂。

【任务分析】

款项类型为"应付款"或"预付款"，则相应的款项用途为"冲销应付款"

或"形成预付款"。

款项在进行后续业务处理时，可进行核销处理，即将付款单与其对应的采购发票或应付单进行核销勾对。对于其他费用用途的款项则不需要进行核销，直接计入费用科目。

【相关知识】

1. 单据处理

采购发票与应付单是应付账款日常核算的原始单据，对其的处理是应付款管理系统处理的起点。根据业务模型的不同，单据处理的方法也不同，具体分如下两种情况。

（1）如果同时使用应付款管理系统和采购管理系统，则发票先由采购管理系统录入、审核，再传递到应付款管理系统对这些单据进行查询、核销、制单等。此时，操作员需要在应付款管理系统中录入的单据仅限于应付单。

（2）如果没有使用采购管理系统，则各类发票和应付单均应在应付款管理系统中录入。

2. 转账处理

同应收款管理系统相对应，应付款管理系统也有预付款冲应付款、应付款冲应收款、红票对冲及应付款冲应付款的几种转账处理情况，其操作与应收款管理系统相同。

（1）预付款冲应付款。当单位给某个供应商付款时，如果对此供应商有预付款，则可用预付款冲应付款。

（2）应付款冲应收款。若某单位既是客户又是供应商，则可进行应付款冲应收款。

（3）红票对冲。当发生采购退货时，可用红字单据冲蓝字单据，即红票对冲。

（4）应付款冲应付款。当一个供应商为另一个供应商代付款时，会发生应付款冲应付款的情况。

3. 票据处理

企业一般情况下都有应付票据，应付款管理系统具有强大的票据管理功能，可以对企业开出的应付票据进行增加、修改、删除、计息、结算、转出的处理。应付票据的管理与应收票据的管理基本类似，与应收票据相比，应付票据没有贴现、背书处理。如果要实现票据的登记簿管理，必须将"应付票据"科目设置成为带有供应商往来辅助核算的科目。

（1）应付票据的增加、修改、删除。当增加一张应付票据后，系统自动将该张票据生成一张付款单（在单据结算中可查到）。该张付款单用来冲应付账款。已经核销的付款单（依票据生成），或已经结算、转出计息的票据不能被删除。应付票据的增加、修改、删除操作同应收款管理系统中应收票据的操作。

（2）应付票据的计息。如果开出的应付票据是带息的票据，需要对其进行计息处理。

（3）应付票据的结算。如果应付票据到期向供应商付款，则应进行票据的结算。

（4）应付票据的转出。如果票据到期后仍不能付款，则应进行应付票据转入应付账款的处理。

【任务实施】

（1）在应付款管理系统中，选择"应付单据处理"→"应付单据录入"命令，打开"单据类别"窗口。录入"采购普通发票"，单击"确定"按钮。如图 5-15 所示。

图 5-15 采购普通发票

（2）单击"增加"按钮，录入采购普通发票中的信息，如图 5-16 所示，并保存。

（3）在应付款管理系统中，选择"应付单据处理"→"应付单据录入"命令，打开"单据类别"窗口。录入"采购专用发票"，单击"确定"按钮。如图 5-17 所示。

（4）单击"增加"按钮，录入专用发票中的信息，如图 5-18 所示。保存后，单击"审核"按钮，提示"是否立即制单"，选择"是"按钮。如图 5-19 所示。

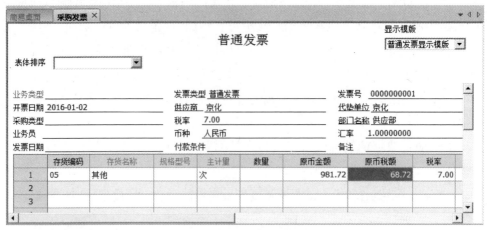

图 5-16　付款单信息录入

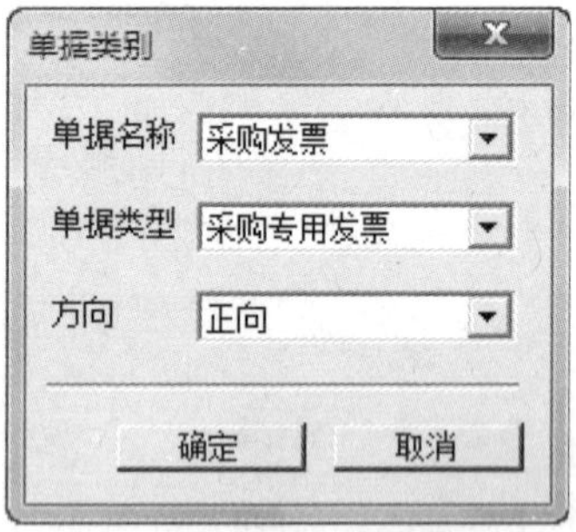

图 5-17　采购专用发票

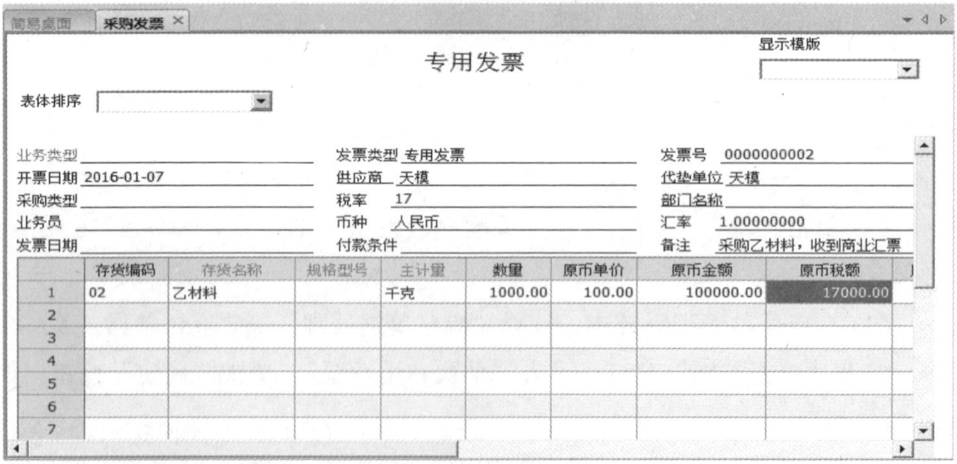

图 5-18　专用发票信息

图 5-19　是否立即制单

（5）生成转账凭证，单击"保存"，如图 5-20 所示。

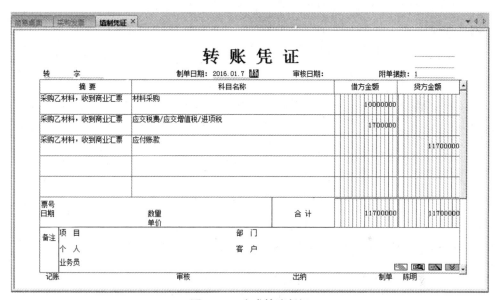

图 5-20　生成转账凭证

【要点提示】

应付款管理系统取消操作的主要功能及注意事项如下。

（1）在应付款管理的各个环节，都可能由于各种各样的原因造成操作失误，如进行了核销、转账、汇兑损益、票据管理和并账操作后，发现操作失误，则可以使用"取消操作"命令将其恢复到操作前的状态，以便进行修改。

（2）取消操作必须在未进行后续操作的情况下进行，如果已经进行了后续操作，则应在恢复后续操作后再取消操作。

第四节　应付款管理系统期末业务处理

【任务描述】

2016 年 1 月 31 日应付款管理系统进行月末结账处理。

【任务分析】

应付款管理系统月末处理的工作包括计算汇兑损益和月末结账。

【相关知识】

1. 汇兑损益计算

系统提供了月末计算汇兑损益和单据结清时计算汇兑损益两种方式。如果单位发生有外币付款业务，同时在初始设置中汇兑损益的处理方式为月末计算，则在月末结账前需计算汇兑损益。若选取"单据结清时计算汇兑损益"，只有在外币应付款和应付票据两方面的外币全部付清时，才能对其进行汇兑损益处理。

2. 结账

如果确认本月的各项处理已经结束，可以选择执行月末结账功能。当执行了月末结账功能后，该月将不能再进行任何处理。如果启用了采购管理系统，那么只有在采购管理系统结账后，应付款管理系统才能结账。若结账后发现有错误，在总账系统没有结账前，可取消结账。应付款管理系统的结账要求与应收款管理系统相同，此处不再赘述。

3. 系统工具

如果对原始单据进行了审核，对付款单进行了核销等操作后，发现操作失误而又不能进行删除和取消时，可用"取消操作"和"取消结账"将其恢复到操作前的状态，以便进行修改。

系统对以下几种情况提供了恢复操作功能：恢复应付单据（发票和应付单）的未审核状态，恢复付款单的核销前状态，恢复票据的处理前状态，恢复转账处理前状态，恢复计算汇兑损益前状态，恢复并账处理前状态。如果启用了采购管理系统，则发票在应付款管理系统中不能恢复到未审核的状态，只能在采购管理系统中恢复；如果应付单据在审核后已经过核销等处理，则不能恢复；如果单据日期在已经结账的月份内，也不能被恢复；如果应付单据在审核后已经制单，应先删除其对应的凭证，再进行恢复；票据转出后所生成的应付单如果已经进行了核销等处理，则不能恢复；票据计息和票据结算后，如果又进行了其他处理，则不能恢复。

【任务实施】

（1）在应付款管理系统中，选择"期末处理"→"月末结账"命令，打开"月末处理"窗口。

（2）双击结账月份的"结账标识"栏，使其变成"Y"字样，如图5-21所示，然后单击"下一步"按钮。

图5-21 月末结账

（3）"处理情况"栏中均为"是"字时（否则系统将提示不能结账的原因），单击"完成"按钮，系统提示结账成功。

【要点提示】

（1）应付款管理系统与采购管理系统集成使用时，在采购管理系统结账后，才能对应付款管理系统进行结账处理。

（2）在执行了月末结账功能后，发现该月还有未处理的业务，可以执行取消结账处理。

（3）如果当月结账系统已经结账，则不能执行应付款管理系统取消结账的功能。

小 结

应付款管理系统通过发票、其他应付单、付款单等单据的录入，对企业的往来账款进行综合管理，及时、准确地提供供应商的往来账款资料，提供各种分析报表，帮助企业合理地进行资金的调配，提高资金的利用效率。根据对供应商往来款项核算和管理程度的不同，应付款管理系统提供了详细核算和简单核算两种应用方案。

详细核算应用方案的功能主要包括记录应付款项的形成，处理应付项目的付款及转账情况，对应付票据进行记录和管理，随应付项目的处理过程自动生成凭证并传递给总账系统，对外币业务及汇兑损益进行处理以及提供针对多种条件的查询和分析。

实训设计

【实训目的】

通过上机实训，使学生熟悉应付款管理系统的基本功能；掌握初始设置、日常处理和月末处理的操作内容和操作方法。

【实训要求】

1. 启用应付款管理系统。

2. 根据资料完成系统初始设置。

3. 录入应付单并进行审核。

4. 录入采购发票并进行审核。

5. 录入付款单据并进行审核、核销处理。

6. 进行月末结账和备份。

【实训资料】

基础资料沿用应收款管理系统实训设计中的资料。

1. 应付款管理系统参数设置

（1）账套参数设置。①常规选项。应付款核销方式：按单据；单据审核日期依据：单据日期；汇兑损益方式：期末处理；应付应收账款核算模型：详细核算；登记支票；自动计算现金折扣。②凭证选项。受控科目制单方式：明细到客户；非控科目制单方式：汇总方式；控制科目依据：按客户；采购科目依据：按存货；月末结账前全部制单；预付冲应付生成凭证。③权限与预警选项。根据信用额度自动报警，提前比率20%；包含信用额度为0。

（2）基本科目设置。应付科目：2202；预付科目：1123；采购科目：空；应交税费科目：22210101；银行承兑科目：2201；商业承兑科目：2201；现金折扣科目：660302；票据利息科目：660301；票据费用科目：660302。

（3）产品科目设置。产品科目设置的内容如表5-5所示。

表5-5　产品科目设置

存货编码	存货名称	采购科目
0201	甲材料	140101
0202	乙材料	140102

（4）控制科目设置。控制科目设置的内容如表5-6所示。

表5-6　控制科目设置

编码	客户简称	应收科目	预收科目
001	成实		
002	朔阳	应付账款	预付账款
003	宏远		

（5）应付款管理期初余额录入。应付款管理期初余额录入的内容如表5-7所示，所附专用发票的有关资料如表5-8所示。

表5-7　应付款管理期初余额录入的内容

单据类型	单据编号	单据日期	供应商	摘要	方向	价税合计（元）	部门	业务员
专用发票	151216	151216	成都实业公司	购进	贷	28 080	供应部	孙玲

表5-8 所附专用发票的有关资料

开票日期	2015-12-16	发票号	151216	供应商名称	成都实业公司
开户银行	成都市工行	账号	3333	税号	1122
供应部门	供应部	业务员	孙玲	币名	人民币
货物名称	甲材料	计量单位	吨	数量	10
无税单价（元/吨）	2 400	价款（元）	24 000	税额（元）	4 080

（6）应付票据期初余额录入。应付票据期初余额录入的内容如表5-9所示，所附商业承兑汇票的有关资料如表5-10所示。

表5-9 应付票据期初余额录入的内容

单据类型	单据编号	单据日期	客户	摘要	方向	余额（元）	部门	业务员
商业承兑汇票	151215	151215	重庆朔阳公司	购进	贷	46 800	供应部	孙玲

表5-10 所附商业承兑汇票的有关资料

票据编号	151215	收票单位	重庆朔阳公司
承兑银行	市农行	票据面值	46 800
票据余额	46 800	签发日期	2015-12-15
收到日期	2015-12-16	到期日	2016-03-15
部门	供应部	业务员	孙玲
摘要	购进	科目	2201

（7）预付账款期初余额录入。预付账款期初余额录入的内容如表5-11所示。

表5-11 预付账款期初余额录入的内容

单据类型	单据编号	单据日期	客户	摘要	方向	余额（元）	部门	业务员	结算方式
付款单	111224	111224	北京宏远公司	购买	贷	7 000	供应部	孙玲	转账支票

2. 日常业务资料

（1）2016年1月5日，供应部孙玲从成都实业公司购进甲材料5吨，单价为2 400元/吨；乙材料8吨，单价为2 000元/吨，共计货款28 000元，增值税为4 760元，货款尚未支付。

（2）2016年1月23日，签发工商银行转账支票一张，向成都实业公司支付甲材料货款，价税款共计 28 080 元。

3. 月末处理

（1）月末结账。

（2）进行账表的查询。

第六章
固定资产管理系统

【知识目标】

- 了解固定资产管理系统的基本功能
- 熟悉固定资产管理系统的业务流程
- 掌握固定资产管理系统日常业务处理的基本方法
- 掌握固定资产折旧的处理过程

【能力目标】

- 熟练进行固定资产管理系统的初始化设置
- 熟练进行固定资产增加、减少、变动的处理
- 能正确进行折旧的计算与计提
- 能熟练进行固定资产月末处理

固定资产是指使用期限较长，单位价值较高，并在使用过程中保持原有实物形态的物产。在手工核算中，对固定资产的核算和管理已形成了一套比较固定的程序，固定资产增加、折旧、清理、报废等业务事项的处理方法都已比较成熟。固定资产管理系统的主要任务：正确反映固定资产的分类、计价以及增减变动等情况，编制固定资产增减明细表，做好固定资产的总分类核算和明细分类核算，正确计提固定资产折旧，编制固定资产折旧报告表，以保护公共财产的安全与完整。本章主要包括两大部分：第一部分为固定资产管理系统的原理，介绍了固定

资产管理系统的功能目标，固定资产管理系统的数据处理流程，固定资产管理系统的功能模块结构等；第二部分为固定资产管理系统的应用，主要是结合软件，对固定资产管理系统的各个功能模块进行详细分析与说明。

第一节　认识固定资产管理系统

固定资产管理系统主要是处理固定资产的增加、减少、内部调动、计提折旧等业务，并为总账系统和成本管理系统等提供核算信息和成本信息。

一、固定资产管理系统的功能目标

1. 管理固定资产卡片

固定资产管理系统应提供灵活进行固定资产卡片的增加、删除、修改、查询、统计和汇总的功能，并可以随时输出固定资产的各种综合性统计信息。

2. 处理固定资产的增减变动业务

固定资产管理系统可对固定资产的增减变动进行管理，更新固定资产卡片，按月汇总出分部门、分类别、分增减变动种类的汇总数据，并打印出固定资产增减变动汇总表和增减变动明细表。

3. 计提折旧，计算净值

自动实现固定资产折旧计提和分配，并打印计提折旧分配表。

4. 自动转账

固定资产管理系统可以根据固定资产折旧分配表，自动编制机制凭证，并可自动将其传递到总账系统和成本管理系统。

二、固定资产管理系统与其他子系统的关系

固定资产管理系统与其他子系统的主要关系如图 6-1 所示。

1. 固定资产管理系统与基础设置的关系

固定资产管理系统与基础设置共享基础数据。固定资产管理系统需要的基础数据可以在基础设置中统一设置，也可以在固定资产管理系统中自行设定。

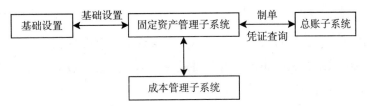

图 6-1　固定资产管理系统与其他子系统的主要关系

2. 固定资产管理系统与总账系统的关系

固定资产管理系统中资产的增加、减少以及原值和累计折旧的调整、折旧的计提都要将有关数据通过记账凭证的形式传输到总账系统，同时通过对账来保持固定资产账目与总账的平衡，并可以修改、删除及查询凭证。

3. 固定资产管理系统与成本管理系统的关系

固定资产管理系统为成本管理系统提供计提折旧有关费用的数据。如果固定资产管理系统未与总账系统建立连接，则不存在上述的数据传递关系。

三、固定资产管理系统的数据处理流程

1. 初始卡片的录入

固定资产管理系统投入运行之前，需将原手工方式下的固定资产卡片信息全部录入计算机，存入固定资产卡片文件，以此作为一个基本数据库文件使用。

2. 固定资产增减变动单录入

月内发生固定资产增减变动后，将相应的增减变动的原始凭证输入计算机，存入固定资产增加文件、固定资产减少文件和固定资产调动文件。

3. 更新固定资产卡片文件

月末分别用固定资产增加文件、固定资产减少文件及固定资产调动文件更新固定资产卡片文件，即将增加的固定资产记录插入到卡片文件，调出的固定资产记录从卡片文件中删除，发生内部调动的固定资产改变其在卡片文件中的使用部门。

4. 计提折旧

根据月初的固定资产卡片文件，按定义的折旧方法计提固定资产折旧，生成折旧计算文件。

5. 自动转账

根据固定资产折旧计算文件、增减变动文件统计转账数据，自动生成转账凭证，传入总账系统；根据折旧计算文件统计折旧费用分配数据，转入成本管理系统，供计算成本时使用。

6. 输出

输出各种固定资产分析表，如固定资产子卡片、固定资产增减变动表、固定资产分部门或分类统计表、固定资产折旧计算表等。

固定资产管理系统的数据处理流程如图 6-2 所示。

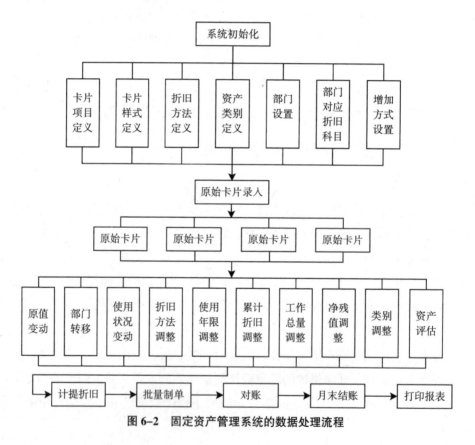

图 6-2 固定资产管理系统的数据处理流程

四、固定资产管理系统的功能模块结构

固定资产管理系统的功能模块结构如图 6-3 所示。

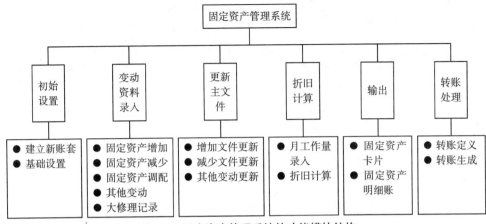

图 6-3　固定资产管理系统的功能模块结构

第二节　固定资产管理系统初始设置

固定资产管理系统初始化是根据用户的具体情况，建立一个适合企业的固定资产账套的过程。它是使用固定资产管理系统管理资产的第一步操作，初始设置包括设置账套参数、定义核算规则两部分。账套参数包括约定与说明、启用月份、折旧信息、编码方式以及账务接口。其他参数可在选项中补充。核算规则包括资产类别、折旧对应入账科目、增减方式、折旧方法等。

一、建立固定资产子账套

【任务描述】

北京宏远科技有限责任公司从 2016 年 1 月 1 日起启用固定资产管理系统。根据企业核算与管理的需要，对固定资产管理系统设置如表 6-1 所示的参数。

【任务分析】

固定资产管理系统初始化，是根据单位的具体情况，建立一个符合企业财务工作要求的固定资产子账套的过程。固定资产管理系统在初次使用的时候，必须经过初始化，才能用于固定资产的日常管理。固定资产管理系统初始化工作的内容包括建立账套和基础设置。其中，建立账套主要包括账套的启用月份、折旧信

表 6-1　固定资产管理系统参数

启用月份	2016 年 1 月
折旧信息	主要折旧方法：平均年限法（二）；其他采用默认值
资产编码方式	资产级别编码长度：2112 固定资产编码方式：自动编码 类别编号＋序号 序号长度：5
账务接口	固定资产对账科目：1601 累计折旧对账科目：1602 在对账不平的情况下允许固定资产月末结账 固定资产缺省入账科目：1601 累计折旧缺省入账科目：1602 减值准备缺省入账科目：1603

息、资产编码方式和账务接口等。

【相关知识】

固定资产管理系统的主要功能体现在以下几个方面。

1. 初始设置

初始设置是使用者必须首先完成的工作，通过初始化，系统将按照用户的实际情况定义核算和管理。该部分操作主要包括建立固定资产账套、基本信息设置和原始卡片录入，是使用固定资产管理系统进行核算和管理的基础，具有非常重要的意义。

2. 日常管理

日常管理主要指固定资产的增减业务，同时也包括原值变动、部门转移、使用状况变动、使用年限调整和折旧方法调整在内的各种资产变动业务。

3. 月末处理

月末处理主要包括如何计提固定资产减值准备和固定资产折旧、生成固定资产的相关凭证以及如何进行凭证的修改和删除、怎样进行对账和月末结账。

【任务实施】

（1）单击"开始"→"程序"→"用友 ERP-U8"→"企业应用平台"→"固定资产"，进入固定资产管理系统。

（2）首次使用固定资产管理系统时，系统自动提示是否进行账套初始化，单击"是"按钮，打开"初始化账套向导——约定及说明"对话框，仔细阅读约定及说明后，选择"我同意"，单击"下一步"按钮，如图 6-4 所示。

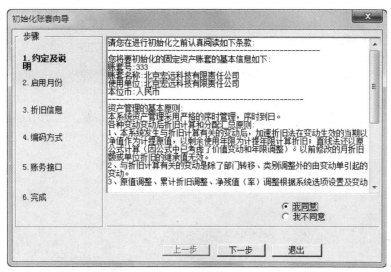

图 6-4　约定及说明

（3）打开"初始化账套向导——启用月份"对话框，系统以账套启用月份开始计提折旧，此处启用月份与企业账套启用日期一致，只能查看启用日期，不可修改，单击"下一步"按钮，如图 6-5 所示。

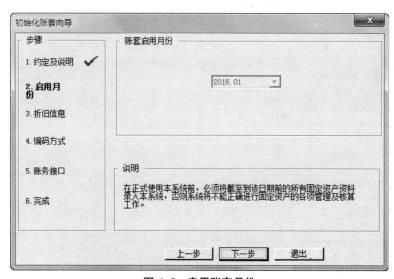

图 6-5　启用账套月份

（4）打开"初始化账套向导——折旧信息"对话框。在"主要折旧方法"下拉菜单中,选择"平均年限法(二)",其他采用默认设置,单击"下一步"按钮,如图6-6所示。

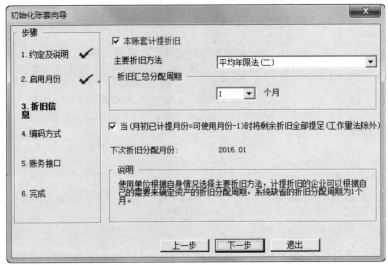

图6-6 折旧信息

(5)打开"初始化账套向导——编码方式"对话框。固定资产编码方式,选择"手工输入",长度为"6",其他采用默认设置。单击"下一步"按钮,如图6-7所示。

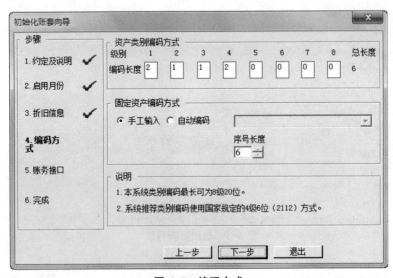

图6-7 编码方式

（6）打开"初始化账套向导——账务接口"对话框。在"对账科目"空白处，参照输入"固定资产对账科目"为"1601"，"累计折旧对账科目"为"1602"，其他采用默认设置。单击"下一步"按钮，如图6-8所示。

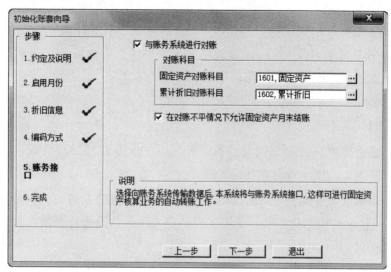

图6-8　账务接口

（7）打开"初始化账套向导——完成"对话框，如图6-9所示。本窗口显示了已经完成的初始化设置。检查之后，单击"完成"按钮，系统提示"已经完成

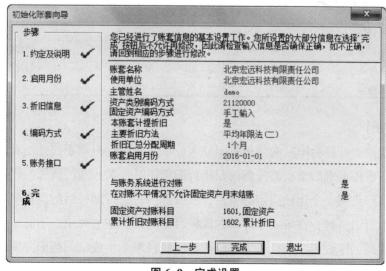

图6-9　完成设置

了新账套的所有设置工作。是否确定所设置的信息完全正确并保存对新账套的所有设置?",单击"是"按钮,系统提示"已成功初始化本固定资产账套!",单击"确定"按钮,返回企业应用平台窗口。

(8)选择"设置"→"选项"命令,打开"选项"对话框,单击"编辑"按钮,单击"与账务系统接口"页签,勾选"业务发生后立即制单",依次在"固定资产缺省入账科目"中输入"1601",在"累计折旧缺省入账科目"中输入"1602",在"减值准备缺省入账科目"中输入"1603"。

(9)单击"确定"按钮,回到上一级窗口。

【要点提示】

(1)建账完成后,如果需要修改或补充一些业务处理控制参数,则在"设置"→"选项"功能中进行重新设置即可。

(2)如果发现系统不允许修改的参数设置错误,需要修改时,只能通过选择"维护"→"重新初始化账套"命令实现,但应注意此操作将删除之前对该固定资产账套所做的一切工作。

二、设置部门对应折旧科目

【任务描述】

设置北京宏远科技有限责任公司部门的对应折旧科目,如表6-2所示。

表6-2 对应折旧科目表

部门名称	对应折旧科目	部门名称	对应折旧科目
综合部	管理费用——折旧费	销售部	销售费用
财务部	管理费用——折旧费	加工车间	制造费用
采购部	管理费用——折旧费		

【任务分析】

固定资产计提折旧后必须把折旧归入成本或费用,根据不同使用者的具体情况按部门或按类别归集。当按部门归集折旧费用时,某一部门所属的固定资产折旧费用将归集到一个比较固定的科目,所以部门对应折旧科目的设置就是给部门选择一个折旧科目,在录入卡片时,该科目自动显示在卡片中,不必一个一个输入,可提高工作效率,而后每一部门按折旧科目汇总生成部门折旧分配表,进而生成记账凭证。

【任务实施】

（1）在固定资产管理系统中，选择"设置"→"部门对应折旧科目"命令，打开如图 6-10 所示的"部门对应折旧科目"窗口。

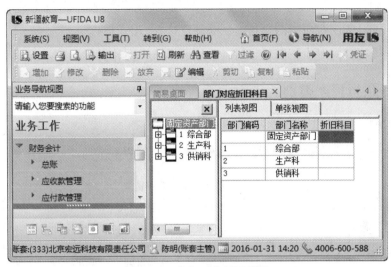

图 6-10 部门对应折旧科目

（2）在"部门对应折旧科目"窗口左侧"固定资产部门编码目录"中选择要设置对应折旧科目的部门"综合部"，单击"修改"按钮或选择右键菜单中的"编辑"项。在窗口右侧"单张视图"页签中，输入折旧科目编码"660202"或者单击"参数"按钮，参照选择折旧科目，如图 6-11 所示。

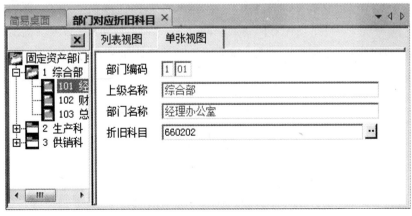

图 6-11 折旧科目设置

（3）单击"保存"按钮，完成设置。

（4）用同样的方法完成对其他部门对应折旧科目设置之后，单击"退出"按钮，返回上一级窗口。

【要点提示】

（1）设置部门对应折旧科目时，必须已建立好部门档案。

（2）设置部门对应折旧科目时，必须选择末级会计科目。

三、设置资产类别

【任务描述】

设置北京宏远科技有限责任公司资产类别，如表6-3所示。

表6-3　资产类别设置一览表

类别编码	类别名称	使用年限	净残值率（%）	计提属性	折旧方法	卡片样式
01	房屋及建筑物				平均年限法（二）	通用样式
011	办公楼	30	5	正常计提	平均年限法（二）	通用样式
012	厂房	30	5	正常计提	平均年限法（二）	通用样式
02	设备				双倍余额递减法	通用样式
021	办公设备	5	0	正常计提	双倍余额递减法	通用样式
022	运输设备	10	1	正常计提	工作量法	通用样式
023	生产设备	10	1	正常计提	工作量法	通用样式
09	其他		0	正常计提	平均年限法（二）	通用样式

【任务分析】

固定资产的种类繁多，规格不一，要强化固定资产管理，及时、准确做好固定资产核算，必须科学地做好固定资产的分类，为核算和统计管理提供依据。企业可根据自身的特点和管理要求，确定一个较为合理的资产分类方法。如果用户以前对资产没有明确分类，可参考国家有关部门颁布的《固定资产分类与代码》，对本企业的资产类别进行设置。

【任务实施】

（1）在固定资产管理系统中，选择"设置"→"资产类别"命令，打开如图6-12所示的"资产类别"窗口。

（2）单击"增加"按钮，显示"单张视图"页签。类别编码系统自动给出，按要求输入类别名称"房屋建筑物"，其他采用默认设置，如图6-13所示。单击

"保存"按钮保存设置。

图 6-12　资产类别

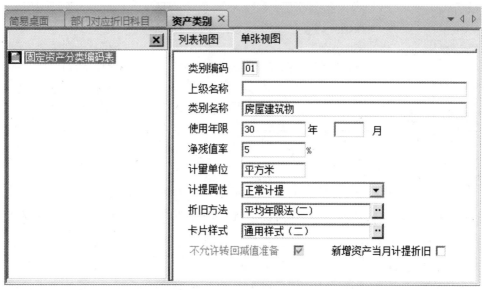

图 6-13　增加类别

（3）单击"增加"按钮，用同样的方法进行其他类别的设置。

（4）设置完成后，单击"退出"按钮，返回上一级窗口。

【要点提示】

（1）定义资产类别时，必须遵循先上级后下级的原则。上级定义完后，必须选中上级类别才可定义下级类别。

（2）类别编码、类别名称、计提属性、卡片样式不能为空。

（3）非明细类别编码不能修改与删除，明细级类别编码修改与删除时只能修改本级的编码。

（4）使用过的类别的计提属性不能修改。

（5）系统已使用的类别不允许增加下级或删除。

四、设置增减方式对应的入账科目

【任务描述】

设置如表 6-4 所示的北京宏远科技有限责任公司固定资产增减方式的对应科目。

表6-4 固定资产增减方式对应科目一览表

增加方式	对应入账科目	减少方式	对应入账科目
直接购入	100201 交行存款	出售	1606 固定资产清理
投资者投入	4001 实收资本	盘亏	1901 待处理财产损益
盘盈	1901 待处理财产损益	投资转出	1511 长期股权投资
在建工程转入	1604 在建工程	捐赠转出	6711 营业外支出
捐赠		报废	1606 固定资产清理
融资租入		毁损	1606 固定资产清理

【任务分析】

增减方式包括增加方式和减少方式两类。资产增加或减少方式用以确定资产计价和处理原则，同时可加强对固定资产增减的管理。系统内置的增加方式有直接购买、投资者投入、捐赠、盘盈、在建工程转入、融资租入六种。减少方式有出售、盘亏、投资转出、捐赠转出、报废、毁损、融资租出七种。

需要注意的是，此处设置的对应入账科目是为了生成凭证时缺省科目。例如，资产增加时，以购入方式增加资产，该科目可设置为"银行存款"；在投资者投入时，该科目可设置为"实收资本"，该科目缺省在贷方。资产减少时，该科目可设置为"固定资产清理"，该科目缺省在借方。

系统缺省的增减方式中，"盘盈、盘亏、毁损"不能修改和删除，因为本系统提供的报表中有固定资产盘盈盘亏报告表。

【任务实施】

（1）在固定资产管理系统中，选择"设置"→"增减方式"命令，打开"增减方式"窗口。

（2）在"增减方式目录表"中，选择"直接购入"，单击"修改"按钮，在"对应入账科目"处，输入"100201"，如图 6-14 所示。

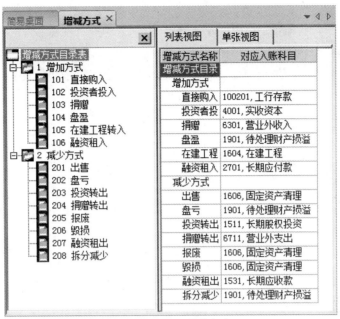

图 6-14　设置增减方式

（3）单击"保存"按钮，返回到上一级窗口。用同样的方法设置其他增减方式的入账科目。

（4）设置完成后，单击"退出"按钮，返回上一级窗口。

【要点提示】

（1）在资产增减方式中设置其对应入账科目是为了生成凭证时默认，若生成凭证时入账科目发生了变化，可以及时修改。

（2）非明细增减方式不能修改和删除；已使用的增减方式不能删除。

五、录入原始卡片

【任务描述】

录入如表 6-5 所示的北京宏远科技有限责任公司 2016 年 1 月 1 日固定资产原始卡片。

表 6-5　固定资产原始卡片一览表

卡片编号	00001	00002	00003	00004	00005
固定资产编号	011001	011002	023001	022001	021001
固定资产名称	办公楼	仓库	生产车床	解放汽车	电脑
类别编号	011	011	023	022	021
类别名称	办公楼	办公楼	生产设备	运输设备	办公设备
部门名称	经理办公室	销售部	加工车间	销售部	财务部
增加方式	在建工程转入	在建工程转入	直接购入	直接购入	直接购入
使用状况	在用	在用	在用	在用	在用
使用年限	70 年 (840 个月)	30 年 (360 个月)	10 年 (120 个月)	10 年 (120 个月)	5 年 (60 个月)
折旧方式	平均年限法 (一)	平均年限法 (一)	平均年限法 (一)	平均年限法 (一)	平均年限法 (一)
开始使用日期	1976-01-08	2003-02-15	2010-02-15	2010-05-08	2014-03-12
币种	人民币	人民币	人民币	人民币	人民币
原值	1 520 000	1 200 000	680 000	80 000	8 000
净残值率	0%	5%	1%	1%	0%
净残值	0	60 000	6 800	800	0
累计折旧	720 484	31200	56 440	12 616	2 805.6
月折旧率	0.0012	0.0026	0.0083	0.0083	0.0167
月折旧额	1 824	3 120	5 644	664	133.6
净值	799 516	1 168 800	623 560	67 384	5 194.4
对应折旧科目	管理费用——折旧费	销售费用	制造费用	销售费用	管理费用——折旧费

【任务分析】

固定资产卡片是固定资产核算和管理的基础依据。为保持历史资料的连续性，在使用固定资产管理系统进行核算前，除了前面必要的基础工作外，必须将建账日期以前的数据录入到系统中。但是，原始卡片的录入不限制必须在第一个期间结账前，任何时候都可以录入原始卡片。例如，一辆奔驰轿车是 2014 年 1 月 1 日开始使用，固定资产管理系统是在 2016 年 1 月 1 日开始启用，则该卡片的录入可以是启用日期后的任何时间。

除主卡"固定资产卡片"外，还有若干的附属页签，附属页签上的信息只供参考，不参与计算，也不回溯。主卡主要项目及附属页签简要说明如下。

1. 固定资产卡片页签

固定资产卡片页签包括以下项目内容。

（1）卡片编号。卡片编号是由系统根据编码方案自动给出，不能修改。若删除除最后一张外的某张卡片，系统将保留该卡片号，并且不能再使用（会计制度规定删除的固定资产资料至少保存5年）。

（2）固定资产名称。固定资产名称应为所录卡片的设备名称。

（3）类别编号。类别编号应为类别设置中已定义的明细级编号。

（4）类别名称。类别名称是与类别编号相对应的名称。

（5）开始使用日期。固定资产的开始使用日期直接影响到固定资产以哪种方式录入系统，也直接影响到录入系统当月的折旧计提。当开始使用日期中的月份小于录入月份，则卡片为原始卡片，只能通过原始卡片录入功能录入，录入当月如符合计提折旧条件则该月应计提折旧；当开始使用日期中的月份等于录入月份，则卡片为新卡片，只能通过资产增加功能录入系统，录入当月不计提折旧。

（6）已计提月份。已经计提折旧的月份数，由系统根据开始使用日期自动算出。该项要正确填写，以后每计提折旧期间结账后，系统自动在该项加1。

（7）累计工作量。每一期间结账后将该期间的工作累加到期初的数量上，录入时输入的数应是录入当期期初的值，不包括录入当月的工作量。

（8）累计折旧。累计折旧是指已计提的折旧额，不包括本期应计提的折旧额。

（9）原值。原值可以是原始价值、重置完全价值和评估价值。

（10）单位折旧。单位折旧是指每一单位工作量应计提的折旧额。只有当折旧方法为工作量法时卡片上才有该项。

（11）项目。资产所服务或从属的项目，为企业按项目辅助核算归集费用或成本提供方便。

2. 附属设备页签

附属设备页签用来管理资产的附属设备，附属设备的价值已包括在固定资产卡片的原值中。附属设备可在资产使用过程中随时添加和减少，其价值不参与折旧的计算。

3. 减少信息页签

固定资产减少后，系统根据输入的清理信息自动生成"减少信息页签"的表格，该表格中只有清理收入和费用可以手工输入，其他内容不能手工输入。

4. 大修理记录、资产转移记录、停启用记录、原值变动页签

大修理记录、资产转移记录、停启用记录、原值变动页签均以列表的形式显

示记录，第一次结账后或第一次做过相关的变动后根据变动单自动填写，不得手工输入。

【任务实施】

（1）在固定资产管理系统中，选择"卡片"→"录入原始卡片"命令，打开"固定资产类别档案"对话框，选中要增加的资产类别"办公楼"，在"查询方式"下选择"按编码查询"，如图 6-15 所示。单击"确定"按钮，进入"固定资产卡片"录入窗口，如图 6-16 所示。

图 6-15　选择类别

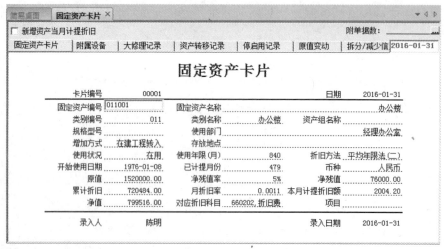

图 6-16　录入卡片

（2）单击"增加方式"栏，再单击"增加方式"按钮，打开"增减方式参照"对话框，选择"在建工程转入"，单击"确定"按钮。卡片编号00001。

（3）单击"使用状况"栏，再单击"使用状况"按钮，打开"使用状况参照"对话框，默认"在用"，单击"确定"按钮。

（4）在"开始使用日期"栏录入"1976–01–08"，在"原值"栏录入"1 520 000"，在"累计折旧"栏录入"720 484"。

（5）单击"保存"按钮，系统提示"数据成功保存！"

（6）单击"确定"按钮，继续完成对其他原始卡片的录入。

（7）全部输入完毕后单击"保存"按钮，系统自动增加下张卡片。若不需要增加，则单击"退出"按钮，系统提示"是否保存数据？"，单击"否"按钮，返回上层窗口。

（8）在固定资产管理系统中，选择"卡片"→"卡片管理"命令，打开"卡片管理"窗口。可以查看到固定资产的分类信息，如"按部门查询"、"按类别查询"、"自定义查询"等。

（9）在卡片管理列表中双击要修改的卡片，单击"修改"按钮，即可进行修改。

【要点提示】

（1）单击"保存"按钮后，系统自动新增的"固定资产卡片"类别与上一张卡片相同，注意修改类别编号。

（2）在执行原始卡片录入或资产增加功能时，可以为一项资产选择多个使用部门，以便分摊该项资产的原值、累计折旧金额等。

（3）单个卡片对应多个使用部门时，卡片上的对应折旧处不能直接输入，默认选择多个使用部门所设置的折旧科目。

第三节　固定资产管理系统日常业务

日常管理是固定资产管理中非常重要的一部分内容，主要包括资产的增减变动、折旧处理以及记账凭证的填制。

固定资产在日常管理过程中，由于某种原因会发生增加、减少以及部门间的转移，这时需要及时处理，否则会影响折旧的计提。在月末，还需要准确计提本月折旧，及时生成记账凭证。

本系统在一个期间内可以多次计提折旧，每次计提折旧后，只是将计提的折旧累计加到月初的累计折旧，不会重复累计。

一、新增固定资产

【任务描述】

2016 年 1 月 5 日，北京宏远科技有限责任公司直接购入并直接交付财务科使用方正电脑一台（属于办公设备），预计使用年限为 5 年，原值 10 000 元，净残值率为 0，采用年数总和法计提折旧。

【任务分析】

固定资产增加也是一种新卡片的录入，与原始卡片录入相对应。资产通过"原始卡片录入"还是通过"资产增加"录入，在于资产的开始使用日期，只有当"开始使用日期的期间＝录入的期间"时，才能通过"资产增加"录入。其录入过程与"原始卡片"录入相同，但卡片中"开始使用日期"栏的年份和月份不能修改。因为是资产增加，该资产需要入账，所以可执行制单功能。

新卡片录入的第一个月不提折旧，折旧额为空或零。原值录入必须是卡片录入月月初的价值，否则将会出现计算错误。如果录入的累计折旧、累计工作量不是零，说明是旧资产，该累计折旧或累计工作量是在进入本单位前的值。已计提月份必须严格按照该资产在其他单位已经计提或估计已计提的月份数，不包括使用期间停用等不计提折旧的月份，否则不能正确计算折旧。

【任务实施】

（1）在固定资产管理系统中，选择"卡片"→"资产增加"命令，打开"固定资产类别档案"对话框。

（2）选择要增加的资产类别"办公设备"，单击"确定"按钮，如图 6-17 所示。

（3）在打开的"固定资产卡片"录入窗口，依次录入固定资产名称、使用部门、增加方式、使用状况、折旧方法、原值、净残值率等。如图 6-18 所示。

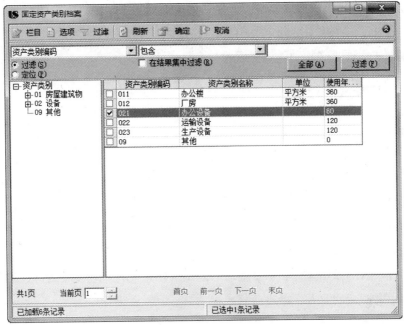

图 6-17　选择类别

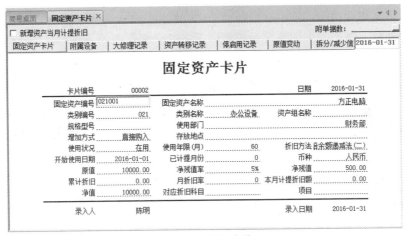

图 6-18　录入卡片

【要点提示】

（1）只有当资产开始计提折旧后才可以使用资产减少功能，否则，减少资产只能通过删除卡片来完成。

（2）若想恢复已减少的资产，可以在卡片管理界面中，选择"已减少的资产"，选中要恢复的资产，单击"卡片"菜单下面的"撤销减少"即可。

（3）通过资产减少的固定资产只有在减少的当月可以恢复。如果资产减少操作已制作成凭证，必须删除凭证后才能恢复。

二、固定资产变动

【任务描述】

2016 年 2 月 5 日，卡片编号为 00003 的生产车床折旧方法由"平均年限法（二）"更改为"工作量法"。工作总量为 87 600 小时，累计工作量为 7 300 小时。

【任务分析】

固定资产在使用过程中，可能会调整卡片上的某些项目，这种变动要求留下原始凭证，为此制作的原始凭证称为"变动单"。

本月录入的原始卡片和本月增加的固定资产不允许进行变动处理，因此，对此项固定资产变动业务，需要在完成本章第三节之后进行。

【相关知识】

固定资产在使用过程中，可能会因为原值变动、部门转移、使用状况的变动、使用年限的调整、折旧方法的调整、净残值（率）调整、工作总量调整、累计折旧调整、资产类别调整等而需要对固定资产卡片中的一些项目进行调整。这些变动在固定资产管理系统中通过固定资产变动单进行操作，而其他项目，如名称、编号、自定义项等的变动可直接在卡片上进行修改。

1. 原值变动

固定资产在使用过程中，其原值增减有五种情况：根据国家规定对固定资产重新估价；增加补充设备或改良设备；将固定资产的一部分拆除；根据实际价值调整原来的暂估价值；发现原记录固定资产价值有误的。原值变动包括原值增加和原值减少两部分。相关的变动单信息输入完后进行保存，此时，卡片上的相应项目（原值、净残值、净残值率）将根据变动单而改变。如果选项中选择了"业务发生后立即制单"，可制作成记账凭证。

2. 部门转移

固定资产在使用过程中，因内部调配而发生的部门变动应及时处理，否则将影响部门的折旧计算。可通过系统提供的"变动单"下的"部门转移"功能完成调整。

3.使用状况的调整

固定资产使用状况分为在用、未使用、不需用、停用、封存五种。固定资产在使用过程中，可能会因为某种原因，使得固定资产的使用状况发生变化，这种变化会影响到设备折旧的计算，因此应及时调整。可通过系统提供的"变动单"下的"使用状况变动"功能完成调整。

4.使用年限的调整

固定资产在使用过程中，其使用年限可能会由于固定资产的重估、大修等原因调整固定资产的使用年限，可通过系统提供的"变动单"下的"使用年限调整"功能完成调整。进行使用年限调整的固定资产在调整的当月就按调整后的使用年限计提折旧。

5.折旧方法的调整

一般来说，固定资产折旧方法一年之内很少改变，但如有特殊情况需调整改变的，可通过系统提供的"变动单"下的"折旧方法调整"功能完成调整。

6.变动单管理

变动单管理可以对系统制作的变动单进行综合管理，包括查询、修改、制单、删除等。因为本系统遵循严格的序时管理，删除变动单必须从该资产制作的编号最大的开始依次删除。

【任务实施】

（1）在固定资产管理系统中，选择"卡片"→"变动单"→"折旧方法调整"命令，打开"固定资产变动单——新建变动单：00001号变动单"对话框，如图6-19所示。

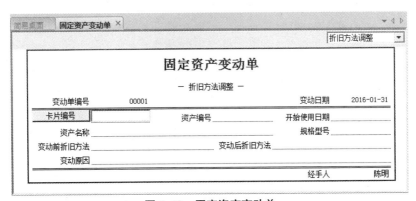

图6-19　固定资产变动单

（2）在"卡片编号"栏录入或选择卡片编号"00003"，单击"变动后折旧方法"栏，再单击"变动后折旧方法"按钮，选择"工作量法"，如图 6-20 所示。

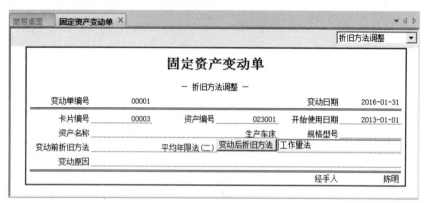

图 6-20 修改折旧方法

（3）单击"确定"按钮，打开"工作量输入"对话框，在"工作总量"栏输入"87 600"，在"累计工作量"栏输入"7 300"，在"工作量单位"栏输入"小时"， 如图 6-21 所示。

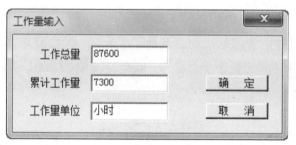

图 6-21 工作量输入

（4）单击"确定"按钮，在"变动原因"栏录入"工作需要"。

（5）单击"保存"按钮，系统提示数据成功保存，单击"确定"按钮。

（6）单击"退出"按钮，退出。

【要点提示】

（1）变动单不能修改，当月可删除重做，所以请仔细检查后再保存。

（2）当月录入的原始卡片或新增卡片不能执行变动功能。建议在完成 1 月份有关固定资产的所有业务，办理月结后，重新注册进入 2 月份后，开始对该项目进行业务操作。

第四节　固定资产管理系统期末业务处理

根据制度规定，每月都需要进行月末结账。固定资产系统生成凭证后，自动传递到总账系统。在总账系统中经出纳签字、审核凭证、科目汇总后，进行记账。当总账记账完毕，固定资产系统才可以进行对账。若对账平衡，开始月末结账。

若在账务接口中选中"在对账不平衡情况下允许固定资产月末结账"，则可以直接进行月末结账。

一、计提固定资产折旧

【任务描述】

2016 年 1 月 31 日，计提本月固定资产折旧，查看折旧清单并生成折旧凭证。

【任务分析】

企业应当在固定资产使用寿命内，按照确定的方法对应计提折旧额进行系统分摊，即按期计提折旧。自动计提折旧是固定资产管理系统的主要功能之一。系统每期计提折旧一次，根据已录入系统的资料自动计算固定资产的折旧，并自动生成折旧分配表，然后制作记账凭证，自动登录本期的折旧费用。

【相关知识】

1. 折旧处理影响因素的变动调整

影响折旧计提的因素有原值、累计折旧、净残值（率）、折旧方法、使用年限和使用状况。由于在使用过程中，上述因素可能产生变动，这种变动后的调整应遵循以下原则：

（1）系统提供的直线法计算折旧时总是以净值作为计提原值，以剩余使用年限为计提年限计算折旧，充分体现平均分摊的思想（平均年限法（一）除外）。

（2）本系统发生与折旧计算有关的变动后，加速折旧法在变动生效的当期以净值为计提原值，以剩余使用年限为计提年限计算折旧，以前月折旧额或单位折旧额无效；直线法还以原公式计算（因公式中已考虑了价值变动和年限调整）。

（3）当发生原值调整、累计折旧调整、净残值（率）调整时，当月计提的折旧额不变，下月按变化后的值计算折旧。

（4）对于折旧方法调整、使用年限调整、工作总量调整，当月按调整后的值计算折旧。

（5）对于使用状况调整，当月按调整前的数据判断是否计提折旧，即使用状况调整下月有效。

（6）本系统各种变动后计算折旧采用未来适用法，不自动调整以前的累计折旧，采用追溯适用法的企业只能手工调整累计折旧。

（7）部门转移和类别调整，当月计提的折旧分配到变动后的部门和类别。

2. 录入工作量

只有当资产按使用工作量法计提折旧的时候，每月计提折旧前要求必须录入资产当月的工作量，且输入的本期工作量必须保证使累计工作量小于等于工作总量，才可以继承上月工作量。如果上期期末累计工作量加上本期继承值大于工作总量，则系统不执行继承上月工作量，而是自动计算出本月的工作量（本月工作量＝工作总量－上期期末累计工作量），然后在本月工作量后的单元格内标上星号。如果操作员对自动计算的值不满意，可手工进行修改。

3. 计提折旧

当开始计提折旧时，系统将自动计提所有资产当期折旧额，并将当期的折旧额自动累加到累计折旧项目中。计提工作完成后，需要进行折旧分配，形成折旧费用，系统除了自动生成折旧清单外，同时还生成折旧分配表，从而完成本期折旧费用登账工作。系统提供的折旧清单显示了所有应计提折旧资产所计提的折旧数额。折旧分配表是制作记账凭证，把计提折旧额分配到有关成本和费用的依据。折旧分配表有两种类型：类别折旧分配表和部门折旧分配表。生成折旧分配表由"折旧汇总分配周期"决定，因此，制作记账凭证要在生成折旧分配表后进行。

计提折旧遵循以下原则：

（1）在一个期间内可以多次计提折旧，每次计提折旧后，只是将计提的折旧累加到月初的累计折旧上，不会重复累计。

（2）若上次计提折旧已制单并传递到总账系统，则必须删除该凭证才能重新计提折旧。

（3）计提折旧后又对账套进行了影响折旧计算分配的操作，必须重新计提折旧，否则系统不允许结账。

（4）若自定义的折旧方法计算的月折旧率或月折旧额出现负数，系统自动中止计提。

（5）固定资产的使用部门和固定资产折旧要汇总的部门可能不同，为了加强资产管理，使用部门必须是明细部门，而折旧分配部门不一定分配到明细部门，不同的单位处理可能不同，因此要在计提折旧后，分配折旧费用时对处理方法作出选择。

【任务实施】

（1）在固定资产系统管理中，选择"处理"→"计提本月折旧"命令，系统弹出"是否要查看折旧清单？"

（2）单击"是"按钮，系统提示"本操作将计提本月折旧，并花费一定时间，是否继续？"，单击"是"按钮，打开"折旧清单"窗口，如图 6-22 所示。

图 6-22 折旧清单

（3）单击"退出"按钮，系统提示计提折旧完成。

【要点提示】

（1）本系统在一个期间内不可多次计提折旧，每次计提折旧后，只是将计提的折旧累加到月初的累计折旧，不会重复累计。

（2）如果上次计提折旧已制单并把数据已经传递到账务系统，则必须删除该凭证方可重新计提折旧。

（3）计提折旧后，若对账套进行了影响计提或分配的操作，则必须重新计提折旧，否则系统不允许结账。

二、批量制单

【任务描述】

2016 年 1 月 31 日，操作员张强采用批量制单方式，生成本月发生的固定资产业务凭证。

【任务分析】

固定资产管理系统和总账系统之间存在着数据的自动传输，这种传输是固定资产管理系统通过记账凭证向总账系统传递有关数据。通过固定资产管理系统制作的凭证，必须保证借方、贷方的合计数与原始单据的数值相等。

【相关知识】

固定资产管理系统需要制作记账凭证的情况包括资产增加、资产减少、卡片修改（涉及原值和累计折旧）、资产评估（涉及原值和累计折旧）、原值变动、累计折旧调整以及折旧分配等。

制作记账凭证可以采取立即制单和批量制单两种方法实现。如果在选项中设置了业务发生后立即制单，则以上需要制单的相关业务发生后，系统自动调出凭证供修改；如果在选项中未设置业务发生后立即制单，则可采用批量制单功能完成制单任务，批量制单功能可同时将一批需要制单的业务连续制作凭证并传输到账务系统，避免了多次制单的烦琐。凡是在业务发生当时没有制单的，该业务自动排列在批量制单表中，表中列示应制单的业务发生日期、类型、原始单据号、缺省的借贷方科目和金额以及制单选择标志。

【任务实施】

（1）在固定资产管理过程中，选择"处理"→"批量制单"命令，打开"批量制单——制单选择"对话框，单击"全选"按钮，或双击"选择"栏，选中要制单的记录。

（2）单击"制单设置"选项卡，通过"下张"按钮，查看制单科目设置，翻阅检查三张凭证科目设置，如图 6-23 所示。

（3）单击"制单"按钮，选中凭证类别为"付"，分别在第一行和第二行"摘要"栏录入"直接购入资产"，单击"保存"按钮，再通过"小三角"按钮，填制下一张凭证。如图 6-24 所示。

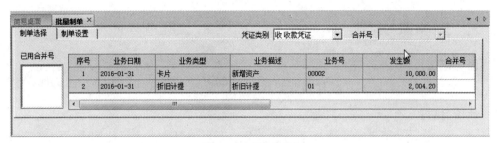

图 6-23　批量制单

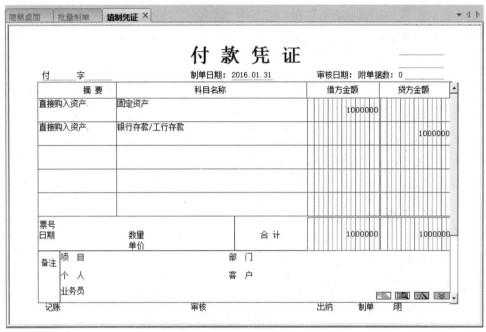

图 6-24　制单

（4）填制完凭证后，单击"退出"按钮退出。

【要点提示】

（1）采用批量制单方式制单，凭证摘要栏为空，需要手工输入。

（2）已制单生成的凭证可通过"凭证查询"功能进行查询、修改和删除。

（3）计提折旧后由于对账套进行了影响折旧计算或分配的操作，必须重新计提折旧，否则系统不允许结账。

三、对账与结账

【任务描述】

2016 年 1 月 31 日，操作员张强执行对账业务，办理月末结账。

【任务分析】

当在初始化或选项中选择了与财务分析子系统对账，才可使用固定资产管理系统的对账功能。为保证固定资产管理系统的资产价值与总账系统中固定资产科目的数值相等，可随时使用对账功能对两个系统进行审查。对账的操作不限制时间，任何时候都可以进行。系统在执行月末结账时自动对账一次，并给出对账结果。

当固定资产管理系统完成了本月全部制单业务后，可以进行月末结账，月末结账每月进行一次，结账后当期数据不能修改。如有错必须修改，可通过系统提供的"恢复月末结账前状态"功能反结账，再进行相应修改。由于成本管理系统每月从固定资产管理系统中提取折旧费数据，因此一旦成本管理系统提取了某期的数据，则该期不能反结账。若本期不结账，将不能处理下期的数据。结账前一定要进行数据备份，否则数据一旦丢失，将造成无法挽回的损失。

【任务实施】

（1）在固定资产管理系统中，选择"处理"→"对账"命令，打开"与账务对账结果"对话框，如图 6-25 所示。

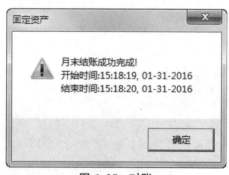

图 6-25　对账

（2）单击"确定"按钮。

（3）选择"月末结账"命令，出现"与总账对账结果"对话框。单击"确定"按钮，系统提示"月末结账成功"。

（4）单击"确定"按钮，出现系统提示，如图 6-26 所示，单击"确定"按钮，完成固定资产结账工作。

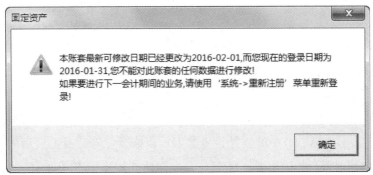

图 6-26　月末结账

小　结

固定资产管理系统功能是完成企业固定资产日常业务的核算和管理，生成固定资产卡片，按月反映固定资产的增加、减少、原值变化及其他变动，并输出相应的增减变动明细账，按月自动计提折旧，生成折旧分配凭证，同时输出一些相关的报表和账簿。

固定资产的初始设置主要包括建立固定资产账套、基础信息设置和原始卡片录入。日常处理主要包括固定资产的增减业务，还包括原值变动、部门转移、使用状况变动、使用年限调整和折旧方法的调整在内的各种资产变动业务。月末处理主要包括如何计提固定资产减值准备和固定资产折旧、生成固定资产的相关凭证以及如何进行凭证的修改和删除、怎样进行对账与月末结账。

实训设计

【实训目的】

通过实训，掌握固定资产系统初始化、固定资产业务处理、固定资产期末处理的操作。

【实训要求】

（1）引入本章第二节中的初始设置数据，以账套主管的身份启用固定资产管理系统，启用时间为 2016 年 1 月 1 日，进行建立固定资产子账套、基础设置、录入原始卡片、修改固定资产卡片的操作。

（2）以总账会计的身份注册登录固定资产管理系统进行增减固定资产、计提固定资产折旧、处理固定资产变动、生成固定资产记账凭证的操作。

（3）备份账套的文件夹，命名为 6-1。

【实训资料】

1. 建立固定资产账套

固定资产账套启用月份：2016 年 1 月。固定资产折旧采用平均年限法按月计提，折旧汇总分配周期为 1 个月；当月初已计提月份比可使用月份少 1 时，要求将剩余折旧全部提足。固定资产类别编码方式为"2-1-1-2"，固定资产编码方式采用自动编码，编码方式为"按类别编码+序号"，序号长度为"5"。要求与总账系统进行对账，固定资产对账科目为"1601 固定资产"，累计折旧对账科目为"1602 累计折旧"。对账不平衡的情况下不允许固定资产月末结账。

2. 设置部门对应折旧科目

部门对应折旧科目的内容如表 6-6 所示。

表 6-6　部门对应折旧科目设置

部门名称	贷方科目
总经理室	管理费用——折旧费
财务科	管理费用——折旧费
仓库	管理费用——折旧费
供销科	销售费用——折旧费
基本生产车间	制造费用

3. 设置固定资产类别

固定资产类别的内容如表 6-7 所示。

表 6-7　固定资产类别设置

类别编码	类别名称	使用年限	净残值率	计提属性	折旧方法	卡片样式
01	办公楼	35	3%	正常计提	平均年限法	通用样式
02	厂房	30	3%	正常计提	平均年限法	通用样式
03	生产线	20	3%	正常计提	平均年限法	通用样式
04	办公设备	5	3%	正常计提	平均年限法	通用样式

4. 设置固定资产增减方式

固定资产的增减方式如表 6-8 所示。

表 6-8　固定资产的增减方式设置

增加方式	对应入账科目	减少方式	对应入账科目
在建工程转入	在建工程	报废	固定资产清理
投资者投入	实收资本	投资转出	长期股权投资——其他股权投资
盘盈	以前年度损益调整	盘亏	待处理财产损益——待处理固定资产损益
捐赠	营业外收入	捐赠转出	营业外支出
直接购入	银行存款——交行存款	出售	固定资产清理

5. 录入固定资产原始卡片

固定资产原始卡片的内容如表 6-9 所示。

表 6-9　固定资产原始卡片的录入

卡片编号	00001	00002	00003	00004	00005
固定资产编号	0100001	0200001	0300001	0300002	02200001
固定资产名称	办公楼	厂房	1号生产线	2号生产线	电脑
类别编号	01	02	03	03	04
类别名称	办公楼	厂房	生产线	生产线	办公设备
部门名称	总经理室	基本生产车间	基本生产车间	基本生产车间	财务部
增加方式	在建工程转入	在建工程转入	直接购入	直接购入	直接购入
使用状况	在用	在用	在用	在用	在用
使用年限	35	30	20	20	5
折旧方法	平均年限法	平均年限法	平均年限法	平均年限法	平均年限法
开始使用日期	2006-01-01	2006-06-01	2006-07-31	2006-11-10	2014-03-01
币种	人民币	人民币	人民币	人民币	人民币

卡片编号	00001	00002	00003	00004	00005
原值	1 000 000	600 000	200 000	150 000	10 000
净残值率	3%	3%	3%	3%	3%
净残值	30 000	18 000	6 000	4 500	300
累计折旧	91 000	46 800	23 200	7 800	1 458
月折旧率	0.0023	0.0027	0.0040	0.0040	0.0162
月折旧额	2 300	1 620	800	600	162
净值	909 000	553 200	176 800	142 200	8 542
对应折旧科目	管理费用——折旧费	制造费用	制造费用	制造费用	管理费用——折旧费

6. 修改固定资产卡片

将卡片编号为"00003"的固定资产（1 号生产线）的使用状况由"在用"修改为"大修理停用"。

7. 新增固定资产

2016 年 1 月 21 日购入联想电脑一台并交付供销科，价值 5 000 元，净残值率 3%，可使用年限 5 年，采用平均年限法计提折旧。

8. 计提固定资产折旧

9. 减少固定资产

2016 年 1 月 21 日，00005 号卡片登记的电脑毁损报废。

10. 生成增加固定资产的记账凭证

11. 进行对账与结账

第七章
薪资管理系统

【知识目标】

● 了解工资账套与企业账套的区别

● 熟悉薪资管理系统初始设置的主要内容和方法

● 熟练掌握薪资管理系统各项日常业务及期末业务处理的操作程序

【能力目标】

● 熟练掌握薪资管理系统的初始设置

● 熟练掌握薪资管理系统管理人员档案和薪资计算方法的设置

● 熟练进行工资分摊设置和生成转账凭证

　　工资是企业职工薪酬的重要组成部分，也是产品成本的计算内容，是企业进行各种费用计提的基础。薪酬管理的任务是以职工个人的工资原始数据为基础，计算应发工资、扣款和实发工资等，编制工资结算单；按部门和人员类别进行汇总，进行个人所得税计算；提供对工资相关数据的多种方式的查询和分析；进行工资费用分配与计提，并实现自动转账处理。

第一节　认识薪资管理系统

薪资管理系统主要是完成企业员工薪资的核算与管理，向总账系统和成本管理系统等提供核算信息和成本信息。

一、薪资管理系统的功能目标

及时、准确地输入与职工工资核算和管理有关的原始数据。

及时处理职工调入、调出、内部调动及工资调整数据。

按工资发放单位正确计算职工的工资，包括应发工资、个人所得税、各种代扣款和实发工资等，并编制工资单，为及时发放工资提供准确的依据。

逐级汇总企业各单位的汇总工资费用、输出工资费用汇总表。

按规定的比例计提职工福利费、工会经费和其他以工资为基数计提的各项费用。

根据工作部门和工作性质，进行工资费用和职工福利费的分配，输出工资费用分配表，并生成相应的转账凭证，传输到总账系统和成本管理系统，以便汇总入账和计算产品成本。

正确计算并代扣个人所得税。

根据管理的需要提供其他有关的工资统计分析数据。

二、薪资管理系统与其他子系统的主要关系

薪资管理系统与其他子系统的主要关系如图 7-1 所示。

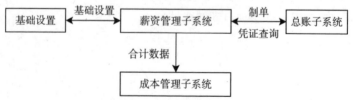

图 7-1　薪资管理系统与其他子系统的主要关系

1. 薪资管理系统与基础设置的关系

薪资管理系统与基础设置共享基础数据。薪资管理系统需要的基础数据可以在企业门户中统一设置，也可以在薪资管理系统中自行设定。

2. 薪资管理系统与总账系统的关系

薪资管理系统将工资费用的分配以及各种经费计提的结果自动生成转账凭证，传递到总账系统，并可以查询凭证。

3. 薪资管理系统与成本管理系统的关系

薪资管理系统向成本管理系统传送相关费用的合计数据。

三、薪资管理系统的数据处理流程

1. 薪资管理输入数据分类

薪资管理系统的原始数据量大，涉及的部门比较多，为提高原始数据输入的效率，可对输入数据进行分类，以便根据其特点，采用相应的输入方法。一般按工资数据变动频率的不同，可以将原始数据分为基本不变数据和变动数据两类。

基本不变数据是指固定不变的数据和在较长的时间内很少变动的数据，如参加工作时间、职工代码、姓名、基本工资等。变动数据是指每月都有可能发生变动的数据，这种变动可以是数值大小的变动，也可以是有无的变动，如病假、事假时间，某种不固定的津贴和代扣款项等。

在规模较大、人数较多的企业，可以将以上两部分分别建立基本不变数据文件和变动数据文件。基本不变数据文件供系统长期使用，只有在人员调出、调入、内部调动或调资时更新此文件数据。每月核算都可以直接调用这些基本不变数据，不需重新输入。变动数据文件中的数据则需在每月的月初初始化后输入。

2. 薪资管理系统数据处理流程的主要内容

（1）系统初始化时，将固定工资数据输入系统，建立基本不变数据文件，供以后各月使用。

（2）当有人事变动时，更新基本不变数据文件中的数据。

（3）每月将工资变动数据输入到变动数据文件。

（4）以职工代码作为关键字，将基本不变数据文件和变动数据文件的数据相匹配，形成工资计算文件，同时进行有关工资数据的计算。

（5）根据工资计算文件，按部门汇总工资数据，形成工资汇总文件。

（6）根据工资计算文件，按部门代码和工资类别汇总，分配工资费用，形成工资费用分配文件。

（7）根据工资计算文件计提职工福利费、工会经费等，存放在应付福利费等文件中。

（8）根据工资计算文件、工资汇总文件、工资费用分配文件、应付福利费等文件输出工资结算单、工资汇总表、工资费用分配表、个人所得税申报表、职工福利费计提表等。

（9）将工资费用分配的结果，进行自动转账处理，供总账系统和成本管理系统调用。

薪资管理系统数据处理流程如图 7-2 所示。

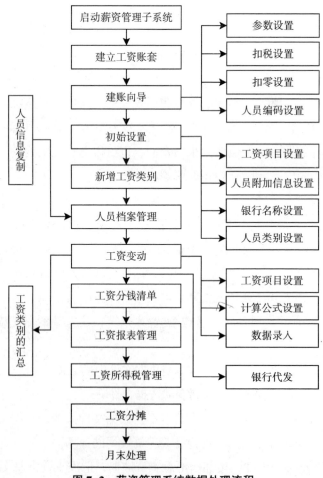

图 7-2　薪资管理系统数据处理流程

四、薪资管理系统的代码

薪资管理系统的代码即职工代码，是识别每一个职工的关键数据，职工编码一般采取群码和组码相结合的方式，由部门编码、工作类别码、个人顺序码组合而成。

如将职工编码设计为8位，第一和第二位表示车间或科室代码，第三和第四位表示车间内班组或科室内小组的代码，第五和第六位表示职工工作类别代码，第七和第八位表示职工在班组或小组内的代码。例如，代码01010101表示一车间一班组编码为01号的生产人员。需要注意的是，部门代码的设计要与会计信息系统中其他子系统中部门代码的设计相一致。

五、薪资管理系统的功能模块结构

薪资管理系统的功能模块结构如图7-3所示。

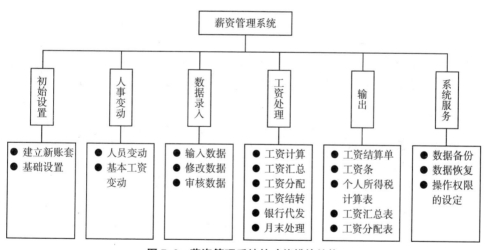

图7-3　薪资管理系统的功能模块结构

第二节　薪资管理系统初始设置

企业在使用薪资管理系统之前，需要进行初始设置，初始设置包括薪资管理系统初始设置、人员附加信息设置、人员档案设置、工资项目设置、公式定义、个人所得税设置、银行代发及相关表格设置等。

一、薪资管理系统启用设置

【任务描述】

北京宏远科技有限责任公司从 2016 年 1 月 1 日起启用薪资管理系统。根据企业核算与管理的需要，要求建立工资核算账套。启用设置如表 7-1 所示。

表 7-1 薪资管理启用设置

设置项目		设置要求
参数设置	工资类别个数	单个
	核算币别	人民币 RMB
扣税设置		从工资中代扣个人所得税
扣零设置		不扣零
人员编码		与公共平台的人员编码一致

【任务分析】

在使用薪资管理系统之前，应该在系统管理中建立账套，并且在建立账套后在企业门户中启用薪资管理系统，否则不能启用薪资管理系统。

工资核算账套与企业核算账套是不同的概念。企业核算账套在系统管理中建立，是针对整个 ERP 系统而言的，而工资账套只针对用友 ERP 系统中的薪资管理系统，即工资账套是企业核算账套的一个组成部分。

【相关知识】

在薪资管理系统中，将工资分类别进行核算，方便了有些运用多套工资方案进行核算的企业和集团。具体来说，薪资管理系统中的工资分类核算有以下优点：

其一，满足企业按不同标准对工资进行分工处理与集权控制，薪资系统资料与其他财务系统相对独立，可根据不同权限操作不同类别，保证财务信息的安全性（如可把工资公式设置功能赋予人事部门，由人事部门来核算工资，但人事部门无权限查看其他财务信息）。

其二，可对不同类别员工进行不同工资标准核算（如正式职员、合同工、退休人员，分不同时期处理，计算标准可不同）。

其三，可对临时立项的工资项目进行核算。

其四，为满足企业分工的需要，可分类别录入数据，总账会计选择所有类别就可以查看所有数据进行总控，达到集权和分权的目的。

其五，可将一人归多类处理。

【任务实施】

（1）单击"开始"→"程序"→"用友 ERP-U8"→"企业应用平台"，进入"企业应用平台"，打开"业务"选项卡。

（2）选择"人力资源"→"薪资管理"命令，打开"建立工资套——参数设置"对话框，系统默认工资类别个数为单个，币别名称为人民币，如图 7-4 所示，单击"下一步"按钮。

图 7-4　参数设置

（3）打开"建立工资套——扣税设置"对话框，选中"是否从工资中代扣个人所得税"前的复选框，如图 7-5 所示，单击"下一步"按钮。

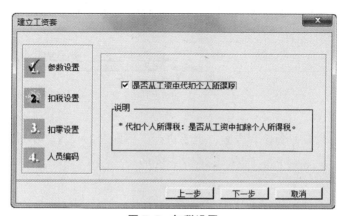

图 7-5　扣税设置

（4）打开"建立工资套——扣零设置"对话框，系统默认为不扣零，如图7-6所示，单击"下一步"按钮。

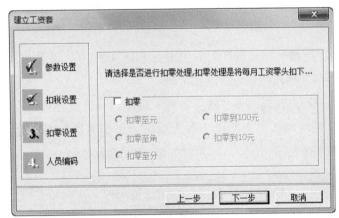

图7-6　扣零设置

（5）打开"建立工资套——人员编码"对话框，显示人员编码同公共平台的人员编码保持一致，单击"完成"按钮，如图7-7所示。

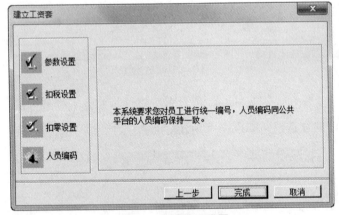

图7-7　人员编码设置

【要点提示】

即使用户只有一套核算方案，也要进行工资账套的设置，不过只要设置一个账套即可。

二、设置人员附加信息

【任务描述】

2016 年 1 月 1 日，北京宏远科技有限责任公司根据需要，添加工龄这项人员附加信息。

【任务分析】

由于各个企业对人员档案所提供的信息要求不一，系统中除了兼顾人员档案管理的基本功能外，还提供了人员附加信息的设置功能，从一定程度上丰富了人员档案管理的内容，便于对人员进行更加有效的管理。

【相关知识】

在薪资管理系统的职员资料中，需要录入职员的相应信息，如职员的代码、姓名、出生日期、入职日期、身份证号码、部门、类别等，这些信息是为了方便进行人事管理，且在这些信息中有一些尤为重要，关系到薪资管理系统的分类、核算以及费用分配。

【任务实施】

（1）在薪资管理系统中，选择"设置"→"人员附加信息设置"命令，打开"人员附加信息设置"对话框。

（2）单击"增加"按钮，输入工龄，再单击"增加"按钮，如图 7-8 所示。

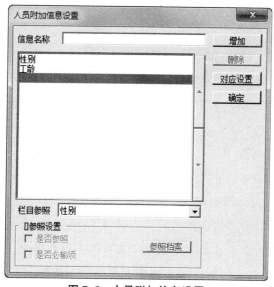

图 7-8　人员附加信息设置

（3）单击"退出"按钮，退出。

【要点提示】

若职员信息是从总账中引入的，可能有些信息没有设置，则用户需要通过设置人员附加信息增加相关信息。

三、设置人员档案

【任务描述】

设置如表7-2所示的北京宏远科技有限责任公司薪资管理系统中的人员档案，其中，工资代发银行为交通银行。

表7-2　人员档案

人员编码	姓名	人员类别	所属部门	性别	银行账号	工龄	是否业务员
101	李云升	企业管理人员	经理办公室	男	512585471	18	否
102	李丽	企业管理人员	经理办公室	女	512585472	21	否
103	陈明	企业管理人员	财务室	男	512585473	15	否
104	李伟	企业管理人员	财务室	男	512585474	16	否
105	张强	企业管理人员	财务室	男	512585475	14	否
106	刘英	企业管理人员	总务室	女	512585476	14	否
201	李明	基本生产人员	生产车间	男	512585477	12	否
202	王维	基本生产人员	辅助车间	男	512585478	14	否
301	王涛	销售人员	销售组	男	512585479	10	是
302	刘伟	销售人员	供应组	男	512585480	9	是

【任务分析】

人员档案的设置用于登记工资发放人员的姓名、职工编号、所在部门、人员类别等信息。此外，员工的增减变动都必须先在人员档案设置中进行处理。人员档案的操作是针对某个工资类别的，即应先打开相应的工资类别。

1. 增加与删除人员

在此输入人员编号、人员姓名（但这里的姓名和总账中的职员姓名不是一个信息库，不会反写入总账中）、部门编号、选择人员类别、进入日期、计税及中方人员（主要是为计算个人所得税时，以区分不同的扣除金额而设）等信息，在工资没有变动的情况下，也就是尚未录入人员的工资数据时，可删除光标所在行的人员。在一年中有人员调出时，当年调出人员不可删除，可打上"调出"标志，只能在进行年末处理后，在新的一年开始时，将此人删除。

2. 人员调离与停发

当某一人员调出、退休或离休后，在人员档案中，打上"调出"或"停发"标志，则此人将不参与工资的发放和汇总。已标识调出标志的人员，所有档案信息不可修改，其编号可以再次使用。调出人员可在本月末作月末结算前，取消调出标志，但编号已被其他人员使用时，不可取消。有工资停发标志的人员不再进行工资发放，但应保留人员档案，以后可恢复发放。标志为停发或调出人员，将不再参与工资的发放和汇总。

3. 修改人员档案

当个别人员的档案需要修改时，可直接修改职工的工资和姓名，但人员编号一经确定，则不允许修改。当一批人员的某个工资项目同时需要修改时，可利用数据替换功能，即将符合条件人员的某个工资项目的内容统一替换为某个数据，以提高人员信息的修改速度。

4. 人员筛选与定位

人员的筛选与定位，都是为缩小人员档案查询信息而设。人员筛选要求必须输入条件才能得到结果。人员定位时，可以模糊定位。如查询姓王的人员，只输入一个"王"字，单击"确认"，则光标定位在第一个姓王人员处。一般在定位的人员不确定的条件时，才选择"模糊定位"。

【任务实施】

（1）在薪资管理系统中，选择"设置"→"人员档案"命令，打开"人员档案"窗口。

（2）单击"批增"按钮，打开"人员批量增加"窗口，单击"查询"按钮，相关人员的档案即显示在"人员批量增加"中，如图7-9所示。

（3）单击"确定"按钮。

（4）单击"人员信息修改"按钮，打开编号为101的人员档案明细窗口，在银行代发下面的"银行名称"中选择"交通银行"，在"银行账号"中输入"512585471"，单击"附加信息"页签，输入工龄"18"，单击"确定"按钮，如图7-10所示。系统提示"写入该人员档案信息吗？"，单击"确定"按钮。

（5）系统自动调入下一人的档案，继续完成对其他人员信息的修改。全部输入完毕后，单击"取消"按钮退出。

图7-9　人员批量增加

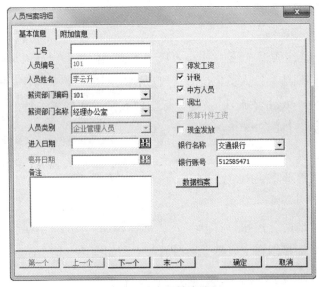

图7-10　人员档案明细

【要点提示】

（1）在人员档案对话框中，单击"批增"按钮可以按人员类别批量增加人员档案，然后再进行修改。

（2）在"人员档案"对话框中，可以单击"数据档案"按钮，录入薪资数据。

四、设置工资项目

【任务描述】

设置如表 7-3 所示的公司工资项目。

表 7-3　工资项目

工资项目	类型	长度	小数位数	增减及其他
基本工资	数字	8	2	增项
岗位工资	数字	8	2	增项
加班工资	数字	8	2	增项
津贴	数字	8	2	增项
住房补贴	数字	8	2	增项
交通补贴	数字	8	2	增项
应发合计	数字	10	2	增项
病假天数	数字	4		其他
病假扣款	数字	8	2	减项
事假天数	数字	4		其他
事假扣款	数字	8	2	减项
扣公积金	数字	8	2	减项
扣款合计	数字	10	2	减项
代扣税	数字	10	2	减项
实发合计	数字	10	2	增项

【任务分析】

工资数据最终由各个工资项目体现。薪资管理项目设置即定义工资核算时所涉及的项目名称、类型和宽度等。薪资管理系统中提供了一些固定的工资项目，它们是工资账中不可缺少的，主要包括"应发合计"、"扣款合计"、"实发合计"。如果在工资建账时设置了"扣零处理"，则系统在工资项目中自动生成"本月扣零"和"上月扣零"两个指定名称的项目，这些项目不能删除和重命名。其他项目可以根据实际需要定义或参照增加，如基本工资和奖金等。在此可以设置工资项目的名称、类型、长度、小数位数、增减项，还可修改、删除工资项目。系统提供若干常用工资项目供参考，可选择输入。对于参照中未提供的工资项目，可以直接输入。

当企业发放工资采用银行代发形式时，需要确定银行名称及账号长度。发放工资的银行可以按需要设置多个。如果同一工资类别中的人员由于在不同的工作地点，需要不同的银行代发工资，或者不同的工资类别由不同的银行代发工资，均需将相应的银行名称一并设置。

【任务实施】

（1）在薪资管理系统中，选择"设置"→"工资项目设置"命令，打开"工资项目设置"对话框，如图 7-11 所示。

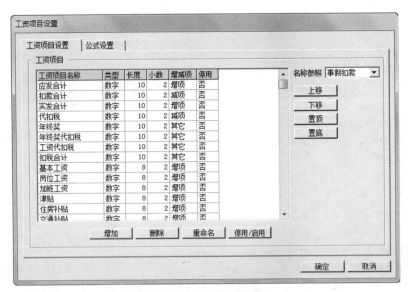

图 7-11　工资项目设置

（2）单击"增加"按钮并在右侧"名称参照"下拉列表框中初步选择需要增加的工资项目内容或直接输入工资项目的名称以及设置类型、长度、小数、增减项等。

（3）设置完成后单击"上移"、"下移"按钮来排列工资项目的内容，最后单击"确定"按钮，如图 7-11 所示。

五、定义工资计算公式

【任务描述】

设置如表 7-4 所示的北京宏远科技有限责任公司的工资计算公式。

表7-4 工资计算公式一览表

工资项目	计算公式
应发合计	基本工资+岗位工资+加班工资+津贴+住房补贴+交通补贴
扣款合计	代扣税+病假扣款+事假扣款+扣公积金
实发合计	应发合计-扣款合计
病假扣款	(基本工资+岗位工资+津贴)/21.75×0.6×病假天数
事假扣款	(基本工资+岗位工资+津贴)/21.75×事假天数

【任务分析】

由于不同的工资类别的工资发放项目不尽相同，计算公式也不相同，因此在进入某个工资类别后，应选择本工资类别所需要的工资项目，再设置工资项目对应的计算公式。

【相关知识】

定义某些工资项目的计算公式及工资项目之间的运算关系。例如，缺勤扣款=基本工资/月工作日×缺勤天数。运用公式可直观表达工资项目的实际运算过程，灵活地进行工资计算处理。定义公式可通过选择工资项目、运算符、关系符、函数等组合完成。

对于固定的工资项目如应发合计、扣款合计、实发合计等的计算公式，系统会根据工资项目设置的"增减项"自动给出计算公式，用户不需要再设置公式。用户可以对其他工资项目进行增加、修改、删除计算公式的操作。

下面举例说明工资项目计算公式中函数的应用。例如，全勤奖计算公式的设置：iff（人员类别="经理"，300，150）。该公式表示人员类别是经理的人员的全勤奖是300元，除经理以外其他各类人员的全勤奖是150元。岗位工资计算公式的设置：iff（人员类别="经理"，800，iff（人员类别="工程师"，600，iff（人员类别="会计"，700，500）））。该公式表示人员类别是经理的人员的岗位工资是800元；人员类别是工程师的人员的岗位工资是600元；人员类别是会计的人员的岗位工资是700元，其他各类人员的岗位工资均为500元。住房补贴计算公式的设置：iff（部门="财务部"且人员类别="会计师"或部门="开发部"且人员类别="工程师"，200，150）。该公式表示部门是财务部的会计师和开发部的工程师，其住房补贴是200元，其他人员的住房津贴为150元。病假扣款计算公式的设置：iff（工龄>=10，病假天数×日工资×0.2，iff（工龄<10 AND 工

龄>=5，病假天数×日工资×0.3，病假天数×日工资×0.5))。该公式表示该单位病假扣款按工龄分别计算：工龄在 10 年以上（包括 10 年）的，扣病假期间工资总额的 20%；工龄在 5~9 年的，扣病假期间工资总额的 30%；工龄未满 5 年的，扣病假期间工资总额的 50%。

定义工资项目计算公式要符合逻辑，系统将对公式进行合法性检查，不符合逻辑的，系统将给出错误提示。工资项目中没有的项目不允许在公式中出现。定义公式时要注意先后顺序，先得到的数据应先设置公式。应发合计、扣款合计和实发合计公式应是公式定义框的最后三个公式，并且实发合计的公式要在应发合计和扣款合计公式之后。可通过单击公式框的上下箭头调整计算公式顺序。如出现计算公式超长，可将所用到的工资项目名称缩短（减少字符数），或设置过渡项目。定义公式时可使用函数公式向导参照输入。

【任务实施】

（1）在"工资项目设置"对话框中单击"公式设置"选项卡，打开"工资项目设置——公式设置"对话框，如图 7-12 所示。

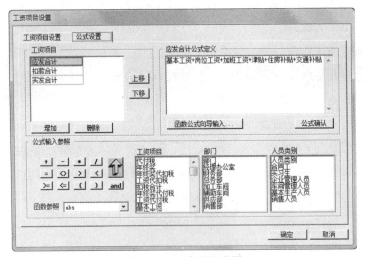

图 7-12　工资项目设置

（2）单击"增加"按钮，从下拉列表中选择"病假扣款"项目。

（3）单击"病假扣款公式定义"区域，在下方的"运算符"区域单击选中"("，在"工资项目"列表中单击选中"基本工资"，单击选中"运算符"区域的"+"，在"工资项目"列表中单击选中"岗位工资"，单击选中"运算符"区域的

"+"，在"工资项目"列表中继续单击选中"津贴"，单击选中"运算符"区域的
")"，用单击选中"运算符"区域的"/"，录入数字"21.75"，单击选中"运算
符"区域的"*"，录入数字"0.6"，单击选中"运算符"区域的"*"，在"工资
项目"列表中继续单击选中"病假天数"，如图 7-13 所示。

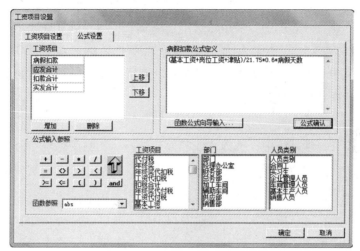

图 7-13　病假扣款公式定义

（4）确认"公式确认"按钮。

（5）继续定义"事假扣款"的计算公式。

（6）单击"确定"按钮退出。

六、设置个人所得税计税基数

【任务描述】

设置北京宏远科技有限责任公司个人所得税，按"实发合计"扣除 2 000 元
后计税。

【任务分析】

个人所得税是根据《中华人民共和国个人所得税法》对个人所得征收的一种
税。手工情况下每个月末财务部门都要对超过扣除基数金额的部分进行计算和纳
税申报。系统只提供对工资薪金所得征收所得税的申报。

鉴于许多企业、事业单位计算职工个人所得税的工作量较大，系统中提供了
个人所得税自动计算功能，用户只需定义所得税税率并设置扣税基数就可以由系

统自动计算个人所得税。这样既减轻了用户的工作负担，又提高了工作效率。

【相关知识】

　　薪资管理系统提供了所得税申报表的标准栏目、所得项目、对应工资项目。标准栏目包括姓名、所得项目、所得期间、收入额合计、减费用额、应纳税所得额、税率、速算扣除数、扣缴所得税额。外币工资套将增加四个栏目，包括币名、外币收入额合计、汇率、外币纳税额，进行外币所得税计算。系统默认"所得项目"初始为"工资"。个人所得税申报表中"收入额合计"项对应的工资项目默认为"实发合计"，可进行调整。如果个人所得税的税率发生变动，可以进行修改，修改确认后系统自动重新计算。

【任务实施】

　　（1）在薪资管理系统中，选择"业务处理"→"扣缴所得税"命令，系统弹出"本月未进行'工资变动'功能或数据有变化，请先进入'工资变动'重新计算数据，否则数据可能不正确"的信息提示框。

　　（2）单击"确定"按钮，打开"所得税申报"窗口。

　　（3）单击"税率"按钮，打开"个人所得税申报表——税率表"对话框，在基数栏录入"3500"，如图7-14所示。

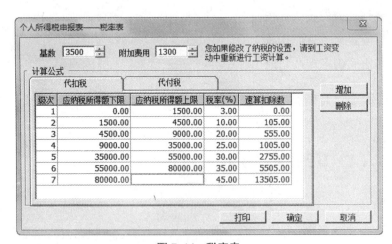

图7-14　税率表

　　（4）单击"确定"按钮，返回"所得税申报"窗口。

　　（5）单击"退出"按钮，退出。

【要点提示】

（1）系统默认以"实发合计"作为"收入额合计"项所对应的工资项目，如果想以其他工资项目作为扣税标准，则需要在定义工资项目时单独为应税所得设置一个工资项目。

（2）在"工资变动"中，系统默认以"实发合计"作为扣缴基数，所以在执行完个人所得税计算后，需要到"工资变动"中执行"计算"和"汇总"功能，以保证"代扣税"项目计算的正确性。

第三节　工资变动管理

【任务描述】

录入如表 7-5 所示的 2016 年 1 月北京宏远科技有限责任公司员工的工资数据。

表 7-5　职工工资一览表

姓名	基本工资	岗位工资	加班工资	津贴	住房补贴	交通补贴	病假天数	事假天数	扣公积金
李云升	5 500	1 500	1 700	500	500	200			
李丽	4 800	1 500	1 800	400	400	200		2	
陈明	4 600	1 500	1 500	400	400	200	2		
李伟	4 300	1 000	1 200	400	400	200			
张强	3 800	1 000	1 100	400	400	100			
刘英	3 600	1 000	1 100	350	350	100			
李明	3 500	1 000		350	350	100	2		
王维	3 500	1 000	1 000	350	350	100		3	
王涛	3 000	1 000		350	350	100	1		
刘伟	2 800	1 000	1 000	350	350	100			

【任务分析】

操作员在第一次使用薪资管理系统时必须将所有人员的基本工资数据输入计算机，需要事先设置好工资项目及计算公式，进而对每月发生的工资数据变动进行调整，如奖金的录入、扣款信息的录入等，待工资数据录入以后，进行工资计算与汇总，系统会自动计算并产生每个员工的应发工资和实发工资。

【相关知识】

1. 筛选和定位

如果要对部分人员的工资数据进行修改，最好采用筛选和定位的方法。先将所要修改的人员筛选出来，然后进行工资数据修改。修改完毕后，进行重新计算和汇总，这样可大大提高计算速度。

2. 页编辑

工资变动界面提供了页编辑功能，利用此功能可以对选定的个人进行快速录入。

3. 替换

将符合条件的人员的某个工资项目的数据，统一替换成某个数据。例如，将管理人员的奖励工资上调 100 元。

4. 过滤器

如果只对工资项目中的某一个或几个项目修改，可将要修改的项目过滤出来，便于修改。例如，只对事假天数、病假天数两个工资项目的数据进行修改，可以只过滤出事假天数、病假天数两个工资项目。

5. 注意事项

操作员在进行工资数据管理时需要注意以下几点：

（1）若进行数据替换的工资项目已设置了计算公式，则在重新计算时以计算公式为准。

（2）如未输入替换条件而进行替换，则系统默认替换条件为本工资类别的全部人员。

（3）如果选择了在工资中代扣个人所得税，则在数据录入的过程中，系统自动进行扣税计算。

（4）在修改了某些数据，重新设置了计算公式，进行了数据替换或在个人所得税中执行了自动扣税等操作，最好对个人工资数据重新计算，以保证数据正确。通常，实发合计、应发合计、扣款合计在修改完数据后不能自动计算合计项，如要检查合计项是否正确，可先重算工资。

（5）在退出"工资变动"时，若对数据作变动处理，系统会提示是否进行工资计算和汇总。另外，这里需要说明的一点是，当管理两个或多个工资类别中人员结构相同且人员编号长度一致的工资数据时，或当新建工资类别中的人员与已建工资类别中的人员信息相同时，则可通过进行人员信息的复制，将已建工资类别中的人员信息复制到新建工资类别中。

【任务实施】

（1）在薪资管理系统中，选择“业务处理”→“工资变动”命令，打开“工资变动”窗口，如图 7–15 所示。

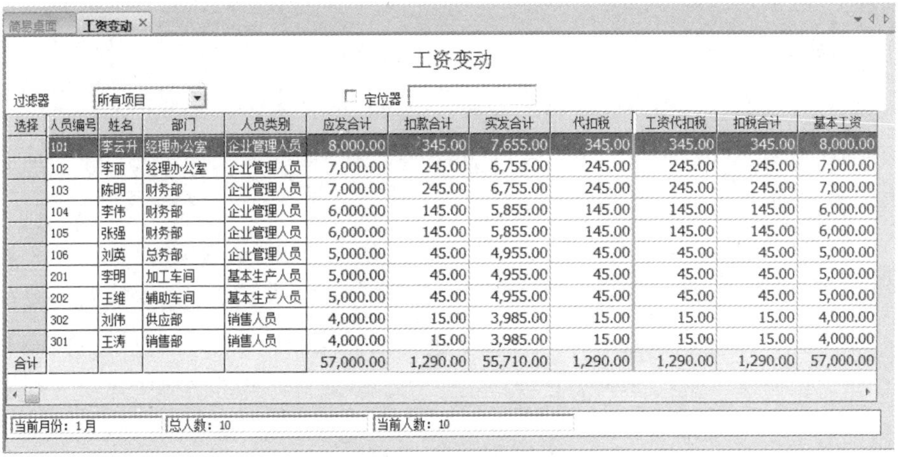

选择	人员编号	姓名	部门	人员类别	应发合计	扣款合计	实发合计	代扣税	工资代扣税	扣税合计	基本工资
	101	李云升	经理办公室	企业管理人员	8,000.00	345.00	7,655.00	345.00	345.00	345.00	8,000.00
	102	李丽	经理办公室	企业管理人员	7,000.00	245.00	6,755.00	245.00	245.00	245.00	7,000.00
	103	陈明	财务部	企业管理人员	7,000.00	245.00	6,755.00	245.00	245.00	245.00	7,000.00
	104	李伟	财务部	企业管理人员	6,000.00	145.00	5,855.00	145.00	145.00	145.00	6,000.00
	105	张强	财务部	企业管理人员	6,000.00	145.00	5,855.00	145.00	145.00	145.00	6,000.00
	106	刘英	总务部	企业管理人员	5,000.00	45.00	4,955.00	45.00	45.00	45.00	5,000.00
	201	李明	加工车间	基本生产人员	5,000.00	45.00	4,955.00	45.00	45.00	45.00	5,000.00
	202	王维	辅助车间	基本生产人员	5,000.00	45.00	4,955.00	45.00	45.00	45.00	5,000.00
	302	刘伟	供应部	销售人员	4,000.00	15.00	3,985.00	15.00	15.00	15.00	4,000.00
	301	王涛	销售部	销售人员	4,000.00	15.00	3,985.00	15.00	15.00	15.00	4,000.00
合计					57,000.00	1,290.00	55,710.00	1,290.00	1,290.00	1,290.00	57,000.00

图 7–15　工资变动

（2）单击“过滤器”下拉列表框，从下拉列表中选择“过滤设置”选项，打开“项目过滤”对话框。

（3）选择“工资项目”列表框中所需的工资项目，单击“>”按钮，将所需的工资项目选入“已选项目”列表框中。

（4）单击“确定”按钮，返回“工资变动”窗口。

（5）录入各员工工资数据，单击工具栏中的“计算”按钮和“汇总”按钮，计算和汇总工资数据。

（6）单击工具栏中的“退出”按钮，退出“工资变动”窗口。

第四节　工资发放

【任务描述】

将北京宏远科技有限责任公司 2016 年 1 月的工资数据输出，并保存为 rep 文件。

【任务分析】

工资业务处理完成后，需要输出相关工资报表数据。系统提供了多种形式的报表反映工资核算的结果。报表的格式是工资项目按照一定的格式由系统设定的。

【相关知识】

1. 工资表

工资表用于本月工资的发放和统计。本功能主要用于完成查询和打印各种工资表的工作。工资表包括一系列由系统提供的原始表，如工资卡、工资发放条、部门工资汇总表、部门条件汇总表、工资发放签名表、人员类别汇总表、工资变动汇总表。

2. 工资分析表

工资分析是以工资数据为基础，对部门、人员类别的工资数据进行分析和比较，产生各种分析表，供决策人员使用。工资分析表包括工资增长分析表、按月分类统计表、部门分类统计表、工资项目分析表、员工工资汇总表、部门工资项目构成分析表等。

3. 工资类别汇总

在多个功能工资类别中，以部门编码、人员编码和人员姓名为标准，将此 3 项内容相同人员的工资数据作合计。如果需要统计所有工资类别本月发放工资的合计数，或要求某些工资类别的人员工资都由一个银行代发，并生成一套完整的工资数据传递到银行，则可使用此项功能。

4. 设置银行代发的文件格式

银行代发文件的格式设置是根据银行的要求，设置提供给银行的数据中所包含的项目，以及项目的数据类型、长度和取值范围等。例如，若代发银行要求提交的数据盘中包括的数据内容和顺序为：单位编号（12345678）、人员编号（10位）、姓名（8位）、账号（12位）、人员发放金额（12位）、录入日期（8位）。银行代发文件的标志行有时在首行，标志行包括单位银行账号、银行代发金额合计数、发放日期、代发工资人数。

5. 设置银行代发磁盘输出格式

银行代发磁盘输出格式的设置是根据银行的要求，设置向银行提供的数据以何种文件形式存放在磁盘中，且在文件中各数据项目是如何存放和区分的。文件的输出格式有三种：txt 文件、dat 文件和 dbf 文件。

6. 磁盘输出

按用户已设置好的格式和设定的文件名，将数据输出到指定的磁盘。

【任务实施】

（1）在薪资管理系统中，选择"业务处理"→"工资变动"命令，打开"工资变动"窗口。

（2）单击工具栏中的"输出"按钮，输入另存为的文件名，如 2016 年 1 月工资数据，选择保存类型，如图 7-16 所示，导出工资数据。

图 7-16　工资数据输出

（3）单击"保存"按钮，保存数据。

第五节 薪资管理系统期末处理

把磁盘报送银行后，一个月的工资发放基本上做完了，但是工资是费用中最主要的部分，还需对工资费用进行工资总额的汇总、分配及各种经费的计提，并编制转账会计凭证，供登账处理之用。

月末，企业要对各部门、各类人员的工资等费用进行分配核算，通过本系统可以设置各项费用计提基数，并计提应付福利费、工会经费、职工教育经费等。这里要对各部门人员的工资进行工资费用和其他费用的分配，编制会计分录。为了便于采用多种工资类别的企业进行管理，系统提供了汇总工资类别功能，统计所有工资类别本月发放工资的合计数。

月末结账工作是将当月数据经过处理后结转下月。每月工资数据处理完毕后均需进行月末结账。

结账后，保留每月工资明细表为不可修改状态，同时自动生成下月工资明细账，新增或删除人员将不会对本月数据产生影响。

一、工资费用的分配

【任务描述】

设置如表 7-6 所示的北京宏远科技有限责任公司工资分摊、应付福利费、工会经费的计提凭证。

表 7-6 计提凭证设置一览表

部门	人员类别	项目	工资分摊 100%		应付福利费 14%		工会经费 2%	
			借方科目	贷方科目	借方科目	贷方科目	借方科目	贷方科目
综合部	行政管理人员	应发合计	660201	221101	660201	221102	660201	221104
财务部	行政管理人员	应发合计	660201	221101	660201	221102	660201	221104
采购部	行政管理人员	应发合计	660201	221101	660201	221102	660201	221104
销售部	销售人员	应发合计	6601	221101	6601	221102	6601	221104
加工车间	车间管理人员	应发合计	5101	221101	5101	221102	5101	221104
加工车间	A 产品生产人员	应发合计	500101	221101	500101	221102	500101	221104
加工车间	B 产品生产人员	应发合计	500102	221101	500102	221102	500102	221104

【任务分析】

工资费用是人工费用的主要部分，需要对工资费用计提分配，编制会计凭证，供总账处理之用。职工福利费、工会经费和职工教育经费分别按应发工资的14%、2%和1.5%计提，并要按照部门类别分摊到相应的成本费用类账户中。

【相关知识】

将银行代发工资的磁盘报送银行后，一个月的工资发放基本上做完了，但工资是费用中最主要的部分，还需要对工资费用进行工资总额的计算、分配及各种经费的计提，并编制转账凭证，供登账处理之用。操作员若是首次使用工资分摊功能，应先进行工资总额和计提基数的设置。

1. 工资总额和计提基数设置

工资总额就是在一定时期内企业支付给职工的工资总数。企业在月内发生的全部工资，不论是否在当月领取，都应当按照工资的用途进行分摊和计提。由于不同的企业在进行分摊和计提时对工资总额的计算方法不同，允许用户对工资总额进行设置。例如，某企业的应付工资总额等于工资项目"应发合计"，应付福利费、工会经费、职工教育经费、大病统筹基金以此为计提基数。

薪资管理系统内置了应付福利费、工会经费、职工教育经费计提项目，若有其他项目，可以另行增加。系统提供的这四个基本的计提项目不可删除，已分摊计提的项目不可删除。计提项目最多为10个。其他月份进行工资分摊前，若需要对工资总额和计提基数进行调整，也在此进行。

2. 工资分摊和费用计提

第一次使用工资分摊功能，对工资总额及计提基数设置后，系统显示已定义的工资总额及计提项目，分别指定了费用分配及计提后借贷方的入账科目，以后其他月份到月末时可直接进行工资分摊。

（1）工资分摊。每月月末分配工资费用时，根据工资分配汇总表贷记"应付职工薪酬"科目，借记各有关科目。相应的借贷方科目确定以后，可以制单，系统自动生成一张凭证，确认无误后，单击"保存"按钮，则该张凭证转入总账系统的未记账凭证库，记入总账。此张凭证既可在薪资管理系统的"凭证查询"中查询到，也可在总账系统的凭证库中查询到。若本套工资未与总账系统连接，则"制单"功能无效。

（2）费用计提。薪资管理系统按国家有关规定默认，如福利费为14%，工会经费为 2%，教育经费为 1.5%。若需要修改，右击菜单项下的"计提比例"即可修改。

3. 自定义分摊和计提

可以自定义的分摊、计提项目，如大病统筹基金等。这些项目的分摊和计提方法同工资分摊和费用计提的方法一样。

4. 凭证查询

薪资管理系统传输到总账系统的凭证，只能在薪资管理系统中通过"凭证查询"功能来修改、删除和冲销等。

【任务实施】

（1）在薪资管理系统中，选择"业务处理"→"工资分摊"命令，打开"工资分摊"窗口，如图 7-17 所示。

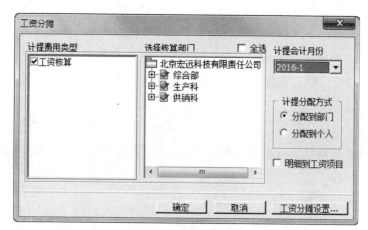

图 7-17　工资分摊

（2）单击"工资分摊设置"按钮，打开"分摊类型设置"对话框。

（3）单击"增加"按钮，输入"计提类型名称"和"分摊计提比例"，如图 7-18 所示。

（4）单击"下一步"按钮，打开"分摊构成设置"窗口。在"分摊构成设置"窗口中，分别选择分摊构成的各项内容。

（5）单击"完成"按钮，返回到"分摊构成设置"窗口，单击"增加"按钮，继续完成对应付福利费、工会经费等凭证的计提设置。

（6）单击"返回"按钮，返回到"工资分摊"窗口。

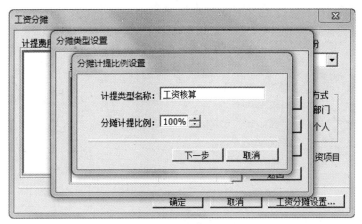

图 7-18　工资分摊比例设置

（7）分别选中"工资分摊"、"应付福利费"、"工会经费"复选框，并单击各个部门，选中"明细到工资项目"复选框，如图 7-19 所示。

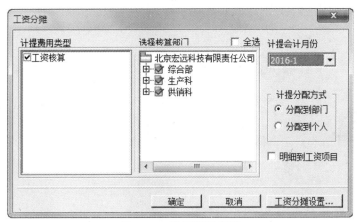

图 7-19　计提费用类型

（8）单击"确定"按钮，打开"工资分摊明细"窗口，选中"合并科目相同、辅助项相同的分录"复选框。

（9）单击"制单"按钮，选择凭证类别为"转账凭证"，单击"保存"按钮，如图 7-20 所示。

（10）单击"退出"按钮，返回"工资分摊明细"窗口。

（11）单击"类型"栏的下三角按钮，选择"应付福利费"，生成计提职工福利费转账凭证，单击"保存"按钮。同理，生成计提工会经费的凭证。

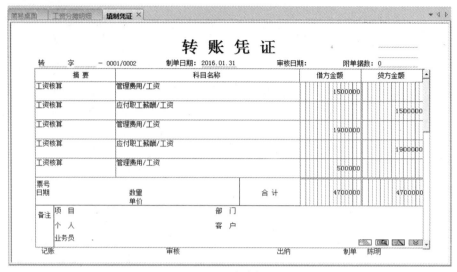

图 7-20　生成凭证

二、薪资管理系统结账

【任务描述】

2016 年 1 月 31 日，北京宏远科技有限责任公司对薪资管理系统进行结账处理。

【任务分析】

到了会计期末，工资核算也需要进行相应的期末结账。通过期末结账，可以将本期的工资数据经过处理结转到下一期，并自动生成下期新的工资明细表。期末结转只有在会计年度的 1~11 月份才能进行。如果要想对多个工资类别进行处理，则需要打开多个工资类别，逐个进行期末结算。如果本期的工资数据未汇总，系统将不允许进行期末结账。同时，如果进行了期末结账，就不能对数据进行修改和删除了。

【相关知识】

1. 月末结账

在进行月末处理后，如果发现还有一些业务或其他事项要在已进行月末处理的月份进行账务处理，需要使用反结账功能，取消已结账标志。反结账只能由账套（类别）主管才能执行。

不允许反结账的情况：总账系统已结账；薪资管理系统的凭证传到总账系统

后，总账系统已签字、记账；薪资管理系统的凭证传到总账系统后，总账系统未做任何操作。

2. 年末结转

年末结转是将工资数据经过处理后结转至下年。进行年末结转后，新年度账将自动建立。只有处理完所有工资类别的工资数据（对多工资类别，应关闭所有工资类别），才能在系统管理中选择"年度账"菜单，进行上年数据结转。其他操作与月末结账处理类似。

年末结转只有在当月工资数据处理完毕后才能进行。若当月工资数据未汇总，系统将不允许进行年末结转。进行年末结转后，本年各月数据将不允许变动。若用户跨月进行年末结转，系统将给予提示。年末处理功能只有主管人员才能执行。

【任务实施】

（1）在薪资管理系统中，选择"业务处理"→"月末处理"命令，打开如图 7-21 所示的"月末处理"对话框。

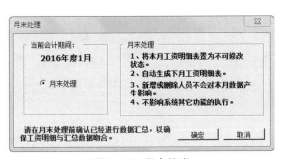

图 7-21　月末结账

（2）单击"确定"按钮，系统提示"月末处理之后，本月工资将不许变动！继续月末处理吗?"，如图 7-22 所示。

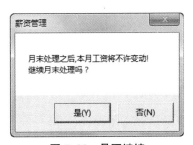

图 7-22　是否继续

273

（3）单击"是"按钮，系统提示"是否选择清零项?"，如图 7-23 所示。

图 7-23　是否选择清零

（4）单击"否"按钮，系统提示"月末处理完毕!"。

（5）单击"确定"按钮。

小　结

薪资管理系统的主要任务是以职工个人的薪资原始数据为基础，计算应发工资、扣款小计和实发工资等，编制工资结算单；按部门和人员类别进行汇总；进行个人所得税计算；提供多种方式的查询；进行工资费用分配与计提，并实现自动转账处理。

工资核算账套与企业账套是不同的概念。企业核算账套在系统管理中建立，是针对整个 ERP 系统而言的，而工资账套只针对用友 ERP 系统中的薪资管理系统，即工资账套是企业核算账套的一个组成部分。

实训设计

【实训目的】

通过上机实训，掌握薪资系统初始设置、薪资系统日常业务处理、工资分摊及月末处理、薪资系统数据查询的操作。

【实训要求】

（1）引入第三章实训设计文件夹的备份数据，以账套主管的身份启用薪资管理系统，启用时间为 2016 年 1 月 1 日，进行建立工资账套、基础信息设置、录入工资数据、代扣个人所得税的操作。

（2）以总账会计的身份注册登录薪资管理系统进行工资分摊处理。

【实训资料】

1. 建立工资账套

工资类别个数：多个；核算币种：人民币（RMB）；不核算计件工资；要求代扣个人所得税：不进行扣零处理；人员编码长度：3 位。

2. 建立工资类别

工资类别 1：正式职工。

部门选择：所有部门。

工资类别 2：临时人员。

部门选择：基本生产车间、供销科。

3. 基础信息设置

（1）人员类别设置。人员类别包括管理人员、生产人员、经营人员、辅助人员。

（2）工资项目设置。工资项目的内容如表 7-7 所示。

表 7-7 工资项目设置

项目名称	类型	长度	小数位数	增减项
基本工资	数字	8	2	增项
奖励工资	数字	8	2	增项
交通补助	数字	8	2	增项
应发合计	数字	10	2	增项
请假扣款	数字	8	2	减项
养老保险金	数字	8	2	减项
扣款合计	数字	10	2	减项
实发合计	数字	10	2	增项
代扣税	数字	10	2	减项
请假天数	数字	8	2	其他

（3）银行名称设置。交行康复路支行；账号定长为 11 位。

4. 职工类别、工资项目、人员档案及工资计算公式设置

（1）工资项目包括基本工资、奖励工资、交通补助、应发合计、请假扣款、养老保险金、扣款合计、实发合计、代扣税、请假天数。

（2）人员档案的内容如表 7-8 所示。

表 7-8　人员档案设置

职员编码	职员名称	所属部门	人员类别	账号
101	王中	总经理室	管理人员	72012600001
201	李金	财务科	管理人员	72012600002
202	庞红	财务科	管理人员	72012600003
203	关红	财务科	管理人员	72012600004
301	赵新	供销科	经营人员	72012600005
302	陈飞飞	供销科	经营人员	72012600006
303	吴俊	供销科	经营人员	72012600007
304	吕欣	供销科	经营人员	72012600008
401	王静	仓库	管理人员	72012600009
501	邢丹	基本生产车间	生产人员	72012600010
502	杨欢	基本生产车间	生产人员	72012600011
503	许玉洁	基本生产车间	生产人员	72012600012
504	马林	基本生产车间	生产人员	72012600013
505	毛洁	基本生产车间	生产人员	72012600014
506	孙青	基本生产车间	生产人员	72012600015
507	金星	基本生产车间	生产人员	72012600016
508	毕文文	基本生产车间	生产人员	72012600017
509	刘苏	基本生产车间	生产人员	72012600018
510	赵红	基本生产车间	生产人员	72012600019

注：以上所有人员工资的代发银行均为交行康复路支行。

（3）工资的计算公式如表 7-9 所示。

表 7-9　工资的计算公式

工资项目	定义公式
请假扣款	基本工资/22×请假天数
养老保险金	（基本工资＋奖励工资）×0.05
交通补助	iff（人员类别＝"经营人员" or 人员类别＝"管理人员"，200，150）

5. 临时人员类别的部门选择、工资项目、人员档案设置

（1）部门选择包括基本生产车间、供销科。

（2）工资项目包括基本工资、奖励工资。

（3）临时人员档案的内容如表7-10所示。

表7-10　临时人员档案

人员编号	人员姓名	部门名称	人员类别	账号
511	顾伟	基本生产车间	生产人员	72012600020
305	王天宇	供销科	经营人员	72012600021

6. 录入工资数据

（1）1月初正式人员工资情况如表7-11所示，临时人员工资情况如表7-12所示。

表7-11　1月初正式人员工资情况

单位：元

姓名	基本工资	奖励工资
王中	3 000	800
李金	2 800	500
庞红	2 500	500
关红	2 000	500
赵新	2 600	1 600
陈飞飞	2 200	500
吴俊	2 200	400
吕欣	2 200	400
王静	2 200	400
邢丹	2 500	300
杨欢	2 200	300
许玉洁	2 800	500
马林	2 200	300
毛洁	2 800	500
孙青	1 800	300
金星	1 800	300
毕文文	1 800	300
刘苏	1 800	300
赵红	1 800	300

表 7-12　1 月份临时人员工资情况

单位：元

姓名	基本工资	奖励工资
顾伟	1 800	400
王天宇	1 800	300

（2）1 月份工资变动情况。

考勤情况：毛洁请假 1 天，孙青请假 3 天。

人员变动情况：1 月份新招聘进入公司的正式人员为汪源（编号 306），分配进入供销科、属经营人员，基本工资为 1 800 元、奖励工资为 280 元，代发工资银行账号为 7201260022，1 月份增加奖励工资 250 元。

7. 正式职工类别代扣个人所得税

个人所得税的计税基数为 2 000 元。

8. 正式职工类别工资分摊

正式职工的工会经费、职工教育经费、养老保险金以其基本工资和奖励工资之和为计提基数。表 7-13 为工资分摊一览表。

表 7-13　工资分摊一览表

工资分摊		工资总额		工会经费（2%）职工教育经费（1.5%）养老保险金（15%）	
		科目编码			
		借方	贷方	借方	贷方
总经理室、财务科、仓库	管理人员	550201	2151	550209	2151
供销科	经营人员	550101	2151	550109	2151
基本生产车间	生产人员	410102	2151	410103	2151

第八章
UFO 报表管理系统

【知识目标】

● 了解会计报表系统的种类、特点和功能

● 了解电算化环境下报表系统的基本概念

● 掌握报表格式设置和公式设置的方法

【能力目标】

● 掌握格式界面与数据界面的切换和功能应用

● 掌握自定义报表的操作方法

● 掌握使用常用报表模板生成报表的方法

● 掌握报表数据生成的方法

UFO 报表管理系统是用友财务软件中独立的电子表格软件，主要用于处理日常办公事务，具有表格制作、数据运算、制作图形、打印报表等功能。UFO 报表管理系统可以按照用户的需要自定义报表，另外对于一些企业常用的财务报表还可以利用系统的报表模板直接生成，省去自定义的烦琐；能够进行报表的汇总、合并，完全能满足企业编制各种财务报表的需要。在数据处理上，UFO 报表管理系统引进表页的概念，并以此为基础，方便、迅速地管理和查询报表的数据。

第一节　认识 UFO 报表管理系统

UFO 报表管理系统是报表事务处理的工具，具有便捷的自定义报表、数据处理功能，既可以单独运行，也可以与其他模块一起使用。

一、会计报表的种类

会计报表是综合反映企业一定时期财务状况的经营成果的书面文件，编制会计报表的目的是向会计报表的使用者提供对经营决策有用的会计信息。会计报表的使用者有投资者、债权人、金融机构、财政、审计、税收等相关部门，还有潜在的投资者和债权人。会计工作要编制的报表按照用途可划分为以下两类。

1. 对外的会计报表

按照我国会计制度的有关规定，企业的会计报表主要包括资产负债表、利润表、现金流量表和各种附表及附注。

（1）资产负债表是反映企业在某一特定日期财务状况的报表，它是根据"资产 = 负债 + 所有者权益"的会计平衡公式编制的，资产负债表应当按照资产、负债、所有者权益（或股东权益）分类分项列示，以表明企业在某一特定日期所拥有或控制的经济资源、所承担的经济义务和企业所拥有的权益。通过对资产负债表的分析，可以了解企业当前的偿债能力和未来的经济前景。

（2）利润表是反映企业一定时期内（年度、季度、月度）经营成果（利润或亏损）的报表。利润表应当按照各项收入、费用以及利润的各个项目分类分项列示，并计算出企业当期的利润（或亏损）总额。通过对利润表的分析，可以考核企业的获利能力，分析企业利润增减变动的原因。

（3）现金流量表是反映企业在一定会计期间现金和现金等价物流入和流出的报表。现金流量表是年度会计报表，它应当按照经营活动、投资活动、筹资活动的现金流量分项列示，以反映企业在一定时间内经营活动、投资活动和筹资活动的现金流入量、现金流出量等动态指标。

（4）会计报表的相关附表是反映企业财务状况、经营成果和现金流量的补充报表，主要包括利润分配表、资产减值准备明细表、所有者（或股东）权益增减变动表、应交增值税明细表等其他附表。

（5）会计报表附注是为了方便会计报表使用者理解会计报表的内容而对会计报表的内容及主要项目做的解释，如重要会计政策变更对财务状况和经营成果的影响，或有事项和资产负债表日后事项的说明，关联方关系及其交易的说明，重要资产转让及其出售情况，企业的合并、分立，重大的投资、融资活动等。

2. 对内的管理报表

企业为了经营管理的需要，常需要编制适应企业内部经营管理需要的会计报表，这部分会计报表不需要对外公开，有时对企业来说还具有一定的保密性，如销售日报表、费用分配表等。

二、UFO 报表管理系统的特点

1. 对外报表的规范性

报表管理系统的报表输出是为了满足经营管理和预测、决策的需要，因而要保证其输出的信息的规范性，以便使用者更好地理解。UFO 报表管理系统提供了打印输出功能，且能使打印输出的会计报表的格式和内容符合国家统一会计制度的规定。此外，UFO 报表管理系统进行会计分析时使用的财务指标也是按规定设置的，如比率分析指标使用财政部公布的评价企业的多项财务指标。

2. 对内报表的灵活性

企业对内的会计报表与对外的会计报表相比有很大灵活性，不同的管理单位通常具有不同的报表内容、格式、编制要求和编制依据，企业也可以随管理的不同需要而改变。

3. 报表数据的不可修改性

《会计核算软件基本功能规范》规定："对根据机内会计凭证和据以登记的相应账簿生成的各种机内会计报表数据，会计核算软件不能提供直接修改功能。"可见，报表数据的变动只能依靠数据来源的变动而变动。

4. 报表分析有较强的直观性

UFO 报表管理系统在报表功能的基础上，利用图表分析功能可以对编制的各种报表进行各种分析，包括数据分析和图形分析，做到图文并茂。

三、UFO 报表管理系统的主要功能

1. 文件管理功能

UFO 报表管理系统提供了各类文件的管理功能，除能完成一般的文件管理外，还能将报表的数据文件转换为不同的文件格式，如文本文件（*.txt）、数据库文件（*.dbf）、Access 文件（*.mdb）、Excel 文件（*.xls）。此外，通过 UFO 报表管理系统提供的"导入"和"导出"功能，可以实现和其他财务软件之间的数据交换。

2. 格式设计功能

UFO 报表管理系统提供的格式设计功能，可以设置报表尺寸、组合单元、区域画线、调整行高列宽、设置字体和颜色、设置显示比例等，用以制作各种形式的报表。同时，UFO 报表管理系统还内置了 11 种套用格式和 19 个行业的标准财务报表模板，方便用户制作标准报表。此外，UFO 报表管理系统还提供了自定义模板功能，方便用户制作内部常用的各类型的管理报表。

3. 数据处理功能

UFO 报表管理系统的数据处理功能可以固定的格式管理大量数据不同的表页，能将多达 99 999 张具有相同格式的报表资料统一在一个报表文件中管理，并在每张表页之间建立有机的联系。UFO 报表管理系统的数据处理功能还提供了绝对单元公式和相对单元公式，使用户可以方便、迅速地定义计算公式；提供了种类丰富的函数，使用户在系统向导的引导下可以轻松地从账务及其他子系统中提取数据，生成财务报表。

4. 图表功能

UFO 报表管理系统可以很方便地对数据进行图形组织和分析，制作包括直方图、立体图、圆饼图、折线图等多种分析图表，并能编辑图表的位置、大小、标题、字体、颜色。"图文混排"使财务报表的数据更加直观。

5. 打印功能

UFO 报表管理系统提供"所见即所得"和"打印预览"功能，可以随时观看报表或图形的打印效果。用户在打印报表时，可以打印格式或数据，可以设置表头和表尾，可以在 0.3~3 倍缩放打印，可以横向或纵向打印等。

6. 二次开发功能

UFO报表管理系统还能进行二次开发。它提供了批命令和自定义菜单，自动记录命令窗口中输入的多个命令，可将有规律性的操作过程编制成批命令文件，进一步利用自定义菜单开发出适合本企业的专用系统。

四、UFO报表管理系统的主要概念

1. 报表窗口

UFO报表管理系统有3个重要窗口，分别是系统窗口、报表窗口和图表窗口。

（1）系统窗口。启动UFO报表后的窗口是系统窗口，此时窗口中没有打开文件。系统窗口包含"文件"、"工具"、"帮助"的系统菜单，在系统菜单窗口中执行"文件"→"新建"命令就进入报表窗口。

（2）报表窗口。报表窗口是对报表进行格式设计和数据处理等一系列报表操作的重要窗口。它包含的报表菜单有"文件"、"编辑"、"格式"、"数据"、"工具"、"窗口"、"帮助"，如图8-1所示。

图 8-1　UFO 报表工作窗口

（3）图表窗口。它与报表窗口相似，区别在于工作区和工具栏图标的设置。图表工作区用于显示图表，工具栏图标用于图表的相关操作。它包含的图表菜单有"图表"、"编辑"、"格式"、"帮助"。

2. 格式状态与数据状态

UFO报表管理系统将报表制作分为两大部分来处理，即报表格式设计工作与报表数据处理工作。UFO 报表格式设计状态下进行有关格式设计的操作，如表尺寸、行高、列宽、单元属性、单元风格、组合单元、关键字及定义报表的单元公式（计算公式）、审核公式及舍位平衡公式。在格式状态下时，所看到的是报表的格式，报表的数据全部隐藏。在格式状态下进行的操作对本报表所有的表页都发生作用。在格式状态下不能进行数据的录入、计算等操作。

UFO 报表管理系统在数据状态下管理报表的数据，如输入数据、增加或删除表页、审核、舍位平衡、制作图形、汇总、合并报表等。在数据状态下不能修改报表的格式，看到的是报表的全部内容，包括格式和数据。

报表工作区的左下角有一个"格式→数据"按钮。点击这个按钮可以在格式状态和数据状态之间切换。

3. 单元和单元类型

单元是组成报表的最小单位，单元名称由所在行、列标识，行号用数字1~9 999 表示，列标用字母 A–IU 表示。例如 B5 表示第 2 列第 5 行的那个单元。

单元类型有数值单元、字符单元、表样单元 3 种类型，可以在报表窗口中点击"格式"菜单中的"单元属性"对话框进行设置。

（1）数值单元用于存放报表的数据，在数据状态下输入。数字可以直接输入或由单元中存放的单元公式运算生成。建立一个新表时，所有单元的类型默认为数值型。

（2）字符单元也是报表的数据，只不过不一定是数值数据，也在数据状态下输入。字符单元的内容可以是汉字、字母、数字及各种键盘可输入的符号组成的一串字符，一个单元中最多可输入 63 个字符或 31 个汉字。字符单元的内容也可由单元公式生成。

（3）表样单元是报表的格式，用来定义一个没有数据的空表所需的所有文字、符号或数字。一旦单元被定义为表样，那么在其中输入的内容对所有表页都有效。表样单元在格式状态下输入和修改，在数据状态下不允许修改。

4. 组合单元和区域

（1）组合单元。由于一个单元只能输入有限个字符，在实际工作中有的单元有超长输入情况，这时，用户可以采用系统提供的组合单元。组合单元由相邻的两个或更多的单元组成，这些单元必须是同一种单元类型（表样、数值、字符），报表系统在处理报表时将组合单元视为一个单元。用户可以组合同一行相邻的几个单元，可以组合同一列相邻的几个单元，也可以把一个多行多列的平面区域设为一个组合单元。组合单元的名称可以用区域的名称或区域中的单元的名称来表示。例如，把 C4 到 C7 定义为一个组合单元，这个组合单元可以用"C4"、"C7"、"C4：C7"表示。

（2）区域。区域由一张表页上的一组单元组成，自起点单元至终点单元是一个完整的长方形矩阵。在报表系统中，区域是二维的，最大的区域是一个表的所有单元（整个表页），最小的区域是一个单元。例如，A2 到 D8 的长方形区域表示为"A2：D8"，起点单元与终点单元用"："连接。

5. 表页和 N 维表

（1）表页是由许多单元组成的表。一个报表系统报表最多可容纳 99 999 张表页，其中所有表页具有相同的格式，但包含的数据各不相同。表页在报表中的序号在表页的下方以标签的形式出现，称为"页标"，页标用"第 1 页"至"第 99 999 页"表示。

（2）二维表。确定某一数据位置的要素称为"维"。在一张有方格的纸上填写一个数，这个数的位置可通过行和列（二维）来描述。如果将一张有方格的纸称为表，那么这个表就是二维表，通过行（横轴）和列（纵轴）可以找到这个二维表中任何位置的数据。

（3）三维表。如果将多个相同的二维表叠在一起，要从中找到某一个数据，需要增加一个要素，即表页号。这一叠表称为一个三维表。

如果将多个不同的三维表放在一起，要从这多个三维表中找到一个数据，又需增加一个要素，即表名。这时，三维表的表间操作为"四维运算"。因此，在报表系统中要确定一个数据的所有要素为：〈表名〉、〈列〉、〈行〉、〈表页〉。

一张三维报表的默认指标有以下几项：

行数：1~9 999（默认值为 50 行）。

列数：1~255（默认值为 7 列）。

行高：0~160 毫米（默认值为 5 毫米）。

列宽：0~220 毫米（默认值为 26 毫米）。

表页数：1~99 999 页（默认值为 1 页）。

6. 固定区及可变区

固定区是指由固定的行数和列数组成的区域。固定区一旦设定好，其内的单元总数是不变的。

可变区是指由不固定的行数或列数组成的区域。可变区的最大行数或最大列数是在格式设计中设定的。在一个报表中只能设置一个可变区，或是行可变区或是列可变区。行可变区是指可变区中的行数是可变的；列可变区是指可变区中的列数是可变的。设置可变区后，屏幕只显示可变区的第一行或第一列，其他可变行列隐藏在表体内。在以后的数据操作中，可变行列数随着需要增减。

有可变区的报表称为可变表，没有可变区的表称为固定表。

7. 关键字

关键字是游离于单元之外的特殊数据单元，可以唯一标识一个表页，用于在大量表页中快速选择表页。例如，一个资产负债表的表文件可放一年甚至多年的资产负债表，而要从中准确定位出某一张表页，就需要设置一些定位标志，这些标志在报表系统中称为关键字。

报表系统共提供了以下六种关键字，关键字的显示位置在格式状态下设置，关键字的值则在数据状态下录入，每个报表可以定义多个关键字。

单位名称：字符型（最多 30 个字符），为编制单位的名称。

单位编号：字符型（最多 10 个字符），为编制单位的编号。

年：数字型（1980~2099），该报表的年度。

季：数字型（1~4），该报表的季度。

月：数字型（1~12），该报表的月份。

日：数字型（1~31），该报表的日期。

除此之外，报表系统还增加了一个自定义关键字。用户在实际工作中可以根据具体情况灵活运用这些关键字。

五、UFO 报表管理系统中报表的格式

报表一般分为表头、表体和表尾三部分。

表头是会计报表中描述报表整体性质的部分，位于每张报表的上端，一般用于填写报表的名称、编号、编制单位、编制日期、计量单位、栏目名称等。特别是报表的表头栏目名称，是表头的最主要内容，它决定着报表的纵向结构、列数以及每一列的宽度。有的报表表头栏目比较简单，只有一层，而有的报表表头栏目却比较复杂，需要分若干层次。

表体是报表的主体，也是报表的核心。它是由若干项目和相关数据组成，或者说是由若干单元格组成的数据和字符的集合。表体的内容决定报表的横向组成，它又是报表数据的表现区域。表体在纵向上由若干行组成，这些行称为表行；在横行上由若干个栏目构成，这些栏目称为表列。

表尾是表体下面进行辅助说明的部分，包括编制人与审核人的姓名、编制日期等内容。

六、UFO 报表管理系统的数据来源

1. UFO 报表管理系统与其他系统的主要关系

UFO 报表管理系统主要是从其他系统中提取编制报表所需的数据。总账、薪资、固定资产、应收款、应付款等管理系统均可向 UFO 报表管理系统传递数据，以生成财务部门所需的各种会计报表。

2. UFO 报表管理系统的数据来源

手工会计信息系统和电算化会计信息系统所编制的会计报表，其数据基本来源是一致的，对于规定编制的会计报表的格式与内容的要求也是相同的。在电算化会计信息系统中账簿数据以账簿文件的形式存在，账簿文件是总账系统和会计报表管理系统的接口。

UFO 报表管理系统的数据来源主要有以下几种：①电算化会计信息系统中的其他账务处理系统。②UFO 报表管理系统本身（如报表项目间的运算结果和报表间报表项目的运算结果）。③电算化会计信息系统外部的数据输入。

第二节　报表编制

要定义一张报表，首先应该定义报表数据的载体——报表格式。不同的报表，格式定义的内容也会有所不同，但一般情况下，报表格式应该包括报表表样、单元类型、单元风格等内容。

报表表样包括格式线、标题、表头、表体、表尾内容。报表表样主要包括设计报表的表格、输入报表的表间项目及定义项目的显示风格、定义单元属性。通

过设置报表表样我们可以确定整张报表的大小和外观。

报表表样设置的具体内容一般包括：设置报表尺寸、定义报表行高列宽、画表格线、定义组合单元、输入表头表体表尾内容、定义显示风格、定义单元属性。在定义报表表样的时候，须注意状态栏应为格式状态。

一、自定义报表的格式设计

【任务描述】

自定义如表 8-1 所示的北京宏远科技有限公司的货币资金表。

表 8-1　货币资金表

单位名称：		年　月　日			单位：元
项目	行次	期初余额	本期发生额		期末余额
			借方发生额	贷方发生额	
库存现金	1				
银行存款	2				
其他货币资金	3				
合计	4				

制表人：

现对货币资金表的设计要求作如下说明：

1. 报表格式

标题"货币资金表"设置为黑体、14 号、居中；单位名称、年、月、日应设置为关键字，设置为宋体、14 号。关键字需要进行偏移。年"-120"，月"-90"，日"-60"。

表格中文字设置为宋体、12 号、居中，部分加粗。

表尾："制表人："设置为宋体、10 号。

表内行高 8，列宽 35。

2. 报表公式

库存现金期初余额 = QC（"1001"，月）

库存现金借方发生额 = FS（"1001"，月，"借"）

库存现金贷方发生额 = FS（"1001"，月，"贷"）

库存现金期末余额 = QM（"1001"，月）

银行存款——交行期初余额 = QC（"100201"，月）

银行存款——交行借方发生额＝FS（"100201"，月，"借"）

银行存款——交行贷方发生额＝FS（"100201"，月，"贷"）

银行存款——交行期末余额＝QM（"100201"，月）

其他货币资金期初余额＝QC（"101201"，月）

其他货币资金借方发生额＝FS（"101201"，月，"借"）

其他货币资金贷方发生额＝FS（"101201"，月，"贷"）

其他货币资金期末余额＝QM（"101201"，月）

【任务分析】

为了完成该任务，用户需要进行以下工作：

（1）设置报表尺寸及行高和列宽。

（2）对表中需要的位置画表格线。

（3）对表中需要的位置进行组合单元格。

（4）将单位名称、年、月、日定义为关键字。

（5）录入表内项目内容。

（6）设置单元属性。

（7）设置单元公式。

（8）将所设计的货币资金表另存为"2016年1月货币资金表"。

【任务实施】

1. 启动 UFO 报表管理系统

（1）在企业业务平台"业务"选项卡中，选择"财务会计"→"UFO报表"，打开"UFO报表"窗口。

（2）选择"文件"→"新建"命令，进入报表格式状态，即可创建一张新的会计报表。

（3）选择"格式"→"表尺寸"命令，打开"表尺寸"对话框。

（4）直接输入或者单击"行数"按钮选择9，"列数"选择6，如图8-2所示。

（5）单击"确认"按钮。

2. 报表格式定义

（1）定义组合单元。

1）选择单元格区域：A1：F1 。

2）执行"格式"→"组合单元"命令，打开"组合单元"对话框。

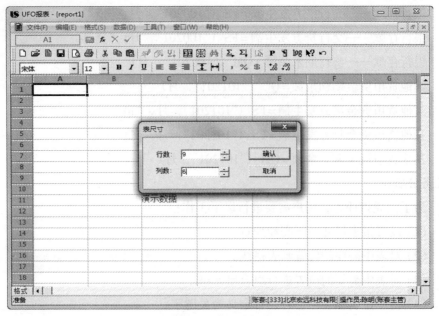

图8-2 表尺寸设置

3）选择组合方式"整体组合"或"按行组合"，该单元即合并成一个单元格。如图8-3所示。

图8-3 组合单元

4）同理，定义 A3：A4；B3：B4；C3：C4；D3：E3；F3：F4 单元为组合单元。

（2）画表格线。

1）选中报表需要画线的单元区域 A3：F6 。

2）执行"格式"→"区域画线"命令，打开"区域画线"对话框。

3）选择"网线"单选按钮，单击"确认"按钮，将所选区域画上表格线，如图8-4所示。

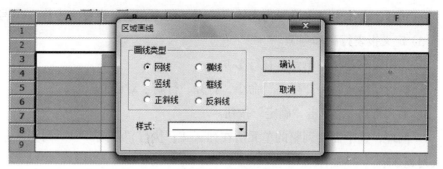

图 8-4　区域画线

（3）输入报表项目。

1）选中需要输入内容的单元或组合单元。

2）在该单元或组合单元中输入相关文字内容。例如，在 A1 组合单元输入"货币资金表"字样。

（4）设置单元风格。

1）选中标题所在组合单元 A1。

2）执行"格式"→"单元属性"命令，打开"单元格属性"对话框。

3）打开"字体图案"选项卡，设置字体为"黑体"，字号为 14。

4）打开"对齐"选项卡，设置对齐方式为"居中"，单击"确定"按钮。如图 8-5 所示。

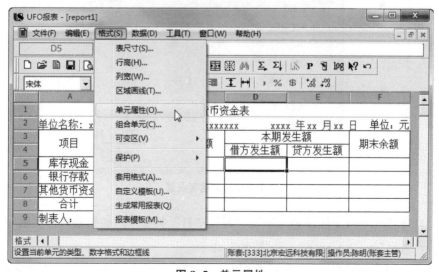

图 8-5　单元属性

5）同理，表体中文字设置为宋体、12 号、居中；表尾设置为宋体、10 号。

（5）定义报表行高和列宽。

1）选中需要调整的单元所在行 1~9。

2）执行"格式"→"行高"命令，打开"行高"对话框。

3）输入行高 8，单击"确定"按钮。

4）同理，选中需要调整的单元所在列 A~F，执行"格式"→"列宽"命令，输入列宽 35。

（6）定义单元属性。

1）选定单元 D7。

2）执行"格式"→"单元属性"命令，打开"单元格属性"对话框。

3）打开"单元类型"选项卡，选择"字符"选项，单击"确定"按钮。

4）同理，设置其他单元的属性。

（7）设置关键字。

1）选中需要输入关键字的单元 A2 。

2）执行"数据"→"关键字"→"设置"命令，打开"设置关键字"对话框。

3）选择"单位名称"单选按钮，如图 8-6 所示，单击"确定"按钮。

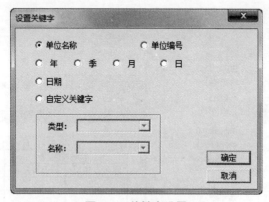

图 8-6 关键字设置

4）同理，在 C2 处设置"年"、"月"、"日"关键字。如果要取消关键字，须执行"数据"→"关键字"→"取消"命令。

5）执行"数据"→"关键字"→"偏移"命令，打开"定义关键字偏移"

对话框。

6）在需要调整位置的关键字后面输入偏移量。年"–120"，月"–90"，日"–60"。如图 8–7 所示。

图 8–7 关键字偏移

7）单击"确定"按钮。

（8）直接输入公式。

1）选定需要定义公式的单元 C5，"库存现金"的期初余额。

2）执行"数据"→"编辑公式"→"单元公式"命令，打开"定义公式"对话框（单击 fx 按钮或按"="键，都可打开"定义公式"对话框）。

3）在"定义公式"对话框中直接输入库存现金期初函数公式：QC（"1001"，月），单击"确认"按钮；同理输入其他公式单元中的公式。

（9）引导输入公式。

1）选中被定义单元 F5，"库存现金"期末余额。

2）单击 fx 按钮，打开"定义公式"对话框。

3）单击"函数向导"按钮，打开"函数向导"对话框。

4）在"函数分类"列表框中选择"用友账务函数"，在右侧的"函数名"列表框中选择"期末（QM）"，如图 8–8 所示，单击"下一步"按钮。打开"用友账务函数"对话框。

5）单击"参照"按钮，在"函数录入"处输入"1001"和"月"如图 8–9 所示。

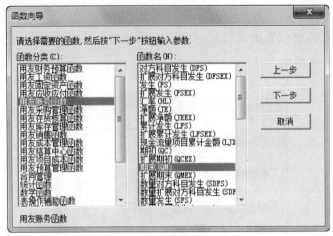

图8-8　函数向导

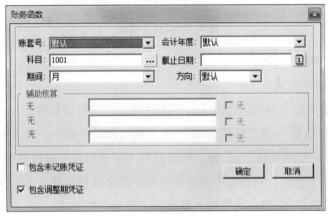

图8-9　账务函数

6）其余均采用系统默认值，单击"确定"按钮，返回"用友账务函数"对话框。

7）单击"确定"按钮，返回"定义公式"对话框，单击"确认"按钮。同理，输入其他单元公式。

8）定义单元D5，"库存现金"本期借方发生额，选择"借方发生额（FS）"，同理，输入D6、D7单元公式；定义单元E5，"库存现金"本期贷方发生额，选择"贷方发生额（FS）"，同理，输入E6、E7单元公式。

最后，在"C8"定义"C8 = C5 + C6 + C7"的单元公式；同理设置D8、E8、F8。

（10）定义审核公式。审核公式用于审核报表内或报表之间勾稽关系是否正确。例如，"资产负债表"中的"资产合计＝负债合计＋所有者权益合计"。本任务的"货币资金表"中不存在这种勾稽关系。若要定义审核公式，执行"数据"→"编辑公式"→"审核公式"命令即可。

（11）定义舍位平衡公式。

1）执行"数据"→"编辑公式"→"舍位公式"命令，打开"舍位平衡公式"对话框。

2）确定信息：舍位表名"表 1"，舍位范围"C4：D6"，舍位位数 2，平衡公式"C8＝C5＋C6＋C7，D8＝D5＋D6＋D7，E8＝E5＋E6＋E7，F8＝F5＋F6＋F7"。单击"完成"按钮。

（12）单击"保存"按钮，文件名存储为"2016 年 1 月货币资金表"。

【要点提示】

舍位平衡公式是指用来重新调整报表数据进位后的小数位平衡关系的公式。每个公式在一行，各公式之间用逗号"，"（半角）隔开，最后一条公式不用写逗号，否则公式无法执行。等号左边只能为一个单元（不带页号和表名）。舍位公式中只能使用"＋""－"符号，不能使用其他运算符及函数。

二、利用报表模板生成报表

【任务描述】

利用报表模板功能制作北京宏远科技有限责任公司资产负债表、利润表。

【任务分析】

通过报表格式定义和公式定义可以设置一个个性化的自定义报表。同时，UFO 报表管理系统还提供了 16 个行业的各种标准财务报表格式。

在调用报表模板时一定要注意选择正确的所在行业相应的会计报表，因为不同行业的会计报表内容不同。如果被调用的报表模板与实际需要的报表格式或公式不完全一致，可以在此基础上进行修改。用户可以根据本单位的实际需要定制报表模板，并可以将自定义的报表模板加入系统提供的模板库中，也可对其进行修改、删除操作。

【任务实施】

（1）在"格式"状态下，执行"格式"→"报表模板"命令，打开"报表模板"对话框。

（2）选择所在行业"新会计制度科目"，财务报表为"资产负债表"。如图 8-10 所示。

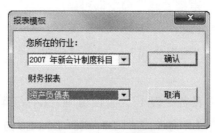

图 8-10　报表模板

（3）单击"确认"按钮，系统弹出"模板格式将覆盖本表格式！是否继续？"信息提示。

（4）单击"确定"按钮，即可打开"资产负债表"模板。

（5）单击"数据/格式"按钮，将"资产负债表"处于"格式"状态。

（6）在"格式"状态下，执行"数据"→"关键字"→"设置"命令，设置"单位名称"。

（7）保存调整后的报表模板。

（8）生成资产负债表数据。

1）在"数据"状态下，执行"数据"→"关键字"→"录入"命令，打开"录入关键字"对话框。

2）输入关键字"北京宏远科技有限责任公司"，年为"2016"，月为"1"，日为"31"。

3）单击"确认"按钮，系统弹出"是否重算第 1 页？"信息提示对话框。

4）单击"是"按钮，系统会自动根据单元公式计算 1 月份数据。如图 8-11 所示。

5）单击工具栏上的"保存"按钮，将生成的报表数据保存。

（9）同理，调用利润表模板并制作利润表。

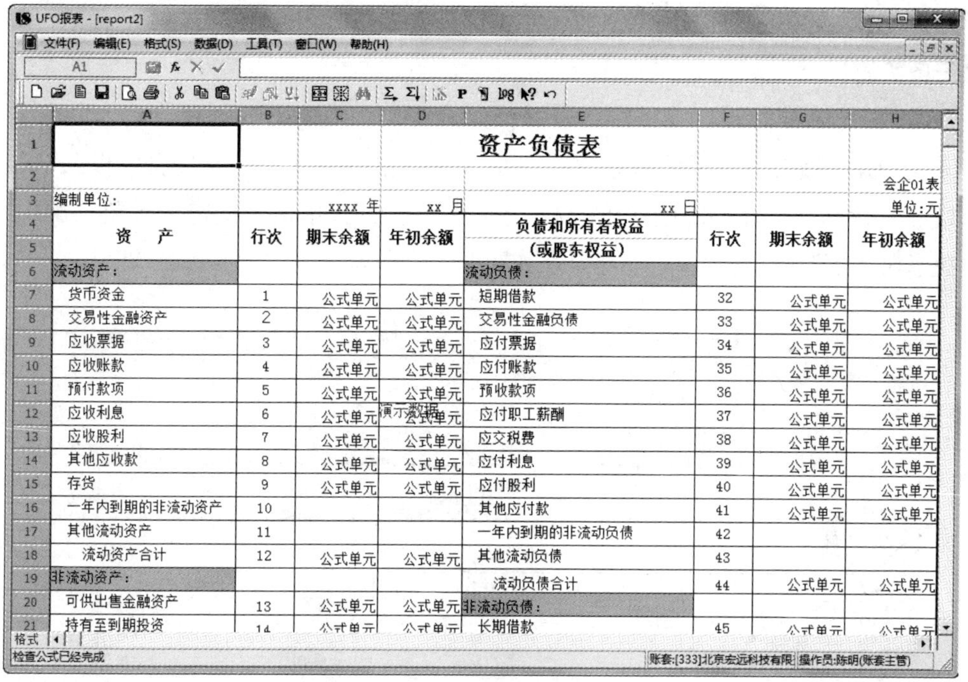

			资产负债表				
							会企01表
编制单位：		xxxx 年	xx 月	xx 日			单位：元
资　产	行次	期末余额	年初余额	负债和所有者权益（或股东权益）	行次	期末余额	年初余额
流动资产：				流动负债：			
货币资金	1	公式单元	公式单元	短期借款	32	公式单元	公式单元
交易性金融资产	2	公式单元	公式单元	交易性金融负债	33	公式单元	公式单元
应收票据	3	公式单元	公式单元	应付票据	34	公式单元	公式单元
应收账款	4	公式单元	公式单元	应付账款	35	公式单元	公式单元
预付款项	5	公式单元	公式单元	预收款项	36	公式单元	公式单元
应收利息	6	公式单元	公式单元	应付职工薪酬	37	公式单元	公式单元
应收股利	7	公式单元	公式单元	应交税费	38	公式单元	公式单元
其他应收款	8	公式单元	公式单元	应付利息	39	公式单元	公式单元
存货	9	公式单元	公式单元	应付股利	40	公式单元	公式单元
一年内到期的非流动资产	10			其他应付款	41	公式单元	公式单元
其他流动资产	11			一年内到期的非流动负债	42		
流动资产合计	12	公式单元	公式单元	其他流动负债	43		
非流动资产：				流动负债合计	44	公式单元	公式单元
可供出售金融资产	13	公式单元	公式单元	非流动负债：			
持有至到期投资	14	公式单元	公式单元	长期借款	45	公式单元	公式单元

图 8-11　资产负债表

第三节　报表日常业务处理

经过前面的操作，用户已经掌握对系统自动生成报表提供基本规则和要求的方法，但是要想让系统生成会计报表数据，还需在日常经营活动过程中从账套读取相关的信息，这项工作便是报表日常业务处理，具体包含表页管理、生成报表数据、报表模板运用、报表输出等内容。

一、会计报表的数据处理

【任务描述】

使用报表模板功能建立企业的“利润表”，并进行会计报表数据处理。

【任务分析】

每个会计期末，用户都需要进入 UFO 报表管理系统，建立若干电子表格，然后应用设计的报表样式或报表模板，建立所需要的报表。

【任务实施】

1. 打开报表

在 UFO 报表管理系统中新建一张报表。点击"格式"→"报表模板"，在"模板对话框"选择"邮电通信"和"利润分配表"，单击"确定"按钮，出现"提示对话框"，点击"确定"即可。如图 8-12 所示。

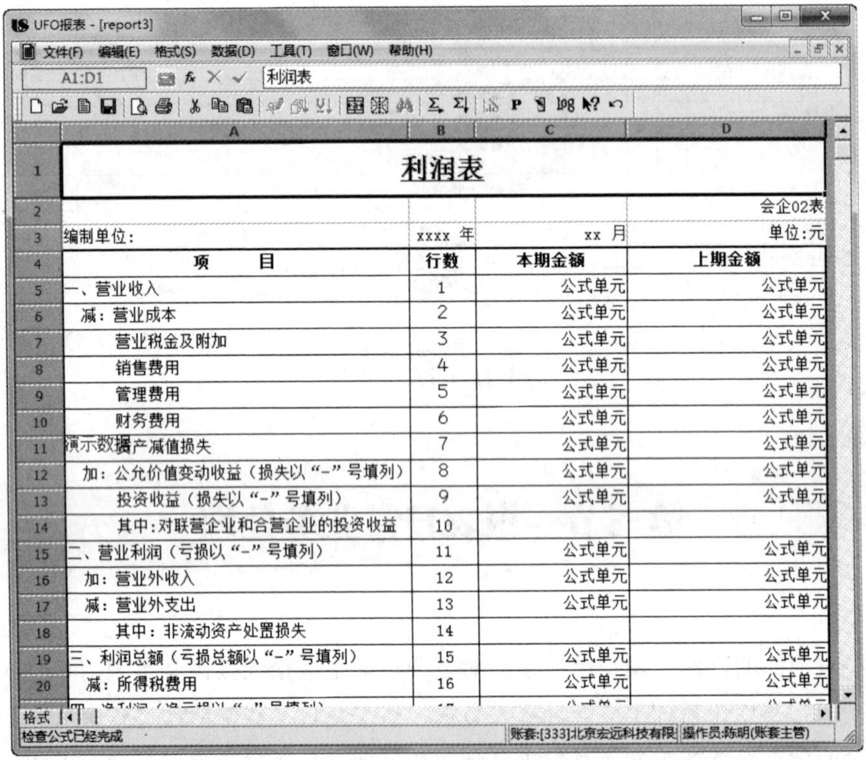

图 8-12　利润分配表

2. 追加表页

将报表调整为"数据"状态，点击"编辑"→"追加"中的"表页"，打开"追加表页"对话框，输入表页数，点击"确定"即可。

3. 录入关键字

在"利润表"窗口下，点击"数据"→"关键字"→"录入"，在"录入关键字"对话框中输入单位名称、年、月，点击"确定"。如图 8-13 所示。

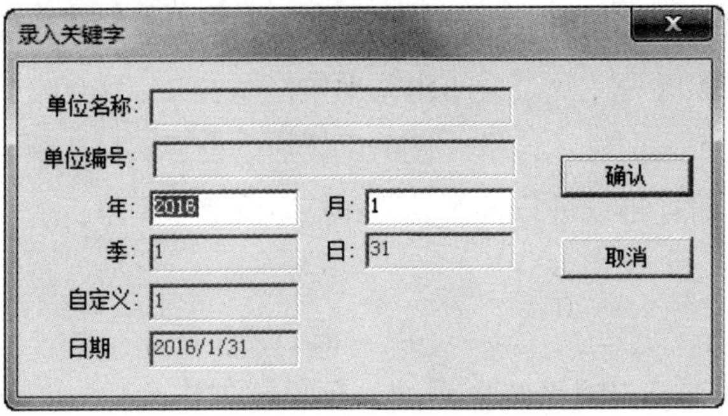

图 8-13 录入关键字

4. 报表计算

按计算公式计算报表中的数据。

执行"数据"→"表页重算"命令，打开"是否重算第一页？"对话框，单击"是"按钮，系统会自动在已经存在的账套中和会计年度范围内根据单元公式计算，生成相关会计报表。

【要点提示】

追加表页是在最后一张表页后追加 n 张空表页，插入表页是在当前表页后面插入一张空表页，一张报表最多只能管理 99 999 张表页。

单元公式的形式在格式设计状态中定义，存储在报表单元中，当切换到数据处理状态时，单元公式将自动进行运算，也可以随时使用菜单"数据"→"整表重算"命令驱动报表中所有单元公式进行重算。

不需再计算时，可以点击屏幕上方的"不计算"按钮，本表页以后不再重算。要重新计算，再次点击"计算"按钮即可。当本表单元公式中涉及其他表或其他系统数据时，必须"整表重算"后才能更新数据，得到完整、准确的会计报表。

二、会计报表输出

【任务描述】

对已完成的财务报表进行输出处理。

【任务分析】

报表的输出包括报表的屏幕输出和打印输出，输出时可以针对报表格式输出，也可以针对某一特定表页输出。输出报表格式须在格式状态下操作，而输出表页须在数据状态下操作,输出表页时,格式和报表数据一起输出。

输出表页数据时会涉及表页的相关操作,如表页排序、查找、透视等。屏幕输出时,可以对报表的显示风格、显示比例加以设置。打印报表之前可以在预览窗口预览,打印时还可以进行页面设置和打印设置等操作。

【任务实施】

1. 屏幕查询

报表屏幕查询是报表系统应用的一项重要工作。在 UFO 报表管理系统中,用户可以查询当前正在编辑的报表,也可以迅速有效地查询历史报表。在进行报表查询时一般以整张表页的形式输出,也可以将多张表页的局部内容同时输出,后种输出方式叫作表页的透视。

(1) 查找表页。查找表页可以以某关键字或某单元为查找依据。

具体操作步骤为:执行"编辑"→"查找"命令,打开"查找"对话框,单击"表页"单选按钮,在"查询条件"框中分别输入"月""=""1",单击"查找"按钮,这里的表页为第一个符合条件的表页。如图 8-14 所示。

图 8-14 查找报表

(2) 联查明细账。用友 ERP-U8 的报表管理系统为用户提供了在报表上联查明细账的功能,并可以通过明细账查询相应总账和记账凭证。

要实现联查明细账,还需要具备以下几个条件:

1) 必须在数据状态下使用联查明细账功能,并且操作员必须同时具备 UFO 明细功能、总账函数、总账明细账查询的权限。

2）必须在有单元公式的单元格中使用，单元公式必须是有会计科目参数的期初类函数（包括 QC、WQC、SQC）、期末类函数（包括 QM、WQM、SQM）、发生类函数（包括 FS、SFS、WFS、LFS、SLFS、WLFS）、净额函数（包括 JE、SJE、WJE）。在无单元公式的单元格中无法使用此功能。

3）当用户选择了某单元格时，只要当前单元格内有总账函数，即可联查当前科目的明细账。如果当前单元格内有多个科目，显示第一个科目的明细账，其他科目的明细账可通过明细账的查询窗口进行切换。

2. 网络传输

网络传输方式是通过计算机网络将各种报表从一个工作站传送到另一个或另几个工作站的报表传输方式。用户只要将报表生成网页文件（html 文件），就可以将其发布在企业内部网和互联网上。如图 8-15 所示。

图 8-15　网页文件

使用计算机网络进行报表传输，可在各自的计算机上方便、快捷地查看相关会计报表，大大提高了会计数据的时效性和准确性，有很好的安全性，并且可以节省报表报送部门过程中耗费的大量人力、物力、财力。随着计算机网络的日益普及，网络传输方式的优势性越发明显，正在逐步取代其他的传输方式。

3. 打印输出

打印输出方式是指将编制出来的报表以纸介质的形式打印输出。打印输出是将报表进行保存、报送有关部门而不可缺少的一种报表输出方式。但在打印输出之前必须在 UFO 报表管理系统中做好打印机的有关设置，以及报表打印的格式设置，并确认打印机已经和主机正确连接。

UFO 报表管理系统提供了不同文件格式的输出方式，方便不同软件之间进行数据的交换。输出的格式有：报表文件（*.rep）、文本文件（*.txt）、数据库文件（*.dbf）、Access 文件（*.mdb）、Excel 文件（*.xls）。

此外，将各种报表以文件的形式输出到磁盘上也是一种常用的方式。

【要点提示】

1. 表页排序

在生成表页数据时，表页的排序可能和用户翻阅查找的习惯不一致，在同一张报表存在大量表页的情况下，无疑会造成一定的不便。这时可以利用表页的排序功能重新排序。

2. 表页透视

在 UFO 系统中，数据是以表页的形式分布的，正常情况下，每次只能看到完整的一张表页。但有时想了解各个表页的共同的某部分数据并对其进行比较，如果一页页翻阅表页无疑费时费力。这时可以利用 UFO 系统的表页透视功能达到快速查找报表数据的目的，即把多张表页的局部内容同时显示在一个平面上。

小　结

UFO 报表管理系统是报表处理的工具。利用 UFO 报表管理系统既可以编制对外报表，又可以编制各种内部报表。UFO 报表管理系统的主要任务是设计报表的格式和编制公式，从总账系统或从其他业务系统中提取有关会计信息，自动编制各种会计报表，对报表进行审核、汇总，生成各种分析图，并按预定格式输出各种会计报表。

实训设计

【实训目的】

通过上机实训，使学生熟悉 UFO 报表管理系统的基本功能；掌握自定义报表和使用报表模板生成报表的操作内容和操作方法；熟练掌握报表格式设计和公式设计的方法，以及报表数据的计算方法；了解报表查询及有关的图表功能。

【实训要求】

（1）引入第三章实训设计中的账套备份文件，登录 UFO 报表管理系统，设计利润表的格式。

（2）设计利润表的计算公式。

（3）生成自制利润表的数据。

（4）利用报表模板生成资产负债表。

（5）将生成的报表保存到 8-1 文件夹中。

【实训资料】

（1）利润表的表样内容。

表 8-2　利润表

编制单位：　　　　　　　　　　　　年　月

项目	行次	本月数	本年累计数
一、营业收入	1		
减：营业成本	2		
营业税金及附加	3		
销售费用	4		
管理费用	5		
财务费用	6		
资产减值损失	7		
加：公允价值变动收益（损失以"–"号填列）	8		
投资收益（损失以"–"号填列）	9		
二、营业利润（亏损以"–"号填列）	10		
加：营业外收入	11		
减：营业外支出	12		

项目	行次	本月数	本年累计数
三、利润总额（亏损总额以"–"号填列）	13		
减：所得税费用	14		
四、净利润（净亏损以"–"号填列）	15		

（2）单位名称为"南京华兴股份有限公司"。

（3）利润表的编制时间为 2016 年 1 月 31 日。

（4）资产负债表的编制时间为 2016 年 1 月。

第九章
综合练习

一、企业概况和实训总体计划

1. 企业概况

企业名称：四川鸿翔机械设备有限公司。

企业地址：四川省成都市创业大道 16 号。

行业类型：工业企业。

联系电话：028-88245796。

法人代表：高天。

企业纳税人登记号：35676324683900。

开户行及账号：中国建设银行金牛区支行，54299351042。

企业注册资金：注册资金 6 300 万元人民币，拥有资产总额 11 700 余万元，其中固定资产 5 200 余万元。

2. 实训总体计划

表 9-1　实训计划表

实训程序	实训要求	实训时间
账套信息	根据资料完成账套信息的设置和模块参数设置	2
基础档案	根据资料完成部门档案、职员档案、客户分类、客户档案、供应商分类、供应商档案、会计科目、凭证类别、计算方式、开户银行的设置	4
期初设置	完成总账系统、薪资管理系统、固定资产管理系统、应收应付账款管理系统初始化设置	4
日常业务处理	根据发生的经济业务进行账务处理	4

实训程序	实训要求	实训时间
期末处理	进行薪资管理系统、固定资产管理系统、应收应付款管理系统和总账系统的期末处理	2
报表编制	启动 UFO 报表，编制资产负债表和利润表等报表	2

二、实训资料

（一）账务初始化设置

1. 基础资料

（1）账套信息。账套号：888；账套名称：四川鸿翔机械设备有限公司；账套路径：系统默认；启用会计期：2016 年 1 月；会计期间：1 月 1 日至 12 月 31 日。

（2）单位信息。单位名称：四川鸿翔机械设备有限公司；简称：鸿翔机械公司；单位地址：四川省成都市创业大道 16 号；法人代表：高天；联系电话：028-88245796；邮政编码：610036；电子邮件：HXJXGS@126.com；纳税人登记号：35676324683900。

（3）核算类型。本币名称：人民币；本币代码：RMB；企业类型：工业企业；行业性质：新会计制度科目；账套主管：陈莉；不按行业性质预设会计科目。

（4）基础信息。存货、供应商、客户须进行分类，无外币核算。

（5）分类编码方案。科目编码级次：42222；客户权限组级次：223；客户分类编码级次：223；部门编码级次：122；供应商权限组级次：223；供应商分类编码级次：223；结算方式编码：12；存货数量、存货单价、开票单价、件数及换算率的小数位均为 2；其他均按默认值。

2. 岗位分工

（1）账套主管：陈莉（编号：101；口令：111），负责财务软件运行环境的建立以及各项初始设置工作；负责财务软件的日常运行管理工作，监督并保证系统有效、安全、正常地运行；拥有账套内各系统的全部权限，即具有系统所有模块的全部权限。

（2）出纳：张燕（编号：102；口令：112），负责公用目录设置、总账的出纳签字。

（3）债权债务核算：王晶（编号：103；口令：113），负责公用目录设置、应收、应付等除出纳外的总账权限。

（4）工资核算：李阳（编号：104；口令：114），负责公用目录设置、工资管理。

（5）固定资产核算：孙亮（编号：105；口令：115），负责公用目录设置、固定资产核算。

3. 机构设置（见表 9-2）

表 9-2　机构设置

编号	名称	部门属性	负责人
1	行政部	管理兼技术	高天
101	厂办	管理	陈宏
102	总务室	库房	蒋林
103	财务部	财务	陈莉
2	生产部	生产	杨涛
201	铸造车间	基本生产	王春
202	加工车间	基本生产	胡建
203	装配车间	基本生产	曾可
204	供电车间	辅助生产	梁伟
205	机修车间	辅助生产	徐梅
3	供应部	供应	王磊
4	销售部	销售	张华

4. 职员档案表（见表 9-3）

表 9-3　职员档案表

职员编码	职员姓名	所属部门	职员属性	职员类别	工龄（年）	基本工资
101	高天	厂部办公室	总经理	企业管理人员	30	2 500
102	陈宏	厂部办公室	厂办秘书	企业管理人员	25	2 000
103	蒋林	总务	保管员	企业管理人员	18	1 500
104	陈莉	财务部	会计主管	企业管理人员	32	2 300
105	张燕	财务部	出纳	企业管理人员	20	1 800
106	王晶	财务部	债权债务核算	企业管理人员	23	2 000
107	李阳	财务部	工资核算	企业管理人员	20	1 900
108	孙亮	财务部	固定资产核算	企业管理人员	28	2 200
201	王春	铸造车间	车间主任	车间管理人员	33	2 300
202	于海	铸造车间	工人	基本生产人员	25	1 300

职员编码	职员姓名	所属部门	职员属性	职员类别	工龄（年）	基本工资
203	胡建	加工车间	车间主任	车间管理人员	20	2 100
204	曾可	装配车间	车间主任	车间管理人员	27	2 300
205	梁伟	供电车间	车间主任	辅助车间人员	23	2 200
206	徐梅	机修车间	车间主任	辅助车间人员	24	2 200
301	王磊	供应	部门经理	企业管理人员	23	2 200
401	张华	销售	业务人员	销售人员	30	2 300

（二）总账系统

1. 业务控制参数（见表9-4）

表9-4　业务控制参数

选项	参数设置
总账	制单权限控制到科目；出纳凭证必须经由出纳签字；凭证必须经由主管会计签字；数量、单价小数位保留2位；部门、个人、项目排序方式均按编码排序
工资管理	工资类别个数：单个；从工资中代扣个人所得税；不扣零；人员编码长度：3位
应付款管理	应付款核销方式：按单据；单据审核日期依据：单据日期；应付账款核算模型：详细核算；根据信用额度自动报警
应收款管理	应收款核销方式：按单据；单据审核日期依据：单据日期；坏账处理方式：应收余额百分比法；应收账款核算模型：详细核算；根据信用额度自动报警
固定资产管理	本账套计提折旧，折旧汇总分配周期：1个月；当"月初已计提月份＝可使用月份－1"时将剩余折旧全部提足； 资产类别编码规则：2-1-1-2； 固定资产编码方式：自动编码（部门编码＋类别编码＋序号）； 序号长度：3； 与账务系统进行对账； 固定资产对账科目：1601； 累计折旧对账科目：1602； 对账不平情况下不允许固定资产月末结账

2. 会计科目及期初余额

四川鸿翔机械设备有限公司2016年1月1日会计科目及期初余额表（见表9-5）。

表9-5　期初余额

科目编码	科目名称	方向	辅助核算	计量单位	账页格式	期初余额（元）
1001	库存现金	借	日记账		金额式	35 920.38
1002	银行存款	借	银行、日记账		金额式	10 129 200

科目编码	科目名称	方向	辅助核算	计量单位	账页格式	期初余额（元）
100201	建行存款	借	银行、日记账		金额式	10 129 200
1009	其他货币资金	借			金额式	2 700 000
100903	银行汇票	借			金额式	2 700 000
1121	应收票据	借			金额式	558 000
112101	商业承兑汇票	借	客户往来		金额式	558 000
1123	应收账款	借	客户往来		金额式	5 914 440
1231	坏账准备	贷			金额式	29 572.2
1151	预付账款	借	供应商往来		金额式	3 562 500
1221	其他应收款	借			金额式	16 326
122101	职工水电费	借			金额式	8 826
122102	个人往来	借			金额式	7 500
1401	材料采购	借			数量金额式	
1402	在途物资	借			数量金额式	1 735 200
1403	原材料	借			数量金额式	5 526 048.48
140301	主要材料	借	数量核算	吨	数量金额式	4 584 000
140302	辅助材料	借	数量核算	件	数量金额式	790 500
140303	备件				金额式	151 548.48
1411	周转材料	借			数量金额式	391 847.7
1405	库存商品	借			数量金额式	5 019 000
140501	甲设备	借			数量金额式	3 096 000
		借	数量	件		20
140502	乙设备	借			数量金额式	1 923 000
		借	数量	件		25
1501	持有至到期投资	借			金额式	180 000
1503	可供出售金融资产	借			金额式	756 000
1511	长期股权投资	借			金额式	10 080 000
1521	投资性房地产	借			金额式	5 400 000
1601	固定资产	借			金额式	52 506 054
1602	累计折旧	贷			金额式	10 464 120
1605	在建工程	借			金额式	6 145 458
1701	无形资产	借			金额式	5 400 000
1702	累计摊销	贷			金额式	1 701 000
2001	短期借款	贷			金额式	7 200 000
2201	应付票据	贷			金额式	2 400 000
220101	商业承兑汇票	贷	供应商往来		金额式	2 400 000
2202	应付账款	贷			金额式	7 720 099.8
220201	应付货款	贷	供应商往来		金额式	7 720 099.8

科目编码	科目名称	方向	辅助核算	计量单位	账页格式	期初余额（元）
2203	预收账款	贷	客户往来		金额式	2 418 000
2241	其他应付款	贷			金额式	167 760
2211	应付职工薪酬	贷			金额式	3 622 101.06
2221	应交税费	贷			金额式	802 557
222103	未交增值税	贷			金额式	278 100
222104	应交城市维护建设税	贷			金额式	18 333
222105	教育费附加	贷			金额式	8 343
222106	地方教育费附加	贷			金额式	2 781
222107	应交所得税	贷			金额式	495 000
2232	应付股利	贷			金额式	180 000
2501	长期借款	贷			金额式	13 300 200
2502	应付债券	贷			金额式	1 459 746
3001	实收资本	贷			金额式	63 000 000
3002	资本公积	贷			金额式	1 620 000
3101	盈余公积	贷			金额式	73 620
3103	本年利润	贷			金额式	1 542 000
3104	利润分配	贷			金额式	100 800
4001	生产成本	借			金额式	
400101	基本生产成本	借	部门核算		金额式	1 661 581.5
40010101	甲设备	借	项目核算			923 758.4
40010102	乙设备	借	项目核算			559 512 122
40010103	制造费用	借	项目核算			178 310.88
400102	辅助生产成本	借	部门核算		金额式	
4101	制造费用	借			金额式	
410101	折旧	借			金额式	
410102	管理人员工资	借			金额式	
410103	其他费用	借			金额式	
4301	研发支出	借			金额式	84 000
5502	管理费用	借			金额式	

3. 结算方式（见表9-6）

表9-6　结算方式

编码	结算方式	是否票据管理
1	现金结算	
2	支票	是
201	现金支票	是

编码	结算方式	是否票据管理
202	转账支票	是
3	商业汇票	
301	商业承兑汇票	
302	银行承兑汇票	
4	银行汇票	
5	其他	

4. 凭证类别（见表9-7）

表9-7 凭证类别

类型	限制类型	限制科目
收款凭证	借方必有	1001，100201
付款凭证	贷方必有	1001，100201
转账凭证	凭证必无	1001，100201

5. 项目核算辅助资料

项目大类：生产成本。

项目分类编码：1。

项目分类：1 自行生产；2 委托加工。

项目目录：101 甲设备；102 乙设备。两种产品均为自行生产。

6. 其他资料

（1）银行汇票（见表9-8）。

表9-8 银行汇票

明细科目	方向	余额（元）
银行汇票	借	2 700 000

（2）其他应收款（见表9-9）。

表9-9 其他应收款

明细科目	方向	余额（元）
应收职工水电费	借	8 826
个人	借	7 500

（3）在途物资（见表9-10）。

表9-10 在途物资

明细科目	方向	余额（元）
X 材料	借	1 399 500
Y 材料	借	46 500
Z 材料	借	289 200

（4）原材料（见表9-11）。

表9-11 原材料

明细科目		单位	数量	单价（元）	金额（元）
主要材料	X 材料	吨	400	6 000	2 400 000
	Y 材料	吨	400	5 250	2 100 000
	Z 材料	吨	20	4 200	84 000
辅助材料	配件 A	件	100	3 000	300 000
	配件 B	件	400	450	180 000
	配件 C	件	120	300	36 000
	配件 D	件	300	15	4 500
	配件 E	件	1 000	180	180 000
	配件 F	件	3 000	30	90 000
备件					151 548.48

（5）周转材料（见表9-12）。

表9-12 周转材料

明细账户	方向	余额（元）
包装物	借	215 602.65
低值易耗品	借	176 245.05
办公用低值易耗品	借	42 000
劳保用品	借	50 245.05
生产用低值易耗品	借	84 000

（6）预收账款（见表9-13）。

表9-13 预收账款

明细账户	方向	余额（元）
太原机械厂	贷	306 000
江苏达安公司	贷	840 000
黄河机械厂	贷	1 272 000

（三）薪资管理系统

1. 业务控制参数

（1）工资类别：单个。

（2）核算币种：人民币。

（3）实行代扣个人所得税。

（4）不进行扣零处理。

（5）人员编码长度：3。

2. 人员档案及类别

（1）人员类别：企业管理人员、车间管理人员、基本生产车间人员、辅助生产车间管理人员、销售人员。

（2）部门档案、职员档案见"基础资料"部分（全部为中方人员，计税，工资不停发，通过建设银行代发工资）。

（3）个人档案序号：00000530010~00000530025。

3. 工资项目及计算公式

（1）工资项目表（见表9-14）。

表9-14 工资项目表

项目名称	类型	长度	小数位数	工资增减项
工龄	数字	3	0	其他
基本工资	数字	8	2	增项
岗位工资	数字	8	2	增项
奖金	数字	8	2	增项
交补	数字	8	2	增项
应发工资	数字	8	2	增项
事假天数	数字	2	0	其他
事假扣款	数字	8	2	减项
病假天数	数字	2	0	其他
病假扣款	数字	8	2	减项
养老保险	数字	8	2	减项
代扣税	数字	8	2	减项
扣款合计	数字	8	2	减项
实发工资	数字	8	2	增项
日工资	数字	6	2	其他
计税基数	数字	8	2	其他
工资分摊基数	数字	8	2	其他

（2）计算公式。岗位工资 = iff（人员类别 = "企业管理人员"，600，iff（人员类别 = "车间管理人员"，400，300））

奖金 = iff（人员类别 = "企业管理人员"，400，300）

交补 = 80（元）

事假扣款 =（基本工资/22）×事假天数

病假扣款 =（基本工资/22）×病假天数×0.3

养老保险 =（基本工资 + 岗位工资 + 奖金）×0.15

计税基数 = 基本工资 + 岗位工资 + 奖金 + 交补 − 事假扣款 − 病假扣款

4. 银行设置与所得税项目

（1）通过建设银行代发工资，单位编号：547895323。

（2）所得税项目：工资；对应工资项目；计税基数（2 000 元）。

5. 工资分摊

（1）分摊计提月份：1月。

（2）核算部门：行政部、铸造车间、加工车间、装配车间、供电车间、机修车间、供应部、销售部。

（3）计算公式：

应付工资总额 = 计税基数×100%

工会经费 = 计税基数×2%

教育经费 = 计税基数×1.5%

养老保险金 =（基本工资 + 岗位工资 + 奖金）×15%

（4）工资分摊表（见表9-15）。

表9-15　工资分摊表

部门		借方科目	贷方科目	借方科目	贷方科目
行政部	企业管理人员	管理费用	应付职工薪酬		
生产部	车间管理人员	制造费用	应付职工薪酬	管理费用	其他应付款
	辅助车间人员	辅助生产成本	应付职工薪酬		
	基本生产人员	基本生产成本	应付职工薪酬		
供应部	企业管理人员	管理费用	应付职工薪酬		
销售部	销售人员	销售费用	应付职工薪酬		

（四）固定资产管理系统

1. 业务控制参数

（1）按平均年限法折旧，折旧分配周期为 1 个月。

（2）类别编码方案：2112。

（3）固定资产编码方式：按"部门编码＋类别编码＋序号"自动编码。

（4）卡片序号长度：3。

（5）要求与账务系统进行对账，固定资产对账科目：1601；累计折旧对账科目：1602；对账不平情况下不允许固定资产月末结账。

（6）业务发生后立即制单，月末结账前一定要完成制单登账业务。

（7）当"月初已计提月份＝可使用月份－1"时，将剩余折旧全部提足。

2. 资产类别

四川鸿翔机械设备有限公司固定资产分类及折旧方案如表 9-16 所示。

表 9-16　固定资产类别及折旧方案

编码	类别名称	单位	计提属性
01	房屋及建筑物		总计提
02	机器设备	台	正常计提
03	运输设备	辆	正常计提
04	电子设备	台	正常计提

3. 部门及对应折旧科目

四川鸿翔机械设备有限公司固定资产折旧处理对应入账科目如表 9-17 所示。

表 9-17　部门对应折旧科目

部门	对应折旧科目
1 行政部	管理费用
201 铸造车间	制造费用——折旧费用
202 加工车间	制造费用——折旧费用
203 装配车间	制造费用——折旧费用
301 供电车间	辅助生产成本
302 机修车间	辅助生产成本
4 供应部	管理费用
5 销售部	销售费用

4. 原始卡片

四川鸿翔机械设备有限公司现有固定资产情况如表 9-18 所示。

表 9-18　原始卡片

固定资产名称	类别编码	所在部门	增加方式	使用年限	开始使用日期	原值（元）	累计折旧（元）	对应折旧科目
办公楼	01	厂办		20	2004.7.1	4 467 065	717 065	管理费用
厂房	01	铸造车间		20	2004.7.1	2 787 448	447 448	制造费用
厂房	01	加工车间		20	2004.7.1	2 405 782	386 182	制造费用
厂房	01	装配车间	在建工程转入	20	2004.7.1	2 813 536	451 636	制造费用
厂房	01	供电车间		20	2004.7.1	2 820 362	452 732	辅助生产成本
厂房	01	机修车间		20	2004.7.1	3 005 513	482 453	辅助生产成本
原料库	01	总务		20	2004.7.1	32 163	5 163	管理费用
仓库	01	总务		20	2004.7.1	21 442	3 442	管理费用
车床	02	铸造车间		10	2006.5.1	9 417 161	152 761	制造费用
铣床	02	铸造车间		10	2006.5.1	10 356 192	1 679 442	制造费用
刨床	02	加工车间		10	2006.5.1	8 639 798	1 401 098	制造费用
磨床	02	加工车间	直接购入	10	2006.5.1	6 420 499	041 199	制造费用
吊车	02	装配车间		10	2006.5.1	4 754 950	771 100	制造费用
复印机	04	厂办		5	2006.5.1	844 431	277 431	管理费用
微机	04	厂办		5	2006.5.1	499 510	164 110	管理费用
打印机	04	财务部		5	2006.5.1	547 987	180 036	管理费用
微机	04	财务部		5	2006.5.1	299 572	98 422	管理费用

备注：净残值率为 5%，使用状况均为"在用"。

5. 增加方式

默认系统提供的常用增减方式。

（五）应付款管理

1. 业务控制参数

（1）应付款核销方式：按单据。

（2）单据审核日期依据：单据日期。

（3）应付账款核算模型：详细核算。

（4）根据信用额度自动报警。

2. 分类体系

（1）地区分类（见表 9-19）。

表 9-19 地区分类

地区分类编码	地区分类名称
01	本地
02	外地

（2）供应商与客户分类（见表 9-20）。

表 9-20 供应商与客户分类

供应商（客户）分类编码	供应商（客户）分类名称
01	工业企业
0101	重工业企业
0102	轻工业企业
02	商业企业
03	其他企业

（3）存货分类（见表 9-21）。

表 9-21 存货分类

存货分类编码	存货分类名称
10	原材料
1010	主要材料
1011	辅助材料
1012	备件
20	周转材料
2010	包装物
2012	低值易耗品
30	库存商品
3010	甲设备
3011	乙设备

3. 基本科目设置（见表 9-22）。

表 9-22 基本科目设置

科目类型	科目名称	科目类型	科目名称
应付科目	应付账款——应付货款	采购税金科目	应交税费——应交增值税——进项税额
预付科目	预付账款	商业承兑科目	应付票据——商业承兑汇票
采购科目	材料采购	票据利息科目	财务费用——利息支出

4. 编码档案资料

（1）供应商档案（见表9–23）。

表 9–23　供应商档案

编号	名称	简称	分类	发展日期
001	成都机械公司	成机	0101	2007.10.26
002	上海钢铁厂	上钢	0101	2007.9.4
003	祥达公司	祥达	0102	2007.12.2
004	武汉钢铁公司	武钢	0101	2007.9.15
005	宏鑫轴承公司	宏鑫公司	0101	2007.10.11
006	重庆物资公司	重庆物资	0102	2007.11.6
007	成航物资公司	成航物资	0102	2007.12.10
008	河北机械公司	河北机械	0101	2007.11.30
009	四川建工集团	川建	03	2007.12.25

（2）计量单位组。计量单位组编号：01；计量单位组名称：无换算关系；计量单位组类别：无换算。

（3）计量单位（见表9–24）。

表 9–24　计量单位

计量单位编号	计量单位名称	所属计量单位组名称
01	吨	无换算关系
02	件	无换算关系
03	无	无换算关系
04	台	无换算关系

（4）存货档案（见表9–25）。

表 9–25　存货档案

存货编码	存货名称	税率（%）	计量单位	主计量单位名称	存货属性
01010	X 材料	17	无换算关系	吨	外购、生产耗用
01011	Y 材料	17	无换算关系	吨	外购、生产耗用
01012	Z 材料	17	无换算关系	吨	外购、生产耗用
10111	配件 A	17	无换算关系	件	外购、生产耗用
01111	配件 B	17	无换算关系	件	外购、生产耗用
101112	配件 C	17	无换算关系	件	外购、生产耗用
101113	配件 D	17	无换算关系	件	外购、生产耗用

存货编码	存货名称	税率（%）	计量单位	主计量单位名称	存货属性
101114	配件 E	17	无换算关系	件	外购、生产耗用
101115	配件 F	17	无换算关系	件	外购、生产耗用
1012	备件	17	无换算关系	无	外购、生产
201010	包装物	17	无换算关系	无	外购、生产耗用
201110	办公用低值易耗品	17	无换算关系	无	外购、生产
201112	劳保用品	17	无换算关系	无	外购、生产耗用
201113	生产用低值易耗品	17	无换算关系	无	外购、生产
3010	甲设备	17	无换算关系	台	自制、销售
3011	乙设备	17	无换算关系	台	自制、销售

5. 结算方式科目设置（见表9-26）

表9-26 结算方式

结算方式	科目名称	结算方式	科目名称
现金结算	库存现金	电汇结算	银行存款——建行存款
支票结算	银行存款——建行存款	其他结算	银行存款——建行存款
汇票结算	银行存款——建行存款		

6. 账龄区间设置（见表9-27）

表9-27 账龄区间设置

序号	起止天数	总天数
01	1~30	30
02	31~60	60
03	61~90	90
04	91~180	180
05	181~360	360
06	361 以上	

7. 报警级别设置（见表9-28）

表9-28 报警级别设置

序号	总比率（%）	级别名称
01	10	A
02	30	B
03	50	C
04	100	D
05		E

8. 期初余额（见表 9-29）

表 9-29　期初余额

单据名称	采购发票	采购发票	采购发票
单据类型	专用发票	专用发票	专用发票
方向	贷	贷	贷
开票日期	9.15	10.26	12.10
供应商	武汉钢铁公司	成都机械公司	成航物资公司
部门	供应部	供应部	供应部
业务员	王磊	王磊	王磊
科目	应付账款——应付货款	应付账款——应付货款	应付账款——应付货款
货物名称	Z 材料	Y 材料	配件 E
数量	885.84 吨	68.38 吨	13 993.83 件
单位成本（元）	4 200	5 250	180
增值税发票号	53826	34579	72788
价税合计（元）	4 353 000	420 000	2 947 099.8

9. 应付票据余额（见表 9-30）

表 9-30　应付票据余额

票据编号	HB34678
单据名称	采购发票
单据类型	专用发票
方向	贷
开票日期	11.30（3 个月商业承兑汇票）
票据编号	HB34678
供应商	河北机械公司
部门	供应部
业务员	王磊
科目	应付票据——商业承兑汇票
货物名称	配件 B
数量	7 020 件
单位成本（元）	400
增值税发票号	58239456
价税合计（元）	2 400 000

10. 预付账款余额表（见表 9-31）

表 9-31 预付账款余额表

预付日期	供应商	部门	业务员	科目编码	金额（元）
2015.12.25	四川建工集团（建筑工程）	供应部	王磊	1151	3 562 500

(六) 应收款管理

1. 业务控制参数

（1）应收款核销方式：按单据。

（2）单据审核日期依据：单据日期。

（3）坏账处理方式：应收余额百分比法。

（4）应收账款核算模型：详细核算。

（5）根据信用额度自动报警。

2. 基本科目设置（见表 9-32）

表 9-32 基本科目设置

科目类型	科目名称	科目类型	科目名称
应收科目	应收账款	银行承兑科目	应收票据——商业承兑汇票
预收科目	预收账款	票据利息科目	财务费用——利息支出
销售科目	主营业务收入	票据费用科目	财务费用——手续费
销售税费科目	应交税费——应交增值税——销项税额		

3. 结算方式科目（见表 9-33）

表 9-33 结算方式设置

结算方式	科目名称	结算方式	科目名称
现金结算	库存现金	电汇结算	银行存款——建行存款
支票结算	银行存款——建行存款	其他结算	银行存款——建行存款
汇票结算	银行存款——建行存款		

4. 客户档案（见表9-34）

表9-34　客户档案设置

客户编码	客户名称	客户简称	分类编码	发展日期
001	杭州机械公司	杭机	0101	2011.6.18
002	洛阳纺织公司	洛纺	0102	2011.8.12
003	山东泰安公司	泰安	02	2011.8.5
004	江苏达安公司	达安	03	2011.9.16
005	兰州机械公司	兰机	0101	2011.9.21
006	成丰设备公司	成丰	0101	2011.9.15
007	河南祥源机械公司	祥源机械	0101	2011.12.16
008	上海轴承厂	上海轴承	0102	2011.11.20

5. 坏账准备设置（见表9-35）

表9-35　坏账准备

项目	设置	项目	设置
提取比率（%）	0.5	坏账准备科目	坏账准备
坏账准备期初余额（元）	29 572.2	对方科目	资产减值损失

6. 应收账款账龄区间设置（见表9-36）

表9-36　应收账款账龄区间设置

序号	起止天数	总天数
01	1~30	30
02	31~60	60
03	61~90	90
04	91~180	180
05	181~360	360
06	361 以上	

7. 报警级别设置（见表9-37）

表9-37　报警级别设置

序号	总比率（%）	级别名称
01	10	A
02	30	B
03	50	C
04	100	D
05		E

8. 期初余额（见表9-38）

表9-38 期初余额表

单据名称	销售发票	销售发票	销售发票	销售发票
单据类型	专用发票	专用发票	专用发票	专用发票
方向	借	借	借	借
开票日期	9.18	10.13	11.20	12.16
客户	成丰设备公司	杭州机械公司	上海轴承厂	河南祥源机械公司
部门	销售部	销售部	销售部	销售部
业务员	张华	张华	张华	张华
科目	应收账款	应收账款	应收账款	应收账款
货物名称	甲设备	乙设备	甲设备	乙设备
数量	5台	16台	5台	23台
增值税发票号	44562190	15803562	73216178	38516823
价税合计（元）	1 053 000	225 000	975 000	3 661 440

9. 应收票据（见表9-39）

表9-39 应收票据设置

票据编号	SC28940
单据名称	销售发票
单据类型	专用发票
方向	借
开票日期	10.15（3个月商业承兑汇票）
客户	兰州机械公司
部门	销售部
业务员	张华
科目	应收票据——商业承兑汇票
货物名称	乙设备
数量	4台
增值税发票号	58239456
价税合计（元）	558 000

（七）经济业务

四川鸿翔机械设备有限公司2016年1月发生的经济业务如下：

（1）1日，上海钢铁厂发来X材料100吨验收入库，其价款600 000元及代垫运杂费1 200元尚未支付。

（2）1日，签发现金支票，从金牛区建设银行提取现金20 000元备用，现金支票的票号为 XJ001。

（3）2 日，从北方设备厂购进新车床 2 台，价款 400 000 元，增值税 68 000 元，运杂费 1 200 元，包装费 750 元，均以建设银行转账支票付讫，转账支票的票号为 ZZ001，该设备已交付使用，预计使用 10 年。

（4）4 日，接到建行转来电汇收账通知，系杭州机械公司归还前欠款 225 000 元。

（5）4 日，根据税务局有关规定，填写缴款书向建行交纳上月未交所得税 495 000 元，转账支票的票号为 ZZ002。

（6）4 日，填写缴款书，建行缴纳上月增值税 278 100 元，城市维护建设税 18 333 元，教育费附加 8 343 元，地方教育费附加 2 781 元；转账支票的票号为 ZZ003。

（7）5 日，供应部从祥达公司购置 Z 材料，50 吨，货款金额 225 000 元，增值税额 38 250 元，取得增值税专用发票，验收入库，货款尚未支付。

（8）6 日，采购员王磊从武汉钢铁厂采购 Y 材料回来，30 吨，实际价款 157 500 元，增值税 26 775 元，款项尚未支付。材料尚未运到。

（9）7 日，销售给洛阳纺织公司甲设备 5 台，单价 180 000 元，增值税 30 600 元。收到承兑期为 60 天的商业承兑汇票。

（10）7 日，销售给山东泰安公司乙设备 8 台，单价 105 000 元。用现金代垫运杂费 1 600 元。同日收到货款及代垫运费，转账支票的票号为 Z001。

（11）8 日，行政部购买办公用品共计 1 200 元，签发建行转账支票付讫，转账支票的票号为 ZZ004。

（12）8 日，用建行转账支票购买宏鑫轴承公司配件 E100 件，价款 18 000 元，增值税额 3 060 元，货到验收入库，转账支票的票号为 ZZ005。

（13）9 日，销售给江苏达安公司甲设备 10 台，单价 150 750 元，价款 1 507 500 元，增值税额 256 275 元，代垫运杂费 5 000 元，以建行转账支票支付。根据合同规定，货款实行现金折扣，付款条件："2/10，1/10，N/30"，转账支票的票号为 ZZ006。

（14）11 日，各管理部门及生产车间向行政科领用办公用品 975 元。铸造车间、加工车间、装配车间、办公室、销售部分别领用 255 元、315 元、255 元、75 元、75 元。

（15）12 日，以建行电汇支付成都机械公司 420 000 元，偿还上月欠款。

（16）13 日，向河北机械公司购进原材料配件 C200 件，货款 60 000 元，增值税 10 200 元，通过建行电汇支付，货未到。

（17）15 日，兰州机械公司商业承兑汇票到期，持票到建行兑现，并根据规定按票面额收取年利率 6% 的利息。银行受理，取得收款通知。

（18）15 日，核发工资，本月的职工考勤如表 9–40 所示。

表 9–40　职工考勤表

职工编号	职工姓名	所属部门	职工属性	病假天数	事假天数
106	王晶	财务部	管理人员		1
110	于海	铸造车间	工人	3	

（19）15 日，根据工资结算汇总表签发转账支票一张，委托建行进行代发工资业务，转账支票的票号为 22007。

（20）19 日，销售给太原机械厂乙设备 15 台，每台单价 76 000 元。签发建行转账支票垫付运杂费 5 800 元。已办妥委托银行收款手续。转账支票的票号为 22012。

（21）23 日，向上海钢铁厂采购 Z 材料 20 吨，价款 87 000 元，增值税 14 790 元，材料已验收入库，开出为期 1 个月的商业承兑汇票，已办妥承兑手续。

（22）25 日，向重庆物资供应公司购进配件 E50 件，价款 93 750 元，增值税额 1 593.75 元，合计金额 10 968.75 元。经双方协议 20 天内付款，给予 1% 折扣，材料验收入库，货款尚未支付。

（23）27 日，收到建行存款利息单，存款计息 8 886.53 元，转账支票的票号为 ZZ002。

（24）31 日，月末计提本月固定资产折旧。

（25）31 日，分配工资费用并制单。

（26）31 日，按应付工资的 2% 计提工会经费，1.5% 计提教育经费，15% 计提养老保险金，并制单。

（27）31 日，月末结转完工入库的产品成本。

（28）31 日，月末结转销售产品的成本。

（29）31 日，月末结转本月损益。

（30）31 日，将利润转入未分配利润。

（31）31 日，月末结账，要求将经济业务处理完毕，将各子系统模块结账，总账结账。

三、制作资产负债表和利润表

用模板生成四川鸿翔机械设备有限公司 2016 年 1 月份资产负债表和利润表。

参 考 文 献

［1］王珠强. 会计电算化 ［M］. 大连：大连出版社，2011.

［2］杜天宇. 会计电算化 ［M］. 上海：立信会计出版社，2005.

［3］汪刚，沈银萱. 会计信息系统（2 版）［M］. 北京：高等教育出版社，2008.

［4］杨华. 会计电算化 ［M］. 南京：南京大学出版社，2010.

［5］张洪瀚. 会计软件操作（3 版）［M］. 北京：高等教育出版社，2010.

［6］刘平. 会计电算化原理与实务 ［M］. 北京：清华大学出版社，2011.

［7］周小芬. 会计电算化实务 ［M］. 北京：清华大学出版社，2010.